MÉMOIRES

DU DUC

DE SAINT-SIMON

PUBLIÉS PAR

MM. CHÉRUEL ET AD. REGNIER FILS

ET COLLATIONNÉS DE NOUVEAU POUR CETTE ÉDITION

SUR LE MANUSCRIT AUTOGRAPHE

AVEC UNE NOTICE DE M. SAINTE-BEUVE

TOME QUATORZIÈME

PARIS
LIBRAIRIE HACHETTE ET Cie
BOULEVARD SAINT-GERMAIN, 79

1874

Tous droits réservés

MÉMOIRES

DU DUC

DE SAINT-SIMON

XIV

PARIS — IMPRIMERIE ARNOUS DE RIVIÈRE ET Cⁱᵉ
RUE RACINE, 26

MÉMOIRES
DE SAINT-SIMON.

CHAPITRE PREMIER.

M. le duc d'Orléans, prêt à se rendre sur les états, se trouve convaincu par le mémoire, et on n'entend plus parler d'états généraux. — Mémoire sur les finances annoncé par le duc de Noailles. — M. le duc d'Orléans me parle du mémoire; d'un comité pour les finances; me propose à deux reprises d'en être, dont je m'excuse fortement. — Le duc de Noailles lit son mémoire en plusieurs conseils de régence; quelle cette pièce. — Je suis bombardé [1] du comité au conseil de régence, où, malgré mes excuses, je reçois ordre d'en être. — Monsieur de Fréjus obtient personnellement l'entrée du carrosse du Roi, où jamais évêque non pair, ni précepteur, ni sous-gouverneur n'étoit entré, lesquels sous-gouverneurs l'obtiennent aussi. — Dispute sur la place du carrosse entre le précepteur et le sous-gouverneur, qui la perd. — Mariage de Tresnel avec Mlle le Blanc; de Flamarens avec Mlle de Beauvau; de la Luzerne avec Mme de la Varenne; du marquis d'Harcourt avec Mlle de Barbezieux, dont le duc d'Albret veut épouser la sœur et y trouve des obstacles. — Arouet à la Bastille, connu depuis sous le nom de Voltaire. — Mort du vieux prince palatin de Birkenfeld. — Mort de la duchesse douairière d'Elbœuf. — Mort de M. de Montbazon. — Mort de la fameuse Mme Guyon. — Six mille [francs] de pension au maréchal de Villars. — Dix mille francs de pension au duc de Brissac; six mille francs de pension à Blancmesnil, avocat général; Canillac lieutenant général de Languedoc. — Duel à Paris de Contade et de Brillac, dont il n'est autre chose. — Je fais acheter ce diamant unique en tout, qui fut nommé *le Régent*.

    Je portai mon mémoire dès qu'il fut achevé, et tel de ma main que je l'avois écrit, tant j'étois pressé, par la raison que j'en ai dite, de le montrer à M. le duc d'Orléans. Le volume le surprit par la promptitude. Je le lui lus tout

---

1. Voyez tome I, p. 19, tome X, p. 5, etc.

entier, nous arrêtant à chaque point pour en raisonner. Cela prit toute l'après-dînée jusque fort tard. Il convint qu'il s'alloit jeter dans un profond précipice, et me remercia fort de mon travail, et de l'en empêcher. Il lui échappa même dans le raisonnement qu'il étoit si pressé de l'embarras des finances et de celui de l'affaire des princes, et si rebattu par ceux qui vouloient les états, qu'il y étoit intérieurement rendu comme à sa seule ressource et à son repos, d'où je jugeai que de cette résolution intérieure à l'extérieur le pas étoit bien court et bien facile, avec les gens à qui il avoit affaire, et qu'il n'y avoit eu en effet rien de si pressé que mon mémoire pour l'en détourner. Ses yeux ne pouvoient lire ma petite écriture courante et pleine d'abréviations, quoique fort peu sujette aux ratures et aux renvois. Il me pria de lui faire faire une copie du mémoire, et de la lui donner dès qu'elle seroit faite. Il me parut si convaincu que je lui demandai sa parole que le pied ne lui glisseroit en aucune façon sur les états avant que je lui eusse remis cette copie, et qu'il se fût donné le temps de la lire à reprises, et d'y réfléchir à loisir. Je fis donc travailler, dès le lendemain matin, à une copie unique, car c'est sur mon original que je l'ai copié ici ; et dès que cette copie fut faite, je la portai à M. le duc d'Orléans. Nous raisonnâmes encore là-dessus, mais sans détail, parce qu'il me parut que son parti étoit bien pris de ne vouloir point d'états.

Je ne sais quel usage il fit de mon mémoire ; mais, au bout de sept ou huit jours, il ne se parla plus du tout d'états généraux, dont le bruit avoit été fort grand et fort répandu, et, ce qui me fit grand plaisir encore, c'est qu'il ne se dit pas un mot du mémoire ni de moi à cette occasion.

Ce qui m'a le plus convié à ne pas rejeter ce mémoire, malgré sa longueur, parmi les pièces[1], c'est qu'il s'y trouve

---

1. Voyez tome I, p. 420, note 1.

plusieurs choses sur les finances qui donnent une idée
de leur état, de leur gestion et des embarras qui s'y trouvoient, dont il n'est guère parlé ailleurs ici, et de même
de quelques choses sur la constitution qui servent toujours
à éclaircir, et qui sont deux matières dont on a vu, il y a
longtemps, que je me suis expliqué de n'en point parler
ici d'une manière expresse et suivie.

L'espérance des états évanouie, les bâtards ne songèrent plus qu'à retarder, embarrasser et accrocher leur
affaire; les princes du sang à presser le Régent de la
juger; et ce prince, piqué enfin de voir son autorité si
hardiment mise en compromis par la hardie déclaration
de M. et de Mme du Maine de ne reconnoître pour juges
que le Roi majeur ou les états généraux, prit le parti de
juger : c'est ce qui a été raconté.

Le duc de Noailles, de son côté, chercha aussi d'autres
expédients sur les finances, mais surtout pour mettre sa
gestion à couvert. Il fit travailler à un long mémoire,
pour être lu par lui au conseil de régence, où il fut longuement annoncé. J'ai déjà fait remarquer, et par des
exemples évidents, qu'avec tout son esprit, la multitude
et la continuelle movibilité[1] de ses idées et de ses vues
qui se succédoient et se chassoient successivement ou en
total ou en partie sur toutes sortes de sujets, de choses
et de matières, le rendoient incapable d'aucun travail par
lui-même, ni d'être jamais content de ceux qu'il faisoit
faire et qu'il faisoit refondre (c'étoit son terme) jusqu'à
désoler ceux dont il se servoit. C'est ce qui fit attendre
si longtemps ce mémoire après l'avoir annoncé et, autant
qu'il le put, préparé à l'admirer.

Huit ou dix jours avant qu'il parût au conseil de
régence, M. le duc d'Orléans m'en parla et me le vanta
comme en ayant vu des morceaux, puis me dit qu'il formeroit un comité (car on ne parloit plus qu'à l'angloise)
de quelques-uns du conseil de régence, où le duc de

1. Mobilité.

Noailles vouloit avec plus de loisir et d'étendue exposer sa gestion et l'état des finances, et consulter ce comité sur les choses qu'il y proposeroit pour en suivre leur avis; que ce comité s'assembleroit chez le chancelier, et qu'il vouloit que j'en fusse.

Je témoignai au Régent ma surprise et ma répugnance, je le fis souvenir de mon incapacité sur les finances, de mon dégoût pour cette matière, de ma situation avec le duc de Noailles. Je l'assurai que je ne pourrois être de ce comité que comme une [personne] nulle, qui n'entendroit rien, à qui on feroit accroire tout ce qu'on voudroit, que j'y serois parfaitement inutile, que j'y perdrois un temps infini, et que je le suppliois de m'en dispenser. Il insista, et moi aussi, me dit force louanges sur mon esprit et ma capacité quand je voudrois bien prendre la peine de vouloir m'appliquer et entendre, et sur mon impartialité avec le duc de Noailles quand il s'agissoit de traiter affaires avec lui, dont il avoit été souvent témoin et charmé. Je répondis brusquement que ces louanges étoient belles et bonnes, mais que je n'étois pas encore assez sot pour m'en laisser engluer, et qu'en deux mots, il ne me persuaderoit pas d'aller ouvrir la bouche et de grands yeux pour n'entendre rien à ce qui se diroit et proposeroit, et que ce n'étoit pas la peine d'avoir refusé les finances aussi opiniâtrément que j'avois fait, pour m'aller après fourrer dans un comité de finances, où je ne comprendrois rien du tout. Le Régent me vit si résolu qu'il ne répliqua point, et me mit sur d'autres affaires.

Quatre jours après, travaillant avec lui, il me reparla encore du comité, et qu'il vouloit que j'en fusse. Je répondis que je croyois lui avoir dit de si bonnes raisons, auxquelles même, à la fin, il n'avoit plus répondu, que j'avois compté n'en plus ouïr parler; que je n'avois que les mêmes à lui alléguer, dont je ne me départirois pas. J'ajoutai qu'étant avec le duc de Noailles hors de toutes mesures, même de la moindre bienséance, je ne comprenois pas quel plaisir il trouvoit à nous mettre vis-à-vis l'un de l'autre dans un examen de sa conduite et des propositions qui seroit long, et qui nous exposeroit très-aisément à des choses qui embarrasseroient la compagnie, et qui peut-être l'embarrasseroient lui même; et comment il vouloit donner cette contrainte au duc de Noailles, qui sûrement y en auroit plus que moi. « Mais, me dit-il, c'est le duc de Noailles lui-même qui desire que vous en soyez, qui m'en a prié et qui m'en presse. — Monsieur, repris-je, voilà la dernière folie. A-t-il oublié, et vous aussi, comme je l'ai mené et traité, je ne sais combien de fois, tant en particulier devant vous qu'en plein conseil de régence? Quel goût peut-il prendre à des scènes où il a toujours ployé le dos et fait un si misérable personnage, et vous de donner lieu à les multiplier? » Je parlai tant et si bien, du moins si fort, que cela finit comme la première fois. Le Régent me parla d'autres choses, et je m'en crus enfin quitte et débarrassé.

Mais je fis mes réflexions sur la singularité de ce desir du duc de Noailles que je fusse de ce comité, et tout ce que j'en pus comprendre, c'est que l'ivresse de la beauté de ce qu'il comptoit d'y exposer emporteroit mon suffrage, dont il se pareroit plus que d'aucun autre par la manière dont nous étions ensemble. Il avoit affecté plusieurs fois de se louer de mon impartialité en affaires quand je m'étois trouvé de son avis, et quand il m'étoit arrivé quelquefois de le soutenir, même contre d'autres au conseil de régence, ou en particulier entre quatre ou cinq chez M. le duc d'Orléans. Je crus donc que l'espérance du même succès, et du poids que ce manque total de ménagement que j'avois pour lui, donneroit à sa besogne[1]. Mais comme une funeste expérience m'avoit appris jusqu'où pouvoit aller la noirceur et la profondeur de cette caverne, je me sus extrêmement bon gré d'avoir su m'en préserver.

Trois ou quatre jours après cette dernière conversa-

---

1. Cette phrase inachevée est conforme au texte du manuscrit.

tion, le duc de Noailles commença la lecture de son mémoire. Il dura plusieurs conseils de régence; il y en eut même d'extraordinaires pour l'achever. C'étoit une apologie de toute sa gestion avec beaucoup de tour pour s'avantager de tout, et beaucoup de louanges mal voilées d'une gaze de modestie.

Cette première partie étoit prolixe; l'autre rouloit sur la proposition d'un comité où il pût exposer sa gestion avec plus d'étendue, et ses vues sur ce qu'il seroit à propos de faire ou de rejeter. Ce fut là où la fausse modestie n'oublia rien pour capter les auditeurs par un air de desir de chercher à exposer ses fautes et ses vues à l'examen et à la correction du comité, et à profiter de ses lumières. Rien de si humble, de si plein de flatterie, de si préparatoire à l'admiration qu'il espéroit donner au comité, ni de plus desireux d'en enlever l'approbation. Cette partie ne fut pas moins diffuse que l'autre, mais le spécieux le plus touchant y brilloit partout.

Quand il eut fini, M. le duc d'Orléans et presque tous les auditeurs, dans le nombre desquels étoient les présidents ou chefs des conseils, lui donnèrent des louanges. Ensuite M. le duc d'Orléans, passant les yeux sur toute la compagnie, dit qu'il ne s'agissoit plus que de nommer le comité. C'étoit un samedi après-midi, 26 juin. Il y avoit un mois que je vivois là-dessus dans une parfaite confiance, lorsque M. le duc d'Orléans déclara le comité tout de suite, qu'il se tiendroit toutes les semaines chez le chancelier autant de fois qu'à chaque comité il seroit jugé nécessaire, et que tout à coup je m'entendis nommer le premier.

Dans ma surprise, j'interrompis, et je suppliai M. le duc d'Orléans de se souvenir de ce que j'avois eu l'honneur de lui représenter toutes les deux fois qu'il m'avoit fait l'honneur de m'en parler; il me répondit qu'il ne l'avoit pas oublié, mais que je lui ferois plaisir d'en être. Je répliquai que j'y serois entièrement inutile, parce que je n'entendois rien du tout aux finances, et que je le suppliois très-instamment de m'en dispenser. « Monsieur, » reprit M. le duc d'Orléans d'un ton honnête, mais de régent, et c'est l'unique fois qu'il l'ait pris avec moi, « encore une fois, je vous prie d'en être, et s'il faut vous le dire, je vous l'ordonne. » Je m'inclinai sur la table intérieurement fort en colère, et lui repartis : « Monsieur, vous êtes le maître; il ne me reste qu'à obéir; mais au moins vous me permettrez d'attester tous ces Messieurs de ma répugnance et de l'aveu public que je fais de mon ignorance et de mon incapacité sur les finances, par conséquent de mon inutilité dans le comité. »

Le Régent me laissa achever, puis, sans me rien dire davantage, nomma le duc de la Force, le maréchal de Villeroy, le duc de Noailles, le maréchal de Besons, Pelletier Sousy, l'archevêque de Bordeaux et le marquis d'Effiat, qui tous s'inclinèrent à leurs noms et ne dirent rien.

Mon colloque avec le Régent avoit attiré sur moi les yeux de tous, et je remarquai de l'étonnement sur leurs visages. M. de Noailles eut l'air fort content, et bavarda un peu sur le bon choix et sur ce qu'il espéroit de ces assemblées, puis se mit à rapporter, car le samedi étoit un jour de finance à la régence.

N'ayant pu éviter cette bombe, par tout ce que j'avois fait pour m'en garantir, je ne crus pas devoir en montrer de chagrin, et donner ce plaisir au duc de Noailles, ni me faire tirer misérablement l'oreille pour l'assiduité au comité et l'exactitude aux heures.

Il s'assembloit trois fois la semaine au moins, entre trois et quatre heures, et duroit rarement moins de trois heures; on se mettoit en rang des deux côtés de la table, ou plutôt du vide d'une table longue comme au conseil de régence, mais dans des fauteuils, le chancelier seul au bout, et vis-à-vis de lui une table carrée pour les papiers du duc de Noailles, et lui assis derrière. Comme ce comité dura au moins trois mois, il n'est pas temps d'en dire ici davantage, mais bien de revenir au courant, depuis si longtemps interrompu par des matières qui ne pouvoient comporter de l'être.

C'étoit plus que jamais le temps des entreprises les plus étranges et les plus nouvelles. Monsieur de Fréjus et les sous-gouverneurs prétendirent entrer dans le carrosse du Roi où jamais en aucun temps ils n'avoient mis le pied. Ils se fondèrent sur ce que les sous-gouverneurs, un à la fois, entroient dans le carrosse des princes, fils de Monseigneur. Cela étoit vrai. Mais jamais M. de Fénelon ne l'imagina, ni M. de Beauvillier pour lui, quoique tous deux dans l'intimité que l'on a vue. Saumery, insolent, entreprenant, cousin germain du duc de Beauvillier, avoit commencé à y entrer en son absence, et alors le sous-gouverneur y est de telle nécessité que, sans préséance sur aucun, il y monteroit de préférence à qui que ce fût; mais le gouverneur présent, il est effacé, et la nécessité est remplie. Néanmoins Saumery y monta, le duc de Beauvillier présent, mais tellement à la dernière place qu'il faisoit à chaque fois des excuses, et souvent le duc de Beauvillier pour lui, de ce qu'il ne pouvoit se mettre à la portière à cause de son ancienne blessure au genou, qui ne lui permettoit pas de le ployer. J'ai vu cela maintes fois, moi dans le carrosse. Je n'y ai jamais vu que lui des trois sous-gouverneurs. Le hasard apparemment a fait cela; et toujours avec cette excuse ne montoit que le pénultième pour se mettre au devant, et le dernier remplissoit de son côté la portière, où il ne se pouvoit pas mettre. Entrer dans le carrosse et manger avec le prince est de même droit, mais comme il n'y avoit point d'occasion où les princes fils de Monseigneur mangeassent avec personne, cela facilita l'effronterie de Saumery. M. de Fénelon étoit bien de qualité à l'un et à l'autre, mais il étoit précepteur, qui portoit exclusion, et comme il n'a rien à faire auprès du prince que pour l'étude, et qu'il n'y en a point en carrosse, point de nécessité pour lui d'y entrer comme pour le sous-gouverneur en absence du gouverneur; de plus il étoit prêtre, puis archevêque, autres exclusions, parce qu'il n'y a que les cardinaux et les évêques pairs, ou ceux qui ont rang de princes étrangers, qui entrent dans les carrosses et qui mangent. Monsieur d'Orléans, depuis cardinal de Coislin, et Monsieur de Reims, l'un premier aumônier, l'autre maître de la chapelle, charges bien inférieures, ont fait maintes campagnes avec le Roi, et je les y ai vus au siége de Namur. Jamais Monsieur d'Orléans, bien mieux avec le Roi que Monsieur de Reims, n'a eu l'honneur de manger avec lui, tandis que l'archevêque de Reims, duc et pair, l'avoit souvent, et tant qu'il lui plaisoit. Ainsi, nul exemple pour le précepteur d'entrer dans le carrosse, et un très-foible du sous-gouverneur, parce que, quelque grands que soient les fils de France, il y a bien loin encore du Roi à eux.

Néanmoins M. le duc d'Orléans, qui faisoit litière de toutes choses, accorda l'entrée du carrosse à un sous-gouverneur et à Monsieur de Fréjus. Il est vrai qu'il eut le courage de lui dire que ce n'étoit que personnellement et point comme précepteur ni comme évêque. Dieu sait à quels excès et à quelle lie le carrosse et l'honneur de manger avec le Roi ont été depuis étendus.

De cette grâce sourdit une dispute de préférence et de préséance dans le carrosse entre le précepteur et le sous-gouverneur. Comme ils n'y étoient jamais entrés en aucun temps, la question étoit toute nouvelle et sans exemples. Il est vrai que le précepteur n'a rien à dire au sous-gouverneur, et que leurs fonctions sont toutes indépendantes et séparées; mais le précepteur au moins est en chef à l'étude, et le sous-gouverneur ne se trouve en chef nulle part. Sa dépendance du gouverneur est totale en tout et partout; celle du précepteur est fort légère, lequel a sous lui des sous-précepteurs; et le sous-gouverneur n'a personne : aussi Monsieur de Fréjus le gagna-t-il; et en même temps le maréchal de Villeroy cessa pour toujours d'étouffer le Roi en troisième : il se mit à la portière de son côté; mais l'indécence de M. du Maine à côté du Roi demeura toujours, que, tout fils favori du feu Roi qu'il étoit, ce monarque n'eût pas soufferte.

Tresnel épousa la fille de le Blanc, lors du conseil de guerre dont il fut bien parlé dans les suites; et Flamarens épousa une fille de M. de Beauvau, frère de l'évêque de Nantes. La fille aînée du maréchal de Tessé, veuve de la Varenne, petit-fils ou arrière-petit-fils du la Varenne d'Henri IV, et qui passoit sa vie à la Flèche, épousa le jeune la Luzerne, son voisin, dont elle étoit éprise. Elle étoit fort riche, il avoit du bien et la naissance tout à fait sortable. Le marquis d'Harcourt, fils aîné du maréchal, épousa une fille de feu M. de Barbezieux et de la fille aînée de M. d'Alègre, qui fit la noce, et le duc d'Albret, qui voulut épouser la sœur de cette mariée, trouva des oppositions dans la famille, qui durèrent longtemps avec beaucoup de bruit.

Je ne dirois pas ici qu'Arouet fut mis à la Bastille pour avoir fait des vers très-effrontés, sans le nom que ses poésies, ses aventures et la fantaisie du monde lui ont fait. Il étoit fils du notaire de mon père, que j'ai vu bien des fois lui apporter des actes à signer. Il n'avoit jamais pu rien faire de ce fils libertin, dont le libertinage a fait enfin la fortune sous le nom de Voltaire[1], qu'il a pris pour déguiser le sien.

Le prince palatin de Birkenfeld mourut chez lui en Alsace, à près de quatre-vingts ans, peu riche, et le meilleur homme du monde. Il avoit fort servi. Il étoit lieutenant général, et avoit des pensions. Il venoit rarement à la cour, où il étoit toujours fort bien reçu du Roi et fort accueilli du monde. Son fils avoit été fort de mes amis. Il avoit eu le Royal-allemand et est mort assez jeune, retiré chez lui, laissant deux fils, dont l'aîné par succession est devenu duc des Deux-Ponts depuis quelques années. Il

---

1. Nous avons déjà vu tome XIII, p. 55, note 1, que Saint-Simon écrivait *Volterre*.

n'y a plus que cette branche des palatins outre les deux électorales.

En même temps mourut la duchesse douairière d'Elbœuf d'une longue suite de maux qu'elle avoit gagnés de son mari, mort depuis longtemps. J'ai assez souvent parlé d'elle, pour qu'il ne me reste plus rien à en dire. Elle n'étoit pas fort âgée.

M. de Montbazon, fils aîné de M. de Guémené, et gendre sans enfants de M. de Bouillon, mourut jeune et brigadier d'infanterie, de la petite vérole.

Une autre personne, bien plus illustre par les éclats qu'elle avoit faits, quoique d'étoffe bien différente, ne fit pas le bruit qu'elle auroit fait plus tôt. Ce fut la fameuse Mme Guyon. Elle avoit été longtemps exilée en Anjou depuis le fracas et la fin de toutes les affaires du quiétisme. Elle y avoit vécu sagement et obscurément sans plus faire parler d'elle; depuis huit ou dix ans elle avoit obtenu d'aller demeurer à Blois, où elle s'étoit conduite de même, et où elle mourut sans aucune singularité, comme elle n'en montroit plus depuis ces derniers exils; fort dévote toujours et fort retirée, et approchant souvent des sacrements. Elle avoit survécu à ses plus illustres protecteurs et à ses plus intimes amis.

Le maréchal de Villars, gorgé de toutes espèces de biens, n'eut pas honte de prendre, ni M. le duc d'Orléans de lui donner, six mille francs de pension, pour le dédommager de ses prétentions sur la vallée de Barcelonnette, disputée au gouvernement de Provence par la Feuillade, comme gouverneur de Dauphiné, qui fut jugée devoir être de ce dernier gouvernement.

Le maréchal de Villeroy obtint en même temps pour le duc de Brissac, qui étoit fort mal à son aise, dix mille francs de pension. Quelque temps après, Blancmesnil, avocat général, frère du président Lamoignon, eut aussi une pension de six mille francs; et Canillac eut pour rien la lieutenance générale de Languedoc, de vingt mille francs de rente, vacante par la mort de Peyre, qui n'avoit point de brevet de retenue.

Contade et Brillac, l'un major, l'autre capitaine aux gardes, avoient passé leur vie dans ce corps, sans avoir pu se souffrir l'un l'autre : Contade bien plus brillant; l'autre ne laissoit pas d'avoir des amis. Son frère étoit premier président du parlement de Bretagne, mais fort peu estimé. Je ne sais ce qui arriva de nouveau entre deux officiers généraux de cet âge; mais, le samedi 12 juin, Brillac vint, sur les quatre heures du matin, chez Contade, dans la rue Saint-Honoré, l'éveilla, le fit habiller et sortit avec lui. Ils entrèrent tout auprès dans une petite rue inhabitée, qui va de la rue Saint-Honoré vers le bout du jardin des Tuileries près de l'orangerie, et là se battirent bel et bien. Brillac fut légèrement blessé, et disparut aisément. Contade le fut dangereusement, et il fallut le reporter chez lui. Ce fut un grand vacarme. Un cordier et sa femme, qui profitoient de la commodité de cette rue pour leur métier, étoient déjà levés pour leur travail, et furent témoins du combat. Ils babillèrent; cela embarrassa beaucoup; on les enleva; on cacha Contade dans le fond de l'hôtel de Noailles, là tout auprès, et comme il avoit beaucoup d'amis considérables, tout se mit en campagne pour lui. Les Gramonts, les Noailles, les Villars, le premier président et bien d'autres en firent leur propre affaire; et le Régent n'avoit pas moins d'envie qu'eux de l'en tirer. Il en coûta du temps, des peines et de l'argent; et l'affaire s'en alla en fumée. Pendant tout cela, Contade guérit. A la fin de tout, Contade et Brillac parurent une fois au Parlement pour la forme, et il ne s'en parla plus. Néanmoins on voulut séparer deux hommes si peu compatibles, et qui se rencontroient si souvent par la nécessité de leurs emplois. Le gouvernement de l'île d'Oléron vaqua. Il est bon, mais il demande résidence : cela le fit donner à Brillac.

Par un événement extrêmement rare, un employé aux mines de diamants du Grand Mogol trouva le moyen de s'en fourrer un dans le fondement, d'une grosseur prodigieuse, et, ce qui est le plus merveilleux, de gagner le bord de la mer, et de s'embarquer sans la précaution qu'on ne manque jamais d'employer à l'égard de presque tous les passagers dont le nom ou l'emploi ne les en garantit pas, qui est de les purger et de leur donner un lavement, pour leur faire rendre ce qu'ils auroient pu avaler ou se cacher dans le fondement. Il fit apparemment si bien qu'on ne le soupçonna pas d'avoir approché des mines ni d'aucun commerce de pierreries. Pour comble de fortune, il arriva en Europe avec son diamant. Il le fit voir à plusieurs princes, dont il passoit les forces, et le porta enfin en Angleterre, où le roi l'admira sans pouvoir se résoudre à l'acheter. On en fit un modèle de cristal en Angleterre, d'où on adressa l'homme, le diamant et le modèle parfaitement semblable à Law qui le proposa au Régent pour le Roi. Le prix en effraya le Régent, qui refusa de le prendre.

Law, qui pensoit grandement en beaucoup de choses, me vint trouver consterné, et m'apporta le modèle. Je trouvai comme lui qu'il ne convenoit pas à la grandeur du roi de France de se laisser rebuter par le prix d'une pièce unique dans le monde et inestimable, et que plus de potentats n'avoient osé y penser, plus on devoit se garder de le laisser échapper. Law, ravi de me voir penser de la sorte, me pria d'en parler à M. le duc d'Orléans. L'état des finances fut un obstacle sur lequel le Régent insista beaucoup. Il craignoit d'être blâmé de faire un achat si considérable, tandis qu'[on] avoit tant de peine à subvenir aux nécessités les plus pressantes et qu'il falloit laisser tant de gens dans la souffrance. Je louai ce sentiment; mais je lui dis qu'il n'en devoit pas user pour le plus grand roi de l'Europe comme pour un simple particulier, qui seroit très-répréhensible de jeter cent mille francs pour se parer d'un beau diamant, tandis qu'il devroit beaucoup et ne se trouvoit pas en état de satisfaire; qu'il falloit considérer l'honneur de la couronne et ne lui pas laisser manquer l'occasion unique d'un diamant sans prix, qui effaçoit ceux de toute l'Europe; que c'étoit une gloire pour sa régence, qui dureroit à jamais, qu'en tel état que fussent les finances, l'épargne de ce refus ne les soulageroit pas beaucoup, et que la surcharge en seroit très-peu perceptible. Enfin je ne quittai point M. le duc d'Orléans, que je n'eusse obtenu que le diamant seroit acheté.

Law, avant de me parler, avoit tant représenté au marchand l'impossibilité de vendre son diamant au prix qu'il l'avoit espéré, le dommage et la perte qu'il souffriroit en le coupant en divers morceaux, qu'il le fit venir enfin à deux millions avec les rognures en outre qui sortiroient nécessairement de la taille. Le marché fut conclu de la sorte. On lui paya l'intérêt des deux millions jusqu'à ce qu'on lui pût donner le principal, et en attendant pour deux millions de pierreries en gage qu'il garderoit jusqu'à entier payement des deux millions.

M. le duc d'Orléans fut agréablement trompé par les applaudissements que le public donna à une acquisition si belle et si unique. Ce diamant fut appelé *le Régent*. Il est de la grosseur d'une prune de la reine Claude, d'une forme presque ronde, d'une épaisseur qui répond à son volume, parfaitement blanc, exempt de toute tache, nuage et paillette, d'une eau admirable, et pèse plus de cinq cents grains. Je m'applaudis beaucoup d'avoir résolu le Régent à une emplette si illustre.

CHAPITRE II.

Le Czar vient en France, et ce voyage importune. — Origine de la haine personnelle du Czar pour le roi d'Angleterre. — Kurakin ambassadeur de Russie en France; quel. — Motifs et mesures du Czar, qui veut, puis ne veut plus, être catholique. — Courte réflexion sur Rome. — Il est reçu à Dunkerque par les équipages du Roi, et à Calais par le marquis de Nesle; il est en tout défrayé avec toute sa suite; on lui rend partout les mêmes honneurs qu'au

Roi ; on lui prépare des logements au Louvre et à l'hôtel de Lesdiguières, qu'il choisit ; je propose au Régent le maréchal de Tessé
pour le mettre auprès du Czar pendant son séjour, qui l'attend à
Beaumont ; vie que menoit le maréchal de Tessé. — Journal du
séjour du Czar à Paris. — Verton, maître d'hôtel du Roi, chargé
des tables du Czar et de sa suite, gagne les bonnes grâces du Czar.
— Grandes qualités du Czar ; sa conduite à Paris ; sa figure, son vêtement, sa nourriture. — Le Régent visite le Czar. — Le Roi visite le
Czar en cérémonie. — Le Czar visite le Roi en toute pareille cérémonie. — Le Czar voit les places du Roi en relief. — Le Czar visite
Madame, qui l'avoit envoyé complimenter, puis à l'Opéra avec M. le
duc d'Orléans, qui là lui sert à boire. — Le Czar aux Invalides. —
Mme la duchesse de Berry et Mme la duchesse d'Orléans, perdant espérance d'ouïr parler du Czar, envoient enfin le complimenter ; il ne
distingue les princes du sang en rien, et trouve mauvais que les
princesses du sang prétendissent qu'il les visitât. — Il visite Mme là
duchesse de Berry ; dîne avec M. le duc d'Orléans à Saint-Cloud, et
visite Mme la duchesse d'Orléans au Palais-Royal ; voit le Roi comme
par hasard aux Tuileries. — Le Czar à Versailles. — Dépense pour
le Czar. — Il va à Petit-Bourg et à Fontainebleau, voit en revenant
Choisy, et par hasard Mme la princesse de Conti un moment, qui y
étoit demeurante. — Le Czar va passer plusieurs jours à Versailles,
Trianon et Marly ; voit Saint-Cyr ; fait à Mme de Maintenon une visite
insultante. — Je vais voir le Czar chez d'Antin tout à mon aise sans
en être connu ; Madame la Duchesse l'y va voir par curiosité ; il en
est averti ; il passe devant elle, la regarde, et ne fait ni la moindre
civilité ni semblant de rien. — Présents. — Le Régent va dire adieu
au Czar, lequel va dire adieu au Roi sans cérémonie, et reçoit chez
lui celui du Roi de même. — Départ du Czar, qui ne veut être accompagné de personne ; il va trouver la Czarine à Spa. — Le Czar visite
le Régent ; personnes présentées au Czar. — Maréchal de Tessé commande tous les officiers du Roi servants le Czar. — Le Czar, en
partant, s'attendrit sur la France et sur son luxe ; il refuse tacitement le Régent, qui, à la prière du roi d'Angleterre, desiroit qu'il
retirât ses troupes du Meckelbourg ; il desire ardemment de s'unir
avec la France, sans y pouvoir réussir, à notre grand et long dommage, par. l'intérêt de l'abbé du Bois et l'infatuation de l'Angleterre,
funestement transmise à ses successeurs.

Pierre 1er, czar de Moscovie, s'est fait avec justice un
si grand nom chez lui et par toute l'Europe et l'Asie, que
je n'entreprendrai pas de faire connoître un prince si
grand, si illustre, comparable aux plus grands hommes
de l'antiquité, qui a fait l'admiration de son siècle, qui
sera celle des siècles suivants, et que toute l'Europe s'est

si fort appliquée à connoître. La singularité du voyage en France d'un prince si extraordinaire m'a paru mériter de n'en rien oublier, et la narration de n'être point interrompue. C'est par cette raison que je la place ici un peu plus tard qu'elle ne devroit l'être dans l'ordre du temps, mais dont les dates rectifieront le défaut.

On a vu en son temps diverses choses de ce monarque ; ses différents voyages en Hollande, Allemagne, Vienne, Angleterre et dans plusieurs parties du Nord ; l'objet de ces voyages et quelques choses de ses actions militaires, de sa politique, de sa famille. On a vu aussi qu'il avoit voulu venir en France dans les dernières années du feu Roi, qui l'en fit honnêtement détourner. N'ayant plus cet obstacle, il voulut contenter sa curiosité, et il fit dire au Régent par le prince Kurakin, son ambassadeur ici, qu'il alloit partir des Pays-Bas où il étoit pour venir voir le Roi.

Il n'y eut pas moyen de n'en pas paroître fort aise, quoique le Régent s'en fût bien volontiers passé. La dépense étoit grande à le défrayer ; l'embarras pas moins grand avec un si puissant prince et si clairvoyant, mais plein de fantaisies, avec un reste de mœurs barbares et une grande suite de gens d'une conduite fort différente de la commune de ces pays-ci, pleins de caprices et de façons étranges, et leur maître et eux très-délicats et très-entiers, sur ce qu'ils prétendoient leur être dû ou permis.

Le Czar de plus étoit avec le roi d'Angleterre en inimitié ouverte, qui alloit entre eux jusqu'à l'indécence, et d'autant plus vive qu'elle étoit personnelle, ce qui ne gênoit pas peu le Régent dont l'intimité avec le roi d'Angleterre étoit publique, et que l'intérêt personnel de l'abbé du Bois portoit fort indécemment aussi jusqu'à la dépendance. La passion dominante du Czar étoit de rendre ses États florissants par le commerce. Il y avoit fait faire quantité de canaux pour le faciliter. Il y en eut un pour lequel il eut besoin du concours du roi d'Angleterre, parce qu'il traversoit un petit coin de ses États d'Allemagne. La jalousie du commerce empêcha Georges d'y consentir. Pierre, engagé dans la guerre de Pologne, puis dans celle du Nord, dans laquelle Georges l'étoit aussi, négocia vainement. Il en fut d'autant plus irrité, qu'il ne se trouvoit pas en situation d'agir par la force, et que ce canal, extrêmement avancé, ne put être continué. Telle fut la source de cette haine, qui a duré toute leur vie et dans la plus vive aigreur.

Kurakin étoit d'une branche de cette ancienne maison des Jagellons, qui avoit longtemps porté les couronnes de Pologne, de Danemark, de Norwége et de Suède. C'étoit un grand homme bien fait, qui sentoit fort la grandeur de son origine, avec beaucoup d'esprit, de tour et d'instruction. Il parloit assez bien françois et plusieurs langues ; il avoit fort voyagé, servi à la guerre, puis été employé en différentes cours. Il ne laissoit pas de sentir encore le Russe, et l'extrême avarice gâtoit fort ses talents. Le Czar et lui avoient épousé les deux sœurs, et en avoient chacun un fils. La Czarine avoit été répudiée et mise dans un couvent près de Moscou, sans que Kurakin se fût senti de cette disgrâce. Il connoissoit parfaitement son maître, avec qui il avoit conservé de la liberté, de la confiance et beaucoup de considération ; en dernier lieu, il avoit été trois ans à Rome, d'où il étoit venu à Paris ambassadeur. A Rome, il étoit sans caractère et sans affaires que la secrète pour laquelle le Czar l'y avoit envoyé comme un homme sûr et éclairé.

Ce monarque, qui se vouloit tirer lui et son pays de leur barbarie et s'étendre par des conquêtes et des traités, avoit compris la nécessité des mariages pour s'allier avec les premiers potentats de l'Europe. Cette grande raison lui rendoit nécessaire la religion catholique, dont les grecs se trouvoient séparés de si peu qu'il ne jugea pas son projet difficile à faire recevoir chez lui en y laissant d'ailleurs la liberté de conscience. Mais ce prince instruit l'étoit assez pour vouloir être auparavant éclairci sur les prétentions romaines. Il avoit envoyé pour cela à Rome un homme obscur, mais capable de se bien informer, qui y passa cinq ou six mois, et qui ne lui rapporta rien de satisfaisant. Il s'en ouvrit, en Hollande, au roi Guillaume, qui le dissuada de son dessein, et qui lui conseilla même d'imiter l'Angleterre, et de se faire lui-même chef de la religion chez lui, sans quoi il n'y seroit jamais bien le maître. Ce conseil plut d'autant plus au Czar que c'étoit par les biens et par l'autorité des patriarches de Moscou, ses grand-père et bisaïeul, que son père étoit parvenu à la couronne, quoique d'une condition ordinaire parmi la noblesse russienne.

Ces patriarches dépendoient pourtant de ceux du rite grec de Constantinople, mais fort légèrement. Ils s'étoient saisis d'un grand pouvoir et d'un rang prodigieux, jusque-là qu'à leur entrée à Moscou, le Czar leur tenoit l'étrier et conduisoit à pied leur cheval par la bride. Depuis le grand-père de Pierre, il n'y avoit point eu de patriarche à Moscou. Pierre Ier, qui avoit régné quelque temps avec son frère aîné, qui n'en étoit pas capable, et qui étoit mort sans laisser de fils, il y avoit longtemps, n'avoit jamais voulu de patriarche non plus que son père. Les archevêques de Nowogorod y suppléoient en certaines choses comme occupant le premier siége après celui de Moscou, mais sans presque d'autorité, que le Czar usurpa toute entière, et plus soigneusement encore depuis le conseil que le roi Guillaume lui avoit donné, en sorte que peu à peu il s'étoit fait le véritable chef de la religion dans ses vastes États.

Néanmoins la passion de pouvoir ouvrir à sa postérité la facilité de faire des mariages avec des princes catholiques, l'honneur surtout de les allier à la maison de France et à celle d'Autriche, le fit revenir à son premier projet. Il se voulut flatter que celui qu'il avoit envoyé secrètement à Rome n'avoit pas été bien informé, ou qu'il avoit mal compris; il résolut donc d'approfondir ses doutes, de manière qu'il ne lui en restât plus sur le parti qu'il auroit à prendre.

Ce fut dans ce dessein qu'il choisit le prince Kurakin, dont les lumières et l'intelligence lui étoient connues, pour aller à Rome sous prétexte de curiosité, dans la vue qu'un seigneur de cette qualité s'ouvriroit l'entrée chez ce qu'il y avoit de meilleur, de plus important et de plus distingué à Rome, et qu'en y demeurant, sous prétexte d'en aimer la vie et de vouloir tout voir à son aise et admirer à son gré toutes les merveilles qui y sont rassemblées en tant de genres, il auroit loisir et moyen de revenir parfaitement instruit de tout ce qu'il vouloit savoir. Kurakin y demeura, en effet, trois ans mêlé avec les savants d'une part, et avec la meilleure compagnie de l'autre, d'où peu à peu il tira ce qu'il voulut apprendre avec d'autant plus de facilité que cette cour triomphe de ses prétentions temporelles, de ses conquêtes en ce genre, au lieu de les tenir dans le secret. Sur le rapport long et fidèle que Kurakin en fit au Czar, ce prince poussa un soupir en disant qu'il vouloit être maître chez lui, et n'y en pas mettre un plus grand que soi, et oncques depuis ne songea à se faire catholique.

Tels sont les biens que les papes et leur cour font à l'Église, et qu'ils procurent aux âmes dont ce vicaire de Jésus-Christ, qui les a rachetées, est le grand pasteur, et dont sur la sienne il répondra au souverain Pasteur, qui a déclaré à saint Pierre comme aux autres apôtres que son royaume n'est pas de ce monde, et qui demanda à ces deux frères, qui le voulurent prendre pour juge de leur différend sur leur héritage, qui l'avoit établi sur eux en cette qualité, et qui ne s'en voulut point mêler, quoique ce fût une bonne œuvre que d'accorder deux frères, pour enseigner aux pasteurs et aux prêtres par un si grand exemple et si précis, qu'ils n'ont aucun pouvoir ni aucun droit sur le temporel par quelque raison que ce puisse être, et qu'ils sont essentiellement exclus de s'en mêler.

Ce fait du Czar sur Rome, le prince Kurakin ne s'en est pas caché. Tout ce qui l'a connu le lui a ouï conter; j'ai mangé chez lui et lui chez moi, et je l'ai fort entretenu et ouï discourir avec plaisir sur beaucoup de choses.

Le Régent, averti par lui de la prochaine arrivée du Czar en France par le côté maritime, envoya les équipages du Roi, chevaux, carrosses, voitures, fourgons, tables et chambres, avec du Libois, un des gentilshommes ordinaires du Roi, dont j'ai quelquefois parlé, pour aller attendre le Czar à Dunkerque, le défrayer jusqu'à Paris de tout et toute sa suite, et lui faire rendre partout les mêmes honneurs qu'au Roi même. Ce monarque se proposoit de donner cent jours à son voyage. On meubla pour lui l'appartement de la Reine mère au Louvre, où il se tenoit divers conseils, qui s'assemblèrent chez les chefs depuis cet ordre.

M. le duc d'Orléans, raisonnant avec moi sur le seigneur titré qu'il pourroit choisir pour mettre auprès du Czar pendant son séjour, je lui conseillai le maréchal de Tessé, comme un homme qui n'avoit rien à faire, qui avoit fort l'usage et le langage du monde, fort accoutumé aux étrangers par ses voyages de guerre et de négociations en Espagne, à Turin, à Rome, en d'autres cours d'Italie, qui avoit de la douceur et de la politesse, et qui sûrement y feroit fort bien. M. le duc d'Orléans trouva que j'avois raison, et dès le lendemain l'envoya chercher et lui donna ses ordres.

C'étoit un homme qui avoit toujours été dans des liaisons fort contraires à M. le duc d'Orléans, et qui étoit demeuré avec lui fort sur le pied gauche. Embarrassé de sa personne, il avoit pris un air de retraite. Il s'étoit mis dans un bel appartement aux Incurables. Il en avoit pris un autre aux Camaldules, près de Grosbois. Il avoit dans ces deux endroits de quoi loger toute sa maison. Il partageoit sa semaine entre cette maison de ville et cette maison de campagne. Il donnoit dans l'une et dans l'autre à

manger tant qu'il pouvoit, et avec cela se prétendoit dans
la retraite. Il fut donc fort aise d'être choisi pour faire les
honneurs au Czar, se tenir près de lui, l'accompagner partout, lui présenter tout le monde. C'étoit aussi son vrai
ballot, et il s'en acquitta très-bien.

Quand on sut le Czar proche de Dunkerque, le Régent
envoya le marquis de Nesle le recevoir à Calais et l'accompagner jusqu'à l'arrivée du maréchal de Tessé, qui
ne devoit aller que jusqu'à Beaumont au-devant de lui.
En même temps on fit préparer l'hôtel de Lesdiguières
pour le Czar et sa suite, dans le doute qu'il n'aimât mieux
une maison particulière, avec tous ses gens autour de
lui, que le Louvre. L'hôtel de Lesdiguières étoit grand et
beau, touchant à l'Arsenal, et appartenoit au maréchal de
Villeroy, qui logeoit aux Tuileries. Ainsi la maison étoit
vide, parce que le duc de Villeroy, qui n'étoit pas homme
à grand train, l'avoit trouvée trop éloignée pour y loger.
On le meubla entièrement et très-magnifiquement des
meubles du Roi.

Le maréchal de Tessé attendit un jour le Czar à Beaumont à tout hasard pour ne le pas manquer. Il y arriva
le vendredi 7 mai sur le midi. Tessé lui fit la révérence à
la descente de son carrosse, eut l'honneur de dîner avec
lui, et de l'amener le jour même à Paris.

Il voulut entrer dans Paris dans un carrosse du maréchal, mais sans lui, avec trois de ceux de sa suite. Le
maréchal le suivoit dans un autre. Il descendit à neuf
heures du soir au Louvre, entra partout dans l'appartement de la Reine mère. Il le trouva trop magnifiquement
tendu et éclairé, remonta tout de suite en carrosse et s'en
alla à l'hôtel de Lesdiguières, où il voulut loger. Il en
trouva aussi l'appartement qui lui étoit destiné trop beau,
et tout aussitôt fit tendre son lit de camp dans une garde-
robe. Le maréchal de Tessé, qui devoit faire les honneurs
de sa maison et de sa table, l'accompagner partout et ne
point quitter le lieu où il seroit, logea dans un appartement de l'hôtel de Lesdiguières, et eut beaucoup à faire

à le suivre et souvent à courir après lui. Verton, un des maîtres d'hôtel du Roi, fut chargé de le servir, et de toutes les tables tant du Czar que de sa suite. Elle étoit d'une quarantaine de personnes de toutes les sortes, dont il y en avoit douze ou quinze de gens considérables par eux-mêmes ou par leurs emplois, qui mangeoient avec lui.

Verton étoit un garçon d'esprit, fort d'un certain monde, homme de bonne chère et de grand jeu; qui fit servir le Czar avec tant d'ordre, et sut si bien se conduire, que le Czar le prit en singulière amitié ainsi que toute sa suite.

Ce monarque se fit admirer par son extrême curiosité, toujours tendante à ses vues de gouvernement, de commerce, d'instruction, de police; et cette curiosité atteignit à tout et ne dédaigna rien, dont les moindres traits avoient une utilité suivie, marquée, savante, qui n'estima que ce qui méritoit l'être, en qui brilla l'intelligence, la justesse, la vive appréhension de son esprit. Tout montroit en lui la vaste étendue de ses lumières et quelque chose de continuellement conséquent. Il allia d'une manière tout à fait surprenante la majesté la plus haute, la plus fière, la plus délicate, la plus soutenue, en même temps la moins embarrassante quand il l'avoit établie dans toute sa sûreté, avec une politesse qui la sentoit; et toujours, et avec tous, et en maître partout, mais qui avoit ses degrés suivant les personnes. Il avoit une sorte de familiarité qui venoit de liberté; mais il n'étoit pas exempt d'une forte empreinte de cette ancienne barbarie de son pays qui rendoit toutes ses manières promptes, même précipitées, ses volontés incertaines, sans vouloir être contraint ni contredit sur pas une; sa table, souvent peu décente, beaucoup moins ce qui la suivoit, souvent aussi avec un découvert d'audace et d'un roi partout chez soi; ce qu'il se proposoit de voir ou de faire toujours dans l'entière indépendance des moyens qu'il falloit forcer à son plaisir et à son mot; le désir de voir à son aise, l'importunité d'être en spectacle, l'habitude d'une liberté au-dessus de tout lui faisoit souvent préférer les carrosses de louage, les fiacres même, le premier carrosse qu'il trouvoit sous sa main de gens qui étoient chez lui et qu'il ne connoissoit pas. Il sautoit dedans et se faisoit mener par la ville ou dehors. Cette aventure arriva à Mme de Matignon, qui étoit allée là bayer, dont il mena le carrosse à Boulogne et dans d'autres lieux de campagne, qui fut bien étonnée de se trouver à pied. Alors c'étoit au maréchal de Tessé et à sa suite, dont il s'échappoit ainsi, à courir après, quelquefois sans le pouvoir trouver.

C'étoit un fort grand homme, très-bien fait, assez maigre, le visage assez de forme ronde; un grand front; de beaux sourcils; le nez assez court sans rien de trop, gros par le bout; les lèvres assez grosses; le teint rougeâtre et brun; de beaux yeux noirs, grands, vifs, perçants, bien fendus; le regard majestueux et gracieux quand il y prenoit garde, sinon sévère et farouche, avec un tic qui ne revenoit pas souvent, mais qui lui démontoit les yeux et toute la physionomie, et qui donnoit de la frayeur. Cela duroit un moment, avec un regard égaré et terrible, et se remettoit aussitôt. Tout son air marquoit son esprit, sa réflexion et sa grandeur, et ne manquoit pas d'une certaine grâce. Il ne portoit qu'un col de toile, une perruque ronde, brune, comme sans poudre, qui ne touchoit pas ses épaules, un habit brun, justaucorps uni, à boutons d'or, veste, culotte, bas, point de gants ni de manchettes, l'étoile de son ordre sur son habit et le cordon par dessous, son habit souvent déboutonné tout à fait, son chapeau sur une table, et jamais sur sa tête, même dehors. Dans cette simplicité, quelque mal voituré et accompagné qu'il pût être, on ne s'y pouvoit méprendre à l'air de grandeur qui lui étoit naturel.

Ce qu'il buvoit et mangeoit en deux repas réglés est inconcevable, sans compter ce qu'il avaloit de bière, de limonade et d'autres sortes de boissons entre les repas, toute sa suite encore davantage ; une bouteille ou deux de bière, autant et quelquefois davantage de vin, des vins de liqueurs après, à la fin du repas des eaux-de-vie préparées, chopine et quelquefois pinte : c'étoit à peu près l'ordinaire de chaque repas. Sa suite à sa table en avaloit davantage ; et mangeoient tous à l'avenant à onze heures du matin et à huit heures du soir. Quand la mesure n'étoit pas plus forte, il n'y paroissoit pas. Il y avoit un prêtre aumônier qui mangeoit à la table du Czar, plus fort de moitié que pas un, dont le Czar, qui l'aimoit, s'amusoit beaucoup. Le prince Kurakin alloit tous les jours à l'hôtel de Lesdiguières, mais il demeura logé chez lui.

Le Czar entendoit bien le françois, et, je crois, l'auroit parlé s'il eût voulu ; mais, par grandeur, il avoit toujours un interprète. Pour le latin et bien d'autres langues, il les parloit très-bien. Il eut chez lui une salle des gardes du Roi, dont il ne voulut presque jamais être suivi dehors. Il ne voulut point sortir de l'hôtel de Lesdiguières, quelque curiosité qu'il eût, ni donner aucun signe de vie, qu'il n'y eût reçu la visite du Roi.

Le samedi matin, lendemain de son arrivée, le Régent alla voir le Czar. Ce monarque sortit de son cabinet, fit quelques pas au-devant de lui, l'embrassa avec un grand air de supériorité, lui montra la porte de son cabinet, et se tournant à l'instant sans nulle civilité, y entra. Le Régent le suivit, et le prince Kurakin après lui, pour leur servir d'interprète. Ils trouvèrent deux fauteuils vis-à-vis l'un de l'autre ; le Czar s'assit en celui du haut bout, le Régent dans l'autre. La conversation dura près d'une heure, sans parler d'affaires, après quoi le Czar sortit de son cabinet, le Régent après lui, qui avec une profonde révérence médiocrement rendue, le quitta au même endroit où il l'avoit trouvé en entrant.

Le lundi suivant 10 mai, le Roi alla voir le Czar, qui le reçut à sa portière, le vit descendre de carrosse, et marcha de front à la gauche du Roi jusque dans sa chambre, où ils trouvèrent deux fauteuils égaux. Le Roi s'assit dans celui de la droite, le Czar dans celui de la gauche; le prince Kurakin servit d'interprète. On fut étonné de voir le Czar prendre le Roi sous les deux bras, le hausser à son niveau, l'embrasser ainsi en l'air, et le Roi à son âge, et qui n'y pouvoit pas être préparé, n'en avoir aucune frayeur. On fut frappé de toutes les grâces qu'il montra devant le Roi, de l'air de tendresse qu'il prit pour lui, de cette politesse qui couloit de source, et toutefois mêlée de grandeur d'égalité de rang, et légèrement de supériorité d'âge; car tout cela se fit très-distinctement sentir. Il loua fort le Roi, il en parut charmé, et il en persuada tout le monde. Il l'embrassa à plusieurs reprises. Le Roi lui fit très-joliment son petit et court compliment, et M. du Maine, le maréchal de Villeroy, et ce qui se trouva là de distingué fournirent à la conversation. La séance dura un petit quart d'heure. Le Czar accompagna le Roi comme il l'avoit reçu, et le vit monter en carrosse.

Le mardi 11 mai, le Czar alla voir le Roi entre quatre et cinq heures. Il fut reçu du Roi à la portière de son carosse, et conduit de même, eut la droite sur le Roi partout. On étoit convenu de tout le cérémonial avant que le Roi l'allât voir. Le Czar montra les mêmes grâces et la même affection pour le Roi, et sa visite ne fut pas plus longue que celle qu'il en avoit reçue; mais la foule le surprit fort.

Il étoit allé dès huit heures du matin voir les places Royale, des Victoires et de Vendôme, et le lendemain il fut voir l'Observatoire, les manufactures des Gobelins et le Jardin du Roi des simples. Partout là il s'amusa beaucoup à tout examiner et à faire beaucoup de questions.

Le jeudi 13 mai, il se purgea, et ne laissa pas l'après-dînée d'aller chez plusieurs ouvriers de réputation. Le vendredi 14, il alla dès six heures du matin dans la grande galerie du Louvre voir les plans en relief de

toutes les places du Roi, dont Hasfeld avec ses ingénieurs
lui fit les honneurs. Le maréchal de Villars s'y trouva
aussi pour la même raison avec quelques lieutenants
généraux. Il examina fort longtemps tous ces plans; il
visita ensuite beaucoup d'endroits du Louvre, et descendit après dans le jardin des Tuileries, dont on avoit fait
sortir tout le monde. On travailloit alors au Pont-Tour-
nant. Il examina fort cet ouvrage, et y demeura longtemps.
L'après-dînée, il alla voir Madame au Palais-Royal, qui
l'avoit envoyé complimenter par son chevalier d'honneur.
Excepté le fauteuil, elle le reçut comme elle auroit fait le
Roi. M. le duc d'Orléans l'y vint prendre pour le mener
à l'Opéra dans sa grande loge, tous deux seuls sur le
banc de devant avec un grand tapis. Quelque temps
après, le Czar demanda s'il n'y auroit point de la
bière. Tout aussitôt on en apporta un grand gobelet
sur une soucoupe. Le Régent se leva, la prit, et la
présenta au Czar, qui, avec un sourire et une inclination de politesse, prit le gobelet sans aucune façon,
but et le remit sur la soucoupe, que le Régent tint toujours.
En la rendant, il prit une assiette qui portoit une ser-
viette, qu'il présenta au Czar, qui, sans se lever, en usa
comme il avoit fait pour la bière, dont le spectacle parut
assez étonné. Au quatrième acte il s'en alla souper, et
ne voulut pas que le Régent quittât la loge. Le lendemain
samedi, il se jeta dans un carrosse de louage, et alla voir
quantité de curiosités chez les ouvriers.

Le 16 mai, jour de la Pentecôte, il alla aux Invalides,
où il voulut tout voir et tout examiner partout. Au
réfectoire, il goûta de la soupe des soldats et de leur
vin, but à leur santé, leur frappant sur l'épaule et les
appelant camarades. Il admira beaucoup l'église, l'apo-
thicairerie et l'infirmerie, et parut charmé de l'ordre de
cette maison. Le maréchal de Villars lui en fit les honneurs. La maréchale de Villars y alla pour le voir comme
bayeuse; il sut que c'étoit elle, et lui fit beaucoup d'honnêtetés.

Lundi 17 mai, il dîna de bonne heure avec le prince Ragotzi, qu'il en avoit prié, et alla après voir Meudon, où il trouva des chevaux du Roi pour voir les jardins et le parc à son aise. Le prince Ragotzi l'y accompagna.

Mardi 18, le maréchal d'Estrées le vint prendre à huit heures du matin et le mena dans son carrosse, à sa maison d'Issy, où il lui donna à dîner, et l'amusa fort le reste de la journée avec beaucoup de choses qu'il lui fit voir touchant la marine.

Mercredi 19, il s'occupa de plusieurs ouvrages et ouvriers. Mme la duchesse de Berry et Mme la duchesse d'Orléans, à l'exemple de Madame, envoyèrent le matin complimenter le Czar par leurs premiers écuyers. Elles en avoient toutes trois espéré un compliment, ou même une visite. Elles se lassèrent de n'en point entendre parler, et à la fin se ravisèrent. Le Czar répondit qu'il iroit les remercier. Des princes et princesses du sang, il ne s'en embarrassa pas plus que des premiers seigneurs de la cour, et ne les distingua pas davantage. Il avoit trouvé mauvais que les princes du sang eussent fait difficulté de l'aller voir, s'ils n'étoient assurés qu'il rendroit une visite aux princesses du sang, ce qu'il rejeta avec grande hauteur, tellement qu'aucune d'elles ne le virent que par curiosités, en voyeuses[1], excepté Mme la princesse de Conti par hasard. Tout cela s'expliquera dans la suite.

Jeudi 20 mai, il devoit aller dîner à Saint-Cloud, où M. le duc d'Orléans l'attendoit avec cinq ou six courtisans seulement, mais un peu de fièvre qu'il eut la nuit l'obligea le matin de s'envoyer excuser.

Vendredi 21, il alla voir Mme la duchesse de Berry au Luxembourg, où il fut reçu comme le Roi. Après sa visite il se promena dans les jardins. Mme la duchesse de Berry s'en alla cependant à la Muette[2], pour lui laisser la liberté de voir toute sa maison, qu'il visita fort curieusement.

1. Voyez tome II, p. 212 et note 1, et tome IX, p. 466.
2. Voyez tome IV, p. 286, note 2.

Comptant partir vers le 16 juin, il demanda des bateaux pour ce temps-là à Charleville, dans le dessein de descendre la Meuse.

Samedi 22, il fut à Bercy chez Pajot d'Ons-en-Bray, principal directeur de la poste, dont la maison est pleine de toutes sortes de raretés et de curiosités, tant naturelles que mécaniques. Le célèbre P. Sébastien, carme, y étoit. Il s'y amusa tout le jour, et y admira plusieurs belles machines.

Le dimanche 23 mai, il fut dîner à Saint-Cloud, où M. le duc d'Orléans l'attendoit; il vit la maison et les jardins, qui lui plurent fort; passa, en s'en retournant, au château de Madrid, qu'il visita, et alla de là voir Mme la duchesse d'Orléans au Palais-Royal, où, parmi beaucoup de politesses, il ne laissa pas de montrer un grand air de supériorité, ce qu'il avoit bien moins marqué chez Madame et chez Mme la duchesse de Berry.

Lundi 24, il alla aux Tuileries de bonne heure, avant que le Roi fût levé. Il entra chez le maréchal de Villeroy, qui lui fit voir les pierreries de la couronne. Il les trouva plus belles et en plus grand nombre qu'il ne pensoit, mais il dit qu'il ne s'y connoissoit guère. Il témoignoit faire peu de cas des beautés purement de richesses et d'imagination, de celles surtout auxquelles il ne pouvoit atteindre. De là, il voulut aller voir le Roi, qui de son côté venoit le trouver chez le maréchal de Villeroy. Cela fut compassé exprès pour que ce ne fût point une visite marquée, mais comme de hasard. Ils se rencontrèrent dans un cabinet, où ils demeurèrent. Le Roi, qui tenoit un rouleau de papier à la main, le lui donna, et lui dit que c'étoit la carte de ses États. Cette galanterie plut fort au Czar, dont la politesse et l'air d'amitié et d'affection furent les mêmes, avec beaucoup de grâces, mais de majesté et d'égalité.

L'après-dînée il alla à Versailles, où le maréchal de Tessé le laissa au duc d'Antin, chargé de lui en faire les honneurs. L'appartement de Madame la Dauphine étoit préparé pour lui, et il coucha dans la communication de Monseigneur le Dauphin, père du Roi, qui fait à cette heure des cabinets pour la Reine.

Mardi 25, il avoit parcouru les jardins, et s'étoit embarqué sur le canal dès le grand matin, avant l'heure qu'il avoit donnée à d'Antin pour se rendre chez lui. Il vit tout Versailles, Trianon et la Ménagerie. Sa principale suite fut logée au château. Ils menèrent avec eux des demoiselles, qu'ils firent coucher dans l'appartement qu'avoit Mme de Maintenon, tout proche de celui où le Czar couchoit. Bloin, gouverneur de Versailles, fut extrêmement scandalisé de voir profaner ainsi ce temple de la pruderie, dont la déesse et lui, qui étoient vieux, l'auroient été moins autrefois. Ce n'étoit pas la manière du Czar ni de ses gens de se contraindre.

Mercredi 26, le Czar[1] s'amusa fort tout le jour à Marly et à la machine. Il manda au maréchal de Tessé à Paris qu'il y arriveroit le lendemain matin à huit heures à l'hôtel de Lesdiguières, où il comptoit le trouver, et qu'il le mèneroit en lieu de voir la procession de la Fête-Dieu. Le maréchal lui fit voir celle de Notre-Dame.

Le défrai de ce prince coûtoit six cents écus par jour, quoique il eût beaucoup fait diminuer sa table dès les premiers jours. Il eut un moment envie de faire venir à Paris la Czarine, qu'il aimoit beaucoup ; mais il changea bientôt d'avis. Il la fit aller à Aix-la-Chapelle ou à Spa, à son choix, pour y prendre des eaux en l'attendant.

Dimanche 30 mai, il partit avec Bellegarde, fils et survivancier de d'Antin pour les bâtiments, et beaucoup de relais pour aller dîner chez d'Antin à Petit-Bourg, qui l'y reçut et le mena l'après-dînée voir Fontainebleau, où il coucha, et le lendemain une chasse du cerf, de laquelle le comte de Toulouse lui fit les honneurs. Le lieu lui plut médiocrement, et point du tout la chasse, où il pensa

1. On lit ici le mot *qui* au manuscrit ; mais le pronom *Il*, premier mot de la phrase suivante y a été ajouté en interligne.

tomber de cheval ; il trouva cet exercice trop violent, qu'il ne connoissoit point. Il voulut manger seul avec ses gens au retour, dans l'île de l'étang de la cour des Fontaines. Ils s'y dédommagèrent de leurs fatigues. Il revint à Petit-Bourg seul dans un carrosse avec trois de ses gens. Il parut dans ce carrosse qu'ils avoient largement bu et mangé.

Mardi 1ᵉʳ juin, il s'embarqua au bas de la terrasse de Petit-Bourg pour revenir par eau à Paris. Passant devant Choisy, il se fit arrêter, et voulut voir la maison et les jardins. Cette curiosité l'obligea d'entrer un moment chez Mᵐᵉ la princesse de Conti, qui y étoit. Après s'être promené il se rembarqua, et il voulut passer sous tous les ponts de Paris.

Jeudi 3 juin, octave de la Fête-Dieu, il vit de l'hôtel de Lesdiguières la procession de la paroisse de Saint-Paul. Le même jour il alla coucher encore à Versailles, qu'il voulut revoir avec plus de loisir ; il s'y plut fort et voulut aussi coucher à Trianon, puis trois ou quatre nuits à Marly dans les pavillons les plus près du château qu'on lui prépara.

Vendredi 11 juin, il fut de Versailles à Saint-Cyr, où il vit toute la maison et les demoiselles dans leurs classes. Il y fut reçu comme le Roi. Il voulut aussi voir Mᵐᵉ de Maintenon, qui dans l'apparence de cette curiosité s'étoit mise au lit, ses rideaux fermés, hors un, qui ne l'étoit qu'à demi. Le Czar entra dans sa chambre, alla ouvrir les rideaux des fenêtres en arrivant, puis tout de suite tous ceux du lit, regarda bien Mᵐᵉ de Maintenon tout à son aise, ne lui dit pas un mot, ni elle à lui, et sans lui faire aucune sorte de révérence, s'en alla. Je sus qu'elle en avoit été fort étonnée et encore plus mortifiée ; mais le feu Roi n'étoit plus. Il revint le samedi 12[1] juin à Paris.

Le mardi 15 juin, il alla de bonne heure chez d'Antin à

---

1. Saint-Simon a écrit 11 pour 12.

Paris. Travaillant ce jour-là avec M. le duc d'Orléans, je finis en une demi-heure; il en fut surpris et voulut me retenir. Je lui dis que j'aurois toujours l'honneur de le trouver, mais non le Czar, qui s'en alloit, que je ne l'avois point vu, et que je m'en allois chez d'Antin bayer tout à mon aise. Personne n'y entroit que les conviés et quelques dames avec Madame la Duchesse et les princesses ses filles qui vouloient bayer aussi. J'entrai dans le jardin, où le Czar se promenoit. Le maréchal de Tessé, qui me vit de loin, vint à moi, comptant me présenter au Czar. Je le priai de s'en bien garder, et de ne point s'apercevoir de moi en sa présence, parce que je voulois le regarder tout à mon aise, le devancer et l'attendre tant que je voudrois pour le bien contempler, ce que je ne pourrois plus faire si j'en étois connu. Je le priai d'en avertir d'Antin, et avec cette précaution je satisfis ma curiosité tout à mon aise. Je le trouvai assez parlant mais toujours comme étant partout le maître. Il rentra dans un cabinet, où d'Antin lui montra divers plans et quelques curiosités, sur quoi il fit plusieurs questions. Ce fut là où je vis ce tic dont j'ai parlé. Je demandai à Tessé si cela lui arrivoit souvent; il me dit plusieurs fois par jour, surtout quand il ne prend pas garde à s'en contraindre. Rentrant après dans le jardin, d'Antin lui fit raser l'appartement bas, et l'avertit que Madame la Duchesse y étoit avec des dames, qui avoient grande envie de le voir. Il ne répondit rien et se laissa conduire. Il marcha plus doucement, tourna la tête vers l'appartement, où tout étoit debout et sous les armes, mais en voyeuses [1]. Il les regarda bien toutes, et ne fit qu'une très-légère inclination de la tête à toutes à la fois, sans la tourner le long d'elles, et passa fièrement; je pense, à la façon dont il avoit reçu d'autres dames, qu'il auroit montré plus de politesse à celles-ci si Madame la Duchesse n'y eût pas été, à cause de la prétention de la visite. Il affecta même

---

1. Voyez ci-dessus, p. 27, et ci-après, p. 32 et p. 33.

de ne s'informer pas laquelle c'étoit, ni du nom de pas une des autres. Je fus là près d'une heure à ne le point quitter et à le regarder sans cesse. Sur la fin je vis qu'il le remarquoit : cela me rendit plus retenu, dans la crainte qu'il ne demandât qui j'étois. Comme il alloit rentrer, je passai en m'en allant dans la salle où le couvert étoit mis. D'Antin, toujours le même, avoit trouvé moyen d'avoir un portrait très-ressemblant de la Czarine, qu'il avoit mis sur la cheminée de cette salle, avec des vers à sa louange, ce qui plut fort au Czar dans sa surprise. Lui et sa suite trouvèrent le portrait fort ressemblant.

Le Roi lui donna deux magnifiques tentures de tapisserie des Gobelins. Il lui voulut donner aussi une belle épée de diamants, laquelle il s'excusa d'accepter; lui, de son côté, fit distribuer environ soixante mille livres aux domestiques du Roi qui l'avoient servi, donna à d'Antin et aux maréchaux d'Estrées et de Tessé à chacun son portrait enrichi de diamants, cinq médailles d'or et onze d'argent des principales actions de sa vie. Il fit un présent d'amitié à Verton, et pria instamment le Régent de l'envoyer auprès de lui chargé des affaires du Roi, qui le lui promit.

Mercredi 16 juin, il fut à cheval à la revue des deux régiments des gardes, des gens d'armes, chevau-légers et mousquetaires. Il n'y avoit que M. le duc d'Orléans : le Czar ne regarda presque pas ces troupes, qui s'en aperçurent. Il fut de là dîner-souper à Saint-Ouen, chez le duc de Tresmes, où il dit que l'excès de la chaleur, de la poussière et de la foule de gens à pied et à cheval lui avoit[1] fait quitter la revue plus tôt qu'il n'auroit voulu. Le repas fut magnifique; il sut que la marquise de Béthune, qui y étoit en voyeuse, étoit fille du duc de Tresmes; il la pria de se mettre à table : ce fut la seule dame qui y mangea, avec beaucoup de seigneurs. Il y vint plusieurs

---

1. *Avoient*, au manuscrit.

dames, aussi en voyeuses, à qui il fit beaucoup d'honnêtetés quand il sut qui elles étoient.

Jeudi 17, il alla pour la seconde fois à l'Observatoire, et de là souper chez le maréchal de Villars.

Vendredi 18 juin, le Régent fut de bonne heure à l'hôtel de Lesdiguières dire adieu au Czar. Il fut quelque temps avec lui, le prince Kurakin en tiers. Après cette visite, le Czar alla dire adieu au Roi aux Tuileries. Il avoit été convenu qu'il n'y auroit plus entre eux de cérémonies. On ne peut montrer plus d'esprit, de grâces ni de tendresses pour le Roi que le Czar en fit paroître en toutes ces occasions, et le lendemain encore, que le Roi alla lui souhaiter à l'hôtel de Lesdiguières un bon voyage, où tout se passa aussi sans cérémonies.

Dimanche 20 juin, le Czar partit et coucha à Livry, allant droit à Spa, où il étoit attendu par la Czarine, et ne voulut être accompagné de personne, pas même en sortant de Paris. Le luxe qu'il remarqua le surprit beaucoup; il s'attendrit en partant sur le Roi et sur la France, et dit qu'il voyoit avec douleur que ce luxe la perdroit bientôt. Il s'en alla charmé de la manière dont il avoit été reçu, de tout ce qu'il avoit vu, de la liberté qu'on lui avoit laissée, et dans un grand desir de s'unir étroitement avec le Roi, à quoi l'intérêt de l'abbé du Bois et de l'Angleterre fut un funeste obstacle, dont on a souvent eu et on a encore grand sujet de repentir.

On ne finiroit point sur ce czar si intimement et si véritablement grand, dont la singularité et la rare variété de tant de grands talents et de grandeurs diverses en feront toujours un monarque digne de la plus grande admiration jusque dans la postérité la plus reculée, malgré les grands défauts de la barbarie de son origine, de son pays et de son éducation. C'est la réputation qu'il laissa unaniment établie en France, qui le regarda comme un prodige dont elle demeura charmée.

Je suis certain que le Czar alla voir M. le duc d'Orléans dès les premiers jours, qu'il ne lui rendit que cette unique visite au Palais-Royal, que M. le duc d'Orléans le reçut et le conduisit à son carrosse, que leur conversation s'y passa dans un cabinet, seuls avec le prince Kurakin en tiers, et qu'elle dura assez longtemps. J'en ai oublié le jour.

Ce monarque fut très-content du maréchal de Tessé et de tout le service. Ce maréchal commandoit à tous les officiers de la maison du Roi de tous genres[1] qui servirent le Czar. Beaucoup de gens se firent présenter à lui, mais de considération. Beaucoup aussi ne se soucièrent pas de l'être. Aucune dame ne le fut; et les princes du sang ne le virent point, dont il ne témoigna rien que par sa conduite avec eux quand il en vit chez le Roi. En partant il s'attendrit sur la France, et dit qu'il voyoit avec douleur que son grand luxe la perdroit bientôt.

Il avoit des troupes en Pologne, et beaucoup dans le Meckelbourg; ces dernières inquiétoient fort le roi d'Angleterre, qui avoit eu recours aux offices de l'Empereur et à tous les moyens qu'il avoit pu pour engager le Czar à les en retirer. Il pria instamment M. le duc d'Orléans de tâcher de l'obtenir de ce prince tandis qu'il étoit en France. M. le duc d'Orléans n'y oublia rien, mais sans succès.

Néanmoins le Czar avoit une passion extrême de s'unir avec la France. Rien ne convenoit mieux à notre commerce, à notre considération dans le nord, en Allemagne et par toute l'Europe. Ce prince tenoit l'Angleterre en brassière par le commerce, et le roi Georges en crainte pour ses États d'Allemagne. Il tenoit la Hollande en grand respect et l'Empereur en grande mesure. On ne peut nier qu'il ne fît une grande figure en Europe et en Asie, et que la France n'eût infiniment profité d'une union étroite avec lui. Il n'aimoit point l'Empereur, il desiroit de nous déprendre peu à peu de notre abandon à l'Angleterre, et ce fut l'Angleterre qui nous rendit sourds à ses invitations

---

1. Il y a *tous* au pluriel, et *genre* au singulier.

jusqu'à la messéance, lesquelles durèrent encore longtemps après son départ. En vain je pressai souvent le Régent sur cet article, et lui disois des raisons dont il sentoit toute la force, et auxquelles il ne pouvoit répondre. Mais son ensorcellement pour l'abbé du Bois, aidé encore alors d'Effiat, de Canillac, du duc de Noailles, étoit encore plus fort.

Du Bois songeoit au cardinalat, et n'osoit encore le dire à son maître. L'Angleterre, sur laquelle il avoit fondé toutes ses espérances de fortune, lui avoit servi d'abord à être de quelque chose par le leurre de son ancienne connoissance avec Stanhope. De là il s'étoit fait envoyer en Hollande le voir à son passage, puis à Hanovre; enfin il avoit fait les traités qu'on a vus, et s'en étoit fait conseiller d'État, puis fourré dans le conseil des affaires étrangères. Il avoit été, puis retourné[1] en Angleterre. Les Anglois, qui voyoient son ambition et son crédit, le servoient à son gré pour en tirer au leur. Son but étoit de se servir du crédit du roi d'Angleterre sur l'Empereur, qui étoit grand, et de sa liaison alors intime et personnelle, pour se faire cardinal par l'autorité de l'Empereur, qui pouvoit tout à Rome et qui faisoit trembler le Pape.

Cette riante perspective nous tint enchaînés à l'Angleterre avec la dernière servitude, qui ne permit rien au Régent qu'avec sa permission, que Georges étoit bien éloigné d'accorder à la liaison avec le Czar, tant à cause de leurs haines et de leurs intérêts, que par ménagement pour l'Empereur : deux points si capitaux pour l'abbé du Bois que le Czar se dégoûta enfin de notre surdité pour lui, et de notre indifférence qui alla jusqu'à ne lui envoyer ni Verton, ni personne de la part du Roi.

On a eu lieu depuis d'un long repentir des funestes charmes de l'Angleterre, et du fol mépris que nous avons fait de la Russie. Les malheurs n'en ont pas cessé, par un

1. Puis était retourné.

aveugle enchaînement, et on n'a enfin ouvert les yeux que pour en sentir mieux l'irréparable ruine, scellée par le ministère de Monsieur le Duc, et par celui du cardinal Fleury ensuite, également empoisonnés de l'Angleterre, l'un par l'énorme argent qu'en tira sa maîtresse après le cardinal du Bois, l'autre par l'infatuation la plus imbécile.

CHAPITRE III.

Mort du palatin de Livonie. — Nouveaux manéges d'Alberoni pour sa promotion; Giudice à Gênes, misère de ses neveux. — Effet à Madrid de la promotion de Borromée. — Patiño, depuis premier ministre et grand. — Vanteries d'Alberoni. — Le roi de Sicile, inquiet, desire être compris dans le traité projeté de l'Espagne avec la Hollande; réponse d'Alberoni. — Alberoni change tout à coup de système, et en embrasse un fort peu possible, et encore avec d'étranges variations; ses ordres à Beretti là-dessus. — Les Hollandois desirent l'union avec l'Espagne; ils craignent la puissance et l'ambition de l'Empereur et les mouvements du roi de Prusse. — Plaintes et dépit du roi de Prusse contre le roi d'Angleterre; cabales et changements en Angleterre. — Beretti propose d'attacher à l'Espagne plusieurs membres principaux des états généraux, qu'il nomme, par des pensions. — Lettre d'Alberoni à Beretti suivant son nouveau système, pour être montrée au pensionnaire et à quelques autres de la République, et parle en même sens à Riperda. — Riperda découvre un changement dans le dernier système d'Alberoni, et prévoit le dessein sur la Sicile. — Esprit continuel de retour à la succession de France. — Double friponnerie d'Alberoni et d'Aubanton sur la constitution. — Artifices d'Alberoni pour sa promotion; ses éclats et ses menaces. — Mauvais état des finances d'Espagne. — Propos des ministres d'Angleterre et d'Hollande à celui de Sicile, en conformité du dernier système d'Alberoni, et lui font une proposition étrange; il élude d'y répondre, et fait une curieuse et importante découverte. — Alberoni, sous le nom de la reine, éclate en menaces, ferme l'Espagne à Aldovrandi, fait un reproche et donne une leçon à Acquaviva, avec l'air de le ménager. — Nouveaux efforts d'Alberoni pour sa promotion. — Rare bref du Pape au P. d'Aubanton. — Le roi d'Espagne parle trois fois à Riperda suivant le système d'Alberoni. — L'ambassadeur de Sicile, alarmé sur la cession de cette île, élude de répondre aux propositions de l'ambassadeur de Hollande. — Alberoni change de batteries, et veut plaire au Pape pour obtenir sa promotion; embarras du Pape. — Vénitiens mal avec la France et avec l'Espagne;

Acquaviva veut gagner le cardinal Ottobon. — Vil intérêt des Romains. — Réflexion sur les cardinaux françois. — Changement de plus en plus subit de la conduite d'Alberoni sur sa promotion; ses raisons. — Conduite et ordres d'Alberoni à Beretti suivant son dernier système; raisonnements de Beretti. — Agitations intérieures de la cour d'Angleterre.

On apprit en même temps la mort du palatin de Livonie, qui avoit accompagné le prince électoral de Saxe dans tous ses voyages, qui avoit toute la confiance du père et du fils, et qui acquit par son esprit, par ses lumières et par sa conduite et celle de ce prince en France tant de réputation. Il étoit catholique, il eût été ravi de voir ce prince sur le trône de Pologne, et bien étonné s'il eût pu deviner que la fille de Stanislas seroit reine de France, et celle de son jeune prince Dauphine, par le contraste le plus étrangement singulier.

Le Pape étoit toujours en des frayeurs mortelles des préparatifs du Turc, et se réjouissoit de la diligence qu'on lui faisoit valoir de ceux de l'Espagne pour envoyer l'escadre promise en Levant, et Acquaviva en profitoit pour presser la promotion d'Alberoni, qui perdroit, disoit-il au Pape, toute sa grâce s'il ne l'accordoit qu'avec toutes les précautions qu'il y vouloit apporter, c'est-à-dire que l'escadre fût dans les mers du Levant, la nonciature rouverte en Espagne et tous les différends entre les deux cours terminés. Giudice étoit encore à Gênes. Son neveu le prélat, témoin des exclamations de tous les cardinaux, lorsqu'ils entendoient parler de la promotion d'Alberoni, trembloit que la conduite de son oncle à Rome ne nuisît à sa fortune. Cellamare n'en avoit pas moins de frayeur pour lui-même, tous deux bien résolus à s'en tenir aux plus légères bienséances avec leur oncle, et se servir eux-mêmes en servant Alberoni. Ce dernier avoit reçu la nouvelle de la promotion de Borromée avec beaucoup de fermeté; il parut qu'elle lui faisoit affecter de se montrer comme l'arbitre des affaires et de la cour d'Espagne; mais donnant toujours sa promotion comme l'affaire uniquement de la reine. Elle étoit lors en couches. On affecta de lui cacher la nouvelle de peur de nuire à sa santé, mais deux heures après l'arrivée du courrier qui l'apporta, il en fut dépêché un au prince Pio, vice-roi de Catalogne à Barcelone, avec ordre d'empêcher Aldovrandi d'entrer en Espagne, et de l'en faire sortir sur-le-champ s'il y étoit déjà entré. En chemin, ce nonce avoit reçu une lettre du cardinal Paulucci, par ordre du Pape, qui lui donnoit pouvoir d'assurer Alberoni que sa promotion suivroit de près, pourvu que l'accommodement entre les deux cours se fît aux conditions proposées par le Pape et comme acceptées, et qu'avant la conclusion la nonciature fût rouverte et l'escadre à la voile. C'étoit vendre et acheter un chapeau bien cher : aussi ces conditions furent-elles trouvées en Espagne d'une insolence extrême : ce terme n'y fut pas ménagé, et toutes les autres expressions mêlées de raisonnements qui y répondirent; on menaça de la fureur de la reine quand elle en seroit informée, et des plus grandes extrémités. Le roi écrivit cependant au Pape, en termes respectueux mais forts. Aldovrandi fut accusé à Madrid d'avoir suggéré au Pape cette résolution, par le desir qu'il avoit de faire rouvrir sa nonciature et de n'y être pas trompé.

Néanmoins Alberoni regardoit l'envoi de l'escadre comme le seul moyen d'opérer sa promotion. Il s'étoit rendu maître des fonds de l'armement, et pour être plus assuré de la diligence, il en avoit confié le soin à Patiño, avec le titre d'intendant général de la marine. C'étoit l'unique Espagnol qu'il eût jamais jugé digne de sa confiance et capable de bien servir. Il avoit été dix-huit ans jésuite ; il figura depuis de plus en plus, et est mort enfin grand d'Espagne et premier ministre, avec autant de pouvoir et de probité qu'en avoit eu Alberoni. Il se vantoit, en attendant, d'avoir anéanti les conseils, rétabli le commerce et la marine, réparé les places et l'artillerie, construit et augmenté des ports, détruit la contractation[1]

1. Voyez tome XIII, p. 238 et note 1.

et le consulat de Séville, bridé pour toujours l'Aragon et la Catalogne par la construction de la citadelle de Barcelone, et de la santé¹ du roi d'Espagne, suffisamment raffermie pour ne ralentir plus l'empressement des puissances étrangères de prendre des engagements avec lui.

Le roi de Sicile, toujours en crainte et mal avec l'Empereur, fit presser Alberoni de le comprendre dans le traité de ligue dont il se parloit fort alors entre l'Espagne et la Hollande. Alberoni répondit à l'abbé del Maro, son ambassadeur, que la conclusion n'en étoit pas prochaine; que, s'il y avoit apparence de traiter, il seroit averti; que le motif de cette proposition avoit été de rompre le traité de ligue que l'Empereur avoit proposé aux états généraux, avec lui, et que le roi d'Espagne avoit été bien aise de trouver une occasion de déclarer que, si l'Empereur attaquoit l'Italie, il prendroit ses mesures pour conserver ses droits et ceux de ses amis; enfin que toutes les fois que les Hollandois seroient raisonnables le roi d'Espagne seroit disposé à traiter avec eux, et qu'en ce cas les intérêts du roi de Sicile ne seroient pas oubliés.

Il dit assez vrai pour cette fois; car, dès qu'il fut assuré de n'avoir plus de traité à craindre entre l'Empereur et les Hollandois, il manda à Beretti de semer soigneusement la défiance entre eux, et de se contenter de maintenir sur pied la négociation commencée, sans en presser la conclusion, parce que, dans l'heureuse situation du roi d'Espagne, il étoit en état d'être recherché de tous côtés et n'avoit rien à craindre pour ses royaumes; d'où il concluoit qu'il falloit aussi aller très-lentement dans la négociation commencée avec l'Angleterre, en quoi on verra bientôt l'ignorance de sa politique. Il prescrivit donc à Beretti de mander à Stanhope que nul accommodement avec l'Empereur ne convenoit à l'Espagne si on ne régloit, comme un préliminaire, le point de la sûreté de l'Italie, dont il pouvoit se rendre maître en vingt-quatre

---

1. Et il se vantait de la santé.

heures, et que l'Angleterre, ayant inutilement versé tant de sang et d'argent pour soutenir la dernière guerre, ne devoit rien oublier pour que les engagements qu'elle prendroit pour assurer le repos de l'Europe eussent un effet certain. Mais il voulut que Beretti écrivît en ce sens, comme de lui-même et sans ordre, seulement comme très-sûrement informé de l'intention de l'Espagne de maintenir l'équilibre de l'Europe. Elle[1] n'y pouvoit être, selon lui, quelques précautions qu'on pût prendre contre les changements des temps et des conjonctures, tant que l'Empereur posséderoit des États en Italie, surtout une place comme Mantoue. Il ne regardoit plus que comme des dispositions trop éloignées et trop casuelles pour y faire une attention sérieuse, l'offre du roi d'Angleterre d'obliger l'Empereur de promettre aux enfants de la reine d'Espagne les successions de Parme et de Toscane, à faute d'enfants de ces deux maisons. Il prétendoit que Stanhope, qu'il avoit vu en Espagne, étoit fin et adroit. Il croyoit voir de l'artifice dans ses lettres. Pour le fixer, il vouloit un engagement positif des Anglois d'obliger l'Empereur à sortir d'Italie, et de Parme surtout. On ne peut s'empêcher d'admirer ici qu'un pemier ministre d'Espagne, quelque peu habile qu'il pût être dans la connoissance des affaires, pût imaginer possible une pareille vision.

Il ne laissoit pas de prévoir que Stanhope se retrancheroit sur le traité d'Utrecht, auquel cette demande seroit une infraction, et confirmé depuis par la ligue nouvellement faite entre la France, l'Angleterre et la Hollande. Mais cela n'arrêtoit point Alberoni, qui, sans l'engagement qu'il desiroit, ne voyoit point d'utilité pour l'Espagne à traiter avec l'Empereur, parce que des affaires d'Italie dépendoit, selon lui, l'équilibre de l'Europe, qui ne pouvoit jamais subsister tant qu'il y auroit un Allemand en Italie. Cela pouvoit être vrai. Mais comment

---

1. Saint-Simon fait ici *équilibre* du féminin.

obliger l'Empereur, puissant comme il étoit et les forces en main, de renoncer à l'Italie, qui faisoit un des plus beaux et des plus riches fleurons de sa couronne, et un des principaux fondements de son autorité en Europe, et comment persuader les Anglois, de tout temps liés avec lui et le roi d'Angleterre, lors son ami personnel et intime, et qui avoit tant d'intérêt de le ménager pour ses États d'Allemagne, de lui faire une proposition si folle et encore sans équivalent, et de le forcer à cet abandon qui, par leur situation, ne leur étoit à eux d'aucune considération?

Alberoni comptoit dire merveilles en protestant que le roi d'Espagne, content de ce qu'il possédoit, ne prétendoit rien en Italie pour lui-même, et se contentoit de ce qui devoit appartenir au fils de son second lit, par toutes les lois divines et humaines. Ce leurre en sus étoit aussi par trop grossier. C'étoit néanmoins en ce sens que Beretti reçut ordre d'écrire et de parler si la négociation se portoit à Londres.

Alberoni ne jugeoit pas convenable de céder tant de droits et d'États usurpés pour une promesse vague garantie par l'Angleterre et la Hollande, qui pour leur intérêt propre, à ce qu'il se figuroit, seroient obligées d'empêcher l'Empereur de se rendre maître des États du grand-duc, si la succession s'en ouvroit sans héritiers; par conséquent que l'Espagne ne gagneroit rien et perdroit tout en faisant ce traité avec l'Empereur. Il en parla en ce sens au secrétaire d'Angleterre, toutefois dans l'intention d'entretenir le traité sans le rompre.

Le naturel froid et temporiseur d'Heinsius servoit Alberoni contre les empressements que Beretti redoubloit sans cesse pour le traité, avant que d'avoir reçu ces derniers ordres. Ce pensionnaire l'assuroit de la bonne disposition de toutes les provinces; mais il ajoutoit qu'avant de traiter et de conclure, il falloit voir ce que produiroient les soins de l'Angleterre et de la République, pour moyenner la paix entre l'Empereur et l'Espagne; que si cette paix ne réussissoit point, la République s'uniroit avec l'Espagne par une alliance, soit que les Anglois y voulussent entrer ou non. Amsterdam paroissoit le desirer; Beretti s'en applaudissoit comme du fruit de ses soins, et comptoit aussi sur les provinces d'Utrecht et de Gueldre. Les principaux membres de la République rejetoient sur l'Angleterre la lenteur de la négociation de la paix entre l'Empereur et l'Espagne. Duywenworden se plaignoit de ses délais, qui laissoient perdre la conjoncture si favorable de la guerre d'Hongrie pour rendre l'Empereur plus facile. Il convenoit de l'intérêt commun que l'Empereur ne se rendît pas maître de l'Italie, et assuroit que les états généraux l'abandonneroient s'il ne se rendoit pas raisonnable, et traiteroient avec l'Espagne pour leurs intérêts particuliers. Il se vanta, pour prouver ses bonnes intentions, d'avoir parlé très-fermement, en dernier lieu, dans l'assemblée des états d'Hollande, sur les contraventions de l'Empereur au traité de la Barrière, et prétendoit l'avoir engagée d'écrire au roi d'Angleterre, pour lui demander l'interposition de ses bons offices à Vienne, d'où il arriveroit qu'en le faisant la République auroit ce qu'elle desiroit, ou s'il l'en refusoit, sa mauvaise foi seroit reconnue, et la République seroit en pleine liberté de traiter avec l'Espagne.

Elle venoit de réformer cinq régiments écossois. Alberoni en vouloit prendre deux à son service; mais Beretti, qui en avoit écrit à Londres, n'en ayant point de réponse, auguroit mal du succès de cette demande.

Malgré cette réforme de troupes, que le mauvais état des affaires des Hollandois les avoit obligés de faire, ils étoient inquiets des nouvelles levées que le roi de Prusse faisoit : il vouloit avoir soixante-cinq mille hommes sur pied, sans que ses ministres, ni peut-être lui-même, sût ce qu'il en vouloit faire. Ces troupes faisoient des mouvements dans le pays de Clèves. Il remplissoit ses magasins, et donna tant d'alarme aux Hollandois, qu'ils firent travailler aux fortifications de Nimègue et de Zutphen, et lui payèrent cent vingt mille florins des subsides qu'ils lui devoient de la dernière guerre.

Le roi de Prusse inquiétoit aussi le roi d'Angleterre, son beau-père, par les plaintes qu'il faisoit de lui et par ses liaisons étroites avec le Czar. Le gendre se déclaroit vivement piqué de trouver son beau-père opposé partout à ses intérêts, difficile sur les moindres bagatelles ; dans son dépit, il protestoit qu'il ne tiendroit pas à l'Empereur de l'attacher inviolablement à ses intérêts, parce qu'il étoit persuadé que le chef de l'Empire devoit être et seroit l'arbitre de la paix du Nord. Il se plaignoit qu'une escadre angloise eût bloqué le port de Gottembourg, et que Georges fît tenir le baron de Gœrtz si étroitement dans les prisons d'Hollande, qu'il n'y avoit eu que le seul adoucissement d'y faire porter son lit.

En même temps, la cour de Londres étoit si remplie de cabales, que le roi d'Angleterre n'avoit pu conserver ses principaux ministres. Townshend[1], secrétaire d'État, avoit quitté cette place pour la vice-royauté d'Irlande, qu'il perdit encore bientôt après. Methwin, aussi secrétaire d'État, et Walpole, premier commissaire de la trésorerie, furent démis aussi, ainsi que Pulteney de celle de secrétaire des guerres, et le duc de Devonshire, leur ami, et de même cabale, ne voulut pas demeurer président du conseil après leur disgrâce, et remit cette grande place. Stanhope changea la sienne de secrétaire d'État pour celle de premier commissaire de la trésorerie.

Parmi ces mouvements, la cour d'Angleterre étoit médiocrement occupée des affaires du dehors, et Stanhope encore moins, qui en avoit quitté la direction. Ainsi, ses réponses à Beretti étoient sèches, obscures, et désoloient l'activité de ce ministre sur une affaire dont il desiroit ardemment la conclusion pour en avoir l'hon-

1. Saint-Simon écrit ce nom *Tonsend*.

neur, et tous ses raisonnements tendoient à éprouver si Georges agissoit sincèrement, ou se contentoit d'amuser, ce qui ne se pouvoit qu'en le pressant extraordinairement de faire expliquer l'Empereur avant la décision de la campagne en Hongrie. Il se confirmoit dans cette opinion par l'aveu que faisoient Heinsius et Duywenworden, autrefois impériaux si zélés, qu'ils ne pouvoient avoir de confiance en la sincérité de l'Empereur dans la négociation commencée, en en éprouvant si peu de sa part sur l'exécution des conditions du traité de la Barrière.

Le pensionnaire même, si mesuré, s'étoit emporté contre l'ambition de la cour de Vienne et le danger de la laisser en état de se rendre maîtresse de tous côtés, par conséquent pour faire les derniers efforts sur le traité de paix avec l'Espagne pendant la campagne d'Hongrie. Beretti proposoit la nécessité d'acquérir des amis encore plus sûrs à l'Espagne, par des pensions dont on flatteroit les plus propres à les recevoir, et en même temps les plus en état de bien servir, mais qui ne leur seroient données que lorsque l'alliance avec la République seroit comme certaine. Ceux qu'il nommoit pour ces pensions, des principaux membres de la République, étoient le comte d'Albemarle, les barons de Reenswonde, de Norwich et de Welderen. Ce dernier étoit député pour la Gueldre. Il le disoit fort autrichien, mais sensible à l'argent, et plus encore aux bons repas.

Alberoni, dans les principes qu'on a vus, étoit fort ralenti sur ces alliances. Il écrivit une lettre à Beretti, suivant ces mêmes principes, avec ordre de la montrer au pensionnaire et aux bien intentionnés. Il y insistoit sur l'absolue nécessité de l'équilibre, sur son impossibilité tant que l'Empereur conserveroit un pouce de terre et un soldat en Italie, sur l'indifférence du roi d'Espagne sur la paix à faire avec l'Empereur. Surtout, il y relevoit le bon état de l'Espagne, et ses espérances de le rendre encore meilleur avant qu'il fût cinq ou six ans.

En même temps, il manda Riperda, ambassadeur d'Hollande. Il lui parla des propositions de l'Angleterre et de la Hollande, pour la paix entre l'Empereur et l'Espagne, lui dit qu'il falloit compter que ce n'étoit que de belles paroles de la cour de Vienne, que la négociation seroit infructueuse, qu'il seroit même très-dangereux de l'entamer, tant que la sûreté pour l'équilibre de l'Europe ne seroit pas solidement établie; lui expliqua en quoi il le faisoit consister, et qu'il falloit que l'Empereur remît tout ce qu'il possédoit en Italie entre les mains de l'Angleterre et de la Hollande, pour en être disposé par ces deux puissances comme elles le jugeroient à propos suivant la justice; et que le roi d'Espagne, dont il loua l'amour du bien public, consentoit d'en être parfaitement exclu. Il ajouta des plaintes de l'attachement des états généraux pour l'Empereur; qu'il comprenoit bien les ménagements que le roi d'Angleterre avoit pour le chef de l'Empire, par rapport à ses États d'Allemagne; qu'il ne voyoit donc qu'un esprit de dépendance à ses volontés dans cette conduite de la Hollande; que néanmoins il falloit une balance dans l'Europe. Il proposa comme un moyen d'y parvenir de procurer aux états généraux les Pays-Bas catholiques, et promit à Riperda, en lui en demandant le secret, que le roi d'Espagne feroit là-dessus ce qu'il jugeroit à propos. Il finit comme il avoit commencé, sur l'Empereur et sur l'Italie.

Riperda sortit de cette conversation persuadé que l'Espagne ne feroit jamais la paix avec l'Empereur aux conditions proposées par l'Angleterre et la Hollande. Il croyoit avoir découvert que le projet d'Alberoni, qui pourtant avoit insisté au commencement et à la fin de cette conversation qu'il n'y pouvoit avoir d'équilibre tant que l'Empereur posséderoit un pouce de terre en Italie; Riperda, dis-je, croyoit avoir découvert que son projet étoit de laisser le Milanois à l'Empereur, d'y faire ajouter

Crémone et le Crémonois, donnant en échange Mantoue
et le Mantouan à la république de Venise, de recouvrer
pour l'Espagne Naples, Sicile et Sardaigne, et d'assurer
au fils aîné du second lit du roi d'Espagne les successions
de Florence et de Parme. Cet ambassadeur étoit même
persuadé que l'Espagne recouvreroit la Sicile lorsqu'on
s'y attendroit le moins.

Alberoni étoit bien aise d'insinuer aux états généraux
ces différentes vues, parce qu'il craignoit plutôt qu'il ne
souhaitoit la paix avec l'Empereur. Dans la prévoyance
des événements qui pouvoient arriver, il évitoit d'engager
de nouveau le roi d'Espagne, soit en confirmant les
engagements déjà pris, soit par de nouvelles cessions
dont l'Europe deviendroit garante. Il disoit que la main
de Dieu n'étoit pas raccourcie, et par ce discours il
laissoit assez entendre ce qu'il avoit dans l'esprit. C'est
une chose étrange qu'être possédé de l'esprit de retour,
et de n'oser en laisser rien apercevoir ni à la France ni à
l'Espagne.

Dans ce même esprit, il profita de la conjoncture de
plusieurs écrits contre la constitution qui avoient été
brûlés publiquement à Rome. Il fit écrire au Pape par
leur fidèle Aubanton des merveilles de la piété du roi
d'Espagne, et de son inséparable attachement au chef de
l'Église, quoi qu'il pût arriver dans cette affaire. Ces
mêmes écrits que Cellamare avoit envoyés furent livrés à
l'Inquisition d'Espagne pour y être brûlés. Cellamare eut
ordre de ne plus envoyer d'écrits faits contre la constitution, mais tous ceux au contraire qui lui étoient favorables, tandis que le cardinal Acquaviva reçut ordre
d'éviter avec soin de prendre aucun parti dans ces différends et de se contenter simplement de rendre compte
des suites qu'ils pourroient avoir : c'est-à-dire qu'Alberoni
vouloit donner au Pape une grande idée de l'attachement
du roi d'Espagne pour la saine doctrine, et de son
horreur pour les nouveautés, en même temps que ce
ministre se vouloit ménager soigneusement la France,

et ne pas donner aussi trop d'assistance au Pape dans une conjoncture où il en étoit aussi mécontent.

Toutefois il pressoit l'armement de la flotte, comme de l'instrument unique de sa promotion, qui ne touchoit, disoit-il, que la reine. Il continuoit à garder le silence qu'il s'étoit imposé, et de dire qu'il savoit bien que, s'il proposoit quelques tempéraments, ses envieux diroient qu'il ne songeoit qu'à ses intérêts aux dépens de ceux de ses maîtres, jusque-là qu'il étoit contraint de leur cacher les lettres d'Acquaviva : c'étoit un bon reproche qu'il lui faisoit de n'avoir pas été assez ferme à presser le Pape; que les lénitifs n'étoient ni selon l'humeur du roi ni selon celle de la reine; qu'à l'avenir Rome seroit obligée à plus d'égards pour eux, que Leurs Majestés Catholiques donneroient enfin des marques de leur ressentiment à une cour pleine de brigands, aisée à châtier par l'intérêt; qu'étant, lui homme d'honneur et désintéressé, il seroit content d'avoir préféré la décence du service de ses maîtres à sa propre élévation; que s'ils avoient desiré un chapeau de cardinal, il leur conviendroit enfin de le mépriser, voyant l'étrange procédé de Rome; qu'il ne doutoit pas que, si le roi d'Espagne changeoit de résolution sur l'envoi de ses vaisseaux, ce changement ne fût attribué à son ministère, et que quelque fripon ne répandît qu'il se seroit servi de son crédit pour ôter ce secours à la chrétienneté[1]; que le Pape seul perdoit la religion, puisque, dans le même temps qu'il accordoit aux instances de ses parents la dignité de cardinal pour un homme vendu aux Allemands, il refusoit avec mépris la justice que le roi d'Espagne lui demandoit. Il établissoit pour principe (et ce principe est très-vrai, et c'est la seule vérité qu'Alberoni dise ici), il établissoit pour principe qu'il ne falloit pas filer doux avec la cour de Rome, que tous les remèdes mitoyens étoient mauvais, et que le temps

---

1. Voyez tome IX, p. 228 et note 1.

détromperoit enfin de l'orviétan¹ de cette cour; il ajoutoit que ses amis les plus dévoués ne pouvoient approuver sa conduite, que le confesseur même jetoit feu et flammes; mais Alberoni ne prétendoit pas lui en savoir gré, parce que, si ce jésuite en usoit autrement, il s'en trouveroit mal.

Cette flotte, dont Alberoni faisoit tant de parade, coûtoit prodigieusement. L'état des affaires n'étoit pas tel qu'Alberoni s'efforçoit de le montrer. Les dettes étoient en grand nombre et pressantes, les moyens de les acquitter difficiles; lui-même étoit contraint de l'avouer à ses confidents, mais il avoit le bonheur de faire accroire le contraire aux ministres étrangers qui étoient à Madrid. Ceux d'Angleterre et d'Hollande, qu'il caressoit le plus, assuroient l'ambassadeur de Sicile que le roi d'Espagne trouvoit en argent comptant au delà de l'opinion commune; qu'il pouvoit aider le roi de Sicile à devenir le libérateur de l'Italie, puisque le seul moyen d'empêcher l'Empereur de s'en rendre enfin le maître, étoit d'unir par un traité le roi d'Espagne, le roi de Sicile et les princes d'Italie. L'abbé del Maro voulut savoir quel seroit à peu près le plan que l'Angleterre et la Hollande formeroient pour cette union. Les ministres de ces deux puissances parlèrent de faire céder la Sicile au roi d'Espagne, et de faire donner au roi de Sicile les États contigus au Montferrat, et la partie du Milanois dont il étoit en possession. Quoique la proposition fût étrange, del Maro jugea qu'elle étoit faite de concert avec Alberoni, qui vouloit faire sa cour à la reine en trouvant le moyen de fonder un État pour ses enfants. Il tâcha de pénétrer un point plus important. Il remarquoit les ménagements que l'Angleterre et la Hollande avoient pour le roi d'Espagne. Il voulut découvrir quel parti prendroient ces puissances au cas d'ouverture à la succession de France. Mais il jugea par les réponses de leurs ministres que

1. Voyez tome XIII, p. 267 et note 1. L'orthographe de Saint-Simon est ici *orviétan*.

leurs égards étoient encore plus pour l'Espagne que pour la personne de Philippe V, et que si jamais il entreprenoit de revenir contre les renonciations, elles emploieroient leur crédit et leurs armes pour traverser son entreprise.

La reine d'Espagne apprit enfin la promotion de Borromée : Alberoni, sous son nom, éclata en menaces. Outre le courrier dépêché à Barcelone dont on a parlé, il en avoit fait envoyer un autre à Alicante pour le même effet au cas qu'Aldovrandi eût pris la route de la mer pour l'empêcher d'y mettre pied à terre. Ce nonce avoit laissé à Madrid un nommé Giradelli, son secrétaire, qui étoit aussi agent du cardinal Acquaviva. Alberoni fut tenté de le chasser; mais réfléchissant que cet homme ne pouvoit lui nuire, il s'en fit un mérite auprès d'Acquaviva, et lui donna en même temps une leçon. Le mérite fut de lui mander qu'à sa seule considération il avoit empêché que cet homme fût chassé, mais à condition qu'il ne feroit aucune fonction d'agent du Pape, et qu'il ne parleroit ni ne présenteroit de mémoire au nom de Sa Sainteté.

Pour la leçon, Acquaviva pressoit depuis longtemps d'être délivré à Rome de la critique importune de don Juan Diaz, agent d'Espagne, qui censuroit toutes ses actions avec la liberté la plus outrée. Alberoni lui avoit promis de le rappeler. Le cardinal l'en avoit de nouveau sollicité. Alberoni, mécontent de sa mollesse et d'avoir laissé passer Borromée sans lui, ajouta à sa lettre qu'il falloit user de flegme à l'égard de cet homme, regardé par les Espagnols comme très-zélé pour le service et comme incapable de ménager personne quand il s'agissoit de l'intérêt des maîtres; que, de plus, il s'étoit encore acquis un nouveau crédit depuis la promotion de Borromée, parce qu'il avoit constamment assuré qu'elle seroit faite, et Leurs Majestés Catholiques trompées malgré les belles paroles du Pape et les espérances dont lui Acquaviva s'étoit laissé flatter.

Ce reproche fait au Pape et à lui étoit annoncer la vengeance; deux Italiens n'y pouvoient donner une autre interprétation. Aldovrandi, voyant sa fortune perdue si l'entrée d'Espagne lui demeuroit interdite, demanda instamment la permission de passer à Barcelone ou à Saragosse. La colère de la reine fut le prétexte de n'écouter aucune proposition que la promotion d'Alberoni ne fût faite. Mais pour en conserver le véritable appât, il fit savoir à Rome que l'escadre si desirée se rendroit incessamment à Gênes, et pourroit même s'avancer jusqu'à Livourne, mais que, dans l'un de ces deux ports, elle attendroit des nouvelles d'Acquaviva, d'où elle regagneroit les ports d'Espagne si la promotion tant de fois promise n'étoit pas faite, résolution dont Leurs Majestés Catholiques ne se départiroient jamais, quand même le monde viendroit à tomber, parce que le roi d'Espagne se laissoit enfin d'être depuis seize ans le jouet de la cour de Rome.

Ce prince, dépeint à Rome avec tant de soin comme si soumis au Pape pour le lui faire desirer en France, si malheureusement la succession venoit à s'ouvrir, ne vouloit pas qu'il lui fût permis de différer la promotion d'un si rare sujet, et se portoit à toutes extrémités. Ainsi il menaça Rome à cette occasion de former une junte pour examiner les moyens et les mesures à prendre pour établir de justes bornes à son autorité en Espagne, et l'y réduire à celle qu'on lui permettoit en France et à Venise. Il ajoutoit que Leurs Majestés Catholiques seroient inflexibles sur ce point capital; que qui que ce soit n'oseroit entreprendre de tenter de les fléchir; qu'il aimeroit mieux être mort que d'en avoir ouvert la bouche, parce qu'on ne manqueroit pas de l'accuser de préférer ses intérêts à celui de ses maîtres; que le confesseur avoit d'autant plus d'intérêt de garder le plus profond silence, qu'il lui étoit très-sévèrement enjoint par le roi sur toutes les affaires de Rome, à laquelle d'ailleurs il passoit pour être vendu. Ainsi Alberoni vouloit que le Pape connût tout le danger de différer sa promotion, et qu'il le regardât comme le seul maître de terminer les différends entre les deux cours.

Pour le confirmer dans cette pensée, il obtint du roi d'Espagne d'engager le duc de Parme à promettre au nom de Sa Majesté Catholique de se rendre garant que l'accommodement se feroit, et que le tribunal de la nonciature seroit rouvert dans le moment que la promotion seroit faite et déclarée.

Cet instant de la promotion d'Alberoni étoit le point critique de toute difficulté sur l'accommodement. Alberoni ne le vouloit point faire si cette condition n'étoit remplie; il avoit trop de peur d'être laissé après. Le Pape, dans la même défiance qu'on ne se moquât de lui après la promotion, se tenoit ferme à sa promesse de la faire sitôt que l'accommodement seroit fait aux termes convenus déjà par Alberoni, et que l'escadre seroit à la voile sur la route de Corfou. Cette défiance mutuelle arrêtoit tout. Néanmoins le Pape voulut d'avance lever toutes les difficultés préliminaires. Il écrivit à d'Aubanton un bref de sa main, portant pouvoir d'absoudre le roi d'Espagne de toutes les censures qu'il avoit encourues par les actes faits en son nom et par son autorité contre les droits du saint-siége, mais à condition que ces mêmes actes seroient annulés, et que Sa Majesté Catholique entreroit dans tous les projets d'accommodement proposés par Sa Sainteté. On ne peut s'empêcher de dire ici que les réflexions s'offrent en foule sur ce beau bref et sur cette rare invention d'envahir tout comme juge et partie.

Alberoni en même temps, attentif à l'objet qu'il s'étoit fait pour l'Italie, procura à Riperda, qu'il avoit toujours particulièrement ménagé, trois audiences consécutives du roi d'Espagne en sa présence, dans lesquelles le roi d'Espagne, louant la candeur du pensionnaire, dit qu'il souhaitoit qu'il devînt le directeur de la négociation entre lui et la cour de Vienne, et que les propositions y fussent portées et à Madrid en même temps par les offices de l'Angleterre et de la Hollande. Il insista sur la nécessité d'établir avant toutes choses la balance nécessaire pour la sûreté de l'Italie, et il renouvela ce qui avoit déjà été dit à cet ambassadeur d'Hollande, pour exciter ses maîtres à profiter de l'occasion favorable qu'ils avoient de se rendre maîtres des Pays-Bas.

Riperda put aisément reconnoître aux conférences particulières qu'il avoit avec Alberoni que l'Italie étoit son objet principal. Il crut démêler que les instances que faisoit le roi de Sicile pour être compris dans ce traité n'auroient pas grand succès, et qu'on n'étoit pas disposé en Espagne à favoriser l'augmentation de sa puissance. Son ambassadeur travailloit à persuader le roi d'Espagne qu'une étroite intelligence entre lui et son maître étoit nécessaire pour leurs intérêts communs, et que l'ambassadeur d'Hollande appuieroit sa pensée de ses offices. Riperda, en effet, dans une visite qu'il lui avoit faite, l'avoit fort entretenu de la nécessité de profiter de la guerre du Turc pour maintenir la liberté de l'Italie contre les invasions de l'Empereur, d'où dépendoit la tranquillité de l'Europe; que les rois d'Espagne et d'Angleterre étoient persuadés de cette vérité, ainsi que les états généraux; qu'il falloit les unir, et savoir si le roi de Sicile concourroit[1] avec eux dans la même union; qu'il parloit par ordre du pensionnaire, choisi par le conseil secret de la République pour seul commissaire et interprète dans cette négociation particulière; qu'il demandoit une réponse là-dessus du roi de Sicile, lequel ne devoit pas être surpris du silence qui se gardoit là-dessus avec son résident à la Haye, parce que la négociation devoit être concertée principalement avec l'Espagne, et qu'il étoit absolument nécessaire d'empêcher que le mystère n'en fût éventé.

Tous ces propos néanmoins furent suspects à del Maro, à qui Riperda avoit déjà tenu quelques discours désa-

---

1. *Concourreroit*, au manuscrit.

gréables sur l'idée de la cession de la Sicile à l'Empereur moyennant un échange. Les offres de Riperda lui parurent de nouvelles preuves du concert fait entre les trois puissances de dépouiller son maître de la Sicile et de l'obliger à se contenter d'un échange tel qu'il leur plairoit pour faciliter la paix de l'Empereur avec l'Espagne : ainsi il éluda de répondre positivement en demandant du temps de recevoir les ordres de son maître.

Alberoni, tout occupé de sa promotion, qu'il vouloit obtenir par toutes sortes de voies, envoya ordre à Cadix de mettre à la voile pour le Levant, et avec cette nouvelle Acquaviva eut ordre d'assurer le Pape qu'Aldovrandi seroit au plus tôt reçu en qualité de nonce. Le prétexte de ce changement subit fut de montrer la droiture et la sincérité du procédé du roi d'Espagne, mais dont il attendoit un juste retour de sa part par la promotion actuelle et déclarée à la réception de sa lettre. Le Pape ne pouvoit s'aveugler sur l'indignité de cette promotion qu'il sentoit et voyoit. Les clameurs publiques en retentissoient et en frappoient ses oreilles. Mais de cette promotion, telle qu'elle fût, dépendoient l'accommodement et l'avantage de Rome, et le secours maritime contre les Turcs.

Le Pape pleuroit donc, et les larmes lui coûtoient peu. Il se trouvoit dans les douleurs de l'enfantement. Il se servoit de la frayeur commune des Vénitiens pour agir par leur ambassadeur à Rome auprès d'Acquaviva, pour persuader l'Espagne de secourir l'Italie contre les Turcs, sans attendre la promotion. Ce ricochet étoit employé, parce que le noble résident à Madrid n'avoit pas encore pris caractère. L'Espagne prétendoit des satisfactions que la République éludoit encore sur ce qu'elle avoit reconnu l'archiduc roi d'Espagne, Acquaviva souhaitoit que le roi d'Espagne, secourant les Vénitiens, obtînt d'eux le rétablissement entier de la famille Ottoboni dans ses biens et prérogatives, et dans leurs bonnes grâces, dont elle étoit privée depuis que le cardinal Ottobon avoit, sans leur congé, accepté la protection de France. Il considéroit qu'il étoit important pour un conclave d'acquérir un cardinal tel que celui-là, qui d'ailleurs avoit toujours bien mérité du roi d'Espagne.

On trouve à Rome quantité de gens empressés à témoigner leur zèle, soit à la France, soit à la maison d'Autriche, suivant ce qu'ils appellent *il genio*, qui les partage entre les deux. L'espérance des bienfaits est un puissant motif, même pour des personnes principales qui ne peuvent jamais espérer de la cour de Rome des récompenses approchantes de celles qu'ils reçoivent des couronnes en bénéfices ou en pensions. Quelques-uns même, non contents d'en tirer de modiques d'un côté, tâchent d'en recevoir aussi de l'autre sous un titre de politiques ou de nouvellistes. On éprouva cette conduite d'un abbé Juliani, qui rapportoit au palais du Pape, d'une part, et aux Espagnols, de l'autre, tout ce qu'il apprenoit du cardinal de la Trémoille, dont il avoit gagné la confiance. Il avoit une forte pension du Roi, et son père en avoit aussi été fort bien payé.

On ne peut ici s'empêcher de déplorer l'aveuglement sur les cardinaux nationaux toujours inutiles, et c'est marché donné fort à charge, et impunément très-dangereux quand il leur plaît. Deux cent mille livres de rente est peu de chose en bénéfices pour un cardinal françois. Je laisse à part le rang et la considération personnelle qui porte sur tous les siens. Il n'y en a jamais qu'un demeurant à Rome pour les affaires du Roi. Les autres vivent à Paris et à la cour comme bon leur semble. Vient-il un conclave, il faut les payer pour y aller : encore s'en excusent-ils tant qu'ils peuvent. En arrivant à Rome, ils trouvent les cabales formées et les partis pris. Ils n'y connoissent personne : aussi éprouve-t-on qu'on s'y moque d'eux avec force compliments. Le Pape est-il fait, c'est à qui reviendra le plus vite. Tous les crimes leur sont permis, ceux même de lèse-majesté ; quoi qu'ils attentent, ils sont inviolables et vont tête levée. Louis XI n'osa jamais punir les attentats et les trahisons avérées du cardinal Balue que par la prison, et encore avec combien de traverses, et on le vit sous son successeur triompher de son crime dans l'éclat de légat en France. Sixte V approuva tout ce qui s'étoit passé à Blois, et détestoit les horreurs de la Ligue; mais lorsque, quelques jours après, il apprit la mort du cardinal de Guise, pour le moins aussi coupable que son frère, il excommunia Henri III, et trouva qu'il n'y avoit pas d'assez grands châtiments pour expier ce crime. On a vu le feu Roi réduit à traiter avec le cardinal de Retz, et n'avoir pu châtier les forfaits du cardinal de Bouillon ni l'éclat de ses désobéissances. Les avantages et les inconvénients d'avoir des cardinaux françois ne se peuvent donc pas balancer. A l'égard des prétentions de Rome, on ne peut compter sur les cardinaux françois. On sent encore les suites des manèges et de la séditieuse harangue du cardinal du Perron en 1614, aux derniers états généraux qui se soient tenus. Si nos rois ne souffroient jamais de cardinaux en France, ils éviteroient ces funestes inconvénients, et celui encore d'un attachement à Rome contre leurs intérêts de tous ceux qui se figurent arriver à la pourpre, et de quelques-uns qui y sont élevés malgré eux, comme le fut le cardinal le Camus, malgré le feu Roi, et le cardinal de Mailly, malgré le Roi d'aujourd'hui et le Régent, à force de cabales, de sédition, de rage dans l'affaire de la constitution. En donnant la nomination à des sujets italiens bien choisis, ils auroient à Rome des cardinaux permanents, à eux, informés et au fait de tout sans cesse, qui, par eux, par leurs amis et leur famille, seroient continuellement utiles et infiniment dans les conclaves, et dont trois ou quatre seroient plus que contents à eux tous des bénéfices qui ne suffisent pas à un seul cardinal françois. L'espérance du cardinalat ne débaucheroit plus d'évêques contre les libertés de l'Église gallicane et contre l'autorité et la souveraineté temporelle de nos rois, et leur procureroit, au contraire, les services et l'attachement des plus considérables maisons et particuliers de Rome et de toute l'Italie, dont l'utilité se reconnoîtroit tous les jours. C'en est assez sur cet important article, dont l'évidence saute aux yeux.

Plusieurs cardinaux se flattoient d'avoir depuis peu détourné le Pape de déshonorer leur collége en y mettant un si étrange sujet. Alberoni le savoit, et il reconnut qu'il n'étoit pas de son intérêt de porter trop loin le ressentiment du roi et de la reine, parce que, si le nouveau différend qu'il produiroit duroit trop longtemps, il en seroit la victime, que ses ennemis en si grand nombre seroient ravis de le voir embarqué dans une affaire qu'ils regardoient comme la cause inévitable de sa perte prochaine, à laquelle tous les Espagnols contribueroient à l'envi. Ces réflexions le firent changer de conduite. Il pressa le départ de la flotte. Il manda au duc de Parme qu'elle mettroit à la voile le 26 mai, et il pressa Aldovrandi de se rendre à Ségovie, où la cour étoit, pour y terminer, à la satifaction du Pape, les différends entre les deux cours. Il laissa entrevoir qu'il sentoit toute la conséquence dont étoit pour lui de finir au plus tôt l'affaire de sa promotion et ce qu'il devoit craindre de l'empire que les Allemands, maîtres de l'Italie, prendroient sur l'esprit et sur les résolutions du Pape. Ce fut l'excuse d'un changement si subit de conduite. On en verra dans la suite d'autres raisons.

Il avoit aussi changé de système sur les affaires générales de l'Europe. Il avoit fort desiré unir le roi d'Espagne avec l'Angleterre et la Hollande, et lui procurer la paix avec l'Empereur par le moyen de ces deux puissances. Ces idées, qui avoient été si avant dans son esprit, ne subsistoient plus. Il éludoit la négociation de cette paix que l'Angleterre vouloit entamer. Il se fondoit sur la situation avantageuse où ses soins avoient mis, disoit-il, l'Espagne, qui n'avoit nulle raison de rechercher l'amitié de personne, et dont le meilleur parti étoit de regarder l'embarras des autres puissances d'un œil tranquille et de bien jouer son jeu. Il s'appuyoit sur les troubles intérieurs dont il croyoit l'Angleterre inévitablement menacée, et sur l'épuisement extrême où la dernière guerre avoit laissé la Hollande, qui obligeroient ces deux puissances à rechercher l'amitié du roi d'Espagne, en sorte que, le prix en étant connu des nations étrangères, il ne la donneroit qu'à bon escient à qui il jugeroit à propos. Ainsi, au lieu de presser Beretti, il modéroit son ardeur de négocier pour se faire valoir. Il l'occupoit à gagner et à faire passer en Espagne des ouvriers en laines, pour des manufactures très-utiles qu'il méditoit, mais sur le succès desquelles il craignoit avec raison la paresse naturelle des Espagnols.

Beretti se fondoit en grands raisonnements pour persuader Alberoni de profiter du desir qu'il voyoit dans la République de s'unir à l'Espagne, d'entrer dans les mesures nécessaires à borner l'ambition de la maison d'Autriche, et de se garantir de l'impression que faisoit sur lui l'humeur vindicative des transfuges espagnols de son conseil. Il disoit que nul traité ne seroit solide si on n'établissoit préliminairement un équilibre parfait dans les affaires de l'Europe, sans lequel le roi d'Espagne ne devoit jamais s'engager, mais demeurer spectateur, et il traitoit de vaines les renonciations faites en faveur de la maison d'Autriche, parce qu'elle-même n'en avoit fait[1] aucune en faveur de l'Espagne. Il convenoit qu'un refus absolu d'écouter rien sur la paix avec l'Empereur pouvoit alarmer l'Angleterre et la Hollande, mais qu'il falloit savoir prolonger la négociation, et faire retomber sur la cour de Vienne l'odieux des délais.

Le fruit qu'il se proposoit de cette conduite étoit que l'Angleterre et la Hollande, irrités[2] de celle de l'Empereur sur la paix, l'en craindroient encore davantage et solliciteroient eux-mêmes l'alliance que le roi d'Espagne leur offroit. Il étoit vrai que l'Angleterre n'étoit pas tranquille dans l'intérieur : les partis y étoient plus animés que

1. Saint-Simon a écrit *faites*.
2. Il y a bien *irrités*, au masculin, et deux lignes plus loin, *eux-mêmes*.

jamais, le roi et le prince de Galles brouillés jusqu'à ne plus garder aucunes apparences, les ministres anglois haïs d'une partie de la nation, les ministres allemands détestés de la nation entière, et regardés comme vendus à la cour de Vienne. Ils passoient pour tels au point que le ministre du roi de Sicile n'osa les solliciter de travailler à l'accommodement de son maître avec l'Empereur.

CHAPITRE IV.

Attention générale sur le voyage du Czar à Paris ; le roi de Prusse tenté et détourné d'y venir ; vues et conduite de ce prince. — Liaison entre le roi de Prusse et le Czar. — Inquiétude du roi d'Angleterre sur le Czar ; il est forcé à réformer dix mille hommes ; servitude de la Hollande pour l'Angleterre. — Union et traité entre le Czar et le roi de Prusse. — Mesures du Czar avec la France et avec le roi de Pologne. — Mesures sur le séjour des troupes moscovites dans le Meckelbourg. — Le Pape veut lier le Czar avec l'Empereur contre le Turc. — Manéges d'Alberoni en France pour son chapeau. — Véritables raisons du changement de conduite d'Alberoni à l'égard du Pape. — Le Pape écrit au Czar ; il le veut liguer avec l'Empereur, et obtenir le libre exercice de la religion catholique dans ses États ; le Czar l'amuse et se moque de lui ; il en parle très-sensément au maréchal de Tessé. — Molinez, inquisiteur général d'Espagne, revenant de Rome en Espagne, arrêté à Milan. — Embarras et caractère du Pape. — Promotion d'Alberoni est l'unique affaire ; il se moque de Molinez, s'assure du Régent sur sa promotion ; ses vanteries. — La cour d'Espagne à l'Escurial, malgré la reine ; Aldovrandi y arrive ; manéges d'Alberoni. — L'Angleterre reprend la négociation de la paix entre l'Empereur et l'Espagne. — Divisions domestiques en Angleterre ; son inquiétude sur le Czar ; troupes russiennes sortent du Meckelbourg. — Le Danemark, inquiet sur le Nord, éprouve le mécontentement de la Russie. — Le Czar veut traiter avec la France ; obstacles du traité. — Le Czar en mesure avec l'Empereur, à cause du czarowitz. — Plaintes et cris du roi de Prusse ; offices du Régent sur le Nord. — Scélératesse du nonce Bentivoglio. — Le Prétendant à Rome ; y sert Alberoni ; soupçons de nouveaux délais de sa promotion ; hauteur et manéges du Pape. — Départ de Cadix de la flotte d'Espagne ; scélératesse d'Alberoni. — Giudice à Rome ; misère de sa conduite, de sa position, de sa réputation. — Friponnerie d'Ottobon. — Chiaous à Marseille ; vie solitaire et pénitente de Ragotzi.

Le voyage du Czar en France, au commencement de mai, devint l'attention de toute l'Europe, en particulier de l'Angleterre. Le roi de Prusse y seroit venu en même temps si on ne lui en eût fait craindre du ridicule, et que l'Empereur n'en prît un violent ombrage. Ces deux princes étoient également mécontents du roi d'Angleterre, ils ne comptoient pas d'avoir rien à espérer de l'Empereur. Leur vue étoit de conclure une paix avantageuse avec la Suède.

Le roi de Prusse sollicitoit le Régent d'ordonner positivement au comte de la Marck, ambassadeur de France auprès du roi de Suède, d'engager promptement une négociation pour la paix entre eux et d'en poursuivre vivement la conclusion. Il insistoit à profiter de la guerre du Turc, dont l'Empereur ne seroit pas plus tôt débarrassé qu'il voudroit agir en maître des affaires de l'Empire et de celles du Nord, où il prendroit des liaisons préjudiciables à la France. Il avertissoit le Régent de se défier de Georges, tout occupé de ménager l'Empereur à cause de ses États d'Allemagne, et de ceux qu'il avoit usurpés sur la Suède, et à qui il vouloit faire toucher deux cent cinquante mille livres sterling, que le Parlement alloit lever pour le payement des arrérages dus aux alliés de l'Angleterre et des subsides de la dernière guerre. Irrité d'être frustré de sa part sur cette somme, il desiroit prendre avec la France des engagements plus forts que ceux qu'il avoit déjà avec elle par un traité secret. Il avoit paru éluder la proposition que le Régent lui avoit faite d'entrer dans la triple alliance, alarmé aussi du bruit répandu que le roi d'Angleterre y faisoit admettre le Danemark. Il n'étoit pas aisé de compter sur le roi de Prusse, léger, inconstant, plein de variations subites, et qui prodiguoit à l'Empereur tout ce qu'il espéroit lui pouvoir concilier sa protection.

Il fit savoir au Czar, à Paris, en mai, qu'ils ne devoient compter ni l'un ni l'autre sur l'Empereur pour la conservation de leurs conquêtes sur la Suède; qu'il étoit de leur intérêt commun de ne pas attendre que l'Empereur fût débarrassé de la guerre du Turc pour traiter avec la Suède, et qu'ils ne le pourroient faire avantageusement que par le moyen de la France. C'étoit lui dire de s'attacher à cette couronne. Cet avis étoit fondé sur ce qu'il lui étoit revenu que les ministres de Vienne avoient dit à celui de Russie que, sensible à la confiance du Czar, l'Empereur prendroit volontiers des mesures plus étroites avec lui pourvu qu'il ne s'agît point des affaires du Nord, dont jusqu'alors il ne s'étoit point mêlé, et qu'il ne pouvoit dans ces affaires exercer que son office de juge supérieur. Que d'ailleurs, si le Czar vouloit prendre avec lui quelques mesures sur la guerre du Turc, il en seroit fort aise.

Quelque temps après le roi de Prusse apprit que l'Empereur, irrité plus que jamais du séjour des troupes moscovites dans le Meckelbourg, malgré les promesses de bouche et par écrit de les en retirer, avoit dit qu'il les en feroit sortir à main armée, et demandé à ceux qui lui représentoient les suites d'un pareil engagement s'ils craignoient les Moscovites, qu'il n'avoit, lui, aucun sujet d'appréhender. Le roi de Prusse fit communiquer ces avis au Czar, et ses soupçons des desseins secrets du roi d'Angleterre de joindre à ses troupes celles de Danemark et des princes de la basse Allemagne, pour chasser les Moscovites du Meckelbourg, sous le nom et l'autorité de l'Empereur. Le Czar répondit à la confiance du roi de Prusse, et l'assura qu'il pensoit sérieusement à un traité avec la France; qu'il lui communiquèroit tout ce qu'il y feroit, et lui promit de ne rien conclure sans sa participation.

Georges connoissoit très-bien le caractère de son gendre capable d'entrer en beaucoup de choses contre lui. Mais, se reposant sur sa perpétuelle instabilité, il tournoit toute son inquiétude sur le voyage du Czar à Paris, persuadé que c'étoit dans le dessein d'y prendre des liaisons étroites, dont le séjour des troupes moscovites dans le

Meckelbourg augmentoit[1] l'alarme. Il n'avoit plus de prétexte de conserver ses troupes. Le roi de Suède désavouoit ses ministres. Nul vaisseau ni préparatif dans le port de Gottembourg. Ainsi, Georges se trouva forcé de déclarer au Parlement qu'il réformoit dix mille hommes. La France ne donnoit plus d'alarmes à l'Angleterre, surtout depuis la triple alliance, et la Hollande persévéroit dans son ancienne habitude de lui être soumise. Elle ne voulut admettre le roi de Prusse dans la triple alliance, dont il l'avoit fait sonder, qu'autant que le roi d'Angleterre le desireroit; et ce prince, voulant découvrir si le Czar y étoit reçu; le pensionnaire répondit au ministre de Prusse que l'alliance n'étoit qu'entre puissances voisines, pour maintenir l'amitié et la sûreté commune, et ne regardoit en aucune manière le Czar; qu'elle deviendroit trop universelle si elle s'étendoit à des princes éloignés, et que, par même raison, il seroit étrange que le Danemark y voulût entrer. La clarté de cette réponse enraya le ministre de Prusse sur l'admission du Czar, de peur de nuire à son maître.

Leurs ministres à Paris sembloient marcher fort de concert. Kniphausen, qui avoit la confiance du roi de Prusse, étoit venu de Hollande à Paris relever Vireck. Schaffirof, vice-chancelier du Czar, avoit aussi la sienne, et l'accompagnoit dans ses voyages. Ils convinrent que l'intérêt commun de leurs maîtres étoit de bien examiner laquelle de l'alliance avec l'Empereur ou avec la France seroit plus avantageuse; qu'avant de s'engager avec la dernière, il falloit voir clairement si elle vouloit et pouvoit faire sincèrement quelque chose de solide pour eux, sinon la laisser, et conclure un traité avec l'Empereur, à condition qu'il promettroit de n'user d'aucune voie de fait pour les forcer directement ou indirectement à restituer les conquêtes qu'ils avoient faites, si, comme ils ne l'espéroient pas, ils ne pouvoient l'engager à les leur garantir.

1. *Augmentoient,* au manuscrit.

En attendant, ne rien faire qui pût le rebuter, entretenir même de la confiance avec lui, dans la crainte des mesures que le roi de Suède y pourroit prendre. Rien ne paroissoit mieux cimenté que leur union, et ils se promirent de s'avertir mutuellement de tout ce qu'ils apprendroient.

Un ministre de l'Empereur fit entendre, en ce temps-là, à celui de Russie que, si la confiance s'établissoit entre leurs maîtres, l'Empereur étoit disposé à étendre les traités; mais qu'il ne croyoit pas en devoir faire part au roi de Prusse que le traité ne fût bien digéré, et même les préliminaires convenus. Quelque temps après, Schaffirof remit à Kniphausen le projet d'un traité à faire entre leurs maîtres. L'objet principal étoit d'empêcher que le roi de Danemark, qui possédoit alors la Poméranie antérieure, ne la remît entre les mains du roi de Suède par une paix particulière, ou à quelque autre puissance suspecte aux princes ligués. Ce projet avoit sept articles.

1. Renouveler les traités signés à l'occasion de la guerre du Nord, particulièrement les conventions nouvellement faites entre leurs maîtres dans la conférence d'Hawelsberg;

2. Donner l'attention nécessaire pour empêcher que le roi de Suède ou quelque prince d'intelligence avec lui reprissent Stralsund et Wismar;

3. Promettre d'observer le traité fait avec le roi de Danemark, tant que ce prince l'observeroit lui-même, et qu'il conserveroit ce qu'il possédoit dans la Poméranie antérieure en deçà de la rivière de Penne;

4. Engagement réciproque de secours mutuels pour s'opposer au roi de Danemark, s'il prétendoit disposer, sans concert avec eux, des pays dont il est en possession;

5. Promesse du Czar, pour satisfaire à cet engagement, de faire marcher les troupes qu'il avoit dans le Meckelbourg, ou d'autres des plus prochains endroits,

si elles en étoient sorties; qu'il les joindroit à celles du roi de Prusse; qu'elles agiroient conjointement pour chasser les Suédois ou autres puissances suspectes de l'île de Rugen et des autres lieux de la Poméranie antérieure, avec promesse du Czar d'y employer encore des forces maritimes;

6. Le Czar consentoit aux démarches que le roi de Prusse jugeroit à propos de faire pour obtenir du roi de Danemark la cession de la Poméranie antérieure. Le Czar promettoit d'y contribuer de tout son pouvoir, et la chose faite, de se porter pour garant de cette cession pendant la guerre jusqu'à la paix, suivant ce qui avoit été pratiqué à l'égard de Stettin;

7. Ils convenoient qu'après que Wismar seroit rasé, il seroit donné au duc de Meckelbourg, en indemnité des pertes par lui souffertes du roi de Danemark, suivant la promesse du roi de Prusse à ce prince. Le Czar et le roi de Prusse s'engageoient à procurer cette cession, lors de la paix avec la Suède, et à solliciter pour cet effet le consentement de l'Empereur et de l'Empire, et des alliés du Nord, de ne pas permettre qu'il fût disposé autrement de Wismar et si on l'entreprenoit; de s'y opposer avec le nombre de troupes qui seroit jugé nécessaire.

Ce dernier article fit tant de difficulté que Schaffirof céda, il pria seulement Kniphausen d'envoyer le projet au roi de Prusse, de faire ce qu'il pourroit pour en obtenir son agrément, et l'assura que ce changement n'empêcheroit pas la signature du traité, pourvu qu'on y voulût insérer qu'à l'égard de Wismar on s'en tiendroit à la déclaration donnée à Stettin.

Le Czar, en même temps, cherchoit à traiter avec la France. L'article des subsides qu'il demandoit en faisoit la difficulté principale. La conduite de cette négociation sous ses yeux ne pouvoit se cacher à ses alliés, alarmés des engagements qu'il pourroit prendre à leur préjudice. Le roi de Pologne, qui avoit un ministre à Paris, y en envoya un second, pour y veiller encore mieux, pendant le séjour du Czar. Schaffirof les assura tous deux que le Czar ne feroit jamais d'accommodement avec la Suède, sans la participation du roi de Pologne; que les François ne lui avoient encore fait aucune proposition là-dessus, et n'en feroient apparemment pas avant d'avoir reçu des nouvelles du comte de la Marck, leur ambassadeur auprès du roi de Suède, et qu'il ne s'étoit parlé encore que d'un simple traité d'amitié. Il leur confia sous le secret que, si la France proposoit un traité d'alliance pareil a celui qu'elle avoit fait avec l'Angleterre et la Hollande, le Czar y pourroit consentir, mais à bonnes enseignes, et à condition qu'elle abandonneroit la Suède. Il leur dit aussi qu'il n'avoit tenu qu'à l'Empereur de se lier avec le Czar; mais que, comme il avoit répondu avec mépris, quoique depuis il eût changé de ton, le Czar pourroit aussi s'entendre avec la France, s'il y trouvoit son compte. Il ajouta que le Czar avoit déjà la parole du roi de Prusse, qu'il souhaitoit de trouver le roi de Pologne dans les mêmes dispositions. Schaffirof les pria d'en écrire à leur maître[1], et leur demanda le secret, et les assura que, si le traité se concluoit, il y seroit laissé une porte ouverte au roi de Pologne pour y entrer. Les envoyés de Pologne jugeoient le succès de la négociation fort incertain à cause des garanties que le Czar et la Prusse ne manqueroient pas de demander; mais comme ils pouvoient se tromper, leur but étoit de suspendre la négociation, s'il leur étoit possible, jusqu'à ce qu'ils eussent des nouvelles de leur maître.

On prétend que Los, un des envoyés de Pologne, conseilla au roi son maître d'engager s'il pouvoit, la France à lui faire des propositions, parce que, si elles ne lui convenoient pas, elles lui serviroient à lui faire un mérite auprès de l'Empereur. Ce même Los

---

1. Il y a *leur* au singulier, et *maîtres* au pluriel.

suivoit le Czar partout où il alloit; en espion plutôt qu'en ministre.

L'Empereur souffroit avec impatience le séjour des troupes russiennes dans le Meckelbourg. L'envoyé de Prusse en informa le Czar, en adoucissant les termes forts des Impériaux. Les ministres du Czar avouèrent que, suivant les promesses du Czar, elles en devoient sortir à la fin d'avril; que cette prolongation portoit plus de préjudice que d'avantage à leur maître, et promirent de presser le Czar là-dessus; mais ils assurèrent que ce retardement n'étoit causé que par quelques ombrages qu'il avoit conçus des intérêts et de la conduite du roi d'Angleterre à son égard. Une des raisons qui retenoit[1] encore le Czar étoit sa propre sûreté. Il vouloit avoir des troupes en Allemagne pendant qu'il étoit hors de ses États, et à portée de se mettre à leur tête quand il sortiroit de l'Empire.

Ses ministres étoient persuadés qu'il n'y avoit rien à craindre de la maison de Brunswick ni de l'Empereur, malgré ses menaces, quoique ils sussent qu'il se proposoit actuellement d'unir les forces des rois d'Angleterre et de Danemark pour chasser les Moscovites du Meckelbourg. Ils s'en plaignirent à un émissaire que le roi de Danemark avoit envoyé observer le Czar à Paris, nommé Westphal. Ils lui reprochèrent que son maître avoit faussement publié que le Czar prenoit les intérêts du duc d'Holstein, et que c'étoit là-dessus que les Danois prenoient des engagements contraires aux Moscovites, le menacèrent d'une rupture ouverte si le Danemark faisoit le moindre acte d'hostilité sous quelque prétexte que ce fût. Ils nièrent aussi qu'il y eût aucune proposition de mariage entre le duc d'Holstein et la fille aînée du Czar, comme le bruit s'en étoit répandu, et qui s'accomplit depuis.

Ces plaintes étoient fondées. Il s'agissoit alors à Vienne

---

1. Ce verbe est bien au singulier.

de former une armée pour forcer les Moscovites à se retirer. L'Empereur comptoit sur les troupes de Brunswick et de Danemark. Le roi d'Angleterre lui promettoit vingt-cinq mille hommes incessamment pour exécuter ses ordres. Sur cette assurance, le projet étoit fait à Vienne d'intimer au Czar un terme fort court pour faire sortir ses troupes des terres de l'Empire; s'il refusoit, le déclarer ennemi de l'Empire et de tenir une diète pour cela. Le roi d'Angleterre, comme directeur du cercle de la basse Saxe, devoit agir ensuite au nom de l'Empereur et de l'Empire avec une armée composée des troupes de Danemark, Hanovre, Wolfenbuttel, Gotha et Munster, et camper le 15 juin aux environs de Lauenbourg. Le payement de ces troupes devoit être pris sur les vingt-cinq mille [livres] sterling accordées au roi d'Angleterre par son parlement.

Tandis que ces mesures se prenoient, dont le Pape étoit très-mal informé, il pensoit à faire une ligue entre l'Empereur et le Czar pour la défense de la chrétienneté[1], et il donna ordre à son nonce Bentivoglio, à Paris, de travailler secrètement et prudemment à la former. Il avoit trouvé plusieurs exemples de ses prédécesseurs, de saint Pie V entre autres, et d'Innocent XI, qui avoient écrit des brefs aux grands-ducs de Moscovie. Il résolut de les imiter, et il avertit Bentivoglio qu'il lui en enverroit un incessamment à remettre à ce prince.

Alberoni, qui s'étoit plaint avec tant d'éclat, sous le nom du roi d'Espagne, de la promotion de Borromée, comme vendu aux Allemands, et comme une marque du pouvoir prédominant de l'Empereur à Rome, prit un ton tout différent en France, dans la crainte que cette couronne ne se mît en prétention d'un chapeau; en équivalent. Il y devint l'avocat du Pape, soutint que le chapeau de Borromée n'étoit qu'une affaire de famille, indispensable depuis le mariage d'un neveu du Pape avec la riche nièce

---

1. Voyez ci-dessus, p. 47.

de ce prélat. Avec ces raisons, Cellamare eut ordre de représenter au Régent que sa prétention ne feroit que retarder inutilement celle d'Alberoni, et il eut permission pour l'empêcher d'entrer en des engagements avec la France. A la vérité, il ne s'expliquoit point sur quoi ni jusqu'où, apparemment pour avoir plus de liberté d'en désavouer Cellamare. Il voyoit une grande facilité à se servir de la flotte promise au Pape, pour ses vues particulières sur l'Italie, pendant la guerre du Turc, qui lioit les bras à l'Empereur. Il comptoit que la France le laisseroit faire, et l'Angleterre et la Hollande aussi, par leur intérêt d'empêcher que Livourne tombât entre les mains de l'Empereur. Mais avant de tromper le Pape sur l'usage de la flotte, dont l'espérance du secours lui devoit valoir le chapeau, il falloit le tenir bien réellement, à quoi tout délai étoit empêchement dirimant et pour le chapeau et pour l'entreprise qu'il méditoit par cette flotte. Telles furent les véritables raisons du subit changement de conduite d'Alberoni, qui, après tant d'éclats et de menaces, chercha à se faire un mérite auprès du Pape de ce changement même, comme obtenu enfin par lui de Leurs Majestés Catholiques, et de faire partir l'escadre, et de mander Aldovrandi à la cour pour y terminer les différends entre les deux cours, ce qui le porta à faire écrire le roi d'Espagne au Pape avec des engagements réitérés, sous la garantie du duc de Parme, pour emporter sa promotion à ce coup, et être libre après de l'emploi de sa flotte, sans avoir plus rien à ménager ni à craindre pour son chapeau.

Il avoit envie de pénétrer le motif du voyage du Czar à Paris, ainsi que toutes les autres puissances. Le comte de Königseck, ambassadeur de l'Empereur, y étoit plus attentif qu'aucun des ministres étrangers. Il pria Vireck, nouvellement rappelé à Berlin, de suivre le Czar à Fontainebleau, où Kniphausen, qui le relevoit, alla aussi. Ils y virent Ragotzi entrer en conférence avec le Czar, et Ragotzi ne cacha point à Kniphausen que les Turcs le pressoient de se rendre auprès d'eux, et que son dessein étoit d'y aller.

Le prince Kurakin, étant à Rome pour la raison qui a été expliquée en son lieu, avoit fait espérer au Pape que le Czar accorderoit le libre exercice de la religion catholique dans ses États. Le Pape crut que Bentivoglio pourroit l'obtenir en parlant au Czar ou à ses ministres, mais il voulut que ce fût comme sans dessein qu'il en embarquât la négociation, en parlant de cela à Kurakin, à propos de l'estime qu'il s'étoit acquise à Rome. Les papes, en écrivant aux grands-ducs de Moscovie, ne leur avoient jamais donné de Majesté. Celui-ci ne crut pas devoir être arrêté par des bagatelles. Il énonça toutes les qualités que le Czar prenoit, dans le bref qu'il lui écrivit, et qu'il adressa à Bentivoglio pour le lui remettre, au cas qu'il reçût aussi la patente du libre exercice de la religion catholique, à condition toutefois que ce ne fût pas avec celle de la permission d'introduire le schisme grec dans aucun pays catholique, ce qui auroit rendu l'affaire impossible.

Craignant aussi que le peu de temps qu'il restoit au Czar à demeurer à Paris fût trop court pour la consommer, il voulut que Bentivoglio lui fît agréer qu'il envoyât un ministre auprès de lui, avec ou sans caractère. Mais il ne crut pas devoir traiter avec ce prince dans Paris, sous les yeux du Régent, sans l'informer de ce dont il s'agissoit. Il ordonna donc à son nonce de lui en rendre compte; mais de ne lui point parler des ordres secrets qu'il lui avoit envoyés de tâcher de lier le Czar avec l'Empereur, pour faire la guerre aux Turcs. Le nonce s'adressa donc au prince Kurakin, qui lui donna de bonnes paroles, et à qui il dit qu'il avoit un bref pour le Czar, où toutes ses qualités étoient énoncées. Il eut une audience de ce prince, mais sans parler d'affaires.

Kurakin lui avoit dit que celle-là devoit passer par Schaffirof, comme vice-chancelier, parce qu'il s'agissoit d'une expédition de chancellerie. Kurakin lui dit aussi

que les catholiques jouissoient actuellement de cette
liberté en Moscovie, où il y avoit même déjà des maisons
de jésuites et de capucins établies à Moscou. Le nonce
revit Kurakin et Schaffirof; ce dernier lui dit les mêmes
choses, et ajouta que le Czar vouloit établir un couvent
de capucins à Pétersbourg, qu'il n'y seroit de retour de
plus de trois mois, qu'alors l'affaire se pourroit finir à la
satisfaction du Pape, et que le ministre que le Pape
enverroit prendroit alors caractère, pourvu que ce fût
un homme de distinction.

Sur la ligue, Bentivoglio avoit cru toucher les Russes
par la facilité de reprendre Azoff pendant la guerre
d'Hongrie, mais Kurakin lui fit voir par de bonnes raisons combien cette place leur étoit indifférente. Il dit
pourtant au nonce dans une autre conversation que, dès
que le Czar seroit délivré de la guerre de Suède, il se
lieroit non-seulement avec l'Empereur, mais avec les
Vénitiens, enfin avec le Pape, parce qu'il vouloit être bien
avec lui.

En effet, le Czar avoit dit au maréchal de Tessé qu'il
ne s'éloigneroit pas de reconnoître le Pape pour premier
patriarche orthodoxe, mais aussi qu'il ne s'accommoderoit pas de certains assujettissements que la cour de
Rome prétendoit imposer aux princes, au préjudice de
leur souveraineté; qu'il vouloit bien croire le Pape infaillible, mais à la tête du concile général. C'est que la vérité
et la raison sont de tous pays, et ce monarque, presque
encore barbare, nous faisoit une excellente leçon.

La guerre subsistoit toujours entre l'Empereur et le roi
d'Espagne; mais l'éloignement des États suspendoit naturellement les actes d'hostilité. Ils étoient de plus interdits
en Italie par le traité de neutralité d'Utrecht. Molinez,
grand inquisiteur d'Espagne, voulant s'y rendre de Rome,
prit néanmoins des passe-ports du Pape pour plus de
sûreté, et Paulucci prit encore assurance de Schrottembach, cardinal chargé des affaires de l'Empereur en
absence d'ambassadeur. Avec ces précautions, Molinez

partit de Rome à la fin de mai, et ne laissa pas d'être arrêté à Milan par ordre du prince de Löwenstein, gouverneur général du Milanois, qui étoit frère de Mme de Dangeau. Sur cette nouvelle, le cardinal Aquaviva alla trouver le cardinal Albane, qui, en l'absence du cardinal Paulucci, faisoit la charge de secrétaire d'État, que son oncle lui destinoit, à qui il fit ses plaintes, insistant sur le mépris des passe-ports du Pape. Albane répondit que Schrottembach improuvoit cette violence, et que le Pape feroit ce qu'il voudroit. Sur cette assurance, Acquaviva alla au Pape, à qui il proposa d'en faire son affaire particulière, et d'en obtenir réparation, ou de la laisser démêler au roi d'Espagne. Si le Pape s'en chargeoit, il falloit réclamer Molinez comme ecclésiastique et comme officier intime, principal et immédiat du saint-siége; ne s'amuser point à dépêcher inutilement des courriers à Vienne, mais parler haut, et marquer dans Rome combien il étoit blessé de la mauvaise foi des Allemands; le déclarer [lui]-même[1] aux ministres de l'Empereur, ou leur refuser toute audience, jusqu'à ce qu'il eût reçu toute satisfaction, et que Molinez fût en liberté. Si, au contraire, Sa Sainteté vouloit laisser au roi d'Espagne le soin de se venger de la mauvaise foi des Allemands, Acquaviva protestoit que ce monarque, regardant cet incident comme une infraction manifeste à la neutralité d'Italie, employeroit les vaisseaux qu'il avoit actuellement en mer à tirer raison de la violation des traités.

Il sembloit que le pontificat de Clément XI fût destiné aux événements capables de l'embarrasser. Ils s'accumuloient; chaque jour en produisoit un nouveau dont il ne pouvoit se démêler. Il étoit plus susceptible qu'aucun de ses prédécesseurs, de frayeur, d'agitation et de trouble, et plus incapable que personne du monde de se décider et de sortir d'embarras. Il mécontentoit ordinairement tous ceux dont il n'avoit point affaire; il traitoit avec

---

1. *Elle-même*, au manuscrit.

hauteur ceux dont il croyoit n'avoir rien à craindre ; il se comportoit avec tant de bassesse et de timidité à l'égard de ceux dont il appréhendoit la puissance, qu'ils ne lui savoient aucun gré de ce qu'ils en arrachoient par force et par terreur. Il croyoit exceller à écrire en latin et à composer des homélies et des brefs. Il y perdoit beaucoup de temps. Il étoit sans cesse tiraillé dans son intérieur domestique. Son incertitude, ses variations, sa foiblesse avoit ôté toute confiance en ses paroles. Des cardinaux hardis, comme Fabroni et d'autres, hasardoient sous son nom quelquefois ce qu'il leur plaisoit, et ne le lui disoient que quand les choses étoient faites. Il étoit désolé, mais il n'osoit les défaire. Les larmes, dont il avoit une source et une facilité abondante, étoient sa ressource dans tous ses embarras ; mais elles ne l'en tiroient pas. Au fond, un très-bon homme et honnête homme, doux, droit et pieux, s'il fût resté particulier sans affaires.

Effrayé au dernier point de la dernière partie du discours d'Acquaviva, il s'écria qu'il falloit bien se garder de prendre une voie si dangereuse ; qu'il alloit dépêcher de vives plaintes à Vienne ; qu'il ne perdroit point de vue cette affaire, qu'il avoit si bien regardée comme la sienne, avant qu'Acquaviva lui en eût parlé, qu'il lui montrât la réponse qu'il faisoit à l'archevêque de Milan, qui lui avoit écrit qu'il avoit inutilement demandé au gouverneur général du Milanois de remettre Molinez à sa garde (car il faut remarquer que l'immunité ecclésiastique se mêle de tout et entre dans tout). Mais au fond, la détention de Molinez occupoit peu ceux qui devoient y être les plus sensibles. La promotion d'Alberoni étoit l'affaire unique que le Pape vouloit éluder, malgré tant de paroles positives, et malgré le départ tant désiré de l'escadre espagnole. Il craignoit de déplaire à l'Empereur, de révolter Rome et le sacré collége ; il cherchoit des délais, malgré la dernière lettre du roi d'Espagne et la garantie du duc de Parme. Il vouloit que les différends avec l'Espagne fussent accommodés à son gré auparavant.

Alberoni ne se découragea point, et comme le Pape se défendoit sur l'équivalent du chapeau d'Alberoni, que les couronnes pourroient lui demander, si un motif public comme l'accommodement à son gré n'en étoit une raison à leur fermer la bouche, Alberoni commença par obtenir une lettre du Régent au cardinal de la Trémoille, par laquelle il lui mandoit de suspendre toute demande capable de traverser sa promotion, et il se proposa de terminer au gré du Pape les différends entre les deux cours, dès qu'Aldovrandi seroit arrivé, qu'il attendoit avec impatience.

Dans cette situation personnelle, il n'avoit garde de déranger le bon état de son affaire, en laissant donner par le roi d'Espagne des marques de ressentiment de l'arrêt de la personne de Molinez; il n'avoit nulle estime pour lui, et l'appeloit ordinairement *solemnissima bestia*. Il disoit qu'il méritoit bien cette aventure, qu'il demeureroit longtemps au château de Milan s'il en étoit cru, et qu'il ne valoit pas la peine de déranger les projets de l'escadre pour la délivrance de cet oracle des Espagnols. En même temps il se vantoit de ce qu'il avoit fait et prétendoit faire pour le service du roi d'Espagne. Il disoit qu'il avoit armé trente vaisseaux en moins de huit mois, envoyé six cent mille écus à la Havane, pour employer en tabac qui seroit vendu en Europe au profit du roi; employé cent cinquante mille écus en achats de provisions pour la marine, cent quatre-vingt mille écus en bronze pour l'artillerie, dont les places étoient dépourvues, et cent-vingt mille pistoles pour la citadelle de Barcelone. Enfin, ajoutoit-il, l'Espagne n'en avoit pas tant fait en trois siècles, et ne l'eût pu faire encore s'il eût laissé répandre et distribuer l'argent comme par le passé. A l'avenir il vouloit établir une marine, régler les finances de manière que les troupes fussent bien payées, un fonds sûr pour le payement des maisons royales, en sorte que les rois ne vivroient plus dans la misère de leurs prédécesseurs. Il vouloit encore des troupes étrangères, et persistoit à demander au roi d'Angleterre la permission de lever dans ses États des Anglois ou des Irlandois. L'Angleterre, de son côté, et la Hollande aussi, le pressoient d'un règlement sur le commerce de Cadix. Patiño étoit chargé d'assembler là-dessus chez lui les marchands de toutes les nations, et son occupation de l'escadre servoit d'excuse aux délais.

Le roi d'Espagne eut des évanouissements qui firent craindre pour les suites. On en accusa l'air de Ségovie, où il étoit depuis quelque temps. Il voulut aller à l'Escurial. On n'a point su pourquoi la reine s'y opposa fortement; mais le roi lui parla avec tant de hauteur, qu'étourdie d'un langage si inusité pour elle, elle n'osa hasarder une résistance, pour conserver son pouvoir despotique dans les choses importantes. Ainsi on fut à l'Escurial.

Aldovrandi, y arriva le 10 juin, et y fit la jalousie des ministres étrangers par les distinctions qu'il y reçut, et qui montrèrent qu'Alberoni ne connoissoit d'autre affaire que celle de sa promotion, et qu'il étoit inutile de lui parler d'aucune autre. Lui et Aubanton, en bons serviteurs du Pape, se mirent à disposer avec le nonce les affaires à une heureuse fin. Ils lui conseillèrent d'attendre qu'elles fussent comme conclues avant de voir Leurs Majestés Catholiques, et il se conforma à leurs desirs. Il louoit sans cesse Alberoni sur l'escadre, et ce dernier se plaignoit du Pape avec un modeste mépris. En même temps il rassura Cellamare sur la continuation de son amitié, quoi que pût dire et faire contre lui à Rome son oncle le cardinal del Giudice, qui alloit y arriver.

On laissoit dormir depuis quelque temps la négociation de la paix entre l'Empereur et l'Espagne, lorsque Widword, envoyé d'Angleterre en Hollande, alla trouver Beretti, lui dire par ordre de Sunderland, nouveau secrétaire d'État, que le roi d'Angleterre avoit dépêché un courrier à l'Empereur pour l'obliger enfin à déclarer s'il vouloit traiter la paix avec le roi d'Espagne; que ces instances se faisoient de concert avec la France; que, lorsqu'il en seroit temps, les états généraux seroient invités de prendre part à la négociation comme médiateurs et comme arbitres. Beretti, qui n'avoit point d'ordre, et qui n'avoit pas d'opinion du succès de cette démarche, n'oublia rien pour donner de la crainte à cet envoyé, des négociations secrètes du roi de Sicile avec l'Empereur, de la mauvaise foi des Autrichiens, de l'ambition et de la puissance de leur maître.

L'Angleterre, en effet, n'étoit guère en état de se mêler beaucoup du dehors, par les embarras du dedans. Le prince de Galles cabaloit ouvertement contre le roi son père, et faisoit porter contre Cadogan des accusations au Parlement. Tout y étoit en mouvement sur celles du comte d'Oxford, prêtes à être jugées. Les ennemis de la cour, qui faisoient le plus grand nombre, étoient affligés de son union avec le Régent, qui obtint enfin du Czar, si pressé d'ailleurs, la sortie des troupes du pays de Meckelbourg, et des assurances de témoignages d'amitié pour le roi d'Angleterre, qui non plus que ses ministres n'y comptèrent guère, mais qui le ménageoient pour tâcher d'effacer les sujets qu'ils lui avoient donnés de mécontentement et de plaintes.

Ils en étoient d'autant plus inquiets que le Czar avoit été voir la reine douairière d'Angleterre, et avoit paru touché de son état et de celui du roi Jacques son fils. Les suites que cette compassion pouvoit avoir alarmèrent Stairs. Il prit une audience du Czar, à qui il dit merveilles de l'estime et des intentions du roi d'Angleterre à son égard. Il vit après Schaffirof avec les mêmes protestations, et lui parla des troupes du Meckelbourg. Schaffirof se contenta de lui répondre qu'il en rendroit compte au Czar, sans lui montrer que la résolution de la sortie de ces troupes étoit prise et l'ordre envoyé. Il conseilla à son maître de se faire un mérite auprès du roi d'Angleterre d'une affaire faite. Le Czar le crut, et Schaffirof écrivit en conséquence à Stairs. Schaffirof avertit aussi l'envoyé de

Prusse de l'ordre envoyé à ces troupes. Ainsi ils eurent l'adresse de faire valoir au Régent et au roi d'Angleterre l'exécution d'une résolution, que la crainte de se voir tomber une puissante armée sur les bras ne leur avoit plus permis de différer.

En même temps, le roi de Danemark s'inquiétoit de ce qu'on ne parloit point d'attaquer la Suède ; il craignoit d'en être attaqué lui-même en Norwége. Il demandoit au Czar une diversion qui l'en mît à l'abri. Le Czar, peu content de ce prince, éluda ses demandes. Il répondit qu'il n'étoit pas en état de rien entreprendre contre la Suède sans le secours de vaisseaux que l'Angleterre et le Danemark lui avoient promis ; que d'ailleurs le roi d'Angleterre étoit seul et sans lui assez puissant pour garantir les États du roi de Danemark d'une invasion des Suédois, et lui procurer une paix avantageuse. Les Danois, qui entendirent bien la signification de cette réponse, étoient, ainsi que les envoyés de Pologne, extrêmement inquiets de ce que le Czar traitoit avec le Régent. Ils se relayoient autour de ce monarque, et se communiquoient tout ce qu'ils pouvoient apprendre. Il partit enfin de Paris sans qu'ils fussent éclaircis de rien. Mais Schaffirof, qui y demeura quelques jours après lui, confia sous le dernier secret à un des agents du roi de Pologne tout ce qui s'étoit passé dans la négociation avec la France, et que le traité auroit été conclu si l'envoyé de Prusse n'en eût pas arrêté la signature. Il ajouta que le principal but du Czar en prenant avec la France des engagements apparents, qui dans le fond ne l'obligeoient à rien, avoit été de brouiller la France avec la Suède ; qu'une convention vague d'assistance générale étoit si aisée à éluder qu'il étoit persuadé qu'elle ne pouvoit blesser l'Empereur, qui en sentiroit aisément le peu de solidité ; que sur ce fondement ils en presseroient la conclusion ; et s'ouvrant tout à fait, il avoua qu'il la desiroit par l'espérance des présents aux ministres qui font la signature, et se plaignit amèrement du mauvais procédé de la cour de Berlin, qui l'avoit retardée, et qu'il dit être connue de tout le monde pour être légère, et sans principes ni suite dans ses résolutions.

Schaffirof ne disoit pas tout. La Suède bien moins que l'Angleterre avoit été la pierre d'achoppement. La Suède étoit trop abattue pour faire ombrage à la Russie. D'ailleurs le Czar, qui avoit beaucoup de grand, n'avoit pu refuser son estime au roi de Suède. Content de l'avoir réduit dans l'état où il se trouvoit, il ne vouloit pas l'accabler, mais il cherchoit, au contraire, à s'en faire un ami. Il ne vouloit pas moins conserver ses conquêtes. Ce but s'accordoit parfaitement avec sa haine pour le roi d'Angleterre, et avec son mécontentement du Danemark. Il cherchoit donc les moyens [de] les obliger à restituer ce qu'ils avoient pris ou usurpé sur la Suède, à s'en faire un mérite auprès d'elle, en conservant ce qu'il lui avoit pris. Mais il trouva l'Angleterre si absolue dans le cabinet du Régent, qu'il perdit bientôt toute espérance de faire restituer par aucun moyen Brême et Verden, enlevés à la Suède en pleine paix par les Hanovriens, dans les temps les plus calamiteux de la Suède.

Le Czar avoit un autre embarras avec l'Empereur, qui l'obligeoit à le ménager. Le czarowitz, dont la tragique histoire est entre les mains de tout le monde, s'étoit sauvée de Russie pendant l'absence du Czar, et s'étoit réfugié à Vienne. L'Empereur l'avoit promptement fait passer à Naples, où il n'avoit pu être si bien caché que le Czar n'en fût informé. Il demandoit à l'Empereur de le lui remettre entre les mains. Quoique l'Empereur n'eût pas lieu de s'intéresser beaucoup au sort d'un prince qui, ayant épousé la sœur de l'Impératrice sa femme, l'avoit tuée, grosse, d'un coup de pied dans le ventre, sans autre cause que sa férocité, l'Empereur ne laissoit pas de faire beaucoup de difficulté de rendre un prince qui s'étoit jeté entre ses bras, comme dans son

unique asile, à un père aussi irrité qu'étoit le Czar, qui
adoroit la Czarine, belle-mère de ce prince, et qui en
avoit un fils qu'il préféroit à cet aîné fugitif, pour lui
succéder. Le roi de Prusse, de son côté, se plaignoit,
dans la défiance qu'il avoit de ses alliés, que la France
ne pressoit pas assez la paix entre la Suède et lui, et
menaçoit que, si elle n'étoit faite avant la fin de la guerre
d'Hongrie, la ligue du Nord se jetteroit entre les bras de
l'Empereur, dont elle achèteroit l'appui tout ce qu'il le
lui voudroit vendre. Ces plaintes étoient injustes. Le
Régent n'oublioit rien pour calmer les troubles du Nord.
Il avoit disposé le roi d'Angleterre à relâcher le comte de
Gyllembourg, dès que le roi de Suède eut désavoué ses
ministres, et déclaré qu'ils avoient agi sans sa participation. La détention du baron de Gœrtz en Hollande
apportoit un obstacle à la conclusion de cette affaire.
Le roi d'Angleterre le regardoit comme un ennemi dangereux, et tâchoit de prolonger sa prison. Elle faisoit
tort au commerce des Hollandois dans le Nord, et ils se
lassoient d'être les geôliers du roi d'Angleterre. Ses ministres en Hollande, ne se sentant pas assez forts pour
persuader la République contre ses intérêts, vouloient
s'appuyer auprès d'eux de l'appui du Régent, des avis
duquel ils sentoient tout le poids auprès d'elle. Cette
étroite intelligence entre le roi d'Angleterre et le Régent
étoit un des moyens dont le nonce Bentivoglio se servoit
le plus pour décrier à Rome le Régent, qui sacrifioit,
disoit-il, la religion pour s'appuyer des protestants; car
tout étoit bon à ce furieux pour mettre le feu du schisme,
de l'interdit, de la guerre civile, s'il eût pu, en France,
dans la folle persuasion que cela seul le feroit subitement
cardinal. Il gémissoit amèrement sur le jugement rendu
entre les princes du sang et les bâtards. Leur privation
de l'habilité de succéder à la couronne étoit l'ouvrage
des jansénites, et le plus funeste coup porté à la religion.
Il desiroit ardemment et il espéroit des conjonctures
funestes au gouvernement, qui donneroient lieu à leur

rétablissement. Pourroit-on imaginer que des propos si diamétralement contraires à l'Évangile sortissent de la bouche d'un archevêque, représentant le Pape, écrivant à Rome? Mais sa vie publique répondoit à ses discours, et les désordres effrénés de la sienne étoient l'approbation signalée des ombres qui se remarquent dans la vie du feu Roi.

Le Prétendant étoit alors à Rome, où le Pape avoit pour lui tous les égards et les distinctions qu'il devoit, mais qui, à vingt mille écus près qu'il lui donna, n'alloient qu'à des honneurs et à des compliments pour lui et pour la reine sa mère. Il n'espéroit d'assistance que de l'Espagne; il voulut donc flatter Alberoni, et dans une audience qu'il eut du Pape, il le pressa sur sa promotion. Le Pape lui répondit seulement qu'il attendoit un projet d'édit du roi d'Espagne qu'Aldovrandi devoit lui envoyer; mais après l'audience il lui en fit faire un reproche tendre par son neveu don Alex., et avertir en même temps de se garder de ceux qui ne lui donnoient de ces sortes de conseils que pour le trahir. Le Pape, à l'occasion du premier consistoire, en parla au cardinal Gualtieri, qui fit si bien comprendre la nécessité où se trouvoit ce malheureux prince que le Pape se repentit de ce qu'il lui avoit fait dire, chose qui lui arrivoit souvent souvent après ses démarches.

Acquaviva, à qui le Prétendant avoit fort recommandé Castel-Blanco, qui lui avoit rendu de grands services, lui avoit dit ce qui s'étoit passé entre le Pape et lui sur Alberoni. Il réfléchit sur cet édit attendu d'Espagne, dont jusque-là le Pape n'avoit pas dit un mot. Il en inféra qu'il y vouloit trouver occasion de délais, pour laisser vaquer plusieurs chapeaux, et en contenter à la fois l'Espagne et les autres couronnes, qui auroient à se plaindre d'un chapeau seul donné à Alberoni, et ce soupçon étoit très-conforme au caractère du Pape. Sa Sainteté faisoit presser le roi d'Espagne de finir au plus

tôt les affaires de la nonciature de Madrid. Si elles étoient
terminées avant la promotion, il se proposoit de dire au
consistoire qu'il y avoit plus de gloire pour lui de faire
cardinal celui qui avoit tant contribué au bien du Saint-
Siége, que pour le sujet même qu'il élevoit à la poupre.
C'étoit par là qu'il se préparoit à se défendre contre les
plaintes, et imposer silence aux prétentions des couronnes sur des chapeaux en équivalent de celui-là.
Acquaviva ne se fioit ni à ces propos ni aux promesses
du prélat Alamani, qui répondoit de la promotion,
même avant que le tribunal de la nonciature fût
rouvert à Madrid, si le roi d'Espagne persistoit à la
demander.

Le Pape avoit écrit au roi d'Espagne et au duc de
Parme comme des excuses sur la promotion de Borromée, et de nouvelles promesses de celle d'Alberoni, dont
il vouloit leur persuader que le délai ne rouloit point sur
la défiance de l'exécution des paroles du roi d'Espagne,
et fit encore [écrire] par le cardinal Paulucci au P. d'Aubanton, son plus fidèle agent, pour presser le roi d'Espagne de finir tous les points à la satisfaction du Pape
avant la promotion. Cette lettre étoit pleine de tout
ce qu'on y put mettre de raisons d'une part, et de témoignages d'estime, d'affection, de confiance, de l'autre,
pour le jésuite.

Ces lettres étant demeurées sans effet jusqu'à l'arrivée
d'Aldovrandi à l'Escurial, le Pape redoubla de promesses
que, sitôt que les différends seroient terminés à sa satisfaction, il feroit la promotion sans attendre de vacances.
Il se plaignoit qu'elle seroit faite depuis deux mois si le
roi d'Espagne ne les avoit perdus en plaintes inutiles
sur celle de Boromée, et à tenir Aldovrandi à Perpignan ;
enfin qu'il étoit nécessaire qu'il pût annoncer au consistoire que la nonciature étoit rouverte, le nonce en possession de toutes ses anciennes prérogatives, que les
nouveautés contraires à l'ancienne juridiction ecclésiastique étoient abolies, la flotte à la voile pour le secours

de l'Italie et de la chrétienneté[1], et qu'Alberoni avoit été le ministre auprès du roi d'Espagne de toutes ces grandes choses. Le Pape, qui sentoit tout le parti qu'il pouvoit tirer de l'excès de l'ambition d'Alberoni, et de l'excès aussi de son pouvoir sur l'esprit du roi et de la reine d'Espagne, manda à Aldovrandi que, s'il ne pouvoit obtenir l'ouverture de sa nonciature avant que la promotion d'Alberoni fût faite et déclarée, il le trouvoit bon, mais à cette condition que le décret que le roi d'Espagne devoit publier, suivant la minute jointe à ses instructions, fût signé avant la promotion sans aucune variation, et qu'il en fût remis un exemplaire authentique entre les mains d'Aldovrandi pour le lui envoyer. Il vouloit, de plus, recevoir par le duc de Parme des assurances précises de l'ouverture du tribunal de la nonciature après immédiatement la nouvelle de la promotion, et d'une pleine et entière[2] satisfaction, suivant les instructions qu'il avoit données à son nonce, qu'il avoit chargé, de plus, d'obtenir l'éloignement de quelques personnes notées à la cour de Rome : salaire trop accoutumé de la fidélité et de la capacité de ceux qui ont le mieux servi les rois contre les entreprises de cette dangereuse et implacable cour.

Malgré tant de dispositions apparentes, on soupçonnoit encore le Pape de vouloir se préparer des délais, dans la crainte où il étoit du ressentiment de l'Empereur. La flotte d'Espagne, si desirée du Pape, partit enfin de Cadix, composée de douze vaisseaux de guerre, un pour hôpital, un pour les magasins, et deux brûlots. Alberoni flattoit toujours le Pape qu'elle prenoit le plus court chemin du Levant, sans toucher aux côtes d'Italie, pour abréger de cent lieues. Alberoni, à ce qu'on a cru depuis, avoit averti le duc de Parme de la véritable destination de la flotte. Il l'avertit aussi d'éviter tout commerce avec les correspondants du Prétendant, dont la maison étoit

1. Voyez ci-dessus, p. 47 et p. 66.
2. *Entièrement*, sans doute par erreur, au manuscrit.

toujours remplie de fripons et de traîtres, et duquel il blâmoit le voyage de Rome comme une curiosité dévote qui ne seroit pas applaudie en Angleterre. En même temps Alberoni, voulant tout mettre à profit pour plaire au Pape dans cette crise de sa promotion, le pressoit de se faire obéir en France par quelque coup d'éclat sur la constitution.

Giudice, arrivé à Rome, y fut d'abord sèchement visité par Acquaviva ; on le soupçonnoit de se vouloir donner à l'Empereur. Il étoit accusé d'en avoir fort avancé le traité, en 1714, avec le comte de Lamberg, ambassadeur de l'Empereur, et de l'avoir brusquement rompu, lorsque la princesse des Ursins fut chassée et qu'il fut rappelé en Espagne. Lamberg même ne le nommoit plus depuis que le double traître. Il avoit vu, en passant à Turin, le roi de Sicile, qui ne s'étoit ouvert en rien sur quoi que ce soit avec lui, et ne lui avoit parlé que de choses passées. Ses différends avec Rome étoient pour lors en assez grand mouvement, et le Pape lui avoit fait une réponse exrêmement captieuse, et pleine des plus grands ménagements pour l'Empereur. Giudice donc ne put rapporter aucune considération de son passage à Turin. Étant à Gênes, il avoit voulu visiter la princesse des Ursins, qui l'avoit crûment refusée[1], sous prétexte de son respect pour le roi d'Espagne, qui ne lui permettoit pas de voir personne qui fût dans sa disgrâce. La Trémoille fut moins réservé que sa sœur, qu'il n'aimoit guère, ni elle lui. Il étoit depuis longtemps ami de Giudice, il le vit souvent, et avec une confiance fort déplacée avec un homme moins franc et plus rusé que lui, sur un mauvais pied à Rome, et d'une réputation peu entière.

La cour de Rome est pleine de gens, et du plus haut rang, qui font métier d'apprendre tout ce qu'ils peuvent, et d'en profiter. On prétendit que le cardinal Ottobon ne s'oublia pas, dans ce qu'il sut démêler de ces deux cardi-

---

[1]. Qui avait crûment refusé sa visite.

naux, pour gagner la confiance du roi d'Espagne et se réconcilier l'Empereur. Il s'empressoit pour la promotion d'Alberoni pendant qu'il faisoit tous ses efforts pour effacer les soupçons de la cour de Vienne, et retirer par ce moyen une partie des revenus de ses bénéfices situés dans l'État de Milan, que les Allemands avoient confisqués.

Un chiaous, dépêché par le Grand Seigneur, arriva en France, et m'y ramènera en même temps. La Porte vouloit savoir des nouvelles du gouvernement de France depuis la mort du Roi, dans le dessein de vivre toujours bien avec elle. Elle vouloit aussi exciter des mouvements en Transylvanie, et proposer des partis avantageux à Ragotzi pour y retourner.

La vie qu'il menoit, surtout depuis la mort du Roi, ne répondoit guère à une pareille proposition. Il s'étoit aussitôt après tout à fait retiré dans une maison qu'il avoit prise dès auparavant, et où il alloit quelquefois, aux Camaldules de Grosbois. Il y avoit peu de domestiques, n'y voyoit presque personne, vivoit très-frugalement dans une grande pénitence, au pain et à l'eau une ou deux fois la semaine, et assidu à tous les offices du jour et de la nuit; presque plus à Paris, où il ne voyoit que Dangeau, le maréchal de Tessé et deux ou trois autres amis, M. le comte de Toulouse, avec qui, deux ou trois fois l'année, il alloit faire quelques chasses à Fontainebleau, le Roi et le Régent, uniquement par devoir et de fort loin à loin; d'ailleurs beaucoup de bonnes œuvres, mais toujours fort informé de ce qui se passoit en Transylvanie, en Hongrie et dans les pays voisins; avec cela, sincèrement retiré, pieux, et pénitent, et charmé de sa vie solitaire, sans ennui, et sans recherche d'aucun amusement ni d'aucune dissipation, et jouissant toujours de tout ce qu'on a vu en son temps que le feu Roi lui avoit donné.

CHAPITRE V.

Le général et l'intendant de nos îles paquetés et renvoyés en France par les habitants de la Martinique. — Mort de la duchesse de la Trémoille; du fils unique du maréchal de Montesquiou; de Busanval; d'Harlay, conseiller d'État; caractère et singularités de ce dernier. — Mort de Dongois, greffier en chef du Parlement. — Mort et deuil d'un fils du prince de Conti. — Affaire de Courson, intendant de Bordeaux et conseiller d'État, et de la ville, etc., de Périgueux. — Courson, cause de la chute de des Forts, son beau-frère, et seul coupable, se soutient. — Le maréchal de Tallart entre au conseil de régence; question de préséance entre le maréchal d'Estrées et lui, jugée en sa faveur; son aventure au même conseil. — Duc d'Albret gouverneur d'Auvergne. — Maréchal de Tessé quitte le conseil de marine. — Grâces accordées aux conseillers du grand conseil. — Le roi Stanislas près d'être enlevé aux Deux-Ponts; quelque temps après reçu en asile à Weissembourg en basse Alsace. — Naissance du prince de Conti et d'un fils du roi de Portugal; fête donnée par son ambassadeur. — La Forêt; quel; perd un procès de suite importante. — Le Régent assiste, à la royale, à la procession de Notre-Dame, le 15 août. — Le Parlement refuse d'enregistrer la création de deux charges dans les bâtiments. — Fête de Saint-Louis; rare leçon du maréchal de Villeroy.

Il arriva à la Martinique une chose si singulière et si bien concertée qu'elle peut être dite sans exemple. Varennes y avoit succédé à Phélypeaux, qui avoit été ambassadeur à Turin, et comme lui étoit capitaine général de nos îles. Ricouart y étoit intendant. Ils vivoient à la Martinique dans une grande union, et y faisoient très-bien leurs affaires. Les habitants en étoient fort maltraités. Ils se plaignirent à diverses reprises, et toujours inutilement. Poussés à bout enfin de leur tyrannie et de leurs pillages[1], et hors d'espérance d'en avoir justice, ils résolurent de se la faire eux-mêmes. Rien de si sagement concerté, de plus secrètement conduit parmi cette multitude, ni de plus doucement ni de plus plaisamment exécuté. Ils les surprirent un matin chacun chez eux au

---

1. Il y a *leurs* au pluriel, et *pillage* au singulier.

même moment, les paquetèrent, scellèrent tous leurs papiers et leurs effets, n'en détournèrent aucun, ne firent mal à pas un de leurs domestiques, les jetèrent dans un vaisseau qui étoit là de hasard prêt à partir pour France, et tout de suite le firent mettre à la voile. Ils chargèrent en même temps le capitaine d'un paquet pour la cour dans lequel ils protestèrent de leur fidélité et de leur obéissance, demandèrent pardon de ce qu'ils faisoient, firent souvenir de tant de plaintes inutiles qu'ils avoient faites, et s'excusèrent sur la nécessité inévitable où les mettoit l'impossibilité absolue de souffrir davantage la cruauté de leurs vexations. On auroit peine, je crois, à représenter l'étonnement de ces deux maîtres des îles de se voir emballés de la sorte et partis en un clin d'œil, leur rage en chemin, leur honte à leur arrivée.

La conduite des insulaires ne put être approuvée dans la surprise qu'elle causa, ni blâmée par ce qui parut du motif extrême de leur entreprise, dont le secret et la modération se firent admirer. Leur conduite, en attendant un autre capitaine général et un autre intendant, fut si soumise et si tranquille, qu'on ne put s'empêcher de la louer. Varennes et Ricouart n'osèrent plus se montrer après les premières fois, et demeurèrent pour toujours sans emplois. On murmura fort avec raison qu'ils en fussent quittes à si bon marché. En envoyant leurs successeurs à la Martinique, pour qui ce fut une bonne leçon, on n'envoya point de réprimande aux habitants par la honte tacite de ne les avoir pas écoutés et de les avoir réduits par là à la nécessité de se délivrer eux-mêmes.

Le maréchal de Montesquiou perdit son fils unique, et la marquise de Gesvres mourut, dont on a vu en son temps l'étrange procès avec son mari. Le vieux et très-ennuyeux Busanval mourut aussi, fort pauvre, lieutenant général, ayant été premier sous-lieutenant des gens d'armes de la garde. La duchesse de la Trémoille mourut aussi, fort jeune et fort jolie, mais peu heureuse, ne laissant qu'un fils unique. Elle étoit fort riche et de grande naissance, Mottier de la Fayette, et héritière de son père mort lieutenant général, et de sa mère, fille de Marillac, doyen du conseil, qui avoit perdu ses deux fils sans enfants, en sorte que Mme de la Fayette étoit demeurée seule héritière.

En même temps mourut un autre homme, avec l'acclamation publique d'en être délivré, quoique il ne fût pas en place ni en passe de faire ni bien ni mal, étant conseiller d'État sans nulle commission extraordinaire. Ce fut Harlay, fils unique du feu premier président, digne d'être le fléau de son père, comme son père d'être le sien, et comme ils se le firent sentir toute leur vie, sans toutefois s'être jamais séparés d'habitation. On a vu en son lieu quel étoit le père. Le fils, avec bien moins d'esprit, et une ambition démesurée nourrie par la plus folle vanité, avoit un esprit méchant, guindé, pédant, précieux, qui vouloit primer partout, qui couroit également après les sentences, qui toutefois ne couloient pas de source, et les bons mots de son père, qu'il rappeloit tristement. C'étoit le plus étrange composé de l'austère écorce de l'ancienne magistrature et du petit maître de ces temps-ci, avec tous les dégoûts de l'un et tous les ridicules de l'autre. Son ton de voix, sa démarche, son attitude, tout étoit d'un mauvais comédien forcé. Gros joueur par air, chasseur par faste magnifique, en singe de grand seigneur, il se ruina autant qu'il le put avec un extérieur austère, un fond triste et sombre, une humeur insupportable, et pourtant aussi parfaitement débauché et aussi ouvertement qu'un jeune académiste [1].

On feroit un livre, et fort divertissant, du domestique entre le père et le fils. Jamais ils ne se parloient de rien; mais les billets mouchoient [2] à tous moments d'une chambre à l'autre, d'un caustique amer et réciproque presque toujours facétieux. Le père se levoit pour son

1. Voyez tome I, p. 3, et tome VI, p. 222, note 1.
2. Voyez tome I, p. 177 et note 1.

fils, même étant seuls, ôtoit gravement son chapeau, ordonnoit qu'on apportât un siége à M. du Harlay, et ne se couvroit et ne s'asseyoit que quand le siége étoit en place. C'étoit après des compliments, et dans le reste un poids et une mesure de paroles. A table de même, enfin une comédie continuelle. Au fond, ils se détestoient parfaitement l'un l'autre, et tous deux avoient parfaitement raison.

Le ver rongeur du fils étoit de n'être de rien, et cette rage le rendoit ennemi de presque tout ce qui avoit part au gouvernement, et frondeur de tout ce qui s'y faisoit. Sa foiblesse et sa vanité étoient là-dessus si pitoyables, que sachant très-bien que M. le duc d'Orléans ne lui avoit jamais parlé ni fait parler de rien, ni envoyé chez lui, et qu'il n'y avoit ni affaire ni occasion qui lui pût attirer de message de ce prince ni de visite de personne des conseils, il défendoit souvent et bien haut à ses gens devant ceux qui le venoient voir, de laisser entrer personne, quelque considérables qu'ils fussent, même de la part de M. le duc d'Orléans, parce qu'il vouloit être en repos, et qu'encore étoit-il permis quelquefois d'être avec ses amis et de reprendre haleine. Ses valets s'en moquoient et ses prétendus amis en rioient, et au partir de là en alloient rire avec les leurs.

Sa femme, demoiselle de Bretagne, riche héritière et d'une grande vertu, en eut grand besoin, et fut avec lui une des plus malheureuses femmes du monde. Ils n'eurent qu'une fille unique, qu'épousa le dernier fils de M. de Luxembourg, dont le premier président étoit l'âme damnée, et ce fils est devenu maréchal de France.

Harlay mourut comme il avoit vécu. Il avoit une bonne et nombreuse bibliothèque, avec quantité de manuscrits sur différentes matières. Il les donna à Chauvelin, depuis garde des sceaux, qui en sut faire un échelon à sa fortune, et parce qu'il n'étoit rien moins que dévot, il lui donna aussi tout ce qu'il avoit de livres de dévotion, et tout le reste de sa bibliothèque aux jésuites. Il n'avoit au plus que soixante ans, et se plut à ces legs ridicules. Je me suis peut-être trop étendu sur un particulier qui n'a jamais figuré. J'ai succombé à la tentation de déployer un si singulier caractère.

Dongois, greffier en chef du Parlement, qui s'étoit bien réjoui en sa vie de la rareté de ces deux hommes, mourut en même temps, à quatre-vingt-trois ans, et fut universellement regretté. C'étoit un très-honnête homme, très-droit, extrêmement instruit et capable, qui faisoit très-supérieurement sa charge, fort obligeant, très-considéré du Parlement, qui avoit souvent recours à ses lumières en beaucoup d'occasions, et qui avoit au dehors et parmi les seigneurs et à la cour beaucoup d'amis.

M. le prince de Conti perdit un fils enfant, qui étoit appelé comte de la Marche, dont le Roi prit le deuil pour huit jours.

Courson, fils de Basville, intendant ou plutôt roi de Languedoc, ne ressembloit en rien à son père. On a vu en son lieu qu'il pensa plus d'une fois être assommé à coups de pierre en divers lieux de son intendance de Rouen, dont il fallut l'ôter tant il s'y étoit rendu odieux; mais le crédit de son père le sauva et le fit envoyer intendant à Bordeaux. C'étoit, dehors et dedans, un gros bœuf, fort brutal, fort insolent, et dont les mains n'étoient pas nettes, ni à son exemple celles de ses secrétaires, qui faisoient toute l'intendance, dont il étoit très-incapable, et de plus très-paresseux.

Il fit, entre autres tyrannies, des taxes sèches[1] très-violentes dans Périgueux, par ses ordonnances en forme, sans aucun édit ni arrêt du conseil; et voyant qu'on ne se pressoit pas d'y satisfaire, les augmenta, multiplia les frais, et à la fin mit dans des cachots des échevins et d'autres honnêtes et riches bourgeois. Il en fit tant qu'ils députèrent pour porter leurs plaintes, et allèrent de porte en porte chez tous ceux du conseil de régence, après avoir

---

1. Des taxes qui se payaient argent comptant.

été plus de deux mois à se morfondre dans les antichambres du duc de Noailles.

Le comte de Toulouse, qui étoit homme fort juste, et qui les avoit entendus, blessé de ce qu'ils ne pouvoient obtenir de réponse, m'en parla. J'en étois aussi indigné que lui. Je lui répondis que, s'il vouloit m'aider nous aurions raison de cette affaire. J'en parlai à M. le duc d'Orléans, qui n'en savoit rien que superficiellement. Je lui remontrai la nécessité de voir clair en des plaintes de cette nature; l'injustice de ruiner ces députés de Périgueux sur le pavé de Paris pour les lasser et ne les point entendre, et la cruauté de laisser languir d'honnêtes bourgeois dans des cachots sans savoir pourquoi, et de quelle autorité ils y étoient. Il en convint et me promit d'en parler au duc de Noailles. Au premier conseil d'après pour finances, j'avertis le comte de Toulouse, et tous deux demandâmes au duc de Noailles quand il rapporteroit l'affaire de ces gens de Périgueux.

Il ne s'attendoit à rien moins, et voulut nous éconduire. Je lui dis qu'il y avoit assez longtemps que les uns étoient dans les cachots et les autres sur le pavé de Paris; que c'étoit une honte que cela, et ne se pouvoit souffrir davantage. Le comte de Toulouse reprit fort sèchement sur le même ton. M. le duc d'Orléans arriva et on se mit en place.

Comme le duc de Noailles ouvroit son sac, je dis fort haut à M. le duc d'Orléans que M. le comte de Toulouse et moi venions de demander à M. de Noailles quand il rapporteroit au conseil l'affaire de Périgueux; que ces gens-là, innocents ou coupables, n'avoient qu'un cri pour être ouïs et jugés; et qu'il me paroissoit de l'honneur du conseil de ne les pas faire languir davantage. En finissant je regardai le comte de Toulouse, qui dit aussi quelque chose de court mais d'assez fort. M. le duc d'Orléans répondit qu'il ne demandoit pas mieux. Le duc de Noailles se mit à barbouiller sur l'accablement d'affaires, qu'il n'avoit pas eu le temps, etc. Je l'interrompis, et lui dis qu'il falloit le prendre, et l'avoir pris il y avoit longtemps, parce qu'il n'y avoit de si pressé que de ne pas ruiner des gens sur le pavé de Paris, et en laisser pourrir d'autres dans des cachots sans savoir pourquoi. M. le duc d'Orléans reprit un mot en même sens, et ordonna au duc de Noailles de se mettre en état de rapporter l'affaire à la huitaine.

D'excuses en excuses il différa encore trois semaines. A la fin je dis à M. le duc d'Orléans que c'étoit se moquer de lui ouvertement, et faire un déni de justice le plus public et le plus criant. Le conseil d'après il se trouva que M. le duc d'Orléans lui avoit dit qu'il ne vouloit plus attendre. M. le comte de Toulouse et moi continuâmes à lui demander si à la fin il apportoit l'affaire de Périgueux. Nous ne doutâmes plus alors qu'elle seroit aussitôt rapportée. Mais les ruses n'étoient pas à bout.

C'étoit un mardi après-dîner, où souvent M. le duc d'Orléans abrégeoit le conseil pour aller à l'Opéra. Dans cette confiance le duc de Noailles tint tout le conseil en différentes affaires. J'étois entre le comte de Toulouse et lui. A chaque fin d'affaire je lui demandois : « Et l'affaire de Périgueux ? — Tout à l'heure, » répondoit-il, et en commençoit une autre. A la fin je m'aperçus du projet ; je le dis tout bas au comte de Toulouse, qui s'en doutoit déjà, et nous convînmes tous deux de n'en être pas la dupe. Quand il eut épuisé son sac il étoit cinq heures. En remettant ses pièces il le referma, et dit à M. le duc d'Orléans qu'il avoit encore l'affaire de Périgueux qu'il lui avoit ordonné d'apporter, mais qui seroit longue et de détail ; qu'il vouloit sans doute aller à l'Opéra ; que ce seroit pour la première fois ; et tout de suite, sans attendre de réponse, se lève, pousse son tabouret et tourne pour s'en aller. Je le pris par le bras : « Doucement, lui dis-je, il faut savoir ce qu'il plaît à Son Altessse Royale. Monsieur, dis-je à M. le duc d'Orléans, toujours tenant ferme la manche du duc de Noailles, vous souciez-vous beaucoup aujourd'hui de l'Opéra ? — Mais non, me répondit-il, on peut voir l'affaire de Périgueux. — Mais sans l'étrangler, repris-je. — Oui, dit M. le duc d'Orléans, qui regardant Monsieur le Duc qui sourioit : Vous ne vous souciez pas d'y aller, lui dit[-il]. — Non Monsieur; voyons l'affaire, répondit Monsieur le Duc. — Oh! remettez-vous donc là, Monsieur, dis-je au duc de Noailles d'un ton très-ferme en le tirant très-fort, reprenez votre siége et rouvrez votre sac. » Sans dire une parole il tira son tabouret à grand bruit, et s'assit dessus à le rompre. La rage lui sortoit par les yeux. Le comte de Toulouse rioit, et avoit dit son mof aussi sur l'Opéra, et toute la compagnie nous regardoit, souriant presque tous, mais assez étonnée.

Le duc de Noailles étala ses papiers et se mit à rapporter. A mesure qu'il s'agissoit de quelque pièce, je la feuilletois, et par-ci, par-là, je le reprenois. Il n'osoit se fâcher dans ses réponses, mais il écumoit. Il fit un éloge de Basville, de la considération qu'il méritoit, excusa Courson, et bavarda là-dessus tant qu'il put pour exténuer tout et en faire perdre les principaux points de vue. Voyant que cela ne finisssoit point pour lasser et se rendre maître de l'arrêt, je l'interrompis et lui dis que le père et le fils étoient deux, qu'il ne s'agissoit ici que des faits du fils, de savoir si un intendant étoit autorisé ou non, par son emploi, de taxer les gens à volonté, et de mettre des impôts dans les villes et dans les campagnes de son département, sans édit qui les ordonne, sans même d'arrêt du conseil, et uniquement sur ses propres ordonnances particulières, et de tenir des gens domiciliés quatre ou cinq mois dans des cachots, sans forme ni figure de procès, parce qu'ils ne payoient point ces taxes sèches à volonté, et encore accablés de frais. Puis me tournant à lui pour le bien regarder : « C'est sur cela, Monsieur, ajoutai-je, qu'il faut opiner net et précis, puisque votre rapport est fait, et non pas nous amuser ici au panégyrique de M. de Basville, qui n'est point dans le procès. » Le duc de Noailles, hors de soi, d'autant plus qu'il voyoit le Régent sourire, et Monsieur le Duc qui me regardoit et rioit un peu plus ouvertement, se mit à opiner ou plutôt à balbutier. Il n'osa pourtant ne pas conclure à l'élargissement des prisonniers. « Et les frais, dis-je, et l'ordonnance de ces taxes, qu'en faites-vous? — Mais en élargissant, dit-il, l'ordonnance tombe. » Je ne voulus pas pousser plus loin pour lors. On opina à l'élargissement, à casser l'ordonnnance, quelques-uns au remboursement des frais aux dépens de l'intendant, et à lui faire défenses de récidiver.

Quand ce fut à mon tour, j'opinai de même, mais j'ajoutai que ce n'étoit pas assez pour dédommager des gens aussi injustement et aussi maltraités; que j'étois d'avis d'une somme à leur être adjugée, telle qu'il plairoit au conseil de la régler; et qu'à l'égard d'un intendant qui abusoit de l'autorité de sa place au point d'usurper celle du Roi pour imposer des taxes inconnues, de son chef, telles qu'il lui plaît, sur qui il lui plaît, par ses seules ordonnances, qui jette dans les cachots qui bon lui semble de son autorité privée, et qui met ainsi une province au pillage, j'étois d'avis que Son Altesse Royale fût suppliée d'en faire une telle justice qu'elle demeurât en exemple à tous les intendants.

Le chancelier, adorateur de la robe et du duc de Noailles, se jeta dans l'éloquence pour adoucir. Le comte de Toulouse et Monsieur le Duc furent de mon avis. Ceux qui avoient opiné devant moi firent la plupart des signes que j'avois raison, mais ne reprirent point la parole. M. le duc d'Orléans prononça l'élargissement et la cassation de l'ordonnance de Courson et de tout ce qui s'en étoit suivi; qu'à l'égard du reste, il se chargeoit de faire dédommager ces gens-là, de bien laver la tête à Courson, qui méritoit pis, mais dont le père méritoit d'être ménagé. Comme on voulut se lever, je dis qu'il seroit bon d'écrire l'arrêt tout de suite, et M. le duc d'Orléans l'approuva. Noailles se jeta sur du papier et de l'encre comme un oiseau de proie et se mit à écrire, moi à me baisser et à lire à mesure ce qu'il écrivoit. Il s'arrêta sur la cassation de l'ordonnance et la prohibition de pareille récidive sans y être autorisé par édit ou par arrêt du conseil. Je lui dictai la clause; il regarda la compagnie, comme demandant des yeux. « Oui, lui dis-je, il a passé comme cela; il n'y a qu'à le demander encore. » M. le duc d'Orléans dit qu'oui. Noailles écrivit. Je pris le papier et le relus; il l'avoit écrit. Il le reprit en furie, le jeta avec les autres pêle-mêle dans son sac, jeta son tabouret à dix pas de là en se tournant, et s'en alla brossant[1] comme un sanglier, sans regarder ni saluer personne, et nous à rire. Monsieur le Duc vint à moi, et plusieurs autres, qui avec M. le comte de Toulouse s'en divertirent. Effectivement M. de Noailles se posséda si peu, qu'en se tournant pour s'en aller, il frappa la table en jurant et disant qu'il n'y avoit plus moyen d'y tenir.

Je sus par des familiers de l'hôtel de Noailles, qui le dirent à de mes amis, qu'en arrivant chez lui il s'étoit mis au lit sans vouloir voir personne, que la fièvre lui prit, qu'il avoit été d'une humeur épouvantable le lendemain, et qu'il lui étoit échappé qu'il ne pouvoit plus soutenir les algarades et les scènes que je lui faisois essuyer. On peut juger que cela ne m'en corrigea pas.

L'histoire en fut apparemment révélée par quelqu'un aux députés de Périgueux (car dès le soir elle se débita par la ville), qui me vinrent faire de grands remercîments. Noailles eut si peur de moi qu'il ne leur fit attendre leur expédition que deux jours.

Peu de mois après, Courson fut révoqué aux feux de joie de sa province. Cela ne le corrigea ni ne l'empêcha d'obtenir dans les suites une des deux places de conseiller au conseil royal des finances, car il étoit déjà conseiller d'État lors de cette affaire de Périgueux. Des Forts,

1. Voyez tome V, p. 121.

mari de sa sœur, étoit devenu contrôleur général. Il se fia à lui des actions de la compagnie des Indes et de leur mouvement sur la place. Courson et sa sœur, à l'insu de des Forts, dont la netteté des mains ne fut jamais soupçonnée, y firent si bien leurs affaires que le désarroi de la place éclata. Chauvelin, lors à l'apogée[1] de sa fortune, ennemi déclaré de des Forts, le fit chasser d'autant plus aisément que le cardinal Fleury étoit excédé de Mme des Forts et de ses manéges, et le criminel Courson fut conservé à l'indignation publique, qui ne s'y méprit pas, parce que Chauvelin voulut tout faire retomber plus à plomb sur des Forts. J'ajoute cette suite qui excède le temps de ces *Mémoires*, pour achever tout de suite ce qui regarde Courson.

Le maréchal de Tallart, dont on a vu le caractère p. 382[2], avoit été mis dans le conseil de régence par le testament du feu Roi. Enragé de n'être de rien, on a vu aussi qu'il se retira à la Planchette, petite maison près de Paris, criant, dans ses accès de désespoir, qu'il vouloit porter le testament du feu Roi écrit sur son dos. Il mouroit de rage et d'ennui dans sa solitude, et n'y put durer longtemps. Son attachement aux Rohans, quoique servile, n'empêchoit pas qu'il n'en fût compté. Il n'en étoit pas de même du sien, de tous temps, pour le maréchal de Villeroy, qui le rencontrant même à la tête des armées, conserva toujours ses grands airs avec lui, et ne cessa en aucun temps de le traiter comme son protégé. L'autre, impatient du joug, se rebecquoit quelquefois; mais comme l'ambition et la faveur furent toujours ses idoles, il se rendit plus que jamais le très-humble esclave du maréchal de Villeroy, depuis le grand vol que Mme de Maintenon lui fit prendre après son rappel, qu'elle moyenna à la mort de Mme la duchesse de Bourgogne, lors Dauphine, et qu'il conservoit encore auprès de M. le duc d'Orléans, qui le craignoit et qui

1. *A l'apogée* corrige *au périgée*.
2. Pages 390 et 391 de notre tome III.

le ménageoit, jusqu'à aller sans cesse au-devant de tout ce qui lui pouvoit plaire, aussi misérablement qu'inutilement.

Villeroy prit son temps de l'issue de l'affaire des bâtards et de cette prétendue noblesse, dont on avoit su faire peur au Régent, pour lui représenter la triste situation de Tallart et profiter du malaise qui troubloit encore ce prince. Le moment fut favorable ; il crut s'acquérir Villeroy et les Rohans en traitant bien Tallart. Il imagina que, tenant tous aux bâtards, et par conséquent à cette prétendue noblesse, le bon traitement fait à Tallart plairoit au public et lui ramèneroit bien des gens. Les affaires importantes avoient déjà pris le chemin unique de son cabinet, et n'étoient presque plus portées au conseil de régence que toutes délibérées, et seulement pour la forme. Ainsi, le Régent crut paroître faire beaucoup et donner peu en effet, en y faisant entrer Tallart, qui de honte, de dépit et d'embarras, ne se présentoit que des moments fort rares au Palais-Royal. La parole fut donc donnée au maréchal de Villeroy, avec permission de le dire à Tallart sous le secret, qui, dès le lendemain, se présenta devant M. le duc d'Orléans. Il avoit voulu se réserver de le lui déclarer et de fixer le jour de son entrée au conseil de régence. Un peu après qu'il fut là en présence, parmi les courtisans, le Régent lui dit qu'il le mettoit dans le conseil de régence, et d'y venir prendre place le surlendemain.

Dès que je le sus, je sentis la difficulté qui se devoit présenter sur la préséance entre lui et le maréchal d'Estrées, qui y venoit rapporter les affaires de marine, et qui d'ailleurs y entroit avec les autres chefs et présidents des conseils quand on les y appeloit pour des affaires importantes. J'aimois bien mieux Estrées que Tallart, et pour l'estime nulle sorte de comparaison à en faire en rien. Le public même n'en faisoit aucune, et tout étoit de ce côté-là à l'avantage du maréchal d'Estrées, mais j'aimois mieux que lui l'ordre et la règle, et sans intérêt (car je n'y en pouvois avoir aucun entre eux), l'intégrité des dignités de l'État. Tous deux étoient maréchaux de France, et dans cet office de la couronne Estrées étoit l'ancien de beaucoup ; mais il n'étoit point duc, et Tallart l'étoit vérifié au Parlement; il est vrai qu'Estrées étoit grand d'Espagne beaucoup plus anciennement que Tallart n'étoit duc, et que, comme aux cérémonies de la cour les grands d'Espagne, comme je l'ai expliqué ailleurs, coupoient les ducs, suivant l'ancienneté des uns à l'égard des autres, Estrées précédoit Tallart aux cérémonies de l'ordre et en toutes celles de la cour. Mais, dès la première fois que le conseil de régence s'étoit assemblé, il avoit été réglé, comme je l'ai rapporté en son lieu, que le maréchal de Villars précéderoit le maréchal d'Harcourt, celui-ci duc vérifié beaucoup plus ancien que l'autre, mais Villars plus ancien pair qu'Harcourt, parce que les séances du conseil de régence se devoient régler sur celles qui s'observent au Parlement, et aux états généraux et aux autres cérémonies d'État où la pairie l'emporte. Il en résultoit qu'entre deux hommes qui n'étoient pas pairs, mais dont l'office de la couronne qu'ils avoient tous deux se trouvoit effacé par une autre dignité, c'étoit cette dignité qui devoit régler leur rang. Ils en avoient chacun une égale, mais différente : l'une étoit étrangère, l'autre de l'État. Cette dignité étrangère rouloit à la vérité par ancienneté avec la première de l'État dans les cérémonies de la cour; mais comme telle, elle ne pouvoit être admise dans une séance qui se régloit pour le rang par la pairie, parce qu'il s'y agissoit de matières d'État où elle ne pouvoit avoir aucune part; au lieu que la dignité de duc vérifié en étant une réelle et effective de l'État, avoit, comme telle, plein caractère pour être admise aux affaires de l'État, et ne l'y pouvoit être que dans le rang qui lui appartenoit, d'où il résultoit qu'encore que le maréchal d'Estrées eût dans les cérémonies de la cour la préséance sur le maréchal de Tallart, celui-ci la devoit avoir sur l'autre dans les cérémonies de l'État, et singulièrement au conseil de régence, établi pour suppléer en tout à l'âge du Roi pour le gouvernement de l'État.

Je ne pus avertir Tallart qu'aux Tuileries, un peu avant le conseil. Sa joie extrême alloit jusqu'à l'indécence, et ne lui en avoit pas laissé la réflexion; il en dit un mot au maréchal d'Estrées, qui devoit rapporter ses affaires de marine, et tous deux en parlèrent à M. le duc d'Orléans, quand il arriva un moment après, qui leur dit que le conseil les jugeroit sur-le-champ. On se mit en place; les deux maréchaux se tinrent debout derrière la place où j'étois. Estrées parla le premier; Tallart, étourdi du bateau, s'embarrassa. Je sentis qu'il se tireroit mal d'affaires, je l'interrompis, et dis à M. le duc d'Orléans que, s'il avoit agréable de prier Messieurs les deux maréchaux de sortir pour un moment, je m'offrois d'expliquer la question en deux mots, et qu'on y opineroit plus librement en leur absence qu'en leur présence. Au lieu de me répondre, il s'adressa aux deux maréchaux, et leur dit qu'en effet il seroit mieux qu'ils voulussent bien sortir, et qu'il les feroit rappeler sitôt que le jugement seroit décidé. Ils firent la révérence sans rien dire, et sortirent.

J'expliquai aussitôt après la question en la manière que je viens de la rapporter, quoique avec un peu plus d'étendue, mais de fort peu. Je conclus en faveur de Tallart, et tous les avis furent conformes au mien. La Vrillière écrivit sur-le-champ la décision sur le registre du conseil, puis alla, par ordre du Régent, appeler les deux maréchaux, à qui la Vrillière ne dit rien de leur jugement. Ils se tinrent debout au même lieu où ils s'étoient mis d'abord; nous nous rassîmes en même temps que M. le duc d'Orléans, qui à l'instant prononça l'arrêt, que le maréchal d'Estrées prit de fort bonne grâce et très-honnêtement, et Tallart fort modestement. Le Régent leur dit de prendre place, se leva et nous tous, et nous rassîmes aussitôt. Tallart, par son rang, échut vis-à-vis de moi, quelques places au-dessous.

L'excès de la joie, le sérieux du spectacle, l'inquiétude d'une dispute imprévue, firent sur lui une étrange impression. Vers le milieu du conseil, je le vis pâlir, rougir, frétiller doucement sur son siége, ses yeux qui s'égaroient, un homme en un mot fort embarrassé de sa personne. Quoique sans aucun commerce avec lui que celui qu'on a avec tout le monde, la pitié m'en prit; je dis à M. le duc d'Orléans que je croyois que M. de Tallart se trouvoit mal. Aussitôt il lui dit de sortir, et de revenir quand il voudroit. Il ne se fit pas prier, et s'en alla très-vite. Il rentra un quart d'heure après. En sortant du conseil, il me dit que je lui avois sauvé la vie; qu'il avoit indiscrètement pris de la rhubarbe le matin, qu'il venoit de mettre comble la chaise percée du maréchal de Villeroy, qu'il ne savoit ce qu'il seroit devenu sans moi, ni ce qui lui seroit arrivé, parce qu'il n'auroit jamais osé demander la permission de sortir. Je ris de bon cœur de son aventure, mais je ne pris pas le change de sa rhubarbe ; il étoit trop transporté de joie pour avoir oublié le conseil, et trop avisé pour avoir pris ce jour-là de quoi se purger.

Le duc d'Albret obtint le gouvernement d'Auvergne, sur la démission de M. de Bouillon, qui avoit dessus cent mille écus de brevet de retenue : un pareil fut donné au duc d'Albret.

Le maréchal de Tessé entroit au conseil de marine comme général des galères. On a vu à propos du voyage du Czar, auprès duquel il fut mis, la vie qu'il menoit depuis la mort du feu Roi. Il étoit fort dégoûté de n'être de rien; je ne sais si l'entrée de Tallart au conseil de régence acheva de le dépiter; mais peu de jours après il pria le Régent de lui permettre, retiré comme il étoit, ou plutôt comme il se croyoit, de se retirer aussi du conseil de marine. Mais il se garda bien d'en rendre les appointements. Ce vide ne fit aucune sensation.

La facilité de M. le duc d'Orléans se laissa aller à l'adoration du chancelier pour la robe, et aux sollicitations du duc de Noailles pour la capter, d'accorder aux gens du monde les plus inutiles, qui sont les conseillers du grand conseil, deux grandes et fort étranges grâces : l'une, qu'ils feroient désormais souche de noblesse; l'autre, exemption de lods et ventes[1] des terres et maisons relevant du Roi.

Le roi Stanislas pensa être enlevé aux Deux-Ponts par un parti qui avoit fait cette entreprise. Elle fut découverte au moment qu'elle alloit réussir. On prit trois de ces gens-là, que le roi de Pologne avoit mis en campagne. Comme les affaires du Nord n'étoient pas finies, il ne craignoit point de violer le territoire de la souveraineté, personnelle surtout, du roi de Suède. Quelque temps après, le Régent, touché de l'état fugitif de ce malheureux roi, qui n'étoit en sûreté nulle part, lui donna asile à Weissembourg en basse Alsace.

Mme la princesse de Conti accoucha de M. le prince de Conti d'aujourd'hui, tandis que Monsieur son mari étoit à l'Isle-Adam. L'ambassadeur de Portugal donna une superbe fête pour la naissance d'un fils du roi de Portugal. Il y eut un grand bal en masque, où Mme la duchesse de Berry, M. le duc d'Orléans et beaucoup de gens allèrent masqués.

La Forêt, gentilhomme françois, huguenot, et depuis longtemps attaché au service du roi d'Angleterre avant qu'il vînt à la couronne, étoit parvenu aux premières charges de la cour d'Hanovre, et à être fort avant dans les bonnes grâces de son maître. Il se trouva dans un cas singulier sur la jouissance de ses biens en France, qui, avec le secours du crédit du roi d'Angleterre auprès de M. le duc d'Orléans, qu'il y employa tout entier, lui en fit espérer la restitution, dont il intenta la demande. L'affaire, très-soigneusement examinée par la considération du roi d'Angleterre, ne se trouva point dans le cas que la Forêt prétendoit, et très-dangereuse de plus à lui être

---

1. Droit que le seigneur prélevait sur la vente des biens compris dans sa censive.

adjugée, par la porte que cet arrêt eût ouverte aux autres réfugiés pour les mêmes prétentions. Ainsi la Forêt perdit son procès tout d'une voix au conseil du dedans, puis en celui de régence.

Le 15 août fut dans Paris l'étrange spectacle du triomphe du Parlement sur la royauté, et de l'ignominie des deux augustes qualités réunies ensemble, de petit-fils de France et de régent du royaume, dont M. le duc d'Orléans, entraîné par le duc de Noailles, Effiat, les Besons, Canillac et autres serfs du Parlement, se cacha merveilleusement de moi. On a vu sur l'année passée qu'il voulut aller à la procession du vœu du Roi son grand-père, qui a montré plus d'une fois au Parlement, de paroles et d'effet, qu'il savoit le contenir dans les bornes du devoir et du respect, et qui l'auroit étrangement humilié, s'il eût pu imaginer ce qui se passeroit entre son petit-fils et cette Compagnie soixante-quatorze ans après sa mort, à l'occasion de la procession qu'il avoit pieusement instituée. La faute de l'année précédente auroit dû corriger ; et puisque M. le duc d'Orléans avoit eu la foiblesse de ne pas faire rentrer le Parlement dans ses bornes, au moins n'en falloit-il pas volontairement subir l'usurpation monstrueuse sans aucune sorte de nécessité. Une procession n'étoit ni de son goût, ni de la vie qu'il menoit, ni par cela même de l'édification publique. Ni le feu Roi, ni aucune personne royale n'y avoit jamais assisté, et s'étoient toujours contentés de celle de leur chapelle. Il n'avoit donc qu'à rire avec mépris de la folle chimère du Parlement, s'il n'avoit pas la force de mieux faire, et ne plus penser d'aller à cette procession.

Le Parlement venoit de refuser très-sèchement d'enregistrer la création de deux charges dans les bâtiments, qui auroient été vendues quatre cent mille [livres] les deux, au profit du Roi, sous prétexte, dirent Messieurs, que leurs gages augmenteroient les dépenses de l'État. Le même esprit de misère qui venoit de mettre Tallart dans le conseil de régence fit aller M. le duc d'Orléans à la procession ; et comme les *mezzo-termine* étoient de son goût, le premier président, de concert avec le duc et la duchesse du Maine, lui en suggérèrent un qui portoit tellement son excommunication sur le front, qu'il est incroyable qu'un prince d'autant d'esprit que M. le duc d'Orléans y pût donner, et que, de tous ceux qui l'excitèrent à cette procession, pas un ne s'en aperçût, ou ne lui fût assez attaché pour l'en avertir ; car le singulier est que je ne le sus que le matin même du 15, que la procession étoit pour l'après-dînée, et qu'il n'y avoit plus qu'à hausser les épaules. Ce *mezzo-termine*, si bien imaginé pour accommoder toutes choses, fut une procuration du Roi à M. le duc d'Orléans pour tenir sa place à la procession, où en cette qualité il iroit des Tuileries à Notre-Dame, et en reviendroit comme le Roi, et avec le même accompagnement de carrosses, pages, valets de pied, gardes du Roi, Cent-Suisses, etc., ayant à Notre-Dame, et pendant la procession, le premier gentilhomme de la chambre en année, et le duc de Villeroy, capitaine des gardes du corps en quartier, avec le bâton, derrière lui, et le capitaine des Cent-Suisses devant lui, et les aumôniers du Roi de quartier en rochet, manteau long et bonnet carré, pour le servir comme le Roi. Avec cette royale mascarade, le Parlement eut la complaisance de le vouloir bien souffrir à sa droite, et se réserva le plaisir de s'en bien moquer. On laisse à penser quel effet opéra une telle comparse, fondée sur aucune sorte d'apparence, d'usage, de coutume, encore moins de nécessité, faite par un prince qui se donnoit publiquement, par ses discours et par sa conduite, pour se moquer de bien pis que d'une procession, et qui, par les renonciations, la paix d'Utrecht et l'âge où le Roi [étoit], étoit encore pour longtemps l'héritier présomptif de la couronne. Quoi donc de plus simple et de plus naturel à répandre et à persuader que M. le duc d'Orléans, dans la soif et dans l'espérance de régner, avoit saisi une occasion de se donner la satisfaction de se montrer en roi en une cérémonie publique, en avant-goût de ce qui lui pouvoit arriver, et pour accoutumer Paris à lui en voir toute la pompe et la majesté en plein, comme il en exerçoit le pouvoir?

Avec les horreurs semées lors de la perte des princes, père, mère, frère et oncle du Roi, sans cesse rafraîchies par leurs pernicieux auteurs, on peut imaginer de ce qui fut répandu dans Paris, dans les provinces, dans les pays étrangers et dans l'esprit du Roi, par la facilité et l'autorité de l'accès auprès de lui de ceux qui vouloient accréditer ces exécrables soupçons et en grossir les idées. Aussi firent-elles un grand bruit, et la fête n'avoit été proposée ni imaginée pour autre chose. Après la chose faite, M. le duc d'Orléans n'osa jamais m'en parler, et l'indignation me retint autant de lui en rien dire aussi, que l'inutilité de le faire après coup. L'autre effet fut d'affermir le monde dans la folle idée de la supériorité, tout au moins de l'égalité, du Parlement avec le Régent, qui se semoit depuis longtemps avec art, et qui de cette époque prit faveur générale, et d'enfler le Parlement au point qu'on verra bientôt, rallié avec tous les ennemis du Régent, et d'une multitude de fous qui ne doutoient pas de figurer et de faire fortune dans les troubles.

La fête de saint Louis donna dix jours après le contraste plénier de celle-ci. La musique de l'Opéra a coutume, ce jour-là, de divertir gratuitement le public d'un beau concert dans le jardin des Tuileries. La présence du Roi dans ce palais y attiroit encore plus de monde, dans l'espérance de le voir paroître quelquefois sur les terrasses qui sont de plein pied aux appartements. Il parut très-sensiblement cette année un redoublement de zèle, par l'affluence innombrable qui accourut non-seulement dans le jardin, mais de l'autre côté, dans les cours, dans la place, et qui ne laissa pas une place vide, je ne dis pas aux fenêtres, mais sur les toits des maisons en vue des Tuileries. Le maréchal de Villeroy persuadoit à grand'peine le Roi de se montrer, tantôt à la vue du jardin, tantôt à celle des cours, et dès qu'il paroissoit, c'étoient des cris de : Vive le Roi! cent fois redoublés. Le maréchal de Villeroy faisoit remarquer au Roi cette multitude prodigieuse, et sentencieusement lui disoit : « Voyez, mon maître, voyez tout ce peuple, cette affluence, ce nombre de peuple immense, tout cela est à vous, vous en êtes le maître; » et sans cesse lui répétoit cette leçon pour la lui bien inculquer. Il avoit peur apparemment qu'il n'ignorât son pouvoir. L'admirable Dauphin son père en avoit reçu de bien différentes, dont il avoit bien su profiter. Il étoit bien fortement persuadé qu'en même temps que la puissance est donnée aux rois pour commander et pour gourverner, les peuples ne sont pas aux rois, mais les rois aux peuples, pour leur rendre justice, les faire vivre selon les lois, et les rendre heureux par l'équité, la sagesse, la douceur et la modération de leur gouvernement. C'est ce que je lui ai souvent ouï dire avec effusion de cœur et persuasion intime, dans le desir et la résolution bien ferme de se conduire en conséquence, non-seulement étant en particulier avec lui, et y travaillant pour l'avenir dans ces principes, mais je le lui ai ouï dire et répéter plusieurs fois tout haut en public, en plein salon de Marly, à l'admiration et aux délices de tous ceux qui l'entendoient.

CHAPITRE VI.

Comité pour les finances; ma conduite à cet égard. — Je propose en particulier au chancelier la réforme de quelques troupes distinguées, avec les raisons et la manière de la faire; il l'approuve, mais elle demeure entre nous deux, par la foiblesse du Régent. — Fin et résolutions du comité des finances mises en édit. — Démêlé ajusté entre le premier président avec les enquêtes pour le choix et le nombre des commissaires du Parlement, quand il en faut nommer. — Le Parlement veut qu'on lui rende compte des finances avant d'opiner sur l'enregistrement de l'édit, et l'obtient; il l'enregistre enfin, avec peine; misère du Régent; peur et valetage du duc de Noailles. — Évêques prétendent inutilement des carreaux à l'anniversaire du feu Roi. — Entreprise de nouveau condamnée entre les princesses du sang, femmes et filles, au mariage de Chalmazel avec une sœur du maréchal d'Harcourt. — Mme la duchesse d'Orléans achète Bagnolet. — Maison donnée à Paris aux chanceliers; et Champ donné à la princesse de Conti pour la Vallière, aux dépens du financier Bourvalais. — Ragotzi s'en va en Turquie; ce qu'il devient jusqu'à sa mort. — Victoire du prince Eugène sur les Turcs; prise de Belgrade. — Mort de Villette et d'Estrades; le fils du dernier obtient sa mairie de Bordeaux. — Mme de Mouchy et Rion dame d'atour et premier écuyer en second de Mme la duchesse de Berry; changements parmi ses dames. — Diverses grâces de M. le duc d'Orléans. — Retour de Hongrie des François. — Mort du duc de Ventadour; extinction de son duché-pairie. — Mort de Moncault. — J'achète pour mes enfants deux régiments de cavalerie. — Abbé du Bois repasse en Angleterre. — Peterborough arrêté dans l'État ecclésiastique.

Le comité qui s'assembloit plusieurs fois la semaine pour les finances alloit son train. Le duc de Noailles y montra, comme il voulut l'état présent des finances, en exposa les embarras, y présenta des expédients, lut des mémoires. J'étois là, comme on l'a vu, malgré moi, et cette langue de finance dont on [a] su faire une science, et, si ce mot se peut hasarder, un grimoire, pour que l'intelligence en soit cachée à ceux qui n'y sont pas initiés, et qui, magistrats et traitants, banquiers, etc., ont grand intérêt que les autres en demeurent dans l'ignorance, cette langue, dis-je, m'étoit tout à fait étrangère. Néanmoins ma maxime constante ayant toujours été que l'humeur doit être toujours bannie des affaires autant que l'acceptation des choses et des personnes et toute prévention, j'écoutois de toutes mes oreilles, malgré mon dégoût de la matière, et ce que je n'entendois pas, je n'étois pas honteux de le dire et de me le faire expliquer. C'étoit le fruit de l'aveu de mon ignorance en finances, que j'avois fait si haut et si clair en plein conseil de régence, lorsque je m'excusai d'être de ce comité, et que le Régent finit par me le commander.

Il arriva assez souvent qu'y ayant diversité d'avis, quelquefois même assez vifs, je me trouvai de celui du duc de Noailles, et que je disputai même assez fortement pour le soutenir. Le chancelier ravi m'en faisoit compliment après; et M. le duc d'Orléans à qui l'un et l'autre le dirent, et qui avoit remarqué la même chose quelquefois au conseil de régence, les assura qu'il n'en étoit point surpris, et ne laissa pas de m'en marquer sa satisfaction. Je lui dis, et au chancelier, que l'avis du duc de Noailles, bon ou mauvais, et sa personne, étoient pour moi deux choses absolument distinctes et séparées; que je cherchois partout le bon et le vrai, et que je m'y attachois partout où je le croyois voir, comme je me roidissois aussi contre ce que j'y croyois opposé; qu'il pouvoit bien être qu'en ce dernier cas, je parlois plus ferme et plus dur quand je trouvois l'avis du duc de Noailles à combattre, que si j'avois eu à attaquer celui d'un autre; mais aussi j'étois de son avis sans répugnance quand je le trouvois bon, et que je m'élevois pour le soutenir fortement en faveur du bon et du vrai quand je le voyois disputer, sans que, [pour] tout cela, je changeasse de sentiment pour sa personne.

Comme ce travail se forlongeoit[1], les assemblées se multiplièrent; et une après-dînée, à la fin d'une, il fut convenu que nous nous rassemblerions le lendemain matin et encore l'après-dînée, et que, pour n'avoir pas la peine de tant aller et venir, le chancelier donneroit à dîner à tout le comité. Le lendemain matin, au sortir de la séance, le chancelier, qui, dès la veille, m'avoit prié, outre le général, en particulier à dîner, s'approcha de moi en me disant, comme encore d'un air d'invitation, qu'on alloit dîner. Je le priai de me dire précisément à quelle heure il comptoit rentrer en séance, afin que je m'y trouvasse ponctuellement. A sa surprise et son redoublement de prières de rester, je lui avouai franchement que je ne pouvois me résoudre à dîner avec le duc de Noailles; que tant qu'il voudroit sans lui je réparerois ce que je perdrois ce jour-là. Il me parut affligé au dernier

1. Voyez tome VI, p. 296 et note 1.

point, me pressa, me conjura, me représenta le bruit que
cela alloit faire. Je lui dis qu'il n'y auroit rien de nouveau, et que personne n'ignoroit à quel point nous étions
ensemble. Ce colloque, qui se faisoit avec émotion sur le
chemin de la porte, fut remarqué. Je vis par hasard le
duc de Noailles, qui du fond de la chambre nous regardoit, et parlant aux uns et aux autres. Le duc de la Force
vint en tiers, un instant après le maréchal de Villeroy,
puis l'archevêque de Bordeaux, qui se joignirent au chancelier, et qui tous ensemble, comme par force, me retin-
rent. Je consentis donc enfin, mais avec une répugnance
extrême, et à condition encore que le duc de Noailles se
placeroit au plus loin de moi, sans quoi je leur déclarai
que je sortirois de table. Ils s'en chargèrent, et cela fut
exécuté. Le dîner fut grand et bon, et tout m'y montra
qu'on étoit aise que j'y fusse demeuré. Le duc de Noailles
y parut, tout désinvolte[1] qu'il est, fort empêtré. Il voulut
pourtant un peu bavarder; mais on voyoit qu'il avoit
peine à dire. Vers le milieu du repas, il se trouva mal ou
en fit le semblant, et passa dans une autre chambre. Un
moment après, la chancelière l'alla voir, et revint se mettre
à table. Personne autre n'en sortit ni ne marqua de soins
que le chancelier, qui y envoya une fois ou deux. On dit
que c'étoient des vapeurs, et finalement il acheva de dîner
dans cette chambre plus à son aise qu'il n'eût apparemment fait à table. Je n'en sourcillai jamais. Il se retrouva
avec la compagnie à prendre du café, et peu après nous
nous remîmes en séance, où il rapporta comme si de rien
n'eût été. Je fus fort remercié de la compagnie, et particulièrement du chancelier et de la chancelière d'être
demeuré à dîner, et je ne cachai à personne que ç'avoit
été un vrai sacrifice de ma part, dont l'absence du duc
de Noailles m'avoit fort soulagé dans la dernière moitié
du repas. Ce dîner avec lui, ce qui s'étoit répandu que
j'étois souvent de son avis, et grossi, dont lui-même étoit

---

1. Voyez tome III, p. 272 et note 1, et tome X, p. 178.

bien homme à s'être paré, fit courir quelque bruit que nous étions raccommodés, qui fut bientôt détruit par la continuité de la façon dont j'en usois avec lui. Ce fut la seule fois qu'il y eut comité matin et soir. Ils redoublèrent d'après-dînée et de longueur. Je crus que le chancelier n'avoit pas voulu, et sagement, nous exposer, le duc de Noailles et moi, à l'inconvénient d'un second dîner.

Le travail achevé, et tous les avis à peu près réunis sur chaque point, j'allai voir le chancelier en particulier. Je lui dis que je venois lui communiquer une pensée que je n'avois pas voulu hasarder dans le comité, raisonner avec lui, et s'il trouvoit que ce que je pensois fût bon, le proposer lui et moi à M. le duc d'Orléans, sinon l'oublier l'un et l'autre. Je lui dis que, peiné de voir toute la difficulté qui se trouvoit à égaler, du moins en pleine paix, la recette du Roi à sa dépense, je pensois qu'il seroit à propos de réformer la gendarmerie, et même les gens d'armes et les chevau-légers de la garde, avec les deux compagnies des mousquetaires, en augmentant de deux brigades chacune des quatre compagnies des gardes du corps.

Mes raisons étoient celles-ci : il n'y a point d'escadron de ces troupes, l'un dans l'autre, qui en simples maîtres et en officiers, tout compris, ne coûte quatre escadrons de cavalerie ordinaire. Quelque valeureuses qu'on ait éprouvé ces troupes, on ne peut espérer qu'elles puissent battre leur quadruple, ni même qu'elles puissent se soutenir contre ce nombre. Ainsi, quant aux actions, rien à perdre de ce côté-là; au contraire à y gagner, si en temps de guerre on juge à propos de faire la même dépense pour avoir le quadruple d'escadrons ordinaires en leur place; et en attendant une épargne de plusieurs millions dont la supputation est évidente. Le courant du service dans les armées y gagneroit en toutes façons. C'est une dispute continuelle sur les prétentions de la gendarmerie, qui vont toujours croissant et qui la rend odieuse à la cavalerie, jusqu'à causer toutes les campagnes des embarras et des accidents. Les maîtres ne sont point officiers, et ne veulent point passer pour cavaliers. Ils se prétendent égaux aux gens d'armes et aux chevau-légers de la garde, lesquels sont maison du Roi. De là des disputes pour marcher et pour obéir, pour des préférences de fourrages, pour des distinctions de quartier, pour des difficultés avec les officiers généraux et avec ceux du détail, et pour toutes sortes de détachements ; et comme tout cela est soutenu par un esprit de corps, on n'oseroit dire de petite république, par ce nombreux essaim d'officiers, triplés et quadruplés en charges par compagnies, dont chacun se pique à qui soutiendra plus haut ce qu'ils appellent l'honneur du corps, personne ne se veut brouiller jusqu'aux querelles avec tant de têtes échauffées, et le général lui-même a plus court de céder, mais d'éviter de les avoir dans son armée, où ils ne font presque aucun service par ces difficultés, et les renvoyent[1] le plus tôt qu'il est possible, eux-mêmes étant dans la prétention d'arriver les derniers à l'armée et d'en partir les premiers, en sorte qu'il est rare qu'ils fassent une campagne entière, dont les armées même se sentent fort soulagées. Voilà ce qui est particulier à la gendarmerie.

A l'égard de ce qui lui est commun avec les gens d'armes et les chevau-légers de la garde et les mousquetaires, le voici : deux grands inconvénients pour la guerre, par le grand nombre des officiers de tous ces corps, qui font une foule d'équipages qui sont fort à charge pour les subsistances, et qui augmentent très-considérablement l'embarras des marches et des mouvements d'une armée. Mais ce nombre d'officiers en produit un autre plus fâcheux : c'est qu'ils ne sont en effet que des capitaines, des lieutenants, des cornettes de cavalerie, et ce qui est la même chose, sous le nom d'enseigne, qu'on a donné pour avoir quatre officiers, qui quelquefois sont doublés,

---

1. Ce verbe est bien au pluriel.

comme ils le sont toujours dans les gens d'armes et chevau-légers de la garde et dans les deux compagnies des mousquetaires. Or, n'étant que tels, ils en sont bornés au même service quand ils sont en détachement, et comme ils vieillissent dans ces charges, ils y deviennent anciens officiers généraux sans savoir[1] plus et souvent moins qu'un lieutenant de cavalerie; d'où il est aisé de juger de ce qui en peut arriver quand ils se trouvent chargés de quelque chose. Le feu Roi, de la création duquel sont les mousquetaires gris et noirs et la gendarmerie, et qui se plaisoit aux détails et aux revues des troupes et à leur magnificence, mit les officiers de ses troupes sur le pied peu à peu de devenir officiers généraux à leur rang, et les fit presque tous colonels par leurs charges, et fort tôt après les avoir achetées ceux dont les charges ne les font pas. Cela fait donc dans les armées un amas très-nombreux de colonels, brigadiers, officiers généraux, qui n'ont ni n'ont jamais eu de troupes, qui n'ont jamais été en détachement que comme simples cornettes, lieutenants ou capitaines de cavalerie, et qui, nonobstant leurs grades, continuent, tant qu'ils ont ces charges, d'être détachés sur le même pied. Il est vrai que sur le gros de l'armée ils marchent à leur tour suivant leur grade d'armée, mais, au nombre qu'ils sont de chaque grade, marcher ainsi se borne à deux ou trois fois par campagne, qui n'est pas le moyen d'apprendre, quand précédemment surtout on n'a rien appris ni eu occasion d'apprendre. Cette double façon d'être détaché produit une cacophonie ridicule en ce que le lieutenant, détaché avec sa troupe distinguée, et qui dans le total du détachement ne sert que comme un lieutenant de cavalerie à la tête des quinze ou vingt maîtres, est souvent brigadier et même maréchal de camp, aux ordres non-seulement de son cadet de même grade ou même inférieur qui commande le tout, mais à ceux des colonels et des lieute-

---

1. On lit ici le mot *le*, écrit en interligne.

nants-colonels détachés avec lui à leur tour de marcher, et qui, sous le chef, commandent à tout le détachement. Voilà en peu de mots pour la guerre; venons aux autres inconvénients.

Celui de la gendarmerie est unique : c'est ce qu'il en coûte de plus au Roi que pour ses troupes ordinaires, en places de fourrages pour les officiers, et en traitement de quartiers d'hiver pour le total de la gendarmerie, ainsi qu'en routes et en étapes, ce qui gît encore en un calcul bien aisé. Pour ce qui est des gens d'armes, chevau-légers et mousquetaires, c'est une autre manière de compter avec eux qui va encore plus loin. Ces troupes, en si petit nombre pour la guerre, quand même, ce qui ne peut être, lorsque[1] les quatre compagnies iroient toutes entières, parce qu'il en demeure toujours pour le guet et par force congés, ne sont ou d'aucun usage ailleurs, ou d'un usage inutile. Jamais leur guet n'est auprès du Roi dans pas un lieu de ses demeures; ce guet l'accompagne seulement de Versailles à Fontainebleau ou à Compiègne, ou en de vrais voyages. Dans ces voyages même, ils ne sont jamais dans les lieux où le Roi couche, excepté qu'en des cas assez rares, un petit détachement de mousquetaires des deux compagnies, pour fournir aux sentinelles extérieures et suppléer au régiment des gardes ou autre garde d'infanterie par les chemins, les gardes du corps environnèrent toujours le carrosse du Roi aux deux côtés et derrière, et quelques-uns devant; qu'en avant de tout et en arrière de tout, il y a un détachement de gens d'armes et de chevau-légers, et quatre mousquetaires à la tête de l'attelage du Roi, qui tous se relayent de distance en distance. De service de cour, aucun autre qu'un officier principal de chacun de ces corps en quartier, qui prend l'ordre du Roi au sortir de son souper, quand le capitaine ne s'y trouve pas, et un maître de chaque corps, botté, en uniforme, qui prend l'ordre du Roi tous

1. *Quand même... lorsque*, ce pléonasme est au manuscrit.

les jours sur son passage pour aller à la messe ; et à ces deux ordres du matin et du soir jamais rien à faire, parce [que], s'il y avoit quelque ordre à donner pour la guerre, pour une revue, pour un voyage, etc., cela se passoit toujours du Roi au capitaine, ou si la chose pressoit, et qu'il n'y fût pas, à l'officier de quartier. Par ce court détail je ne voyois point d'utilité pour la guerre ni pour le service, encore moins pour celui de la cour ni sa décoration, à entretenir des troupes si chères, et qui, à la valeur près, n'étoient bonnes que pour la magnificence et la décoration des revues, auxquelles le feu Roi ne s'étoit que trop plu.

Question après de la manière de s'en soulager. Rien de plus aisé pour la gendarmerie : la réformer, laisser crier les intéressés, continuer une pension aux maréchaux des logis, et rembourser toutes les charges. Pour y parvenir, s'imaginer après la réforme qu'elle n'est point faite, faire en tout genre de dépense pour la gendarmerie les mêmes fonds que si elle subsistoit, rembourser de cette somme tous les ans un nombre de charges en entier, et continuer les appointements de toutes jusqu'au jour de leur remboursement, le rendre libre de toutes dettes qui n'auroient point dessus des hypothèques spéciales, promettre et tenir parole à ceux qui seroient mestres de camp et brigadiers, de la préférence pour des régiments ; moyennant quoi, en trois ans ou quatre au plus, on seroit soulagé de toute cette dépense.

Pour ce qui est des gens d'armes, des chevau-légers, je sentis bien la difficulté de la foiblesse de M. le duc d'Orléans pour le prince de Rohan et le duc de Chaulnes, qui les commandoient. Je proposois la même forme que je viens d'expliquer pour la gendarmerie, et je dis au chancelier que c'étoit son affaire pour ôter ce nombre d'exempts de tailles et d'autres impositions, et cette quantité de lettres d'État, la plupart très-indirectes, qui, pour de l'argent que les plaideurs donnoient à des gens d'armes et à des chevau-légers, se mêloient sans intérêt dans leurs affaires sous quelque couleur forcée et arrêtoient de leur chef les procédures et les jugements tant qu'il leur plaisoit. Pour les mousquetaires, la difficulté des capitaines n'étoit pas la même, mais la manière de réformer et de rembourser pareille. Les huit brigades d'augmentation dans les gardes du corps n'étoit[1] pas une dépense en comparaison de l'épargne qu'on eût faite. Ceux-là au moins auroient servi utilement à la guerre et à la cour.

Je trouvois leur guet trop foible, outre qu'on pouvoit remettre cette augmentation à l'ouverture d'une guerre ou au mariage du Roi. Les deux hôtels des mousquetaires les auroient logés dans Paris, chacun à leur tour, où on auroit eu des troupes plus nombreuses et plus sages que cette jeunesse à qui il falloit des gouverneurs. De plus, il pouvoit y avoir des temps difficiles où la foiblesse du guet est un grand inconvénient, et où de l'augmenter en est un autre, qui marque de la crainte et enhardit ceux qui se proposent d'en donner, et dans d'autres temps où il vient un Dauphin, une Dauphine et des fils de France qui n'ont pas encore leur maison, le guet, au nombre qu'il est, et qui ne peut être plus fort par rapport à la force des compagnies, ne peut suffire au service, et n'y suffisoit même pas par cette raison du temps du feu Roi, qu'il étoit plus nombreux, parce que les compagnies étoient plus nombreuses. Il en arriveroit une augmentation d'escadrons de gardes du corps pour la guerre, qui répareroit en grande partie et bien moins chèrement ceux des gens d'armes, chevau-légers, mousquetaires et gendarmerie, dont le service seroit sans embarras et se feroit bien mieux, étant d'un même corps.

Enfin on éviteroit, en réformant les mousquetaires, d'autres inconvénients qui n'y sont compensés d'aucun avantage. On en a voulu faire une école militaire, et y faire

---

1. Il y a bien *n'étoit*, au singulier.

passer sans exception toute la jeunesse qui demande de l'emploi. Or, cette école n'apprend rien pour la guerre ni pour la discipline des troupes, on n'y apprend que l'exercice et à escadronner, à obéir, et force pédanteries, dont on se moque tout bas en attendant qu'on en sorte et qu'on puisse en rire tout haut. Ainsi cette jeunesse passe le temps d'une année au moins, et souvent davantage, à se débaucher dans Paris et à y dépenser très-inutilement; et quand elle entre dans les troupes, elle y est neuve à tout, comme si elle sortoit de sa province, et c'est alors qu'elle commence à apprendre utilement et qu'elle oublie tout ce qu'elle a appris d'inutile. Les détachements qui vont à la guerre ne l'instruisent pas davantage. Ils y servent en simples maîtres, ou s'il y a des attaques à un siége, en simples grenadiers. Or la jeunesse noble, beaucoup moins l'illustre, qui est à la vérité destinée à la guerre et à tous ses hasards, ne l'est pas à ce genre de service; et c'est en abuser d'une façon barbare que de la prodiguer en troupes au service de simples maîtres et de simples grenadiers.

Avant l'invention de cette étrange mode, la jeunesse ne perdoit point ainsi son temps, et n'étoit point prodiguée à tas à des attaques d'ouvrages. Chacun d'elle avoit un parent ou un ami de son père, avec qui ils se mettoient cadets, et qui en prenoient soin pour tout. Ils devenoient bientôt officiers, et toujours sous les mêmes yeux. Cela faisoit des enfants du corps, et de ces corps une famille; et le soin et la dépendance du jeune homme le préservoit d'une infinité d'inconvénients, lui apprenoit à vivre, à s'instruire et se conduire, et en avançant ainsi, à devenir bons officiers, et capables d'en élever d'autres comme eux-mêmes l'avoient été. Il est vrai que la beauté des revues et des camps de plaisir et de magnificence ne seroient plus les mêmes. Mais le feu Roi n'étoit plus, et c'étoit un gain, à bien de différents regards, que d'en perdre l'usage et de se bien garder de le renouveler.

Le chancelier goûta infiniment toutes ces raisons. Mais quand nous discutâmes ensuite, non le moyen de les persuader au Régent, parce que leur évidence étoit palpable, mais d'exécuter cette réforme, nous convînmes aisément que nous ne viendrions jamais à bout de lui en inspirer la résolution, ou que, s'il la prenoit, contre notre espérance, jamais les cris et les brigues des intéressés ne la lui laisseroient exécuter. Cette prodigieuse foiblesse, qui perdit constamment une régence qui auroit pu être si belle, si utile au royaume, si glorieuse au Régent, et dont les suites auroient été en tout d'un aussi grand avantage, fut l'obstacle continuel à tout bien, et la cause perpétuelle de la douleur de tous ceux qui desiroient sincèrement le bien de l'État et la gloire du Régent. Nous comprîmes enfin, le chancelier et moi, qu'en proposant au Régent une réforme si utile, elle ne se feroit jamais, et que tout le fruit que nous retirerions de notre zèle seroit la haine de tant d'intéressés. Cette considération nous ferma donc la bouche, et la chose en demeura entre nous deux.

Le long et ennuyeux travail du comité étant fini, il s'assembla plusieurs fois chez M. le duc d'Orléans, où les dernières résolutions furent prises fort unanimement. Les principales furent de ne point toucher aux rentes de l'hôtel de ville; d'ôter le dixième, tant pour tenir la parole si solennellement donnée en l'imposant de le supprimer à la paix, que parce que, dans le fait, on n'en pouvoit presque plus rien tirer. Le fonds de douze cent mille francs destiné par an aux bâtiments fut réduit à la moitié, plusieurs retranchements de pensions fort inutilement données, et des diminutions sur d'autres. Les menus plaisirs du Roi, de dix mille francs par mois, et sa garde-robe, à trente-six mille francs, furent réduits, les menus plaisirs à moitié, la garde-robe à vingt-quatre mille francs. A l'âge du Roi, tout cela s'en alloit en pillage. Il y eut encore d'autres choses retranchées, et de la diminution sur les intérêts des sommes empruntées au denier vingt.

Les chefs et présidents des conseils furent mandés à un conseil extraordinaire du jeudi après dîner, 19 août, où le duc de Noailles rendit compte de ce qui avoit été concerté. Il fut réglé que l'édit en seroit dressé en conformité, pour être envoyé enregistrer au Parlement. Le lendemain, le comité s'assembla encore chez M. le duc d'Orléans, pour voir le projet d'édit et le perfectionner.

Le premier président avoit un démêlé avec les enquêtes et les requêtes sur le nombre et le choix des députés quand il s'agiroit d'en nommer aux occasions qui le demanderoient. La grand'chambre sembloit partiale pour le premier président, parce que, maître du choix dans cette chambre, il vouloit exclure les autres, qui cependant ne sont pas moins qu'elle des chambres du Parlement. Après bien du bruit, ils convinrent que la grand'chambre auroit seule sept députés, et les cinq chambres des enquêtes et les deux des requêtes chacune un, ce qui en fait sept autres; ainsi à elles sept la moitié des députés, et la grand'chambre seule une autre moitié. Cette affaire ne se passa pas bien pour le premier président, qui demeura assez mal avec la Compagnie, laquelle depuis longtemps le regardoit comme un double fripon, dont le métier étoit de tirer tant qu'il pouvoit d'argent de M. le duc d'Orléans.

L'édit porté au Parlement lui parut une trop belle occasion pour n'en pas profiter. Messieurs opinèrent qu'il leur falloit faire voir un détail des revenus et des dépenses du Roi avant qu'ils décidassent s'ils enregistreroient l'édit. Le premier président alla en rendre compte au Régent, et le lendemain après dîner, il reçut une députation du Parlement, à laquelle il dit qu'il ne souffriroit point qu'il fût donné la moindre atteinte à l'autorité royale tandis qu'il en seroit le dépositaire. Les quatorze commissaires députés s'assemblèrent. Les gens du Roi furent ensuite au Palais-Royal. Le Parlement s'assembla ensuite, et enregistra la suppression du dixième, de beaucoup de franc salé, et d'autres articles. Sur ceux qui restoient, M. le duc d'Orléans eut la foiblesse, poussée par la frayeur qui avoit saisi le duc de Noailles, et son desir de faire sa cour au Parlement, de les faire discuter par ce duc en sa présence, le dimanche matin 5 septembre, aux quatorze députés du Parlement, et il y fit aussi entrer le sieur Law, pour leur expliquer les avantages qui en reviendroient à la compagnie du Mississipi. De tout cela pas un mot au conseil de régence, et s'il se pouvoit, beaucoup moins à moi en particulier; aussi n'en dis-je pas une parole à M. le duc d'Orléans, suivant ma coutume quand il s'agissoit du Parlement.

Il s'assembla le lendemain matin, et après dîner, pour entendre le rapport des commissaires, et comme il ne fut pas encore pour achever l'enregistrement, et qu'il étoit le 6 septembre, il fut prorogé par le Roi jusqu'au 14. Il demanda jour et heure au Régent pour venir faire des remontrances au Roi. Ils y vinrent le jeudi 9; le Régent les présenta, et le Roi leur dit que le chancelier leur expliqueroit sa volonté. La députation fut nombreuse. Enfin, le lendemain matin vendredi 10, l'édit entier fut enregistré, avec une déclaration du Roi qui en expliquoit quelques endroits. Aussitôt après, le Parlement eut liberté d'entrer en vacance, et les conseils en eurent aussi une de trois semaines. Ainsi, le Parlement, qui se prétend le tuteur des rois mineurs et des majeurs aussi quand il peut, voulut montrer ici que ce n'est pas en vain, et en fit une fonction solennelle.

La foiblesse du maître et du ministre à qui il eut affaire ne servit à rien à tous deux. Le Parlement s'enorgueillit jusqu'à l'ivresse, l'autorité du Régent déchut; il ne tarda pas à s'apercevoir de l'un et de l'autre. Pour le duc de Noailles, qui mouroit toujours de peur de la robe, à qui il étoit accoutumé de faire une cour servile, il ne s'en fit que mépriser, et il ne fut pas longtemps à l'éprouver. A l'égard de Law, qui pensoit mieux là-dessus, il ne put qu'obéir. Le Régent, en tenant bon et se moquant d'une prétention aussi dangereuse qu'inepte, auroit hautement forcé le Parlement à enregistrer son édit, ayant le public derrière lui pour la suppression du dixième et d'autres points qui l'intéressoient si fortement. Ce prince ne sut pas profiter de cet avantage, dont il eût pu tirer un si utile parti, et il encouragea, au contraire, et ouvrit la voie à ceux qui, par divers intérêts, se réunissoient entre eux pour brouiller, réduire son autorité, et le mettre au point de dépendre de leurs volontés, qui n'étoit[1] pas, à beaucoup près, de lui laisser le gouvernement des affaires, et qui bientôt lui en donnèrent beaucoup.

L'anniversaire qui se fait tous les ans à Saint-Denis pour le Roi dernier mort produisit une prétention toute nouvelle. La reconnoissance n'est plus à la mode depuis longtemps. Il y eut très-peu de gens de la cour; M. du Maine et son second fils, quelque peu d'évêques et le cardinal de Polignac. Ces évêques s'avisèrent de vouloir avoir des carreaux; le rare est qu'il n'y eut que le cardinal de Polignac qui s'y opposa, et qui l'empêcha, sur quoi les évêques osèrent s'en aller et se plaindre au Régent. Jamais ils n'en avoient eu ni prétendu, et j'ai dit ailleurs que la règle des honneurs c'est que chacun est en présence du corps ou de sa représentation comme il étoit en présence de cette même personne vivante; or les évêques n'ont jamais eu ni imaginé d'avoir de carreaux en aucun lieu où est le Roi. Ces Messieurs se pouvoient contenter de leurs conquêtes sur les évêques pairs en ces cérémonies, à qui ils ne voulurent pas souffrir leurs carreaux, étant avec eux en corps de clergé, et qui l'emportèrent sur la foiblesse des prélats pairs. C'étoit bien là une preuve que les autres évêques n'en avoient jamais eu ni prétendu. Ils pouvoient encore se souvenir qu'il n'y avoit pas un grand nombre d'années qu'ils y étoient sur la même ligne avec les cardinaux, derrière qui, même

---

1. Ce verbe est bien au singulier.

s'il n'y en avoit qu'un seul, ils avoient toujours été placés auparavant.

Le mariage de Chalmazel, aujourd'hui premier maître d'hôtel de la Reine, et qui est homme de condition, avec une sœur d'Harcourt, fit renaître une autre prétention, quoique solennellement et contradictoirement jugée et condamnée par le feu Roi, entre les femmes et les filles des princes du sang, comme on l'a vu en son lieu, et comme le jugement en avoit été sans cesse[1] exécuté depuis. Mme la duchesse d'Orléans fit signer à Mesdemoiselles ses filles ce contrat de mariage avec elle, et immédiatement après elle; en sorte que les femmes des princes du sang ne trouvèrent plus d'espace, lorsqu'on leur présenta ce contrat, où elles pussent signer au-dessus de ces princesses filles. Mme la duchesse d'Orléans, au désespoir du jugement du feu Roi, comme on l'a vu en son temps, n'avoit pu se résoudre de démordre de sa prétention, qu'elle conserva toujours *in petto*, dont le but étoit de faire de ses enfants un ordre nouveau d'arrière-petits-fils de France, dont le rang seroit supérieur à celui des princes du sang, et de s'élever par là imperceptiblement elle-même à celui des fils et filles de France. La régence de M. le duc d'Orléans lui parut un temps favorable à réussir en cette entreprise.

Elle s'y trompa. Les princes du sang et les princesses leurs femmes firent grand bruit. Elles portèrent leurs plaintes à M. le duc d'Orléans, le règlement du feu Roi à la main; M. le duc d'Orléans leur fit des excuses, et leur promit que ce dont elles se plaignoient n'arriveroit plus. Il ne s'étoit jamais mis cette prétention dans la tête; il avoit laissé faire Mme la duchesse d'Orléans du temps du feu Roi, pour ne se donner pas la peine de la contrarier dans une fantaisie qu'elle avoit fort à cœur; il ne se soucia en aucune façon de la condamnation que le feu Roi en fit, et ne pensa jamais à en revenir. D'ailleurs il

---

1. On lit ici une seconde fois le participe *été*.

étoit fatigué des riottes[1] qui se perpétuoient sur des riens entre Mme la duchesse de Berry et Mme la duchesse d'Orléans, et bien plus encore de ne pouvoir apaiser la dernière sur ce qui avoit été jugé entre les princes du sang et ses frères sur l'habilité de succéder à la couronne. Ainsi Mme la duchesse d'Orléans eut tout le dégoût de son entreprise, que M. le duc d'Orléans ne s'embarrassa pas de lui donner.

Dans sa mauvaise humeur, dégoûtée de son appartement de Montmartre, d'où elle ne voyoit que des toits, des minuties des religieuses pour des clefs et des passages, de l'éloignement des jardins qu'elle y avoit fait ajuster avec beaucoup de goût et de dépense, elle acheta la maison de Bagnolet, et peu à peu plusieurs voisines, dont elle fit un lieu immense et délicieux. Madame passoit presque toute l'année à Saint-Cloud; c'étoit aussi la seule maison de campagne à portée qu'eût M. le duc d'Orléans. Elle en voulut une qui ne fût qu'à elle et que pour elle, et qui fût à portée d'en jouir à tous moments.

Le duc de Noailles fit une galanterie aux dépens du Roi à son ami le chancelier. Il y avoit à Versailles et à Fontainebleau une maison pour la demeure du chancelier, qu'on appeloit la Chancellerie; mais il n'y en avoit jamais eu à Paris, où jusqu'alors les chanceliers avoient toujours logé à leurs dépens chez eux. Bourvalais, un des plus riches traitants et des plus maltraités par la chambre de justice, fut dépouillé d'une superbe maison qu'il avoit bâtie dans la place de Vendôme, et d'une maison de campagne à Champ, qu'il avoit rendue charmante, et que, d'une maison de bouteille, il avoit fait chef-lieu d'une grande et belle terre à force d'acquisitions. Mme la princesse de Conti eut Champ pour une pièce de pain qu'elle donna à la Vallière, et la maison de Paris devint la Chancellerie, qui, outre le don du Roi, lui coûta fort cher par

---

1. Voyez tome II, p. 390 et note 1, et p. 400.

tout ce que d'Antin y fit pour faire sa cour au chancelier qui jusqu'alors étoit demeuré très-mal logé dans son ancienne maison de la rue Pavée, qu'il louoit auprès de celle de son père.

Le chiaous, principalement venu pour débaucher le prince Ragotzi, y réussit. Jamais on ne vit mieux qu'en lui la petitesse des personnages à qui le hasard a fait faire grand bruit dans le monde quand ils sont rapprochés. Ragotzi étoit un homme sans talents et sans esprit que des plus communs, grand homme de bien et d'honneur, d'une pénitence également austère et sincère, qui différente de celle des Camaldules, chez qui il étoit retiré, n'étoit guère moins dure, qui y gardoit une solitude véritable et suivie, qui n'en sortoit que par des bienséances nécessaires, et qui, sans rien de contraint ni de déplacé, vivoit, lorsqu'il étoit parmi le monde, comme un homme qui en est, et qui toutefois se souvient bien qu'il n'y est que par emprunt. De grandes aumônes étoient jointes à sa pénitence, une grande règle dans son domestique et dans sa maison, et cependant avec toutes les décences d'un fort grand seigneur. Il est inconcevable comme un homme qui, après tant de tempêtes, goûte un tel port, se rejette de nouveau à la merci des vagues, et trouve des gens de bien qui, consultés par lui de bonne foi, lui conseillent de s'y rembarquer; et mille fois plus inconcevable encore comment il s'est pu conserver dans son même genre de vie jusqu'à la mort, pendant plusieurs années, et chez les Turcs, et parmi un faste et des dissipations qu'il ne put éviter. Il sut avant son départ la défaite des Turcs, dont on parlera tout à l'heure, et ne laissa pas de poursuivre sa pointe. Arrivé à Constantinople et à Andrinople, il y fut reçu et traité avec une grande distinction, mais sans avoir pu y être d'aucun usage, à cause du changement des conjonctures. Il y demeura peu, et s'en alla habiter un beau château sur la mer Noire, à quinze ou vingt lieues de Constantinople, magnifiquement meublé pour lui par le Grand Seigneur, où la chasse et la prière partagèrent presque tout son temps au milieu d'une nombreuse suite. Les convenances entre l'Empereur et la Porte le tirèrent après quelques années d'un voisinage qui inquiétoit la cour de Vienne. Il fut envoyé dans une des plus agréables îles de l'Archipel, où il vécut comme il faisoit sur les bords de la mer Noire, avec la même splendeur, avec la même piété, et y est mort au bout de quelques années, laissant deux fils fort au-dessous du rien. Il écrivoit rarement au comte de Toulouse, aux maréchaux de Villeroy et de Tessé, à Mme de Dangeau et à quelques autres amis d'ici, en homme qui auroit mieux aimé y être demeuré, mais toutefois content de son sort, et tout abandonné à la Providence.

On apprit que le prince Eugène, ayant formé le siège de Belgrade, s'y étoit trouvé assiégé lui-même par une puissante armée de Turcs, commandée par le grand vizir, qui le serroit de si près entre elle et la place, qu'ils étoient à vue, et qu'elle ôtoit à celle de l'Empereur tous moyens[1] de mouvements et de subsistance, et qui en deux jours se retrancha parfaitement et très-régulièrement. Dans cette extrémité subite, le prince Eugène ne vit de ressource que dans le hasard d'une bataille. Il profita de la sécurité des Turcs, qui n'imaginèrent jamais qu'avec Belgrade derrière lui, et nulle retraite, il osât les attaquer dans leurs retranchements. Un grand et long brouillard couvrit ses promptes dispositions. Il commença son attaque un peu avant qu'il fût dissipé, au moment que les Turcs s'y attendoient le moins, et il eut le bonheur de remporter une victoire complète le 16 août, en quatre heures de temps. M. le comte de Charolois et le prince de Dombes s'y distinguèrent. Estrades eut une jambe emportée auprès de lui, dont il mourut peu après; et Villette, qui s'étoit battu à Paris avec Jonsac, y fut tué. Les Turcs y perdirent infiniment de monde, tout leur canon et

---

1. Il y a *tout*, au singulier, et *moyens* au pluriel.

tous leurs bagages. Ils se retirèrent[1] avec assez de confusion. Belgrade capitula aussitôt. Le prince Eugène perdit aussi considérablement, et plusieurs officiers distingués.

Il profita le reste de la campagne d'une victoire qui l'en laissa maître, et dans laquelle il eut divers succès, dont le plus grand pour l'Empereur fut de reculer sa frontière aussi loin, et de faire avec les Turcs une paix prompte et avantageuse.

La mairie de Bordeaux, de vingt mille livres de rente, qu'avoit d'Estrades après son père, et le maréchal son grand'père, fut donnée à son fils, qui s'étoit trouvé à la bataille.

J'ai expliqué en son temps quelle étoit Mme de Mouchy, favorite confidente de Mme la duchesse de Berry, et quel étoit Rion, son favori d'une autre sorte. Elle voulut doubler en leur faveur les charges de dame d'atour et de premier écuyer, qu'avoient Mme de Pons et le chevalier d'Hautefort, qui en furent fort affligés. Il y avoit longtemps que Mmes de Beauveau et de Clermont s'ennuyoient des préférences et des façons de Mme de Mouchy, et qu'elles ne restoient dans la maison que par amitié et par considération pour Mme de Saint-Simon. Mme de Mouchy n'y avoit point de place; elles ne purent soutenir de la voir tout à coup dame d'atour : elles vinrent trouver Mme de Saint-Simon, et lui dire que cela étoit plus fort qu'elles. Elles allèrent parler à M. le duc d'Orléans, avec lequel elles ne se contraignirent pas sur Mme de Mouchy, et quittèrent leurs places avec grand éclat, dont Mme la duchesse de Berry fut vivement piquée. Il en vaqua en même temps une troisième par la mort de la jeune Mme d'Aydie, sœur de Rion. Mmes de Laval et de Brassac furent choisies pour ces places, dont leur peu de bien avoit besoin. C'étoient aussi des femmes de mérite et de nom, qui, en laissant regretter les autres, pouvoient aussi

---

1. Saint-Simon a écrit *retirent*, pour *retirèrent*.

les remplacer. La première étoit sœur du chevalier d'Hautefort, l'autre fille du maréchal de Tourville.

M. le duc d'Orléans donna trois mille livres de pension à un gentilhomme nommé Marsillac, dont les mains étoient fort estropiées de blessures. Il y aura lieu de parler de lui dans la suite, et de voir de plus en plus que ce prince n'étoit pas toujours heureux à placer ses bienfaits. Il plaça mieux l'archevêché de Besançon, qu'il donna à l'abbé de Mornay, qui faisoit très-dignement et capablement l'ambassade de Portugal depuis que le feu Roi l'y avoit envoyé. C'étoit le frère de MM. de Grammont, franc-comtois, et lieutenants généraux, qui l'avoit après son oncle, et qui étoit mort; et M. le duc d'Orléans, après quelques longueurs, avoit obtenu pour le Roi le même indult pour la Franche-Comté que le feu Roi avoit eu. Il donna à l'abbé de Tressan, évêque de Vannes, son premier aumônier, l'évêché de Nantes, vacant par la mort d'un Beauvau qui l'avoit possédé fort longtemps, et je lui proposai l'abbé de Caumartin pour Vannes, à qui il le donna, et qui est mort depuis évêque de Blois. C'est le même dont j'ai parlé à propos de Monsieur de Noyon et de sa réception à l'Académie françoise. Il accorda l'abbaye de Montmartre à Mme la duchesse d'Orléans pour Mme de Monpipeau, de la maison de Rochechouart, et l'agrément de la charge de secrétaire du cabinet du président Duret, à Verneuil, qui a eu depuis la plume[1] et une charge d'introducteur des ambassadeurs. Son père avoit été lieutenant des gardes de Monsieur; son nom est Chassepoux, sieur de Croquefromage; celui de sa femme est Bigre. Je n'ai pu retenir le ridicule de ces noms.

Le prince de Dombes et ce qui étoit allé en Hongrie de François en revinrent, excepté M. le comte de Charolois.

Le duc de Ventadour mourut retiré, depuis quelques années, aux Incurables, séparé de sa femme depuis un

1. Voyez tome II, p. 422 et 423.

grand nombre d'années, ne laissant qu'une très-riche héritière mariée au prince de Rohan, qui s'étoit chargé de tous ses biens et de ses dettes moyennant quarante mille livres de rente qu'il lui payoit par quartier. C'étoit un homme fort laid et fort contrefait, qui, avec beaucoup d'esprit et de valeur, avoit toujours mené la vie la plus obscure et la plus débauchée. Par sa mort son duché-pairie fut éteint.

Moncault, soldat de fortune, et qui la devoit au maréchal de Duras et à son esprit, mourut en même temps. Il étoit lieutenant général et gouverneur de la citadelle de Besançon. Il avoit su s'enrichir, et marier son fils à une fille d'Armenonville.

Dès l'hiver dernier on me pressa de présenter mes enfants au Roi et au Régent, et il est vrai qu'ils étoient en un âge où cela ne pouvoit plus se différer. Néanmoins j'y résistai, parce que je voulus leur apprendre ce qu'ils devoient à la mémoire de Louis XIII, qui nous doit être si précieuse et si sacrée, et que les prémices de leurs hommages lui fussent rendus[1]. Je les menai donc à son anniversaire à Saint-Denis, où je ne manquois jamais, à l'exemple de mon père, et ce devoir si principal pour nous rempli, je les présentai. Je trouvai en ce temps-ci deux régiments à vendre, tous deux de cavalerie, et gris. Le Régent m'en accorda l'agrément, et je les achetai pour eux du duc de Saint-Aignan, ambassadeur en Espagne, et de Villepreux, qui se retiroit par vieillesse.

L'abbé du Bois partit dans le même temps pour retourner à Londres, et on apprit que le comte de Peterborough avoit été arrêté voyageant en Italie par ordre du légat de Bologne. C'étoit un homme fort remuant, qui toute sa vie s'étoit mêlé de beaucoup d'affaires en Angleterre et de beaucoup d'autres au dehors, tant de guerre que de paix et de différentes intrigues, et à qui les plus grands et les plus fréquents voyages ne coûtoient rien. Il avoit la Jar-

---

1. Saint-Simon fait *prémices* du masculin, ou fait accorder le participe *rendus* avec *hommages*.

retière, tantôt bien, tantôt mal avec le gouvernement d'Angleterre, mais craint et ménagé.

CHAPITRE VII.

Mépris d'Alberoni pour la détention de Molinez; ses réflexions sur la situation de l'Europe; son dégoût de Beretti; conduite et pensées de cet ambassadeur. — Inquiétude et avis de Beretti. — Différents sentiments sur l'Empereur en Angleterre; manége intérieur de cette cour; même diversité de sentiments sur l'union établie entre le Régent et le roi d'Angleterre. — Empressement et offres des ministres d'Angleterre au Régent pour l'unir avec l'Empereur et y faire entrer l'Espagne. — Saint-Saphorin employé par le roi d'Angleterre à Vienne; quel; son avis sur les traités à faire. — Roi de Prusse suspect à Vienne et à Londres; son caractère et sa conduite. — Ministres hanovriens dévoués à l'Empereur, qui veut tenir le roi d'Angleterre en dépendance; complaisance de [ce] dernier à lui payer un reste de subsides, qui excite du bruit en Angleterre et dans le Nord; hauteur de l'Empereur sur Peterborough. — Secret profond de l'entreprise sur la Sardaigne; conseils du duc de Parme au roi d'Espagne. — Colère du Pape sur son accommodement signé en Espagne; contre-temps du Prétendant; adresse hardie d'Acquaviva. — Congrégation consultée, favorable à Alberoni, contraire à Aldovrandi, qui excuse Alberoni sur la destination de la flotte espagnole. — L'entreprise de l'Espagne, au-dessus de ses forces sans alliés, donne lieu à beaucoup de divers raisonnements. — Alberoni se moque d'Aldovrandi et de Mocenigo. — L'entreprise généralement blâmée, colorée de l'enlèvement de Molinez; vanteries et fausseté impudente d'Alberoni. — Inquiétude pour la Sicile. — Le secret confié au seul duc de Parme; ses avis et ses conseils. — Alberoni fait cardinal dans le consistoire du 12 juillet; cris sur sa promotion; Giudice s'y distingue. — Malaise du roi d'Angleterre dans sa cour et dans sa famille; comte d'Oxford absous en Parlement. — Éclat entre le roi d'Angleterre et le prince de Galles. — Inquiétude sur l'entreprise d'Espagne moindre en Hollande qu'à Londres. — Applaudissements et avis de Beretti; son intérêt personnel. — Les Impériaux somment le roi d'Angleterre de secours, avec peu de succès. — Caractère du comte de Peterborough. — Secret profond de la destination de l'entreprise de l'Espagne; double hardiesse d'Alberoni. — Plaintes et menaces de Gallas, qui font trembler le Pape. — Frayeur de toute l'Italie. — Hauteur et sécurité d'Alberoni. — Aldovrandi veut persuader que l'entreprise se fait malgré Alberoni; mouvements partout contre cette entreprise, et opinions diverses.

L'accommodement des différends entre les cours de Rome et de Madrid avoit été conclu entre Aldovrandi et Alberoni, et signé par eux. Il avoit été porté au duc de Parme par un courrier dépêché de l'Escurial le 17 juin, et les deux plénipotentiaires attendoient avec impatience l'approbation du Pape sur un ouvrage dont l'élévation de l'un et la fortune de l'autre dépendoient également. Dans cette attente Alberoni s'inquiétoit peu de la prison de Molinez. Il l'accusoit d'imprudence d'avoir passé par Milan, et il disoit qu'il n'y auroit pas grand mal quand il n'arriveroit jamais en Espagne. Quelque occupé qu'il fût de se voir enfin revêtu incessamment de la pourpre, il ne laissoit pas que de tenir les yeux ouverts sur la situation de l'Europe. Il n'étoit point alarmé de la trouver pleine de semences de troubles; il mettoit le point de sagesse à savoir en profiter quand ils arriveroient.

L'affaire des bâtards et celle de la constitution étoient sur la France la matière de ses réflexions. Son dessein, depuis longtemps, étoit de fortifier le roi d'Espagne pour les événements à venir par des alliances avec l'Angleterre et la Hollande. Il s'étoit ralenti sur la première, jugeant que les Anglois ayant un intérêt capital d'assurer leur commerce avec l'Espagne, ils feroient les premières avances, et qu'il seroit dangereux de leur marquer trop d'empressement. Il se persuadoit que la Hollande desiroit sincèrement de faire une ligue avec l'Espagne, dont la seule crainte de l'Empereur retardoit l'accomplissement.

Beretti, son homme de confiance, lui étoit devenu insupportable. Il se repentoit de l'avoir choisi pour l'ambassade d'Hollande. Il manda au duc de Parme que, depuis qu'il étoit dans cet emploi il s'étoit fait connoître pour un homme vain, ardent, d'une vivacité dangereuse, difficile à corriger, injuste en ses demandes, importun pour les obtenir. Il ne voulut pas même laisser Beretti dans l'ignorance de tout ce qu'il pensoit de lui; car après lui avoir reproché souvent la prolixité de ses lettres et l'inutilité de ses raisonnements, il lui déclara franchement que le roi d'Espagne se passeroit très-bien d'entretenir à grands frais un ambassadeur en Hollande, et qu'il suffiroit à son service d'avoir un bon espion à la Haye.

Mais plus il recevoit de ces reproches, plus il vantoit ses services d'avoir ouvert les yeux aux principaux de la République sur le danger des desseins et de la grandeur de l'Empereur, dont il prétendoit avoir fait échouer ses[1] négociations, et il étoit vrai qu'il avoit obtenu là-dessus les assurances les plus positives des membres des États les plus accrédités. Il étoit en même temps persuadé que les Anglois étoient portés à favoriser l'alliance de l'Empereur avec les Provinces-Unies. Il prétendoit que Stanhope, qui avoit été longtemps à la suite de l'Empereur, conservoit pour lui un attachement personnel, que Cadogan étoit dans les mêmes sentiments, et bien plus encore Bernsdorff et Bothmar, ministres hanovriens du roi d'Angleterre.

Beretti, peu rassuré par les protestations de Châteauneuf que la France ne concourroit jamais à l'alliance des états généraux avec l'Empereur, s'alarmoit d'avoir ouï dire que cet ambassadeur et l'abbé du Bois seroient chargés de traiter l'accommodement en Hollande entre l'Empereur et l'Espagne. Il croyoit cette négociation très-prochaine sur ce que Widword, envoyé d'Angleterre à la Haye, lui avoit dit que Sunderland lui mandoit que Stairs avoit communiqué un plan du traité au Régent, que ce prince l'avoit approuvé, et qu'il étoit prêt à contribuer efficacement au succès de ce projet. Ainsi Beretti pressoit infiniment pour qu'on lui envoyât de Madrid des instructions de la manière dont il auroit à se conduire si cette négociation s'ouvroit à la Haye. Il craignoit, ou en faisoit le semblant, que le roi d'Espagne ne fût trahi de

1. Il y a bien *ses*, et non *les*.

tous côtés, peut-être davantage que cette négociation ne sortît de ses mains pour passer en celles des ministres de France.

L'Empereur avoit donné ses pouvoirs au marquis de Prié et au baron d'Heems, pour terminer ce qui restoit de différends avec les états généraux sur le traité de la Barrière, et pour traiter une alliance avec eux et avec l'Angleterre. Ces deux affaires paroissoient encore éloignées, surtout celle de l'alliance. Beretti en fit tant de plaintes et de bruit, que le pensionnaire s'en plaignit à Widword. Son inquiétude étoit extrême de ne rien recevoir de Madrid. Enfin, pour forcer Alberoni à s'expliquer, il lui manda qu'il étoit souvent pressé par Widword de lui rendre enfin réponse des intentions de l'Espagne sur la négociation de paix qu'il s'agissoit d'entamer avec l'Empereur, et s'étendoit sur sa réponse en termes généraux et en de grands raisonnements qu'il avoit faits à ce ministre, dont il se vantoit d'avoir la confiance, et de ceux de Londres aussi, même de quelques-uns qu'il ne connoissoit pas, pour se faire croire le plus propre à conduire cette négociation, qu'il mouroit de peur de se voir enlever. Il assura qu'il savoit du même Widword que les Impériaux convenoient d'assurer aux enfants de la reine d'Espagne la succession de Toscane; qu'ils vouloient réserver le point de Mantoue à discuter lors du traité; qu'on n'en pouvoit demander davantage sans prétendre tout mettre en préliminaires; que Widword lui avoit dit que le roi d'Angleterre avoit grande impatience de voir si les intentions de l'Empereur étoient sincères ou artificieuses sur cette paix; que le Régent n'en avoit pas une moindre, et que si l'Empereur usoit de mauvaise foi, la France, l'Angleterre et la Hollande prendroient ensemble les mesures nécessaires pour le contraindre par la force à concourir au repos de l'Europe, parce qu'il étoit de leurs intérêts de borner ses vastes desseins et sa trop grande puissance en Italie et en Allemagne.

Georges avoit autant lieu de craindre cette puissance

démesurée, soit comme prince de l'Empire, soit comme roi d'Angleterre. Il ménageoit avec soin les bonnes grâces de l'Empereur, auquel ses ministres allemands étoient dévoués, et lui représentoient sans cesse le besoin qu'il avoit du chef de l'Empire pour conserver les États qu'il avoit enlevés à la Suède, dont il n'avoit d'autre titre que de les avoir achetés du Danemark après qu'il s'en étoit emparé. Les Anglois pensoient différemment. Ils auroient mieux aimé que leur roi fût moins puissant au dehors de leurs îles, et il n'y avoit pas lieu de se flatter qu'ils voulussent l'aider à soutenir la querelle de Brême et de Verden aux dépens de leur commerce avec la Suède.

Pour tâcher à rompre cet obstacle, Georges, étant à Hanovre la dernière fois, s'étoit laissé persuader par ses ministres allemands de donner la place de secrétaire d'État au comte de Sunderland, à condition qu'il le serviroit dans cette affaire. Mais ce comte, petit-fils de celui qui, en la même qualité, avoit si cruellement abusé de la confiance de Jacques II, qu'il trahissoit pour le prince d'Orange, ne fut pas plus tôt de retour en Angleterre, qu'il soutint qu'il étoit de l'intérêt de la nation de presser la restitution de ces deux duchés, pour obtenir plus promptement par là le rétablissement du commerce avec la Suède.

Quoique la cessation des hostilités entre cette couronne et celle d'Angleterre fût également desirée des Anglois et des Hollandois, Georges continuoit à se rendre difficile à renvoyer Gyllembourg à[1] Suède, et à consentir à la délivrance du baron de Gœrtz de sa prison en Hollande, dont les vaisseaux, arrêtés en Suède, animoient les villes de commerce, qui en souffroient considérablement, contre les délais de Georges et la lâche complaisance des chefs de la République pour lui.

Widword n'espéroit plus d'empêcher l'élargissement de ce ministre suédois que par les offices du Régent, dont le

---

1. Saint-Simon a bien écrit *à*, et non *en*.

poids en Hollande et en Angleterre faisoit[1] faire de grandes
réflexions aux ministres d'Espagne sur les mesures que
le roi d'Angleterre et le Régent prenoient ensemble et sur
leur intérêt de s'unir pour les événements à venir. Les
Anglois mêmes en étoient peinés. Ils disoient librement
que l'Angleterre n'avoit jamais été si malheureuse que
dans les temps où elle s'étoit trouvée unie avec la France.
Les ministres d'Angleterre pensoient tout autrement. Ils
paroissoient travailler de bonne foi à rendre l'alliance plus
étroite, en y faisant entrer l'Empereur. Ils pressoient le
Régent d'y concourir pour ses propres intérêts, et l'assuroient
que la cour de Vienne étoit disposée à suivre le
plan que Stanhope y avoit donné pour assurer la tranquillité
de l'Europe. Ils souhaitoient que le roi d'Espagne
y voulût entrer. S'il le refusoit, ils assuroient le Régent
que l'Empereur et le roi d'Angleterre prendroient avec
Son Altesse Royale les mesures nécessaires pour lui garantir
ses droits sur la couronne en cas d'ouverture de la
succession. Ils offroient même d'insérer dans le traité la
clause de laisser le roi d'Espagne jouir tranquillement des
États qu'il possédoit, et la faculté d'accéder à l'alliance
après qu'elle auroit été conclue, croyant que ce monarque,
la voyant faite, se désabuseroit des espérances qu'il conservoit
apparemment sur la couronne de France.

Un nommé Saint-Saphorin, Suisse du canton de Berne,
fort décrié depuis longtemps par plusieurs actions contre
l'honneur et la probité, et par ses manéges encore et ses
déclamations contre la France, étoit celui dont le roi
d'Angleterre se servoit à Vienne, et croyoit se pouvoir
confier à lui. Il s'applaudissoit d'avoir su conduire les
choses au point où elles en étoient. Il conseilloit de ne
pas songer au roi de Prusse, quoique la France le desirât,
mais d'attendre que tout fût réglé et d'accord, parce
qu'on auroit alors ce prince à bon marché. Il mandoit
que la seule proposition d'y faire intervenir le roi de

1. Le manuscrit porte *faisoient*, au pluriel.

Prusse alarmeroit les Impériaux au point de renverser les bonnes dispositions où les offices du roi d'Angleterre avoient mis l'Empereur pour le Régent; que ces ministres avoient déjà dit que s'ils s'apercevoient que le Régent voulût comme les forcer par les alliances qu'il contracteroit dans l'Empire, ils rejetteroient toute proposition et prendroient tout autre parti plutôt que de subir la loi qu'on leur voudroit imposer, parce que enfin l'Empereur ne s'étoit rendu aux instances du roi d'Angleterre que par considération pour lui, et non par la nécessité de ses affaires; qu'il étoit même persuadé que, demeurant libre de tout engagement et attendant tranquillement les occasions favorables de faire valoir ses prétentions, il trouveroit des avantages plus grands qu'en se pressant de traiter; qu'il falloit donc suivre le sentiment de ces ministres de Vienne, achever premièrement l'alliance avec la France et convenir après, de concert, du choix des princes qu'il seroit à propos d'y faire entrer. Alors l'Empereur ne s'opposeroit pas à mettre le roi de Prusse dans ce nombre, s'il se gouvernoit bien, mais qu'il falloit compter que l'Empereur romproit toute négociation si l'Angleterre et la Hollande insistoient à comprendre quelque autre puissance dans l'alliance avant qu'elle fût signée.

Les intentions du roi de Prusse étoient également suspectes à Vienne et à Londres, parce que son caractère étoit également connu dans les deux cours. Ce prince, uniquement occupé de son intérêt, embrassoit tous les moyens propres à y parvenir. Souvent il se trompoit dans le choix; mais la route qu'il croyoit la plus sûre étoit d'exciter des troubles dans l'Europe. Il se flattoit d'être assez habile pour en profiter, et dans cette confiance, il entreprenoit légèrement, et se désistoit encore plus légèrement lorsqu'il craignoit le péril ou l'engagement qu'il avoit pris. La crainte étoit ce qui agissoit le plus sur lui. Il n'étoit pas difficile, surtout à l'Empereur, d'user de ce moyen pour le contenir. Il trembloit à la moindre menace de Vienne, et la moindre apparence de faveur de cette cour auroit pu rompre les traités les plus solennels qu'il auroit faits. Ce prince, lié avec la France, ne cessoit de protester à Vienne qu'il étoit dévoué à la maison d'Autriche absolument. Détourné, comme on l'a vu, par ses ministres de venir en France pendant que le Czar y étoit, il avoit fait dire à l'Empereur que la crainte de lui déplaire avoit rompu son voyage. Ainsi on conseilloit au Régent d'abandonner la pensée de faire entrer le roi de Prusse dans le traité comme un projet inutile, en ce que l'accession de ce prince ne fortifieroit pas l'union qu'il s'agissoit de former avec l'Empereur, et dangereux en ce que les instances que Son Altesse Royale continueroit en faveur du roi de Prusse seroient à Vienne un sujet d'ombrage et de jalousie qu'il seroit difficile de dissiper. C'est ce que disoient les ministres les plus confidents du roi d'Angleterre, les Allemands surtout, qui avoient beaucoup de complaisance pour l'Empereur, lequel n'y répondoit pas avec la même franchise.

Il étoit bien aise que le roi d'Angleterre, comme prince de l'Empire, eût besoin de lui, et pour conserver les États usurpés sur la Suède, et il le vouloit tenir toujours dans sa dépendance. Saint-Saphorin crut même s'apercevoir que cette cour étoit fâchée que les offices du Régent eussent contribué à la sortie des troupes moscovites du Meckelbourg, parce qu'elle auroit cru profiter de leur plus long séjour pour disposer encore plus aisément du roi d'Angleterre.

Ce prince avoit demandé à l'Empereur de faire sortir des Pays-Bas les partisans du Prétendant. L'Empereur le lui avoit promis. Cependant il restreignit ses ordres aux principaux chefs, et il en écrivit même si foiblement au marquis de Prié, que les ministres d'Angleterre ne lui en surent nul gré, et qu'ils crurent que plus la France abandonnoit ce malheureux prince, plus l'Empereur lui étoit favorable. Cela ne refroidit pas néanmoins les ménagements du roi d'Angleterre pour l'Empereur. Ses ministres, surtout les Allemands, engagèrent la nation angloise à lui payer les restes des subsides dus de la guerre précédente. Le projet étoit de lui faire donner sous ce prétexte cent mille livres sterling. L'Empereur prétendoit que la dette se montoit bien plus haut. Les Anglois qui n'étoient pas dans le ministère soutenoient au contraire que la nation n'en devoit rien, et ils traitoient de fort étranges les demandes que faisoit l'Empereur d'être payé d'un reste de subsides d'une guerre dont il avoit seul profité, et que l'Angleterre avoit faite uniquement pour l'intérêt de la maison d'Autriche. Les rois de Danemark et de Prusse se plaignoient de la complaisance que les Anglois avoient pour l'Empereur, pendant qu'ils ne recevoient aucun payement des subsides qu'ils devoient toucher pour la guerre du Nord, qu'ils soutenoient actuellement de concert avec le roi d'Angleterre.

Cette complaisance n'empêchoit pas que la cour de Vienne ne se plaignît, à la moindre occasion, de tout ce qui pouvoit lui déplaire de la part des Anglois. Elle prétendit que le comte de Peterborough avoit donné des conseils inconsidérés aux princes d'Italie. L'Empereur en fit porter ses plaintes à Londres, avec des menaces de le faire arrêter s'il traversoit en Italie des pays occupés par ses troupes. Peterborough reçut une réprimande et avis d'éviter d'entrer dans les États de l'Empereur. Ce prince informa ses ministres en France des propositions qu'il recevoit de l'Angleterre pour conserver, disoit-il, la paix universelle dans l'Europe, et former une amitié plus étroite avec le Régent. Mais l'avis qu'il en donna, vers le mois de juillet, au comte de Königseck, son ambassadeur à Paris, n'étoit que général. Il lui apprenoit seulement, que la cour d'Angleterre attendoit de nouveaux avis de Paris; qu'elle ne vouloit rien proposer que sur un fondement solide; qu'elle avoit cependant laissé entendre que, si la cour de Madrid étoit trop difficile, l'ouvrage s'achèveroit avec le Régent à l'exclusion de l'Espagne. L'Empereur ordonnoit de plus à Königseck des assurances agréables d'entretenir avec Stairs une intelligence étroite.

Königseck se persuadoit assez que le Régent n'avoit nulle part à l'entreprise de Sardaigne, et qu'il verroit avec peine une occasion de renouveler la guerre. Cependant il ne pouvoit croire qu'il n'en eût pas été informé avant l'exécution. Il étoit vrai pourtant que le Régent n'en avoit eu nulle connoissance. On ne croyoit pas qu'aucun prince d'Italie, non pas même le duc de Parme, eût eu part au secret si bien gardé par Alberoni. Au moins l'ignoroit-il au commencement de juillet, qu'il conseilloit au roi d'Espagne de tenir parole au Pape sur l'envoi et la destination de sa flotte. Il l'exhortoit en même temps à donner quelque marque de ressentiment de la détention de Molinez, qui étoit une telle infraction au droit des gens qu'elle ne pouvoit être passée sous silence, mais d'y employer des paroles, non les armes, de s'adresser aux garants de la neutralité de l'Italie, et d'exciter les autres princes de l'Europe à prendre des mesures contre les desseins de l'Empereur, qu'il montroit assez, d'usurper le souverain domaine de toute l'Italie.

Ce prince s'étendoit à remontrer le danger de laisser l'Italie en proie à l'Empereur, qui rendroit même le roi d'Espagne vacillant sur son trône. Il disoit savoir de bonne part que le comte de Gallas avoit des instructions et des pouvoirs fort étendus pour faire en sorte d'assurer à l'Empereur, dont il étoit ambassadeur à Rome, la succession du grand-duc; qu'il devoit faire de grandes offres aux parents du Pape; qu'il avoit pouvoir de leur promettre un État en souveraineté dans la Toscane; qu'il se flattoit de conduire le Pape jusqu'où il voudroit par le cardinal Albane, tout Autrichien, et par plusieurs autres cardinaux; que l'Empereur deviendroit ainsi aisément maître des États de Toscane, où Livourne étant compris, il se trouveroit encore en état d'avoir des forces maritimes et de se rendre maître de la Méditerranée comme il le seroit de l'Italie; à quoi le duc de Parme ajoutoit des raisonnements puissants, et qui marquoient qu'il n'avoit encore aucune connoissance de ce que l'Espagne méditoit sur la Sardaigne, et ensuite à l'égard de l'Italie.

Le courrier qui portoit de l'Escurial à Rome l'accommodement entre les deux cours arriva au commencement de juillet. Au lieu d'y causer de la joie, il mit le Pape dans une colère étrange, parce que l'Espagne n'avoit pas voulu annuler par un décret ceux qui avoient été précédemment faits, et que le Pape prétendoit blesser l'honneur du saint-siége. Il s'emporta contre Aldovrandi, dit qu'il lui avoit menti dans le fond et dans la forme, s'expliqua en termes très-vifs à Santi, envoyé de Parme, maintint qu'Aldovrandi lui avoit offert la satisfaction qui se trouvoit refusée, dont il lui avoit montré la minute concertée avec Alberoni et Aubanton, sur quoi lui-même avoit dressé un nouveau projet de décret, dont Aldovrandi, qui le trahissoit, avoit emporté la minute, lequel, malgré ses ordres les plus positifs là-dessus, venoit de conclure l'accommodement sans obtenir une pièce si importante, et qu'il devoit regarder comme principale. Mais ceux qui connoissoient les mouvements impétueux de sa colère n'en prirent pas une grande alarme.

Le Prétendant, prêt à quitter Rome, vint prendre congé du Pape. Il savoit l'accommodement signé, il crut la conjoncture heureuse, et il pressa le Pape de tenir sa parole sur Alberoni, puisque les différends étoient terminés. Le contre-temps étoit complet. Le Pape répondit froidement qu'il exécuteroit ses promesses, mais que les affaires avoient été si mal digérées, qu'il n'étoit pas encore en état de le faire. Les deux Albane déclamèrent contre Aldovrandi, et parlèrent fortement contre lui à Acquaviva.

Ce cardinal, ayant appris qu'il y auroit consistoire le lundi suivant, voulut avoir auparavant une audience du Pape, qui la lui donna. Le Pape y parut content du roi et de la reine d'Espagne et d'Alberoni, mais outré contre Aldovrandi. Acquaviva le défendit. Il fit convenir le Pape que l'écrit signé entre son nonce et Alberoni étoit le même qu'il avoit donné à ce nonce. Les plaintes les plus vives tombèrent sur l'omission du décret. Plus le Pape montra de colère, plus Acquaviva le pressa de déclarer Alberoni cardinal au consistoire du lendemain. Le Pape, pressé, s'en tira par alléguer que le temps étoit trop court, et qu'il n'y auroit point de consistoire. C'étoit ce qu'Acquaviva vouloit, parce que, n'espérant pas que la promotion d'Alberoni y fût faite, son but avoit été d'éloigner le consistoire, et cependant le Pape s'engageoit à n'en point tenir, sans contenter en même temps le roi d'Espagne.

Toutefois il forma une congrégation de cardinaux, pour avoir leur avis sur l'accommodement. Ils conclurent que le roi d'Espagne avoit fait tout ce qui dépendoit de lui pour satisfaire le Pape, qui par conséquent ne pouvoit se dispenser d'accomplir la parole qu'il lui avoit donnée; mais, suivant la maxime des cours de flatter le maître aux dépens du ministre absent et indéfendu, ils blâmèrent unanimement Aldovrandi. Ses amis n'en furent pas fort émus, et moins encore de la colère du Pape. Ils connoissoient la légèreté des promesses et des menaces de Sa Sainteté, et combien il les oublioit promptement et entièrement, et consolèrent le nonce sur ce principe qu'il connoissoit comme eux.

Quoique persuadé de cette vérité, Aldovrandi étoit inquiet des résolutions que prendroit le Pape quand il seroit instruit que le roi d'Espagne avoit refusé de passer ce décret qu'il desiroit. Un autre sujet d'agitation étoit l'entreprise que l'escadre d'Espagne alloit faire, dont le public ignoroit encore l'objet, et dont il parloit fort diversement. Le nonce, à dessein de servir Alberoni, appuyoit l'opinion de ceux qui la croyoient destinée pour Oran, et se fondoit sur une lettre mystérieuse, mais consolante, qu'il avoit reçue de lui sur l'objet de cette escadre. Ainsi trompé par ce ministre tout-puissant, ou de concert avec lui, il donnoit pour véritable tout ce qu'il paroissoit lui confier. Il assura le Pape, sur sa parole, que si elle étoit destinée contre la Sardaigne, ou si elle pouvoit causer quelque préjudice au repos de l'Italie; l'entreprise étoit certainement formée contre le sentiment et l'avis d'Alberoni ; qu'il s'y étoit particulièrement opposé, à cause du grand préjudice qu'en recevroit le duc de Parme. Il ajoutoit que, s'en étant voulu plus éclaircir, il s'étoit adressé à d'Aubanton, qui lui avoit répondu qu'il ne s'étoit jamais mêlé des vaisseaux du roi d'Espagne, qu'il avoit seulement donné toute son attention à l'accommodement entre les deux cours.

Quoique cet armement eût coûté fort cher, qu'on y eût embarqué un nombre de troupes assez considérable, que dix galères l'eussent joint à Barcelone, ces préparatifs ne suffisoient pas pour exécuter les grands desseins qu'on attribuoit à l'Espagne sans le secours d'autres princes et la connivence de plusieurs. Cette vérité multiplioit les raisonnements des politiques. Les uns croyoient l'entreprise concertée avec la Hollande, même avec l'Angleterre, fondés sur l'intimité qui se remarquoit entre Alberoni et les ministres que ces puissances tenoient à Madrid. Avec cette supposition de leur jalousie des desseins de l'Empereur, ils jugeoient que l'Espagne, ou gagneroit un royaume, ou, ne réussissant pas, se retrouveroit au même état qu'auparavant, le ressentiment de l'Empereur inutile contre elle ne pouvant retomber que sur l'Italie. Peu de gens pensoient que la France y prît part; on la jugeoit plus occupée de ses affaires domestiques qu'à se mêler d'affaires qui lui étoient étrangères, et qui étoient capables de l'entraîner dans une nouvelle guerre. Enfin la plupart jugeoient que le projet étoit communiqué au roi de Sicile, qui agiroit de concert avec d'autres princes d'Italie dans la même ligue.

L'ambassadeur de ce prince à Madrid en pensoit bien différemment ; il étoit persuadé que l'entreprise regardoit plus la Sicile que la Sardaigne, et se fondoit sur l'impénétrable secret qui en couvroit les desseins, Patiño et don Miguel Durand, secrétaire d'État pour la guerre, étant les deux seuls dont Alberoni se fût servi. Lorsque, l'affaire éclata, Aldovrandi et Mocenigo, destiné ambassadeur de Venise, allèrent trouver Alberoni au Pardo[1], à qui ils représentèrent fortement les malheurs qu'il alloit attirer sur l'Italie s'il donnoit à l'Empereur un sujet légitime de rompre la neutralité. Alberoni leur répondit seulement qu'il étoit étonné de voir deux hommes aussi consommés ajouter foi aux chansons de Madrid, et les assura que l'escadre étoit destinée et seroit employée au service du Pape et de la République. Tous deux se contentèrent de cette réponse.

Enfin la nouvelle de l'entreprise devenue publique, à n'en pouvoir plus douter, elle fut universellement blâmée et ses suites prédites comme funestes à l'Europe. Le secrétaire d'Angleterre s'éleva tellement contre, à Madrid, qu'il effaça tout soupçon de concert avec l'Angleterre. Riperda en fit autant d'abord, mais il changea depuis. Les ministres étrangers disoient tout haut qu'Alberoni ne se soucioit pas d'allumer une nouvelle guerre, pourvu qu'il rendît son nom glorieux.

Ce premier ministre auroit bien desiré que sa promotion eût précédé la publicité de son entreprise; mais voyant qu'elle ne pouvoit plus se différer, il tâcha d'y préparer et de gagner des suffrages en se plaignant hautement de l'arrêt[2] de la personne de Molinez. On peut se souvenir de l'indifférence qu'il avoit eue là-dessus, du mépris qu'il avoit témoigné du grand inquisiteur, qu'il n'appeloit que *solemnissima bestia*. Mais il lui convenoit alors de se récrier sur cette violence, comme de la continuation des outrages que les Impériaux n'avoient cessé de faire au roi d'Espagne, dont il seroit enfin contraint de se venger, malgré sa répugnance par rapport au repos de l'Europe. Il paraphrasoit ce texte, et y ajoutoit qu'il en souffriroit en son particulier, parce qu'il prévoyoit que les mesures prises pour son chapeau en seroient

1. *Le Pardo*, et non *le Prado*. Le Pardo est à trois lieues et demie de Madrid.
2. De l'arrestation.

rompues, sur quoi il s'expliquoit en style d'ancien Romain. Il se complaisoit d'avoir rétabli la marine d'Espagne en si bon état, n'en ayant trouvé aucune, surtout des magasins de Cadix, qu'il publioit être plus remplis que ne l'étoient ceux de Brest, Toulon et Marseille ; à quoi il ajoutoit toutes sortes d'utiles vanteries.

Aldovrandi le servoit à Rome en tâchant d'y persuader que l'entreprise regardoit Oran. Il trouvoit les préparatifs trop grands pour la Sardaigne, insuffisants pour Naples et Sicile. Il en concluoit pour Alger, et se rabattre après sur Oran ; et n'osant plus amuser le Pape que cette escadre iroit au Levant, il le flattoit au moins qu'elle alloit tomber sur les Barbaresques.

Del Maro, de plus en plus persuadé par la profondeur du secret que cet orage regardoit la Sicile, cherchoit des voies détournées pour en avertir son maître, persuadé que toutes ses lettres étoient interceptées, et que sa maison étoit environnée d'espions. Il fit passer un courrier à Turin, qui lui revint à Madrid malgré toutes les précautions dont la nature, qui alloit à la violence, confirma tous ses soupçons.

Le duc de Parme méritoit d'être distingué des autres princes, par ce qu'il étoit à la reine d'Espagne, et par ce qu'Alberoni lui devoit, qui étoit encore son ministre à Madrid. Il sut donc enfin sous le dernier secret la véritable destination de l'escadre d'Espagne. Il donna tous les avis qu'il put pour en faciliter les desseins. Il avertit que les préparatifs de Barcelone avoient jeté les ministres impériaux à Naples dans la consternation ; qu'ils connoissoient parfaitement leur foiblesse si le royaume étoit attaqué, et le vœu général des grands et des peuples d'être délivrés du joug des Allemands ; qu'un de ses ministres avoit avoué que l'enlèvement de Molinez étoit insoutenable, que c'étoit une infraction manifeste de la neutralité d'Italie, et qu'elle auroit de fâcheuses suites. Le vice-roi, qui ne vouloit pas montrer leur agitation commune, avoit donné des ordres secrets de fortifier plusieurs places, et redoubla de soins pour la sûreté du royaume. La justice y étoit abolie, le négoce cessé, l'administration et les gouvernements en vente au plus offrant. Le désespoir y étoit, et les vœux peu retenus de voir paroître l'escadre espagnole, et le roi d'Espagne étoit fortement exhorté de profiter de cette conjoncture pendant la campagne d'Hongrie. Le duc de Parme appuyoit de toutes ses forces l'avis de la conquête de Naples, par la crainte qu'il avoit de la puissance et des desseins de l'Empereur. Il prétendoit qu'elle étoit facile, et n'avoir qu'à s'y présenter pour opérer une révolution subite; qu'une fois faite, elle se conserveroit aisément parce que les princes d'Italie, gémissants et tremblants sous l'autorité de l'Empereur, concourroient tous à la défense quand ils se verroient soutenus, surtout le roi de Sicile, certain de la haine que l'Empereur lui avoit jurée, et les Vénitiens, enveloppés de tous côtés par les États de l'Empereur; que le Pape seroit le premier à s'engager, auquel il exhortoit le roi d'Espagne de donner promptement la satisfaction à laquelle il se bornoit. Ce n'étoit plus ce décret refusé par l'Espagne, mais une simple lettre secrète du roi d'Espagne à lui, par laquelle il désavoueroit, non pas le livre que le duc d'Uzeda avoit fait imprimer il y avoit quelques années, mais la partie seulement de ce livre qui contenoit des choses injurieuses à sa personne; et comme le duc de Parme cherchoit à plaire au Pape et à lui faire voir son crédit à Madrid, il demandoit que cette lettre lui fût adressée pour la faire passer entre les mains de Sa Sainteté.

Enfin le Pape, ne pouvant plus résister aux menaces du roi d'Espagne et à la frayeur de la vengeance d'Alberoni, le fit cardinal le 12 juillet. Cette promotion ne fut approuvée de personne lorsqu'elle fut déclarée au consistoire. Aucun cardinal ne loua le nouveau confrère. Quelques-uns la désapprouvèrent ouvertement, entre autres Dadda, Barberin, Borromée, Marini. Giudice y dit qu'il ne pouvoit y consentir en sûreté de conscience, et le cardinal de Schrottembach, ministre de l'Empereur, ne se trouva pas au consistoire. Toutes ces choses furent interprétées diversement. Ce qui est vrai, c'est que Giudice avoit dressé une partie d'opposition qui dans la crise lui manqua tout net, et qu'Acquaviva, qui ne l'aimoit pas et qui vouloit plaire en Espagne, n'y laissa pas ignorer.

Le roi d'Angleterre étoit fort mal à son aise au milieu de sa cour. Parmi tous ses ménagements pour l'Empereur, on prétendoit qu'il avoit personnellement plus d'éloignement que d'amitié pour lui; qu'il étoit entraîné par ses ministres allemands, dévoués à la cour de Vienne pour en obtenir des grâces pour eux et pour leurs familles, et en opposition fréquente avec les ministres anglois, qui ne se contraignoient à leur égard sur l'aversion et le mépris que lorsque quelque intérêt particulier les engageoit à vouloir plaire au roi leur maître. Ce prince venoit d'avoir le dégoût, malgré ses efforts, de voir sortir avec honneur et justice le comte d'Oxford de l'accusation capitale intentée contre lui, et la division s'accroître entre les gens qui lui étoient les plus attachés. Elle augmentoit sans cesse entre lui et le prince de Galles, et s'il ne le pouvoit ramener à lui par la douceur, il avoit résolu d'user de rigueur, et d'éloigner de lui ceux qui, dans le Parlement, avoient voté contre le général Cadogan. C'étoit là un autre point de discorde qui intéressoit la nation, laquelle, aussi bien que le prince, prétendoit que la prérogative royale ne s'étendoit pas jusque-là.

La haine entre le père et le fils éclatoit jusque dans les moindres choses. Elle devint tout à fait publique à l'occasion d'une revue d'un régiment qui portoit le nom du prince, dont le roi ne voulut pas s'approcher que le prince, qui étoit à la tête en habit uniforme, ne se fût retiré. Il obéit, et dit en s'en allant que ce coquin de Cadogan en étoit cause.

Parmi ces inquiétudes, Georges en avoit beaucoup de l'entreprise de l'escadre d'Espagne, dont il n'avoit aucune connoissance, et dont il en cherchoit vainement par Monteleon, qui en étoit lui-même en parfaite ignorance. On y étoit aussi très-attentif en Hollande, mais avec moins d'intérêt qu'en Angleterre, parce que la République n'en avoit rien à craindre et n'étoit obligée par aucun traité de secourir l'Empereur, et qu'il ne lui étoit pas inutile qu'il survînt des embarras à ce prince qui le rendissent plus traitable et plus facile à terminer ce qui restoit de différends à régler sur la Barrière. On s'y apercevoit même déjà d'un grand et prompt changement de ton là-dessus du baron d'Heems, envoyé de l'Empereur à la Haye.

Beretti s'applaudissoit de cette douceur nouvelle. Il l'attribuoit aux soins qu'il avoit pris d'ouvrir les yeux aux Hollandois sur le danger des desseins et de la puissance de l'Empereur, et de seconder, au contraire, ceux du roi d'Espagne. Il assuroit ce prince que la moitié de l'Angleterre lui desiroit un bon succès, moins à la vérité par affection que pour le plaisir de voir l'embarras du gouvernement d'Angleterre sur le parti qu'il auroit à prendre, et Beretti se persuadoit toute bonne volonté de la part des états généraux; il les croyoit même peu contents de remarquer tant d'attachement du roi d'Angleterre pour l'Empereur, et il comptoit que les plaintes qu'il s'attendoit de recevoir de leur part sur l'entreprise de l'Espagne ne seroient qu'accordées à la bienséance et aux clameurs des Impériaux. Cet ambassadeur d'Espagne n'oublioit rien pour donner à sa cour de la confiance aux dispositions des Hollandois pour elle, et tout ce qu'il pouvoit de défiance de celle de la cour d'Angleterre pour détourner la négociation d'être portée à Londres, où il craignoit qu'elle tombât entre les mains de Monteleon, et pour la faire ouvrir au contraire à la Haye, dans l'espérance qu'elle n'y sortiroit pas des siennes. Il conseilloit aussi de faire quelque réponse aux propositions que l'Angleterre lui avoit faites, pour éviter le reproche de ne vouloir point de paix avec l'Empereur, dont il étoit persuadé que les prétentions paroîtroient si déraisonnables qu'il seroit très-facile de faire tomber sur lui ce même reproche.

Le silence de Madrid étoit mal interprété à Paris, à la Haye, à Londres. L'envoyé d'Angleterre à la Haye s'en plaignit à Beretti et Duywenworden aussi. Il pressoit donc Alberoni de lui prescrire quelque réponse à Stanhope, non plus en espérance de négocier, mais pour faire cesser le démérite du refus de s'expliquer. Il ne comptoit nullement sur le succès de la négociation ; il représentoit, au contraire, que l'objet principal de tout l'ouvrage étoit de travailler pour les intérêts du Régent, de l'Angleterre et de l'Empereur, sous le nom du roi d'Espagne et sous prétexte d'agir en sa faveur. Il étoit aussi très-embarrassé des questions sur la véritable destination de l'escadre espagnole, dont il ne savoit rien.

Monteleon n'étoit pas à Londres dans une moindre presse, ni dans une moindre ignorance là-dessus. Il apprit par les ministres d'Angleterre que le Régent avoit dit à Stairs et à Königseck que l'entreprise regardoit Naples, et que, la France étant garante de la neutralité d'Italie, Son Altesse Royale avoit dépêché à Madrid, pour savoir les intentions de Sa Majesté Catholique. Wolckra, envoyé de l'Empereur à Londres, et Hoffman, qui y étoit depuis longtemps de sa part en qualité de résident demandèrent tous deux l'assistance du roi d'Angleterre comme garant de la neutralité d'Italie, et comme engagé par le dernier traité à secourir l'Empereur s'il étoit attaqué dans ses États ; mais les ministres d'Angleterre suspendirent la réponse.

Peterborough se disposoit alors à passer en Italie. Quelques-uns crurent que ce voyage cachoit quelque mystère ; mais ni le roi d'Angleterre ni pas un de ses ministres ne se fioient en lui, pas un des partis n'avoit pour lui ni estime ni confiance. Bien des gens crurent que son but étoit de se faire considérer par les cours de l'Empereur et de France, en les informant de ce qu'il pourroit pénétrer réciproquement de chacune. On lui rendoit justice sur l'esprit et le courage, dont il avoit beaucoup, même trop, et que toutes ses idées alloient à le mettre dans l'embarras, lui et ceux qu'il pouvoit engager dans ses vues.

Cependant on ignoroit également à Paris, à Londres et à Vienne, le véritable dessein du roi d'Espagne. Patiño étoit seul dans le secret du cardinal Alberoni ; et le marquis de Lede, chef des troupes embarquées, ne devoit ouvrir ses ordres qu'en mer. Ainsi les raisonnements étoient infinis sur le but de cette expédition. Outre les propos généraux que tenoit Alberoni, et fort obscurs, il fit dire précisément au pensionnaire qu'il falloit que la Hollande choisît ou d'unir ses forces à celles de l'Empereur contre l'Espagne, ou au roi d'Espagne pour donner l'équilibre à l'Europe, en commençant par l'Italie. Il avouoit à ses amis que, si sa promotion au cardinalat n'avoit pas été déclarée le jour même qu'elle la fut, il auroit lieu de la regarder comme fort éloignée ; mais qu'ayant obtenu ce qu'il desiroit, les considérations particulières ne l'empêcheroient plus d'agir pour la gloire et les intérêts du roi son maître (vérité digne de servir de leçon aux rois). Acquaviva et d'autres encore l'exhortoient à profiter de la conjoncture pour venger l'Espagne du mépris et de la mauvaise foi de la maison d'Autriche, et de l'enlèvement de Molinez.

Gallas, ambassadeur de l'Empereur à Rome, ne tarda pas à se plaindre fortement au Pape que le roi d'Espagne employoit l'indult qu'il lui avoit accordé sur le clergé, non contre les Turcs, mais pour faire la guerre à l'Empereur ; et s'étendit sur des projets qui attentoient à la neutralité de l'Italie. Le Pape répondit qu'il n'avoit point encore à se plaindre du roi d'Espagne, qui lui avoit promis un secours maritime contre les Turcs ; qu'il n'étoit pas en droit de trouver mauvais qu'après avoir exécuté sa promesse, l'escadre s'employât à quelque chose d'utile à son service ; et qu'à l'égard de la neutralité d'Italie, il n'en pouvoit rien dire, parce que jamais on ne lui avoit fait part du traité pour l'établir; qu'il étoit vrai que le roi d'Espagne lui avoit offert de ne point inquiéter l'Empereur pendant la guerre d'Hongrie, mais avec une condition réciproque, que l'Empereur avoit refusée. Gallas, court de raisons, mais qui connoissoit le terrain, répondit par des menaces que l'Empereur feroit incessamment une trêve avec les Turcs, et qu'il enverroit quarante mille hommes en Italie, dont l'État ecclésiastique et celui de Parme entendroient parler les premiers.

Il n'en falloit pas tant pour effrayer le Pape. Aussitôt après l'audience, il manda l'envoyé de Parme, et le conjura de dépêcher à l'instant un courrier à Madrid, d'y représenter vivement le péril imminent où le duc de Parme se trouvoit exposé, et de n'y rien oublier pour détourner toute entreprise capable de troubler le repos de l'Italie.

Outre ces menaces, les projets de la cour de Vienne inquiétoient cruellement les princes d'Italie, et faisoient trembler les Vénitiens, environnés en terre ferme par les États et les troupes de l'Empereur, qui vouloit encore se rendre maître de leurs mers par de nouveaux ports dans le golfe Adriatique, et les assujettir par les forces maritimes qu'il se proposoit d'y établir. On disoit de plus qu'il prétendoit mettre dans Livourne une garnison allemande, et qu'il avoit fait demander des subsides au grand-duc en des termes de la dernière hauteur. D'autre part, les ministres du roi d'Espagne l'avertissoient que l'Empereur persistoit toujours dans la maladie de retourner en Espagne, par conséquent de la nécessité de le prévenir.

Au contraire, Rome redoubloit ses instances pour détourner le roi d'Espagne de toute entreprise sur l'Italie, et n'oublioit aucune raison d'honneur, d'intérêt ni de conscience. Mais le Pape parloit à un sourd qui, ne craignant plus rien de sa part depuis qu'il en avoit reçu le chapeau, s'inquiétoit peu de ses exhortations et de ses menaces.

Stairs s'étoit déchaîné à Paris contre Alberoni à l'occasion de l'entreprise, quoique encore ignorée pour le lieu. Alberoni lui rendoit la pareille, et disoit que le roi d'Espagne demanderoit justice au roi d'Angleterre de cet homme vendu à l'Empereur. Alberoni ne vouloit plus écouter les [sollicitations de l'Angleterre d'envoyer un ministre à Londres travailler à la paix avec l'Empereur, par la médiation de la France et de l'Angleterre. Il trouvoit que cette démarche ne se pouvoit faire avec honneur, que l'affaire étoit sans lueur ni apparence de succès, vision ou piége de la cour de Vienne. Il disoit que l'offre d'assurer la succession de Parme aux enfants de la reine, tandis que le duc de Parme et son frère n'étoient ni vieux, ni hors d'espérance d'avoir des enfants, troubleroit plutôt l'Italie qu'elle n'apporteroit d'avantage à ces princes collatéraux. On étoit à la fin d'août sans être plus éclairci; mais on ne doutoit plus qu'il ne s'agît de la Sardaigne.

Aldovrandi, pour faire sa cour au cardinal Alberoni, publioit que l'entreprise se faisoit contre son avis, qu'il s'y étoit opposé en vain, qu'il avoit eu la sage précaution d'en conserver les preuves; que voyant enfin qu'il ne la pouvoit empêcher, il avoit au moins détourné le plus grand mal, et fait résoudre la Sardaigne pour préserver l'Italie. Il falloit nommer l'auteur d'un conseil dont Alberoni vouloit se défendre. Sur sa parole Aldovrandi répandit que c'étoit le conseil d'État dont l'emportement avoit été extrême. Sur la même foi, que ce nonce prétendoit très-sincère, il donnoit les Hollandois pour favoriser sous main l'entreprise, pour occuper l'Empereur loin des Pays-Bas.

L'Angleterre ne laissoit pas seulement soupçonner ses intentions. Ses embarras domestiques faisoient juger que son intérêt la portoit à voir avec beaucoup de peine l'Europe prête à s'embraser de nouveau.

Pour la France, elle s'étoit expliquée. Le duc de Saint-Aignan avoit représenté que le Roi, garant de la neutralité d'Italie, ne pouvoit approuver une entreprise qui y contrevenoit. Il avoit excité le nonce de solliciter le Pape d'employer les offices de père commun ; enfin il avoit essayé de toucher par la fâcheuse situation du duc de Parme, à qui l'Empereur demandoit hautement de fortes contributions. Ce prince manquoit d'argent. Il avoit inutilement recours à l'Espagne, qu'il exhortoit toujours, et avec aussi peu de succès, de donner au Pape la dernière satisfaction qu'il désiroit, sur le livre du duc d'Uzeda dont on a parlé. Del Maro ne cessoit d'avertir son maître que l'entreprise regardoit la Sicile; et les ministres d'Angleterre, d'Hollande et de Venise à Madrid, s'épuisoient en inquiétudes et en raisonnements.

CHAPITRE VIII.

L'Espagne publie un manifeste contre l'Empereur. — Déclaration vague de Cellamare au Régent; efforts d'Alberoni pour exciter toutes les puissances contre l'Empereur ; veut acheter des vaisseaux, dont il manque; en est refusé; ses bassesses pour l'Angleterre inutiles. — Singulières informations d'Alberoni sur Riperda ; cet ambassadeur cru vendu à Alberoni et soupçonné de vouloir s'attacher au service du roi d'Espagne ; Aldovrandi cru, à Rome et ailleurs, vendu à Alberoni ; artifice de ce dernier sur son manque d'alliés ; ses offres à Ragotzi. — Fureur d'Alberoni contre Giudice ; crainte et bassesse de ses neveux ; le roi d'Espagne défend à ses sujets de voir Giudice à Rome et tout commerce avec lui. — Point de la succession de Toscane. — Manéges de ministres hanovriens pour engager le Régent à s'unir à l'Empereur. — L'Angleterre desire la paix de l'Empereur et de l'Espagne, et y veut envoyer faire des efforts à Madrid ; ruses à Londres avec Monteleon. — Soupçons et vigilance de Königseck à Paris. — Entreprise sur Ragotzi sans effet ; les Impériaux lui enlèvent des officiers à Hambourg. — Baron de Gœrtz mis en liberté. — Le Czar plus que froid aux propositions du roi d'Angleterre, lequel rappelle ses vaisseaux de la mer Baltique. — Situation personnelle du roi d'Angleterre avec les Anglois ; il choisit le colonel Stanhope, cousin du secrétaire d'État, pour aller en Espagne. — Visite et singulier conseil de Châteauneuf à Beretti. — Sentiment des ministres d'Angleterre sur l'entreprise de l'Espagne en soi. — Wolckra rappelé à Vienne ; Penterrieder attendu à Londres

en sa place, pour y traiter la paix entre l'Empereur et l'Espagne
avec l'abbé du Bois. — Artifices de Saint-Saphorin auprès du Régent,
de concert avec Stairs. — Vaine tentative de l'Empereur pour de
nouveaux honneurs à son ambassadeur en France. — Inquiétude de
l'Angleterre ; ses soupçons du roi de Sicile. — Misérables flatteries
à Alberoni. — Cellamare excuse et confie le secret de l'entreprise de
l'Espagne au Régent, dont la réponse nette ne le satisfait pas. —
— Nouveau complot des Impériaux pour se défaire de Ragotzi, inutile. — Sèches réponses des ministres russiens aux propositions de
l'Angleterre. — La flotte espagnole en Sardaigne. — Le Pape, effrayé
des menaces de Gallas, révoque les indults accordés aux roi d'Espagne ; lui écrit une lettre à la satisfaction des Impériaux ; desire au
fond succès à l'Espagne ; offre sa médiation. — Misérables flatteries à
Alberoni ; il fait ordonner à Giudice d'ôter les armes d'Espagne de
dessus la porte de son palais à Rome ; sa conduite, et celle de ses
neveux. — Victoire du prince Eugène sur les Turcs ; il prend Belgrade, etc.; soupçons de l'Empereur à l'égard de la France ; entreprise inutile sur la vie du prince Ragotzi ; deux François à lui arrêtés
à Staden ; scélératesse de Welez. — Artifices de l'Angleterre et de
Saint-Saphorin pour lier le Régent à l'Empereur, et en tirer des
subsides contre les rois d'Espagne et de Sicile. — Artifices du roi
de Prusse auprès du Régent sur la paix du Nord. — Gœrtz à Berlin ;
y attend le Czar ; propositions de ce ministre pour faire la paix de la
Suède. — Soupçons du roi de Prusse à l'égard de la France, à qui il
cache les propositions de Gœrtz ; hasard à Paris qui le découvre. —
L'Angleterre liée avec l'Empereur par des traités précis, et craignant
pour son commerce de se brouiller avec l'Espagne, y envoie par
Paris le colonel Stanhope ; objet de cet envoi, et par Paris ; artifices
de l'Angleterre pour unir le Régent à l'Empereur ; Georges et ses
ministres en crainte du Czar et de la Prusse, en soupçon sur la
France ; leur haine pour Châteauneuf. — Bolingbroke secrètement
reçu en grâce par le roi d'Angleterre. — Opiniâtreté d'Alberoni ;
leurres sur la Hollande ; état et suite de la vie de Riperda. — Venise
se déclare pour l'Empereur ; colère d'Alberoni ; ses étranges vanteries et ses artifices pour se faire un mérite de se borner à la Sardaigne
cette année, sentant l'impossibilité de faire davantage ; sa fausseté
insigne à Rome. — Embarras et conduite artificieuse et opiniâtre
d'Alberoni ; sa réponse à l'envoyé d'Angleterre. — Alberoni se fait
un bouclier d'un équilibre en Europe ; flatte bassement la Hollande ;
n'espère rien de l'Angleterre ; plan qu'il se propose pour objet en
Italie ; il le confie à Beretti, et lui donne ses ordres en conséquence. —
Propos d'Alberoni ; vanteries et fourberies insignes et contradictoires ; conduite d'Aubanton et d'Aldovrandi, qui lui sont vendus
pour leur intérêt personnel. — Les Impériaux demandent qu'Aldovrandi soit puni ; effrayent le Pape ; il révoque ses indults au roi
d'Espagne ; lui écrit au gré des Impériaux ; en même temps le fait

ménager et adoucir par Aldovrandi, à qui il écrit, et à d'Aubanton, de sa main. — Frayeurs du duc de Parme, qui implore vainement la protection du Pape et le secours du roi d'Espagne. — Plaisant mot du cardinal del Giudice au Pape. — Le Pape dépêche à Vienne sur des propositions sauvages d'Acquaviva, comptant sur le crédit de Stella, qui vouloit un chapeau pour son frère. — Molinez transféré du château de Milan dans un des colléges de la ville. — Vastes projets d'Alberoni, qui en même temps sent et avoue sa foiblesse. — Propos trompeurs entre del Maro et Alberoni; ses divers artifices. — La Hollande, inquiète, est touchée de l'offre de l'Espagne de reconnoître sa médiation. — Cadogan à la Haye; son caractère; ses plaintes, sa conduite; inquiétude de l'Angleterre sur le Nord; ses ministres, détrompés sur le Régent, reprennent confiance en lui; font les derniers efforts pour faire rappeler Châteauneuf. — Substance et but du traité entre la France, le Czar et la Prusse. — Abbé du Bois à Londres, et le colonel Stanhope à Madrid. — Le Czar parti de Berlin sans y avoir rien fait ni voulu écouter sur la paix du Nord. — Le roi de Prusse, réconcilié avec le roi d'Angleterre, cherche à le tromper sur la paix du Nord; se plaint de la France, qui le contente. — Poniatowski à Paris, confident du roi de Suède, consulté par Kniphausen, lui trace le chemin de la paix du Nord. — Ardeur du roi d'Angleterre, et sa cause, pour pacifier l'Empereur et l'Espagne, qui ne s'en éloigne pas. — Sentiment de Monteleon sur les Anglois; sa situation redevenue agréable avec eux. — Caractère du roi d'Angleterre et de ses ministres. — Bassesses du roi de Sicile pour l'Angleterre inutiles; son envoyé à Londres forme une intrigue à Vienne pour y réconcilier son maître; opinion prétendue de l'Empereur sur le Régent et sur le roi de Sicile. — Crainte publique des princes d'Italie; sages pensées de Cellamare; avis envenimés contre la France de Welez à l'Empereur. — Conseils enragés de Bentivoglio au Pape, qui fait entendre qu'il ne donnera plus de bulles sans conditions et précautions.

Enfin le moment arriva d'éclaircir l'Europe. L'Espagne fit publier par ses ministres dans les cours étrangères, un manifeste contenant les raisons qui l'engageoient d'attaquer l'Empereur, et de tourner ses armes sur la Sardaigne, au lieu de joindre sa flotte à l'armée chrétienne, comme elle avoit fait l'année précédente, et comme elle l'avoit promis et résolu encore pour cette année. Ce manifeste rappeloit tous les manquements de parole, les déclamations injurieuses, le détail de tout ce qui s'étoit passé depuis le traité d'Utrecht jusqu'à l'enlèvement du grand inquisiteur par les Impériaux. Il finissoit

en montrant la nécessité où l'honneur et toutes sortes de raisons obligeoient le roi d'Espagne de se venger. Cellamare, avec ce manifeste, reçut ordre de déclarer au Régent que la conquête de la Sardaigne n'empêcheroit pas le roi d'Espagne de donner l'équilibre à l'Europe nécessaire à sa sûreté, lequel[1] étoit impossible tant que l'Empereur conserveroit la supériorité qu'il avoit en Italie. Alberoni n'oublioit rien pour faire peur à toutes les puissances de celle de l'Empereur, qui vouloit tout envahir, et qui n'avoit ni règle, ni parole, ni justice, et qui n'entreroit jamais sincèrement dans aucune négociation de paix, quoique il en voulût amuser l'Espagne par artifice, par l'intervention de la Hollande et de l'Angleterre, et avec lequel il n'y avoit plus d'autre parti que celui de se bien préparer à faire la guerre. La Sardaigne, en effet, n'étoit qu'un essai. Alberoni prétendoit bien avoir une armée plus considérable l'année suivante, et plus de forces sur mer; mais le temps étoit court, sa marine ne répondoit pas à ses desseins. Il voulut acheter des navires en Hollande et en Angleterre, et il en fut refusé. Néanmoins il la ménageoit beaucoup. Il lui offrit de cesser tout commerce avec le Prétendant, et de faire incessamment avec les Anglois un traité de commerce à leur satisfaction.

On le croyoit sûr de la Hollande. Riperda eut la sotte vanité de laisser croire qu'il avoit eu part au secret de l'entreprise. Les traitements qu'il recevoit du roi d'Espagne confirmoient cette opinion. On savoit encore qu'Alberoni s'étoit exactement informé en Hollande du caractère de cet ambassadeur, quoiqu'il le connût par lui-même, de son bien, de ses charges, des distinctions dont il jouissoit dans sa province; et on en soupçonnoit que, s'il agissoit par ordre de ses maîtres, il agissoit encore plus pour son intérêt, et dans la vue de s'attacher au service du roi d'Espagne.

1. *Équilibre* est ici au masculin. Voyez ci-dessus, p. 40 et note 1.

Le nonce n'étoit pas moins soupçonné que lui d'être vendu à Alberoni. Tout ce qui s'étoit passé de publiquement intime entre eux, depuis son arrivée à l'Escurial, jusqu'à le faire loger dans son appartement, ces circonstances faisoient croire à quelques-uns que le Pape étoit d'intelligence avec l'Espagne, à la plupart que son nonce étoit livré à Alberoni. Cette dernière opinion régnoit à Rome, d'où le nonce recevoit les reproches les plus durs.

Il étoit trop difficile au premier ministre d'imposer au monde sur les sentiments de l'Angleterre et de la Hollande à l'égard de son entreprise. Quoique sans alliés, il vouloit pallier cette vérité. Espérant que [ce que] le roi de Suède pensoit là-dessus étoit moins démêlé, il essaya d'en profiter pour laisser croire que ce prince étoit de concert avec l'Espagne.

Pour la France, il étoit évident qu'elle ne vouloit point de guerre, et qu'elle ne prendroit point de part à celle que l'Espagne alloit faire. Mais on laissoit entendre avec succès qu'elle ne seroit pas fâchée de voir les principales puissances en guerre entre elles, pour avoir le temps de remédier à ses désordres domestiques.

Alberoni fut ravi du passage de Ragotzi en Turquie. Il lui promit un vaisseau pour en faire le trajet, s'il n'en pouvoit obtenir un en France, et lui fit espérer des secours s'il en avoit besoin dans la suite. Cette négociation passa fort secrètement par Cellamare, qui étoit d'autant plus attentif à plaire à Alberoni que ce cardinal étoit irrité au dernier [point] de la manière dont Giudice avoit parlé au consistoire de sa promotion. Il faisoit de son ressentiment celui de Leurs Majestés Catholiques, vouloit persuader que la conduite de ce cardinal étoit également offensante pour elles et pour le Pape même, protestoit qu'elle auroit perdu Cellamare si son amitié personnelle pour lui n'en avoit détourné le coup. Le prélat Giudice, frère de Cellamare, avoit écrit avec toute la bassesse possible à Alberoni, qui résolut de faire tomber toute sa colère sur le cardinal leur oncle. Le roi d'Espagne manda donc à Acquaviva qu'il regardoit désormais ce cardinal comme livré à l'Empereur, et travaillant à la négociation pour assurer la possession de la Toscane à l'Empereur, et un État souverain en Toscane aux neveux du Pape; qu'il lui défendoit de le voir, et tout commerce direct ou indirect avec lui ; et lui ordonnoit d'intimer la même défense à tous ses sujets et affectionnés à Rome.

Cette succession de Toscane faisoit alors un grand point dans les négociations entamées pour assurer le repos de l'Europe. Les ministres hanovriens du roi d'Angleterre, étoient parvenus à faire exclure le roi de Prusse dans le traité, jusqu'à ce que la négociation fût achevée. Ce point gagné sur le Régent, comme on l'a déjà vu, ces mêmes ministres, dévoués à l'Empereur pour leurs intérêts particuliers de famille, firent entendre au Régent, pour l'intimider, que si la campagne d'Hongrie étoit heureuse, la négociation qu'il avoit commencée seroit bien plus difficile; qu'il ne devoit donc pas laisser échapper l'occasion de s'assurer l'appui de l'Empereur, parce qu'étant uni avec lui et avec le roi d'Angleterre, il se mettroit à couvert des entreprises des malintentionnés de France. Ils lui rendoient suspects ceux qui le détournoient de suivre cette route, comme étant des créatures de l'Espagne. Ils vouloient persuader au Régent que plus ces gens-là s'acharnoient à traverser la négociation, plus il devoit avoir d'empressement de la conclure ; qu'il pouvoit aisément le faire jusqu'à la signature, sans leur en donner connoissance, après quoi, sûr qu'il seroit des principales puissances de l'Europe, rien ne l'empêcheroit d'envoyer promener des ministres si opposés à une négociation si avantageuse. Dans le desir de l'avancer, l'Angleterre pressoit la cour de Vienne d'envoyer à Londres le secrétaire Penterrieder, comme le seul capable de la conduire à une bonne fin. Mais il ne suffisoit pas de traiter seulement avec l'Empereur, il falloit obtenir le consentement de l'Espagne, puisqu'il ne s'agissoit pas d'exciter une nouvelle guerre, mais d'assurer le repos de l'Europe.

Le roi d'Angleterre résolut donc d'envoyer à Madrid un homme de confiance et de poids, pour représenter au roi d'Espagne que l'Angleterre, engagée par son dernier traité avec l'Empereur de lui garantir généralement tous les domaines dont il étoit en possession, à l'exception seulement de la Hongrie, ne pouvoit s'empêcher de le secourir lorsque les armes espagnoles l'attaqueroient en Italie. On proposa pour cette commission le général Cadogan, en qui le roi d'Angleterre avoit une confiance particulière, et de faire passer en même temps une escadre dans la Méditerranée, pour donner plus de force à ses discours, ou pour contenir les Espagnols, s'ils vouloient faire quelque entreprise en Italie. Stanhope, alors secrétaire d'État, feignoit d'être ami particulier de Monteleon, et sous couleur d'amitié, tous ses propos ne tendoient qu'à l'intimider sur les résolutions que le roi d'Angleterre seroit obligé de prendre, et par l'engagement du traité et par les ménagements qu'il devoit comme prince de l'Empire, auxquels ses ministres allemands étoient fort attentifs; que quelques Anglois, des principaux même, s'y laissoient entraîner, se souciant peu du préjudice que le commerce de la nation pourroit souffrir de la rupture avec l'Espagne.

Tandis qu'il lui parloit comme ami, Sunderland lui disoit les mêmes choses, avec la hauteur naturelle aux Anglois. Il reprochoit en termes durs à l'Espagne de vouloir allumer une guerre générale. Il l'assura qu'elle ne seroit suivie de personne; que le Régent déclaroit vouloir maintenir la neutralité d'Italie; que l'Angleterre étoit dans les mêmes sentiments, et particulièrement obligée par son traité de garantie avec l'Empereur; que la Hollande suivroit les traces de l'Angleterre; que si l'Espagne comptoit sur des mouvements à Naples, elle devoit savoir qu'on y voudroit changer de gouvernement toutes les semaines ; et que si le roi de Sicile avoit quelque part aux desseins de l'entreprise de l'Espagne, il auroit bientôt lieu de s'en repentir. On soupçonnoit beaucoup en effet cette prétendue intelligence, parce qu'il n'entroit dans la tête de personne que l'Espagne seule et sans alliés entreprît d'attaquer l'Empereur.

Les Impériaux, plus persuadés que personne du mauvais état de l'Espagne, travailloient de tous côtés à en pénétrer les intelligences secrètes. La France leur étoit toujours suspecte. Königseck y redoubloit d'attention pour découvrir s'il se faisoit dans le royaume quelques mouvements de troupes, quelques préparatifs capables d'augmenter les soupçons. Ne trouvant rien, il se réduisoit à veiller sur la conduite de Ragotzi et sur les secours qu'il pouvoit espérer. Un coquin, nommé Welez, qui avoit été envoyé de Ragotzi en France, s'offrit à Königseck. Son maître l'avoit disgracié. Il promit à l'ambassadeur de l'Empereur de l'informer de tout ce qu'il pourroit découvrir. Il lui donna une lettre de la princesse Ragotzi à ce prince, qu'il prétendit avoir interceptée. Il l'assura qu'il y avoit un traité fait, à Paris, entre le Czar et Ragotzi, où les rois de Suède et de Pologne étoient compris ; et que le moyen le plus sûr d'en empêcher l'effet étoit d'assassiner Ragotzi passant dans l'État d'Avignon, parce qu'il n'y avoit rien à craindre dans la souveraineté du Pape. Il l'avertit aussi de faire arrêter à Hambourg un officier appelé Chavigny, que Ragotzi envoyoit en Pologne, et cela fut exécuté de l'autorité de l'Empereur.

Les états de Gueldre, sans consulter les états généraux, rendirent, au commencement d'août, la liberté au baron de Gœrtz, lassés d'être les geôliers du roi d'Angleterre, qui en fut très-fâché, et encore plus d'une course que le Czar, encore en Hollande, fit alors au Texel, qu'on crut moins de curiosité que pour conférer avec Gœrtz. Ce soupçon fut confirmé par la froideur que Widword, envoyé d'Angleterre, trouva dans ce monarque. L'amiral Norris, que le roi d'Angleterre lui crut agréable, et par lequel il lui fit proposer un traité de commerce et quelques projets pour la paix du Nord, ne fut pas mieux reçu.

Les vaisseaux anglois qui se trouvoient dans la mer Baltique eurent ordre de revenir dans les ports d'Angleterre. Georges vouloit se trouver en état de les employer comme il le jugeroit à propos, suivant les mouvements de ceux d'Espagne, en continuant néanmoins d'assurer le roi d'Espagne de la correspondance parfaite qu'il vouloit entretenir avec lui. Quelques ménagements qu'il eût pour l'Empereur, ses plaintes contre l'Espagne étoient froidement écoutées à Londres, d'où néanmoins, pour apaiser un peu les Impériaux, on fit partir le colonel Guill. Stanhope, cousin du secrétaire d'État, pour aller en Espagne. Il devoit d'abord passer en Hollande avec Cadogan, et le mener peut-être en Espagne; mais, outre que ce général y étoit fort suspect, le ministère anglois crut en avoir besoin à Londres pour manéger dans le Parlement, qui devoit bientôt se rassembler. Georges n'avoit pu parvenir à se concilier l'affection des Anglois depuis qu'il étoit monté sur le trône. Ils le croyoient dévoué à l'Empereur, eux l'étoient à leur commerce; et on parloit haut à Londres, à la Bourse, contre la rupture avec l'Espagne.

Châteauneuf, ambassadeur de France à la Haye, alla un soir trouver Beretti. Il lui dit, sous le plus grand secret, qu'il avoit un conseil à lui donner, dont il étoit moins l'auteur que le canal. Ce conseil fut que l'Espagne ne devoit pas s'alarmer des raisons ni des menaces de l'Angleterre pour l'engager à se désister de son entreprise, mais témoigner son étonnement de voir que cette couronne, après avoir si tranquillement souffert tant d'infractions de l'Empereur au traité dont elle étoit garante, tant pour la sortie des troupes allemandes de la Catalogne que pour la neutralité d'Italie, rompît aujourd'hui le silence, et prît un ton si différent de celui dont elle avoit usé à l'égard de l'Empereur. Il ajouta que le roi d'Espagne devoit dire que, n'ayant jamais fait de paix avec la maison d'Autriche, il se lassoit enfin d'en recevoir tant d'insultes; qu'il s'étonnoit de la protection qu'il sembloit que le roi d'Angleterre vouloit donner à la conduite de la cour de Vienne, après tous les avantages obtenus par les Anglois de Sa Majesté Catholique pour leur commerce; mais qu'il étoit aisé de l'interdire, et de donner des marques de ressentiment, si cette nation continuoit à favoriser les seuls ennemis de l'Espagne, qui étoit un argument bien fort pour les contenir.

Cela fut dit avec un air si naturel et si sincère que Beretti ne fut embarrassé que sur l'auteur du conseil, entre des membres principaux des états généraux, ou par ordre du Régent. En ce dernier cas Beretti conclut que la France seroit bien aise de voir l'Italie délivrée du joug de la maison d'Autriche, dont la puissance devenoit formidable, et la devenoit encore davantage alors par les victoires que le prince Eugène venoit de remporter sur les Turcs et la prise de Belgrade. Néanmoins les ministres d'Angleterre craignoient que l'Empereur ne fût attaqué en Italie. Ils dirent même à Monteleon que si l'entreprise regardoit la Toscane, même de mettre garnison dans Livourne du consentement du grand-duc, la conséquence en seroit bien moins grande pour l'Angleterre que si elle se faisoit à Naples ou en d'autres États appartenants à l'Empereur. Les ministres de ce monarque à Londres ne cessoient de presser l'exécution de la garantie par des secours effectifs, avec peu de succès, soit qu'on y voulût voir celui de l'entreprise d'Espagne, ou que leurs personnes ne fussent pas agréables. Wolckra fut en ce temps-là rappelé à Vienne pour faire place à Penterrieder pour traiter la paix de l'Empereur avec le roi d'Espagne, par la médiation de la France, de l'Angleterre et de la Hollande, sur le fondement des propositions faites l'année précédente à Hanovre, concertées avec l'abbé du Bois, qui depuis avoit toujours suivi cette négociation, et qui devoit la venir reprendre jusqu'à son entière décision.

Saint-Saphorin, qui la conduisoit à Vienne pour le roi d'Angleterre, cherchoit plus à se faire valoir qu'à la mener au gré du Régent. Il ne chercha dans les commencements qu'à lui inspirer des défiances des personnes qui l'environnoient et qu'il pouvoit consulter. Il disoit que le comte de Zinzendorf lui avoit souvent parlé des cabales qui se formoient contre lui, et vouloit, sur ce qu'il avoit tiré de ce ministre et de quelques autres à Vienne, qu'il étoit de l'intérêt de l'Empereur de soutenir ceux du Régent, dont les ennemis attachés aux maximes du gouvernement précédent vouloient exciter des brouilleries dans l'Europe, et réunir ensemble les deux monarchies de France et d'Espagne; que l'unique moyen de s'y opposer étoit une union étroite entre l'Empereur et le Régent, qui lui donnât courage et force nécessaire d'anéantir ses ennemis, qui étoient aussi ceux de l'Empereur, et c'étoit, disoit-il, l'avis de Zinzendorf. Stairs sous une apparente affection, avoit souvent tenu les mêmes langages. Il s'étonnoit de la douceur et de la patience du Régent, qui à son avis, s'il avoit un procès devant le conseil de régence, ne l'y gagneroit pas. Lui et Saint-Saphorin, par qui la négociation passoit, tâchoient d'inspirer, à Vienne, l'opinion du peu d'autorité du Régent, en quoi ils ne pouvoient se déguiser leur mensonge, surtout Stairs, qui étoit sur les lieux. Königseck n'étoit chargé de rien que du cérémonial. L'Empereur vouloit qu'il obtînt les mêmes distinctions dont jouissoit le nonce, mais avec un ordre secret de s'en désister s'il ne pouvoit soutenir cette prétention sans se mettre hors d'état de traiter les affaires dont il pourroit être chargé.

La cour de Vienne, embarrassée dans la guerre d'Hongrie, avoit une grande inquiétude que l'entreprise d'Espagne ne se bornât pas à la Sardaigne. L'Angleterre, qui lui trouvoit trop d'ennemis, ne se pouvoit persuader que le roi de Sicile ne fût du nombre par son intérêt et par celui de l'Espagne, qu'on n'imaginoit pas pouvoir s'en passer; et les ministres du roi d'Angleterre ne se pouvoient rassurer sur les réponses constantes que la Pérouse, ministre de ce prince à Londres, faisoit à leurs questions. Les ministres allemands de Georges, aussi ardents que ceux de l'Empereur, ne cessoient de le presser d'aider ce prince et de hâter le départ du colonel Stanhope. Bothmar étoit le plus ardent, mais Bernsdorf, plus modéré, concouroit en tout avec lui.

Les flatteurs d'Alberoni le louoient particulièrement de son impénétrable secret, inconnu depuis tant d'années en Espagne ; mais il avoit été trop poussé à l'égard de la France; elle s'en plaignoit. Enfin, vers la fin d'août, Cellamare reçut ordre du roi d'Espagne de rompre le silence, et de dire au Régent que s'il ne lui avoit pas communiqué plus tôt son projet, il ne le devoit pas attribuer à manque de confiance, mais à égard et à considération, pour ne l'exposer à aucun embarras à l'égard de l'Empereur, et, ajouta Cellamare de lui-même, à celui de mécontenter le conseil de régence en ne lui en faisant point part, ou en la lui faisant d'en exposer le secret. Il n'oublia rien pour faire goûter ce long mystère ; mais il n'eut pas lieu d'être content de trouver le Régent persuadé de l'intérêt de la France à conserver la paix, et que, loin d'entrer dans les vues du roi d'Espagne, il ne devoit rien oublier pour empêcher la moindre altération dans la tranquillité publique. Cellamare attribua cette disposition à des vues futures et personnelles. Cet ambassadeur, qui vouloit faire sa cour, regardoit comme le point capital l'établissement des droits de sa reine sur la succession de Toscane, et comme celle qui devoit être soutenue avec le plus de force, l'épée et la plume à la main. Mais il se plaignoit du peu de prévoyance qu'il trouvoit en France, où le présent seul faisoit impression sur les esprits. En même temps des émissaires de l'Empereur tâchoient de lui faire accroire que la France agissoit de concert avec l'Espagne pour le dépouiller de ce qu'il possédoit en Italie, ainsi que le roi de Sicile.

Supposant aussi les mouvements des mécontents d'Hongrie comme une branche du projet, ils firent arrêter à Hambourg des officiers attachés à Ragotzi, et prirent des mesures pour le faire enlever ou tuer lui-même, soit qu'il voulût passer en Hongrie, ou joindre les Espagnols en Italie; et on sut que l'un d'eux devoit recevoir six livres par jour, outre les dédommagements des frais de la suite de ce prince, auquel on détacha aussi d'autres espions.

L'inquiétude des Impériaux étoit tellement étendue qu'une espèce d'agent du Czar, nommé le Fort, étant parti alors de Paris pour Turin, ils en inférèrent des liaisons secrètes de ce prince avec le roi de Sicile. Le Czar étoit très-suspect aux Anglois. On a vu que Widword et l'amiral Norris l'avoient inutilement caressé en Hollande sur le commerce et sur les vues de la paix du Nord, et sur l'amitié du roi d'Angleterre. Les Moscovites, pour toute réponse, avoient insisté sur le projet agité l'hiver précédent; que c'étoit uniquement sur ce pied-là, et d'une garantie mutuelle, qu'ils traiteroient avec le roi d'Angleterre; qu'ils ne s'engageroient pas à former un concert pour la paix, non plus qu'à tenter aucune entreprise, quand l'engagement ne seroit que pour un an. Les Anglois, dans ce mécontentement du Czar, s'en consolèrent sur l'espérance, qu'ils commencèrent à prendre, que les dispositions du Régent étoient sincères, qu'il observeroit la triple alliance, qu'il agiroit de bonne foi avec eux pour empêcher le renouvellement de la guerre.

On sut enfin que la flotte d'Espagne ayant fait voile de Barcelone le 15 juillet, une partie étoit arrivée devant Cagliari[1] le 10, l'autre le 21 août; que le marquis de Lede, général des troupes, ayant fait toutes les disposi-

---

[1] Saint-Simon écrit *Caillery*.

tions nécessaires pour la descente, avoit fait sommer le marquis de Rubi, vice-roi pour l'Empereur; que, sur son refus, sept mille huit cents[1] hommes avoient mis pied à terre; que le vice-roi, sommé une seconde fois, avoit répondu comme à la première; qu'il n'avoit que cinq cents hommes de garnison, et qu'on doutoit que[il] pût se défendre six ou sept jours au plus. Ce commencement de guerre conduisoit à un embrasement général de l'Europe, selon les raisonnements des politiques.

Le vice-roi de Naples, craignant d'avoir bientôt les Espagnols sur les bras, prenoit toutes les mesures qui lui étoient possibles; et Gallas, soupçonnant le Pape d'être d'intelligence avec l'Espagne, ne se contentoit d'aucunes raisons. Il le menaçoit, et demandoit qu'il se justifiât par des déclarations publiques, en répandant dans Rome les grands et imminents secours des princes engagés dans la triple alliance, et à la garantie de la neutralité de l'Italie. Le Pape, épouvanté, résolut d'apaiser l'Empereur. Il rassembla devant lui la congrégation qui avoit examiné l'accommodement des cours de Rome et de Madrid. Il y résolut de révoquer les concessions qu'il avoit faites au roi d'Espagne pour lui donner moyen d'équiper la flotte destinée contre les Turcs, qu'il employoit contre l'Empereur, et d'écrire au roi d'Espagne une lettre dont les Impériaux fussent contents; cela fait, d'offrir sa médiation à l'Empereur pour calmer ces mouvements de guerre.

Ces mesures, et la nouvelle que reçut le Pape en même temps d'Aldovrandi qu'il étoit en pleine possession de la nonciature, le rendirent plus traitable dans l'audience qu'il donna à Acquaviva. Ce cardinal crut même s'apercevoir qu'il craignoit que l'entreprise de Sardaigne ne réussît pas, ou que, si elle étoit heureuse, l'Espagne ne s'en tînt là. Le Pape voyoit qu'il y en avoit assez pour faire venir les Impériaux en Italie, et pas assez pour les en

---

1. 78000, sans doute pour 7800, au manuscri.

chasser, parce qu'il commençoit à paroître clair que l'Espagne étoit seule, et s'étoit embarquée sans aucuns alliés. Les flatteurs d'Alberoni le berçoient de la jonction du Pape, des Vénitiens et du roi de Sicile, dès que les Espagnols auroient mis le pied en Italie. Il étoit pourtant difficile que ces mêmes gens-là en crussent rien. Il sembloit que, dans cette conjoncture critique, il eût été du service du roi d'Espagne de réparer par des attentions et des grâces l'avantage, qu'il avoit perdu avec l'Italie, d'avoir, comme ses prédécesseurs, beaucoup de cardinaux dépendants, attachés et affectionnés. Au contraire d'y travailler, l'animosité d'Alberoni et d'Acquaviva contre Giudice lui attirèrent des désagréments publics. Le roi d'Espagne lui fit ordonner d'ôter de dessus sa porte à Rome les armes d'Espagne. Ses représentations furent inutiles, ainsi que les offices du Régent, qu'il réclama et que ce prince lui accorda. Il protesta de son attachement pour la France, de son empressement à le marquer. Il chercha à se lier au cardinal de la Trémoille, son ancien ami, malgré tout ce qui s'étoit passé entre la princesse des Ursins et lui. Il étoit de la congrégation du saint-office. La Trémoille le ménagea par cette raison pour les affaires de France, que Bentivoglio et ses adhérents embrasoient plus que jamais.

Ce fut en ce temps-ci que la position dangereuse de l'armée impériale, enfermée entre celle du grand vizir, qui venoit secourir Belgrade, et cette place assiégée, tenoit les amis et les ennemis de la maison d'Autriche dans une merveilleuse attente. Elle ne dura pas, et la victoire complète que le prince Eugène remporta sur les Turcs, la prise de Belgrade, et tous les succès qui la suivirent rapidement, fut une nouvelle incontinent répandue partout. Le Régent, livré à l'Angleterre, s'étoit rendu à ses instances sur son union avec l'Empereur; mais ce prince, malgré la situation heureuse dans laquelle il se trouvoit, et les propositions qu'il recevoit de la part du Régent, se défioit de ses desseins cachés, qui est le caractère le plus facile, et en même temps le plus de celui de la cour de Vienne.

On a vu les desseins de cette cour sur Ragotzi. Ses ministres n'oublioient rien pour veiller ses actions, et pour l'exécution de leurs ordres. Son séjour étoit encore matière d'un continuel soupçon à l'égard de la France. Welez, espion de l'Empereur, dont on a déjà parlé étoit chargé de le défaire de cet ancien chef des mécontents d'Hongrie, à condition des plus grandes récompenses. Il avoit ordre de communiquer à Königseck tout ce qui regardoit cette importante affaire. Sur les avis qu'il donna, l'Empereur fit arrêter à Staden deux François qui étoient à Ragotzi : Charrier, son écuyer; l'autre avoit pris le nom de comte de l'Hospital. Welez informa Königseck du départ de Ragotzi, de la route qu'il avoit prise, et des détails les plus précis, avec des réflexions qui donnoient au Régent toute la part de ce dessein, et tous les secours pour l'exécution. Ses preuves étoient que Ragotzi ayant permis au jeune Berzini d'aller joindre son père dans l'armée des Turcs, son rang de colonel et ses appointements lui étoient conservés au service de France. Welez sut positivement le jour que Ragotzi arriva à Marseille, la maison où il lôgeoit, ses conférences avec l'envoyé turc, le vaisseau qu'il devoit monter, et qu'il lui avoit été préparé par ordre du comte de Toulouse, d'où il concluoit qu'il n'y avoit pas lieu de douter des secours et des intentions de la France contre l'Empereur. Cet homme se persuada que le prince Ragotzi ne continueroit pas son voyage à Constantinople lorsqu'il apprendroit la victoire et les conquêtes des Impériaux en Hongrie, et se flatta bien à son retour de ne pas manquer son coup pour en délivrer l'Empereur, et se procurer les grâces sans nombre qui lui étoient promises. Il crut en même temps que l'Empereur voudroit que le coup fût précédé ou suivi de quelques plaintes au Régent. Il offrit de fournir telles preuves qu'on pourroit desirer pour justifier que le Régent étoit pleinement informé des desseins de ce prince, et par conséquent qu'il avoit manqué à la parole qu'il avoit donnée là-dessus à Penterrieder, pendant que ce secrétaire étoit à Paris.

Cependant l'Empereur écoutoit les propositions faites par l'Angleterre, et avoit promis de faire partir dans un mois Penterrieder, pourvu que l'abbé du Bois se rendît en même temps à Londres. Il doutoit néanmoins toujours des véritables intentions du Régent. Il se proposoit de les examiner de près, par la conduite qu'il tiendroit sur le mouvement des Espagnols vers l'Italie. Il ne prétendoit s'engager qu'autant qu'il trouveroit ses avantages, et ne se pas contenter de peu. Le roi d'Angleterre, bien plus enclin à l'Empereur qu'au Régent, n'oublioit rien pour se donner le mérite de ses services à la France, et Saint-Saphorin vantoit ses soins, qui valoient au Régent la considération personnelle de l'Empereur, qui, à cause de lui, vouloit bien laisser un terme à l'Espagne pour accepter le traité, et qu'il consentoit en cas de refus qu'il fût libre à la France d'assister Sa Majesté Impériale d'argent sans être obligée à prendre les armes contre le roi d'Espagne. La même complaisance étoit accordée en cas qu'il fût question de faire la guerre au roi de Sicile, pour l'obliger à céder cette île.

Saint-Saphorin relevoit beaucoup cette modération de l'Empereur, et les soins et l'habileté qu'il avoit mis en usage pour l'y conduire. Il louoit ce prince de donner cette marque du desir sincère qu'il avoit de concourir à l'affermissement du repos public. En même temps le roi d'Angleterre avertissoit le Régent d'être fort sur ses gardes contre le parti du roi d'Espagne en France, appuyé de toute l'ancienne cour, lequel, suivant tous les avis d'Hollande, étoit persuadé que, s'il arrivoit malheur au Roi, le Régent n'auroit pas assez d'amis pour le porter sur le trône. Enfin on ajoutoit que le Czar offroit ses secours au roi d'Espagne dans la vue de se conserver toujours une part considérable dans les affaires de l'Europe, et un prétexte de renvoyer et tenir de ses troupes en Allemagne. De tout cela Georges concluoit que s'il s'élevoit une guerre civile en France, le Régent avoit grand intérêt d'acquérir, à quelque prix que ce fût, des amis assez puissants pour maintenir ses droits contre ses ennemis. Mais pour une guerre civile, il faut des chefs en premier et en divers ordres, une subordination, des têtes et de l'argent. Il n'y avoit rien de tout cela en France. L'inanition étoit son grand mal; elle n'avoit rien à craindre de la réplétion. Nulle harmonie, nulle audace qu'au coin du feu, une habitude servile qui dominoit partout, et qui au moindre froncement de sourcil faisoit tout trembler, ceux qui pouvoient figurer en premier et en second encore plus que les autres.

Chaque prince se croit habile de couvrir ses intérêts du prétexte de zèle pour ceux de son allié. Ainsi dans ce même temps le roi de Prusse, sous le même prétexte de l'intérêt de la France, la pressoit d'agir vivement pour la paix du Nord, de peur que l'Empereur n'en eût le mérite, à l'exclusion de la France, parce que depuis sa victoire d'Hongrie, les princes du Nord paroissoient portés à recourir à sa médiation préférablement à toute autre. Ensuite il se plaignoit du peu de secret gardé sur le traité que la France avoit conclu avec lui. Il prioit le Régent de lui faire savoir ce qu'il devoit répondre aux questions fréquentes des ministres de l'Empereur, de l'Angleterre et du Czar, lequel il attendoit à Berlin vers le 15 de septembre, avec lequel il espéroit décider alors de la paix ou de la continuation de la guerre avec la Suède.

Gœrtz, sorti des prisons de Hollande, retournant en Suède toujours honoré de la confiance de son maître, s'étoit arrêté à Berlin, où il avoit promis d'attendre le Czar, et en l'attendant avoit agité avec les ministres de Prusse quelques projets pour parvenir à la paix. Ils auroient voulu le trouver plus facile. C'étoit selon eux une espèce d'impossibilité de prétendre la restitution des États envahis par l'Angleterre et le Danemark sur la

Suède, dureté ou défiance à Gœrtz de refuser, comme il faisoit, de se contenter pour cela des simples offices du roi de Prusse. Ce prince vouloit traiter avec lui et le préféroit à Spaar, son ennemi, qui n'avoit pas la même confiance du roi de Suède. Le point capital du roi de Prusse étoit d'obtenir la cession de Stettin et de son district. Gœrtz demandoit pour conditions :

La restitution des provinces et des places conquises sur la Suède par le Czar, à l'exception de Riga ;

Celle de Stralsund, Rugen, et du reste de la Poméranie ;

Celle de Brême et de Verden ;

Que le roi de Prusse s'engageât par un traité particulier avec le roi de Suède à faire rétablir le duc d'Holstein dans son État ;

Enfin, que le roi Stanislas fût appelé au trône de Pologne, et assuré d'y monter après la mort du roi Auguste, et qu'il jouît en attendant d'un revenu sûr et convenable à son rang.

Quelque difficiles que fussent ces conditions, le roi de Prusse craignoit de laisser échapper un commencement de négociation directe avec la Suède. La France lui devenoit très-suspecte, parce qu'il la croyoit toute à l'Angleterre. Il trouvoit les instances du comte de la Marck lentes et froides auprès du roi de Suède. Il se tenoit pour bien averti que le landgrave de Hesse agissoit pour obtenir de la Suède que le roi d'Angleterre conservât Brême et Verden ; qu'en ce cas les intérêts de la Prusse seroient sacrifiés, et que le landgrave seroit, en récompense du succès de cette négociation, porté à la tête des Provinces-Unies en qualité de stathouder. Ainsi le roi de Prusse se contentoit de continuer à solliciter les offices du Roi auprès de la Suède ; mais il ordonna à Kniphausen, son ministre à Paris, d'y cacher avec grand soin les propositions de Gœrtz et l'état de la négociation commencée à Berlin. Ce ministre en avoit entamé une à Paris pour faciliter le payement des subsides dus à la Suède en vertu du traité qu'elle avoit fait avec le feu Roi. Gœrtz s'étoit figuré un prompt et facile payement s'il pouvoit gagner le sieur Law, et lui avoit fait offrir une gratification de six pour cent. Le négociateur étoit un secrétaire que Gœrtz avoit envoyé exprès à Paris. Comme il agissoit indépendamment de l'envoyé de Suède, celui-ci se plaignit du préjudice que cette négociation indépendante pouvoit causer aux affaires dont il étoit chargé, et de plus Law n'étoit pas homme à se prêter à des choses de cette nature, et à n'en pas avertir. Les plaintes de cet envoyé ne nuisirent pas aussi à découvrir la tentative infructueuse de Gœrtz. Ce fut en ce temps-là que les Suédois découvrirent si à propos l'entreprise d'enlever le roi Stanislas aux Deux-Ponts, et qui fut sur le point de réussir, comme on l'a déjà dit.

L'Angleterre, garante de la neutralité d'Italie, et de plus engagée avec l'Empereur, par leur traité de l'année précédente, à lui garantir les États dont il étoit en possession, se plaignit vivement de l'infraction de l'Espagne; mais comme il n'étoit pas de l'intérêt des Anglois de rompre avec elle, ils protestèrent que leur roi maintiendroit toujours une intelligence et une amitié constante avec le roi d'Espagne; et pour confirmer ces assurances, il fut résolu de faire partir incessamment le colonel Stanhope pour Madrid, qui y étoit destiné depuis longtemps. L'objet de cet envoi étoit de préparer de loin la cour d'Espagne de concourir au traité que le roi d'Angleterre se proposoit de faire entre l'Empereur et cette couronne. Georges pressoit l'arrivée de Penterrieder à Londres, et pria en même temps le Régent de ne point faire partir l'abbé du Bois pour s'y rendre, qu'il n'eût appris que Penterrieder étoit en chemin. Ce prince ne cessoit de représenter au Régent l'intérêt pressant qu'il avoit de s'unir étroitement avec l'Empereur, et d'avoir de puissants amis qui maintinssent son autorité, qu'il croyoit fort ébranlée par les mouvements du parlement de Paris et des cabales qui, selon lui, s'étendoient jusque dans le Nord, et qui avoient engagé le Czar d'envoyer un ministre à Madrid et un autre à Turin. Stairs eut ordre de lui tenir le même langage, et de l'avertir que le baron de Schemnitz, qui venoit en France de la part du Czar, s'attacheroit à la même cabale, surtout à d'Antin et aux maréchaux de Tessé et d'Huxelles. Il n'y avoit qu'à connoître les personnages pour n'en avoir pas grand'peur.

Le ministère de Londres en avoit beaucoup du Czar, qui ne cachoit point ses mauvaises dispositions pour Georges. Ce dernier monarque et ses ministres, sur tous les Allemands, haïssoient le roi de Prusse et ses ministres, Ilghen et son gendre Kniphausen, lequel ils croyoient avoir fabriqué une ligue avec le vice-chancelier du Czar, fort contraire à l'Angleterre, qu'ils nioient depuis la victoire d'Hongrie, mais qui leur faisoient craindre des mouvements du Prétendant, qui avoit des gens à lui à Dantzig, peut-être même le duc d'Ormond. Ils crurent avoir trouvé plus de froid dans le Czar depuis que ses ministres avoient conféré avec ceux de France et de Prusse. Leur inquiétude sur la France ne put être rassurée par les assurances que Châteauneuf leur donna de n'avoir été à Amsterdam que pour marquer son respect au Czar, sans avoir eu la moindre affaire à traiter avec lui. Châteauneuf avoit été employé par le feu Roi, et c'en étoit assez pour mériter toute la haine du ministère de Georges. Aussi n'oublièrent-ils rien pour le faire rappeler, et pour engager le Régent d'envoyer un autre ambassadeur en Hollande.

Ce fut en ce temps-ci que le vicomte de Bolingbroke fut reçu, mais secrètement, en grâce, et que Stairs eut ordre de le dire au Régent, et de le prier de le regarder désormais comme un sujet que le roi d'Angleterre honoroit de sa protection. Stanhope, passant en France pour aller en Espagne, eut ordre aussi de faire voir au Régent les instructions dont il étoit chargé. Le Régent ne les ayant pas trouvées assez fortes, le colonel offrit de recevoir celles qu'il lui voudroit dicter, ayant ordre de se conformer et d'agir avec un parfait concert en Espagne avec l'ambassadeur de France. Stairs et lui eurent de longues conférences avec l'abbé du Bois, et tous deux en parurent très-contents. Ils dirent même que le duc de Noailles et le maréchal d'Huxelles sembloient se disputer à qui seconderoit le mieux les vues du roi d'Angleterre. C'est un éloge que je n'ai jamais mérité.

Alberoni, se flattant du succès immanquable de son entreprise et plus encore des suites qu'il s'en promettoit, éloignoit toutes propositions de traités et de négociations, et s'il étoit forcé de les entendre, les vouloit remettre à l'hiver. Il comptoit beaucoup sur la Hollande. Beretti, pour le flatter et faire valoir ses services, ne doutoit point de l'en assurer. L'intimité avec laquelle Alberoni vivoit avec Riperda le faisoit croire aussi au dehors. Cet ambassadeur étoit d'une maison illustre de la province d'Over-Yssel, mais sans biens. Il ne subsistoit que des appointements de l'ambassade. Il avoit été catholique, mais il s'étoit perverti pour entrer dans les charges de son pays. Il n'avoit pu néanmoins en obtenir aucune, et comme il n'étoit nullement estimé, son choix avoit étonné tous ses compatriotes.

La république de Venise ne laissa pas le monde dans une si longue incertitude. Le noble Mocenigo étoit, sans caractère à Madrid, chargé de ses ordres; on y fut bien étonné de lui entendre dire que sa république étoit obligée par son traité avec l'Empereur de lui fournir dix mille hommes, en cas d'infraction à la neutralité de l'Italie.

Alberoni entra dans une furieuse colère, qu'il ne prit pas le soin de lui déguiser. Ses vanteries étoient sans mesure sur les ressources et la puissance que l'Espagne montreroit dans peu, et qui n'étoient dues qu'à ses soins. L'entreprise de Sardaigne n'étoit qu'un coup d'essai. Il promettoit, pour l'année suivante, une telle irruption en Italie, où il vouloit engager tout le monde de l'aider à en chasser les barbares, que l'Empereur occupé en Hongrie, dont il falloit profiter, n'auroit pas le temps d'y envoyer des troupes, et le tout pour mettre l'équilibre dans l'Europe. Il n'étoit point touché de la conquête de Naples, qu'il ne pouvoit soutenir que par mer, tandis que l'Empereur y pouvoit envoyer des secours de plein pied, outre que ce royaume tomberoit de soi-même, si les succès étoient heureux en Italie.

Il étoit résolu à se borner cette année à la Sardaigne ; mais il voulut se faire en France, surtout à Rome, un mérite de cette modération forcée par la saison, qui n'en permettoit pas davantage. Cellamare eut ordre de la faire valoir comme une complaisance pour les instances du Régent et du Pape, et la suspension de l'embarquement pour l'Italie comme une marque de disposition à la paix ; que le roi d'Espagne espéroit aussi que cette complaisance engageroit le Régent et le Pape de se joindre à lui pour donner l'équilibre à l'Italie, et le repos, par conséquent, à l'Europe. En même temps il eut l'audace d'écrire au Pape qu'il se représentoit la joie qu'il auroit d'apprendre, par une lettre de la main du premier ministre d'Espagne, que ses instances avoient eu le pouvoir d'arrêter l'embarquement prêt à passer en Italie, satisfaction qu'il n'auroit pas obtenue s'il n'avoit pas eu en Espagne un cardinal sa créature. Cette feinte complaisance n'abusa personne ; elle fut attribuée à Rome et à Paris, non à déférence, mais à nécessité.

Alberoni, qui, comme on l'a vu, s'étoit déjà servi d'Aldovrandi pour faire accroire à Rome que l'entreprise étoit entièrement contre son avis et sa volonté, persévéroit si bien à vouloir persuader cette fausseté insigne que peu s'en fallut qu'il n'obtînt une lettre de la main du roi d'Espagne pour la lui certifier. Le premier ministre voyoit et sentoit les suites que pouvoit avoir l'engagement où il venoit de se mettre, et son propre péril si l'Espagne venoit à lui reprocher les conséquences fatales de ses conseils. Il desiroit donc ménager le Pape, et faire en sorte qu'il s'interposât pour concilier l'Empereur et le roi d'Espagne, et qu'il procurât une paix utile et nécessaire à l'Europe. La partie étoit trop inégale.

La paix du Turc paroissoit prochaine; les Allemands menaçoient déjà l'Italie, et parloient hautement de mettre des garnisons impériales dans Parme et dans Plaisance. Dans cette situation, Alberoni, sans nul allié, se montroit aussi opiniâtre aux représentations des princes amis de l'Espagne que si toute l'Europe se fût déclarée pour elle.

Le roi d'Angleterre lui fit dire l'embarras où le mettoit l'engagement qu'il avoit pris avec la France et avec l'Empereur, si ce prince lui demandoit en conséquence la garantie des États qu'il possédoit en Italie, ne voulant d'ailleurs rien faire qui pût troubler la bonne intelligence qu'il avoit, lui Georges, avec le roi d'Espagne, et qu'il prétendoit entretenir fidèlement. Sur ce fondement, l'envoyé d'Angleterre à Madrid demanda l'explication précise des desseins du roi d'Espagne, en sorte que le roi d'Angleterre pût juger certainement du parti qu'il avoit à prendre. Alberoni répondit que l'expédition de Sardaigne n'avoit d'autre motif que la juste vengeance des insultes continuelles et des infractions des traités; qu'il ne vouloit mettre aucun trouble en Europe; qu'il étoit particulièrement éloigné de tout ce qui pouvoit altérer le repos et la tranquillité de l'Italie; qu'il contribueroit de toutes ses forces à maintenir la paix, qui ne pouvoit être solidement établie que par un juste équilibre qu'il étoit impossible de former, tant que la puissance de l'Empereur seroit prédominante en Italie. Cet équilibre étoit le bouclier dont il couvroit les entreprises qu'il méditoit.

Comme il croyoit le roi d'Angleterre trop étroitement lié avec l'Empereur pour en rien espérer, il se tournoit tout entier vers la Hollande, à qui, par Riperda, il faisoit entrevoir les avantages qu'elle pouvoit attendre d'une amitié et d'une alliance particulière avec l'Espagne, laquelle étoit disposée à faire ce qu'une aussi sage république jugeroit nécessaire pour le repos de l'Europe. En même temps, il essayoit de leur indiquer la route que lui-même y jugeoit la meilleure.

Il avoit enfin confié à Beretti le plan qu'il s'étoit proposé de suivre, qu'il falloit ménager adroitement, sans laisser entendre que ce fût un projet véritablement formé en Espagne, en parler à propos et dans les occasions, ne le pas expliquer d'abord entièrement, mais suivant les conjonctures en découvrir une partie, ensuite une autre, exciter le desir d'en savoir davantage et d'être admis à une plus grande confiance. C'étoit par ces manéges que Beretti devoit marquer les talents qu'il prétendoit avoir pour les négociations.

L'objet d'Alberoni étoit de sauver l'honneur du roi d'Espagne; 2° d'établir et confirmer le repos de l'Italie; 3° d'assurer les successions de Toscane et de Parme aux fils de la reine d'Espagne. Le projet, dressé sur ce fondement, étoit de partager les États d'Italie;

Obtenir pour le roi d'Espagne Naples et Sicile, et les ports de Toscane, et l'assurance réelle des États du grand-duc et du duc de Parme pour un des fils de la reine, si ces princes mouroient sans héritiers;

Diviser l'État de Mantoue en donnant une partie du Mantouan au duc de Guastalle, et l'autre partie, avec la ville de Mantoue, aux Vénitiens;

Le Milanois entier, avec le Montferrat, à l'Empereur, et la Sardaigne au duc de Savoie, pour le dédommager de la Sicile, et lui conserver le titre de roi, qu'il auroit perdu avec la Sicile;

Enfin la restitution de Commachio au Pape, pour faire acte de sa créature.

A l'égard des Pays-Bas catholiques, il les partageoit entre la France et la Hollande.

Tel étoit le plan qu'Alberoni s'étoit fait. Il rejetoit toute autre proposition, principalement la simple assurance des successions de Toscane et de Parme à un fils de la reine, qu'il appeloit un appas[1] trompeur, un leurre des amis de l'Empereur pour lui laisser loisir et liberté de s'emparer de toute l'Italie en moins de deux mois. Il représentoit soigneusement ce prince comme en état d'imposer des lois à toute la terre après ses victoires d'Hongrie, mais dont il n'étoit pas impossible d'arrêter les vastes desseins par de justes bornes, si toute la terre ne se laissoit pas saisir d'une terreur panique. Il vouloit persuader que les troupes impériales étoient fort diminuées par les maladies, et que les Turcs reparoîtroient en Hongrie plus en force que jamais. De tout cela on concluoit que ce cardinal vouloit allumer un incendie en Italie qui embrasât toute l'Europe, et qui obligeât les puissances les plus éloignées à s'unir pour donner des bornes à celle de l'Empereur, persuadé que, si le succès étoit heureux, la gloire et l'avantage en demeureroient à l'Espagne, sinon qu'elle ne recevroit aucun préjudice d'avoir fait une tentative inutile. De là, il disoit que l'Espagne se contenteroit pour cette année de ce qu'elle n'avoit pu refuser à son honneur blessé, donneroit le temps de l'hiver aux puissances de l'Europe de chercher à mettre l'Italie à couvert; que si cela n'étoit pas au printemps, il y allumeroit un tel incendie qu'elles seroient forcées d'y accourir et de le venir éteindre. Il s'emportoit ensuite contre chacune d'elles, surtout contre l'Angleterre, en plaintes, en reproches, en menaces.

Ainsi, il s'avouoit partout l'auteur de la guerre, excepté à Rome, où il vouloit persuader au Pape qu'il verroit clair quelque jour à tout ce qu'il avoit fait pour empêcher le mal; lui promettoit de susciter tant d'embarras au second convoi qu'il l'empêcheroit de partir de Barcelone (d'où en effet il ne pouvoit ni ne vouloit le faire partir); proposoit, comme un expédient glorieux au Pape, d'offrir sa médiation; faisoit l'embarrassé de parler au roi d'Espagne contre son goût et sa volonté; se faisoit valoir de

---

1. Voyez tome XIII, p. 51 et note 1.

s'occuper à en[1] chercher et à en saisir les moments favorables, comme si tout n'eût pas dépendu de lui uniquement, comme il l'avoit tant de fois fait dire au Pape par toutes sortes de voies, lorsqu'il s'agissoit de presser sa promotion, comme il étoit vrai aussi, et comme personne n'en doutoit en Europe. Il donnoit pour témoins de sa conduite contraire à cette entreprise le P. d'Aubanton et le nonce Aldovrandi, tous deux en esclavage sous lui pour conserver leurs postes, qui répétoient ce qu'il leur dictoit, jusqu'aux particularités les plus imaginaires, pour prouver que le conseil d'État l'avoit emporté sur lui, ce conseil qu'il avoit anéanti, et de la destruction duquel il s'étoit vanté à Rome et dans les autres cours. En un mot, selon eux, la capture de Molinez avoit tellement irrité le roi et le conseil d'État qu'Alberoni n'avoit pu faire que des efforts inutiles. Ainsi, Aldovrandi, avouant que l'Espagne avoit manqué de parole, en détournoit la faute sur le conseil d'État, exhortoit le Pape à ne pas prendre des conseils violents, qui, par la rupture avec l'Espagne, seroient d'un grand préjudice à la cour de Rome, et n'obtiendroient pas grande reconnoissance de l'Empereur, appuyoit sur l'offre de sa médiation, surtout à ménager Leurs Majestés Catholiques et leur premier ministre, l'unique qui pût obtenir quelque chose d'elles. Ce même homme, qui ne pouvoit rien sur cette grande affaire, étoit pourtant le seul qui pût tout, et cela dans la même bouche et dans les mêmes dépêches d'Aldovrandi. C'est ainsi que l'artifice et l'imposture se trahissent, même avec grossièreté.

Les Impériaux n'ignoroient pas la conduite de ce nonce. Maîtres de l'Italie, rien n'étoit secret pour eux à Rome. Le Pape, effrayé de leurs menaces, n'étoit occupé qu'à se laver auprès d'eux de toute intelligence avec l'Espagne; et eux répliquoient qu'il ne le pouvoit que par le châtiment d'un ministre ignorant, s'il n'avoit rien découvert

---

1. Saint-Simon a remplacé après coup ce mot *en* par le mot *de.*

de cette entreprise, infidèle si, l'ayant sue, il n'en avoit pas averti le Pape. Ce pontife, qui croyoit déjà voir l'État ecclésiastique en proie aux Allemands, chercha à les apaiser par des brefs qu'il écrivit en Espagne, et à en adoucir la dureté des expressions par le moyen d'Aldovrandi.

Celui qu'il adressa au roi d'Espagne étoit rempli de plaintes et de reproches vifs de son entreprise. Il en attribuoit le projet à ses ministres; il lui demandoit de réparer au plus tôt le mal qu'il faisoit à la chrétienneté[1], par la diversion des troupes de l'Empereur, occupées avec gloire et succès contre les infidèles. Ceux qui furent adressés au premier ministre et au confesseur étoient de la main du Pape. Il faisoit au premier l'exhortation la plus pathétique du côté de Dieu et des hommes, pour employer tout son crédit à obtenir sur le repos de l'Italie ce qu'Aldovrandi lui diroit, et les instances étoient d'autant plus pressantes, que l'agitation étoit extrême à Rome sur la prochaine paix du Turc, et une guerre imminente en Italie, où l'Empereur ne desiroit qu'un prétexte de porter ses armes.

Le duc de Parme, qui comptoit bien être exposé tout le premier à la vengeance de ce prince, imploroit vainement la protection du Pape, comme de son seigneur suzerain, pour mettre Parme et Plaisance à couvert à l'ombre d'une garnison des troupes de l'Église, et celle d'Espagne en représentant à Alberoni le triste état de sa situation.

Ce n'étoit plus le temps où ce premier ministre étoit le sien, et son sujet en Espagne; il n'avoit plus besoin de lui pour hâter sa promotion : elle étoit faite, et désormais il n'avoit plus rien qui le pût détourner de suivre ses vues et son entreprise, ni d'écouter [à] aucune représentation, encore moins aux reproches qu'il ne devoit la pourpre qu'aux promesses d'envoyer la flotte d'Espagne contre les

1. Voyez tome IX, p. 228 et note 1.

Turcs, qui l'irritèrent[1] et qu'il crut devoir l'affranchir de toute reconnoissance.

Le Pape, outré de ne pouvoir rien gagner sur lui, eut la foiblesse de dire au cardinal del Giudice qu'il savoit bien qu'il se damnoit en élevant un tel sujet à la pourpre, mais qu'il s'étoit trouvé engagé si fortement au roi et à la reine d'Espagne qu'il n'y avoit pas eu moyen de les refuser; sur quoi Giudice lui répondit plaisamment qu'il se feroit toujours honneur de suivre Sa Sainteté partout où elle iroit, hors à la maison du diable.

Dans ces détresses, Acquaviva lui dit que l'Espagne borneroit ses conquêtes à la Sardaigne, s'il pouvoit promettre que l'Empereur observeroit exactement la neutralité d'Italie, qu'il n'y enverroit point de troupes au delà du nombre stipulé par les traités, qu'il n'y lèveroit point de contributions, qu'enfin il ne mettroit point de garnisons dans les places de Toscane. Le Pape fit mine de sacrifier avec peine son ressentiment du manque de parole de l'Espagne au bien public. Il en parla à Gallas, et tous deux dépêchèrent à Vienne en conséquence. Le Pape y comptoit peu sur son crédit. Rien n'égaloit le mépris où il étoit dans cette cour, persuadée qu'il ne cherchoit que les avantages de sa maison, et d'envoyer, à l'occasion de cette négociation, son neveu Alex. à la cour impériale. Le Pape en sentoit le mépris, mais il comptoit aussi que le crédit de Stella sur l'esprit de l'Empereur lui obtiendroit ce qu'il n'osoit espérer par lui-même, et qu'il disposeroit aisément de ce favori moyennant un chapeau pour son frère.

Molinez étoit sorti du château de Milan, et avoit été conduit dans un collége de la ville, où il étoit gardé par des soldats de l'Église. Cela pouvoit satisfaire les vastes prétentions de l'immunité ecclésiastique, mais non pas l'Espagne, ni la violation en sa personne de la neutralité de l'Italie. Son âge et sa santé le rendoient incapable de

---

1. Reproches qui l'irritèrent.

pouvoir plus rendre aucun service; sa captivité étoit le dernier qu'il avoit rendu pour servir de prétextes aux vues et aux projets d'Alberoni, après l'avoir d'abord si publiquement méprisée.

Il travailloit avec grand soin à la marine d'Espagne. Il se flattoit pour le printemps prochain de mettre en mer trente navires, tant grands que petits, chargés de douze mille hommes. Mais il avouoit en même temps que, s'ils n'étoient pas soutenus des secours de France, d'Angleterre et de Hollande, l'Espagne ne se pouvoit rien promettre de ses efforts en Italie. Il y falloit transporter non-seulement les troupes et les vivres par mer, mais généralement toutes les provisions nécessaires pour une armée. C'étoient des frais immenses. Ceux de la Sardaigne, jusqu'au temps du débarquement, alloient déjà à un million de piastres. L'Empereur, au contraire, envoyoit des troupes en Italie de plein pied; il y trouvoit partout des vivres; il en tiroit de l'argent, de gré ou de force, tout autant qu'il en vouloit des princes d'Italie. L'Espagne ne pouvoit les garantir de ces vexations, ni même d'une invasion totale, et elle étoit obligée de l'avouer au duc de Parme. Alberoni, qui ne se pouvoit flatter de réussir lui tout seul en Italie par la force, lui faisoit espérer le secours de la négociation.

Le seul allié considérable à envisager étoit le roi de Sicile, intéressé autant que nul autre à borner la puissance de l'Empereur; mais Alberoni ne l'avoit pas ménagé. Del Maro, son ambassadeur, lui avoit déplu par son application à pénétrer ses desseins, et par ses avis réitérés à son maître qu'on en vouloit à la Sicile. Alberoni s'en étoit grièvement offensé. Le roi de Sicile s'étoit tenu dans une grande réserve, et del Maro ne s'étoit pas montré au palais depuis l'expédition de Sardaigne. On ne peut s'empêcher d'admirer jusqu'où les faux raisonnements d'Alberoni l'emportèrent, en s'engageant seul dans une guerre insoutenable, et l'ensorcellement des monarques abandonnés à un premier ministre. Del Maro eut pourtant ordre de voir Alberoni après le débarquement en Sardaigne, de l'assurer des vœux de son maître en faveur de l'Espagne, mais de lui dire que tout étoit à craindre, surtout après les victoires d'Hongrie, s'il n'étoit assuré de la France, dont il n'y avoit que le secours qui pût arriver de plain pied[1] en Italie.

Alberoni répondit que le dessein de l'Espagne n'étoit pas de faire des conquêtes en Italie, mais de réprimer les infractions et les violences des Allemands contre les traités, et de montrer en même temps sa sincérité, en se bornant à la conquête de la Sardaigne; que l'Espagne ne craignoit ni les desseins ni la puissance de l'Empereur; que, si les princes d'Italie vouloient traiter de concert avec elle, elle y contribueroit de ses soins et de ses forces. Il ajouta des vanteries sur la modération et la puissance de l'Espagne, et ne laissa pas d'appuyer sur le droit des enfants de la reine sur la succession de Toscane. Son prétexte étoit toujours l'équilibre en Italie, et de ne travailler que pour le repos public. Il promit au Régent et au roi d'Angleterre, comme il avoit fait au Pape, de leur laisser tout l'hiver à travailler à un accommodement convenable à tous les partis. Il ne leur donnoit rien en cela que la saison avancée ne lui proscrivît aussi bien que l'impuissance actuelle. En attendant, il travailla sans relâche à ramasser l'argent et toutes les choses nécessaires à une grande expédition. Il reçut très-mal un mémoire que le roi d'Angleterre lui fit donner par son ministre, contenant des représentations très-vives. Il se plaignit avec emportement à Londres et à Paris des discours que Stairs y avoit tenus.

Il ne comptoit plus sur la cour de Londres, trop dévouée à celle de Vienne; toute sa ressource étoit la Hollande, à qui il n'oublioit rien pour rendre l'Empereur odieux, et pour la persuader de prendre des mesures avec lui pendant l'hiver, pour établir un juste équilibre en Italie. Il

1. Nous trouvons ici pour la première fois l'orthographe *de plain pied*.

étoit principalement touché de diviser ce que l'Empereur et le roi de Sicile y possédoient, et de partager cette partie de l'Europe, comme il a déjà été dit. Il promettoit aux Hollandois que l'Espagne doubleroit ses forces l'année prochaine, sans avoir besoin d'aucun emprunt, et il donnoit des commissions d'acheter des vaisseaux de guerre en Angleterre et en Hollande. Riperda, tout dévoué au cardinal, y écrivoit ce qu'il lui dictoit. Beretti mandoit que la proposition de prendre cette république pour médiatrice de la paix y avoit beaucoup plu ; et dans le dessein peut-être de s'attirer la négociation, il soutenoit qu'il la falloit traiter à la Haye, parce que le ministère du roi d'Angleterre étoit tellement impérial qu'on se défioit de lui en Hollande, jusque-là que le pensionnaire, quoique si autrichien de tout temps, lui avoit dit qu'on ne songeoit à Londres qu'à entraîner la Hollande en des engagements dont l'Angleterre auroit tout l'honneur, et dont la dépense retomberoit toute sur les Provinces-Unies. Ainsi Beretti croyoit que la seule démarche que feroient les Hollandois seroit d'employer leurs offices pour la paix. On pensoit de même à la Haye du Régent. Il étoit vrai qu'on avoit été fort touché en Hollande de la confiance du roi d'Espagne sur la médiation.

Cadogan, arrivé depuis peu à la Haye de la part du roi d'Angleterre, étoit d'un caractère à ne ménager personne. Il avoit eu la guerre passée toute la confiance du duc de Marlborough, et par lui du prince Eugène et du pensionnaire, et comme eux haïssoit parfaitement la France, surtout le gouvernement du feu Roi et tous ceux dont il s'étoit servi. Il parla à Beretti de l'entreprise de l'Espagne avec toute la fureur autrichienne. Inquiet du traité fait depuis peu entre le Régent, le Czar et le roi de Prusse, il se plaignit aigrement de n'en avoir point de connoissance. Là-dessus Châteauneuf eut ordre de le lui communiquer. Il prétendit qu'il ne l'avoit fait qu'en termes généraux, et que, depuis la triple alliance, le pensionnaire et plusieurs autres membres des états généraux s'étoient attendus qu'il le communiqueroit en forme. Cela fit courir le bruit que le roi d'Angleterre avoit demandé le rappel de Châteauneuf, pour avoir négocié et signé ce traité. Le fond étoit la mésintelligence de Georges avec son gendre et le Czar, son chagrin et celui de ses ministres de les voir unis avec la France, et leur inquiétude de leur voir faire une paix séparée avec la Suède, en se détachant de la ligue du Nord.

Gœrtz, principal ministre de Suède, étoit à Berlin. Le Czar, plus animé que jamais contre Georges et contre la personne de ses deux ministres allemands, se trouvoit aussi à Berlin, et il s'y étoit dressé un plan de paix particulière avec la Suède, à l'exclusion des rois d'Angleterre et de Danemark. Ce projet passoit en Hollande pour être concerté avec la France, et le Régent pour en presser l'exécution. Cadogan et quelques autres assuroient que le Régent n'y avoit point de part, mais un autre parti en France, qui empêchoit souvent l'exécution des volontés de ce prince, qui vouloit borner son autorité, et pour cela embraser l'Europe, pour y embarrasser la France et encore plus le Régent, dont l'intérêt personnel étoit de concourir avec l'Angleterre à rétablir le repos du Nord et à prévenir les troubles de l'Italie, et que la Hollande étoit disposée à prendre les mesures nécessaires pour cela contre l'opinion de Beretti. La haine des Anglois pour Châteauneuf étoit extrême. Ils voulurent lui faire un crime personnel auprès du Régent sur une insolence de la gazette de Rotterdam, dont ils prétendirent avoir découvert la trame venue de la vieille cour et du parti contraire au Régent. Ils ignoroient, même Stairs, que ce traité avec le Czar et la Prusse eût été communiqué par le Régent au roi d'Angleterre. Ils commencèrent à compter sur la sincérité de la conduite de Son Altesse Royale avec leur roi; mais ils ne purent revenir sur Châteauneuf, quoique il eût enfin communiqué ce traité aux états généraux, où on vit qu'il n'y avoit que de simples assurances et liaisons d'amitié, et que l'objet n'en étoit que d'engager les puissances engagées dans la guerre du Nord de reconnoître la France pour médiatrice de cette paix.

L'abbé du Bois étoit parti pour Londres le 20 septembre, et, deux jours auparavant, le colonel Stanhope, que le roi d'Angleterre envoyoit à Madrid par Paris, en étoit parti pour s'y rendre. Penterrieder étoit sur le point de partir de Vienne pour l'Angleterre. Ainsi la scène des grandes négociations s'alloit ouvrir de tous côtés.

On commençoit aussi à parler de négociations secrètes prêtes à s'ouvrir à Abo, entre les ministres de Suède, de Russie et de Prusse; mais le Czar étoit parti de Berlin sur la fin de septembre sans avoir pris de nouvel engagement, et ses ministres disoient qu'à l'exception de la Finlande, il ne vouloit rien rendre à la Suède : ainsi les choses étoient encore peu disposées à la paix. Le roi de Prusse ne le paroissoit pas plus par les protestations d'union à ses alliés du Nord, qu'il faisoit au roi d'Angleterre, avec lequel il s'étoit réconcilié, et dont il ne se départiroit point, pour forcer la Suède à une paix raisonnable, pourvu qu'il n'eût pas lieu de croire par des démarches qu'on voulût traiter sans lui, et le laisser dans l'embarras. Pour preuve de sa sincérité, il assura le roi d'Angleterre de ce qui vient d'être dit du Czar à son départ de Berlin, qu'on n'y étoit convenu d'aucun projet avec Gœrtz, et que, dans la vérité, il auroit été difficile à ce Suédois de traiter avec ce prince, qui s'étoit expliqué avec tant de hauteur sur les conditions de la paix, qu'on ne les pouvoit entendre sans indignation. Cette confiance en son beau-père ne l'empêchoit pas de se plaindre que la France lui eût communiqué [le traité] fait entre elle, le Czar et lui sans concert. On lui répondit qu'il avoit [été] impossible de le tenir caché plus longtemps. L'article séparé en étoit demeuré fort secret. Le roi de Prusse voulut aussi savoir de quel œil on voyoit en France les prospérités de l'Empereur en Hongrie. Le maréchal d'Huxelles dit à son envoyé qu'elles méritoient de sérieuses réflexions, dont on lui feroit bientôt part, ainsi que du motif du voyage de l'abbé du Bois à Londres.

Nonobstant de si beaux propos et si clairs du roi de Prusse au roi d'Angleterre son beau-père, il ne perdoit point de vue sa paix particulière avec la Suède. Kniphausen, son envoyé à Paris, reçut ordre de s'informer du général Poniatowski, qui s'y trouvoit aussi et qui avoit la confiance du roi de Suède, si le landgrave d'Hesse-Cassel étoit un bon canal pour ménager cette paix particulière, et si le roi de Prusse pouvoit prendre confiance en lui. Paniatowski lui répondit que cette voie n'étoit pas bonne; que le landgrave avoit perdu son crédit depuis que le roi de Suède s'étoit aperçu qu'il avoit des liaisons trop étroites avec le roi d'Angleterre; que la maison d'Holstein avoit plus d'amis en Suède que celle de Hesse, et Gœrtz beaucoup plus de part en la confiance de son maître que le landgrave; que si le roi de Prusse vouloit conduire sûrement une négociation particulière avec succès, il falloit premièrement qu'il fît en sorte de suspendre la démolition des fortifications de Wismar; hâter ensuite le retour du baron de Gœrtz en Suède; enfin que, s'il étoit possible de trouver quelque expédient au sujet de Revel, la paix seroit bientôt conclue entre la Suède, la Russie et la Prusse. Il s'en falloit bien qu'il y eût une égale disposition à la paix entre les rois d'Angleterre et de Suède. Malgré les instances de la France, les Suédois assuroient que jamais le roi de Suède ne consentiroit à la cession de Brême et de Verden. Ce prince, dont les sujets étoient épuisés, sollicitoit vivement en France le payement de ses subsides, cherchoit dans Paris, sous de bonnes conditions, deux millions d'espèces réelles, et autorisa son envoyé en France de donner des commissions à des armateurs qui voudroient faire la course sous le pavillon de Suède.

Plus il y avoit d'agitation dans le Nord, plus le roi d'Angleterre se croyoit intéressé à pacifier l'Empereur et l'Espagne. En procurant des avantages à l'Empereur, il comptoit s'en faire un puissant protecteur pour conserver les États usurpés sur la Suède, et que néanmoins le roi d'Espagne lui auroit obligation de l'avoir délivré du seul ennemi qu'il eût, et de lui assurer ainsi la possession tranquille de ses États. Lui et ses ministres redoubloient donc d'empressement, et l'Espagne alors ne paroissoit pas s'en éloigner. Monteleon eut ordre d'assurer Stanhope que son cousin seroit bien reçu à Madrid. Monteleon se persuadoit que l'extrême répugnance [que[1]] la nation angloise avoit à se brouiller avec l'Espagne à cause de son commerce retiendroit Georges et ses ministres sur la partialité, et les borneroit aux offices pour ménager la paix.

Il paroissoit que cet ambassadeur avoit regagné la confiance du roi d'Angleterre et de ses principaux ministres, et qu'il avoit eu en même [temps] l'adresse de se conserver celle des principaux personnages opposés à la cour. Stanhope l'employoit comme son ami en des affaires particulières, et il mena, en même temps, dans son carrosse à Hampton-Court le duc de Buckingham, qui n'avoit pas vu le roi d'Angleterre depuis qu'il lui avoit ôté la place de président du conseil. Monteleon avoit toujours été attaché à la France, et fidèle dans ses principes et dans sa conduite à l'union intime entre la France et l'Espagne, qu'il croyoit avec raison absolument nécessaire aux deux couronnes. Cette maxime, qui n'étoit pas dans les vues ni dans les intérêts de la cour d'Angleterre, y avoit déplu. Elle en étoit moins choquée depuis qu'elle ne pouvoit plus douter des plaies que cette union recevoit, ni de celle que le Régent vouloit avoir avec elle, pour ne pas dire même dépendance entière fondée sur les vues, l'intérêt et l'étrange crédit de l'abbé du Bois.

1. *De*, pour *que*, au manuscrit.

Cette confiance néanmoins de la cour d'Angleterre en un ministre étranger étoit d'autant plus marquée que le roi d'Angleterre étoit défiant et parloit peu. Ce silence étoit moins attribué à politique qu'à la crainte de parler mal à propos ou de parler contre le sentiment de ses ministres, desquels le public prétendoit que la principale application étoit de se conserver dans leurs places, et d'être si appliqués à leur intérêt particulier qu'ils n'écoutoient qu'avec répugnance et dégoût ce qui pouvoit regarder les intérêts étrangers.

C'étoit à ces dispositions que l'envoyé du roi de Sicile attribuoit le peu d'égard et d'effet de ses représentations et de ses protestations, que son maître n'avoit nulle part aux projets de l'Espagne, qu'il observeroit fidèlement les traités, surtout qu'il s'attacheroit constamment aux sentiments de l'Angleterre quand il s'agiroit de prendre parti; mais le ministère connoissoit le caractère du roi de Sicile; il croyoit lui faire honneur d'écouter les propos de son ministre, et de lui laisser croire par leur silence, s'il vouloit, qu'il les avoit persuadés. Cet envoyé se défioit de l'union de la France et de l'Angleterre, et que plus attentives à leurs intérêts qu'à ceux du roi de Sicile, elles ne traversassent même sa réunion avec l'Empereur. Il chercha donc à y travailler lui-même sans la participation des ministres d'Angleterre. Il se servit pour cela de l'envoyé de Modène à Londres, dont le frère étoit à Vienne, lequel prétendoit traiter directement avec l'Empereur, indépendamment de ses ministres, et qui assuroit avoir bonne opinion de cette négociation.

L'envoyé, son frère, fondoit ses espérances sur ce que l'Empereur savoit que le roi de Sicile avoit constamment refusé toute ligue nouvelle avec le Régent, qu'il avoit répondu que les engagements déjà pris suffisoient, et que cette réponse lui avoit attiré la haine et les soupçons du Régent; que de là l'Empereur inféroit que le Régent lui seroit toujours contraire, et que si ce prince témoignoit tant d'empressement pour empêcher le renouvellement de la guerre dans l'Europe, ce n'étoit pas par aucun attachement pour lui, qu'il craignoit et n'aimoit point, mais pour empêcher la réunion que cette guerre produiroit infailliblement entre lui Empereur et le roi de Sicile; que c'étoit le motif du voyage de l'abbé du Bois à Londres; que l'intelligence étoit parfaite entre le roi d'Angleterre et le Régent; qu'on savoit que le projet du roi d'Espagne, qui venoit de la reine, étoit, pour assurer la Toscane à la maison de Parme, d'y joindre le royaume de Sardaigne, et d'en tirer un titre pour faire porter au duc de Parme celui de roi de Sardaigne.

Quel que fût le projet, tous les princes d'Italie craignoient également d'être soupçonnés d'y participer. Leurs ministres en France le désapprouvoient publiquement, et ne cessoient de dire que leurs maîtres étoient bien éloignés d'entrer dans aucun projet capable de porter le moindre préjudice à l'Empereur.

Cellamare étoit témoin de ces apologies continuelles, et très-inquiet du voyage de l'abbé du Bois à Londres. Mais c'étoit un homme sage, qui espéroit peu de l'entreprise d'Espagne, et qui croyoit que le mieux, pour le roi son maître, seroit de suivre la voie que la France et l'Angleterre lui ouvroient pour entrer en négociation avec l'Empereur.

Une guerre sans alliés lui paroissoit téméraire, et c'étoit, à son sens, un foible fondement que de compter uniquement sur la diversion des Turcs. Ragotzi étoit le seul qui assurât qu'ils feroient la campagne suivante, et dans cette confiance, avoit fait voile de Marseille à Constantinople.

Welez, cet espion de l'Empereur, l'avoit exactement informé de son départ, des circonstances de son voyage, des voies dont ses amis se servoient pour lui envoyer des lettres. Il prétendoit avoir découvert que quelques-unes passoient par le comte de Toulouse, d'autres par le bureau des affaires étrangères, et nommoit ses banquiers à Paris et à Vienne. Welez offrit encore à l'Empereur de faire enlever l'abbé Brenner avec tous ses papiers. Il concluoit que si Ragotzi n'avoit eu d'autre protection que celle des Turcs, il n'auroit pas trouvé en France toutes les facilités qu'il y avoit eues pour son départ et son embarquement; qu'il étoit donc certain que la France et l'Espagne étoient d'intelligence pour susciter à Sa Majesté Impériale un ennemi qu'elles croyoient dangereux et redoutable.

Bentivoglio, toujours le plus violent ennemi de la France, où il étoit nonce, avoit fait tous ses efforts pour empêcher le Pape d'accorder l'indult pour la nomination à l'archevêché de Besançon, duquel au fond on pouvoit très-bien se passer, et nommer; et outre les difficultés que l'indécision du Pape y apporta, il le persuada de faire entendre qu'il n'accorderoit plus de bulles sans des précautions et des conditions à l'égard de ceux que le Roi nommeroit aux évêchés et aux autres bénéfices. Bentivoglio reprit ses anciennes exhortations, et les plus vives, pour engager le Pape à se rendre le maître en France, par faire avec l'Empereur cette ligue dont le baron d'Hohendorff lui avoit, quelque temps auparavant, communiqué le projet. Il assuroit le Pape, avec ses mensonges et sa hardiesse accoutumée, que tous les bons catholiques de France desiroient cette union. Il ajoutoit que ce seroit la preuve la plus forte pour dissiper les soupçons de l'Empereur, et le meilleur et le plus sûr moyen de s'attirer un respect nouveau de la part de tous les princes. Mais il vouloit attirer la république de Venise dans cette ligue, qui, selon lui, ne la refuseroit pas. Mais sa politique raffinée vouloit que le Pape gardât un juste milieu entre l'Empereur et l'Espagne, sans pencher de côté ni d'autre, pour être toujours en état d'offrir sa médiation; et de là ce digne ministre de paix pressoit le Pape, avec les plus étranges efforts, de prendre et d'effectuer les plus violentes résolutions contre la France.

CHAPITRE IX.

Saint-Albin coadjuteur de Saint-Martin des Champs; infamie de l'abbé d'Auvergne. — Disputes encore entre le grand et le premier écuyer. — Le duc de Noailles et Law brouillés, se raccommodent en apparence; Noailles obtient le gouvernement et capitainerie de Saint-Germain par la mort de Mornay. — Plénœuf, relaissé à Turin de peur de la chambre de justice, imagine d'y traiter le mariage d'une fille de M. le duc d'Orléans avec le prince de Piémont, pour se faire de fête; je suis chargé de ce commerce malgré moi, et je m'en décharge sur l'abbé du Bois, à son retour d'Angleterre. — Querelle entre le maréchal de Villeroy et le duc de Mortemart, premier gentilhomme de la chambre en année, qui la perd; autres disputes des premiers gentilshommes de la chambre. — Le maréchal de Villeroy refuse la prolongation du don de cinquante mille livres de rente sur Lyon; son motif; sa conduite; explication de ce qu'il n'y perd rien. — Quatre-vingt mille livres au duc de Tresmes. — Le prince électoral de Saxe se déclare catholique à Vienne. — Abbé de Louvois refuse l'évêché de Clermont; quel. — Rion gouverneur de Cognac. — Mort d'Oppède, mari secret de Mme d'Argenton, et de l'abbé de Langlée. — Mort et famille de la comtesse de Soissons. — Appel du cardinal de Noailles devenu public. — La Parisière, évêque de Nîmes, exilé dans son diocèse. — Affaire du pays de Lalleu, où je sers adroitement le duc de Boufflers. — Anecdote singulière de l'étrange indécision du chancelier. — Capacité singulière de d'Antin. — Reconnoissance des députés du pays de Lalleu. — Les ducs de la Force et de Noailles brouillés. — Mme d'Arpajon dame de Mme la duchesse de Berry, et Bonivet maître de sa garde-robe. — Mort du cardinal Arias, archevêque de Séville. — Mort de Mme de Monjeu et de Richard Hamilton; caractère de ce dernier. — Assassinats et vols; teneurs de jeu de hasards mis en prison. — États de Bretagne orageux et rompus. — Mme d'Alègre entre avec moi en mystérieux commerce, qui dure plus d'un an. — Abbé du Bois revient pour peu de jours d'Angleterre à Paris; y laisse sa correspondance à Nancré; trouve le roi d'Angleterre et le prince de Galles fort brouillés; cause originelle de leur éloignement.

Rome venoit pourtant d'approuver, en faveur de M. le duc d'Orléans, la coadjutorerie du riche prieuré de Saint-Martin des Champs dans Paris, et qui a beaucoup de collations, pour l'abbé de Saint-Albin, bâtard non reconnu de ce prince et de la comédienne Florence. Le cardinal de Bouillon, comme abbé de Cluni, avoit donné autrefois ce prieuré à l'abbé de Lyonne, fils du célèbre ministre et secrétaire d'État des affaires étrangères. Cet abbé de Lyonne, dont j'ai parlé ailleurs, étoit un homme de mœurs, de vie, d'obscurité, de régime même fort extraordinaire, gouverné par un fripon que lui avoient donné les jésuites, qui s'y enrichit au trafic de ses collations et à la régie de son bien, connu du feu Roi pour si scélérat, et de tout le monde, que le P. Tellier et Pontchartrain, comme on l'a vu ailleurs, échouèrent à le faire évêque, et qui l'est, depuis ceci, devenu de Boulogne. L'abbé de Lyonne fut donc tonnelé[1] pour cette coadjutorerie, qui au fond ne lui faisoit aucun tort, et l'abbé d'Auvergne, comme abbé de Cluni, se fit un mérite auprès du Régent, non-seulement d'y consentir, mais d'y contribuer de tout son pouvoir. Il est vrai que ce prince n'eut pas plus tôt les yeux fermés, que l'abbé d'Auvergne ne rougit point d'attaquer son bâtard, devenu archevêque de Cambray, et qui, depuis deux ans, étoit en possession paisible du prieuré, sans réclamation quelconque, par la mort de l'abbé de Lyonne. L'abbé d'Auvergne, lors archevêque de Vienne, cria à la violence, contre la notoriété publique, intenta un procès et le perdit avec infamie. La vérité est qu'il n'y laissa point son honneur, parce qu'il y avoit longues années que, de ce côté-là, il n'avoit plus rien à perdre ; ce qui n'a pas empêché que le cardinal Fleury ne l'ait fait cardinal pour n'avoir point de similitude importune.

Monsieur le Grand, qui, comme on l'a vu en son lieu, avoit perdu contradictoirement toutes ses prétentions contre le premier écuyer, et à qui M. le duc d'Orléans avoit eu la foiblesse de permettre des protestations, n'avoit presque point cessé depuis de faire des tentatives et des entreprises de fait, qui devinrent si fortes qu'il fallut encore que M. le duc d'Orléans en fût[2] importuné.

1. Voyez tome IV, p. 443, note 2.
2. Il y a *fut*, à l'indicatif.

Ce fut en vain. Les *mezzo-termine* lui plaisoient trop pour rien finir. Ce harcelage dura longtemps encore et abrégea la vie du premier écuyer par le chagrin et le dépit; mais sa charge n'y perdit pas un pouce de terrain, jusqu'à ce qu'enfin le cardinal Fleury, qui avoit été de ses amis, se trouvant le maître, décida si nettement en faveur de son fils, que le grand écuyer cessa pour toujours de le troubler et d'entreprendre sur la petite écurie.

Le duc de Noailles, jaloux de la confiance du Régent pour Law, et du succès de sa banque, la troubloit tant qu'il pouvoit. Law couloit, et quelquefois se plaignoit modestement. Noailles, qui le vouloit perdre pour être pleinement maître de toutes les parties des finances, redoubla de machines pour le culbuter. Cette banque étoit lors une des principales ressources pour rouler. Le Régent voulut qu'ils se raccommodassent. Law s'y présenta de bonne foi, le duc de Noailles ne [put] pas reculer; il fit le plus beau semblant du monde.

Précisément en ce moment heureux, Mornay mourut fort promptement. Il étoit lieutenant général, et il étoit aussi gouverneur et capitaine de Saint-Germain après Montchevreuil, son père. Le duc de Noailles, alerte sur tout, l'apprit à son réveil et courut sur-le-champ demander cet emploi à M. le duc d'Orléans, qui le lui donna à l'instant. Mon père l'avoit eu. Je ne sus la mort de Mornay que l'après-dînée, et en même temps la diligence du duc de Noailles. Il n'étoit pas aisé de se lever plus matin que lui. Il y avoit cent mille francs de brevet de retenue à payer. M. de Noailles, grand politique et grand serviteur du Parlement, demanda aussitôt la distraction de Maisons et de Poissy de la capitainerie de Saint-Germain, et s'en fit un grand mérite. La situation des lieux en montre l'absurdité. Aussi y ont-ils été remis, à l'instance du même duc de Noailles, à la mort du dernier président de Maisons.

Mme la duchesse d'Orléans me chargea vers ce temps-ci d'un commerce fort peu de mon goût, et dans lequel M. le duc d'Orléans me pria aussi d'entrer. Plénœuf, dont la femme et la fille, Mme de Prie, ont fait depuis, par leur jalousie de beauté et leurs querelles, tant de fracas dans le monde, avoit gagné des monts d'or dans les partis[1], et depuis dans les vivres. La chambre de justice l'avoit mis en fuite, et il s'étoit retiré à Turin.

Je n'avois jamais eu aucun commerce avec pas un de ces sortes de gens; de celui-là en particulier, j'en étois mécontent, parce qu'étant devenu un des principaux commis du bureau de la guerre sous Voysin, dans les derniers temps du feu Roi, la majorité de Blaye vaqua, et sur-le-champ il la fit donner à un de ses parents. Le Roi m'avoit toujours conservé la distinction, après mon père, de ne remplir les places de l'état-major de Blaye que de ceux que je demandois, et c'étoit la première fois qu'on en remplissoit une sans moi. Voysin en ce temps-là étoit dans la plus haute faveur, et insolent à proportion. C'étoit lors, comme on l'a vu, l'homme de Mme de Maintenon et de M. du Maine, et le directeur et le rédacteur de l'apothéose des bâtards, et du testament du Roi. Je compris donc que je ne gagnerois que du dégoût à résister à contre-temps, et que bientôt les choses changeroient de face. En effet, la première chose que je fis aussitôt après la mort du Roi fut de chasser ce major et d'en mettre un autre.

Plénœuf avoit de l'esprit et de l'intrigue; il vouloit ne rien perdre à sa déconfiture, et revenir à Paris riche et employé, s'il pouvoit. Il se fourra donc dans le subalterne de la cour de Turin; par là eut quelque accès auprès des ministres, imagina de travailler au mariage d'une fille de M. le duc d'Orléans avec le prince de Piémont. Sa femme, fort intrigante et de beaucoup d'esprit, manégea si bien qu'elle vit Mme la duchesse d'Orléans plusieurs fois en particulier, et lui donna tant d'espérance que la négociation ne pouvant demeurer entre les mains du mari et de la

---

1. Dans les affaires de finances.

femme avec décence aux yeux des ministres de la cour de Turin, Mme la duchesse d'Orléans proposa de m'en charger. Mme de Plénœuf ne me connoissoit point; elle dit seulement à Mme la duchesse d'Orléans que je n'aimois pas son mari, et lui conta ce qui vient d'être expliqué. Cela ne rebuta point Mme la duchesse d'Orléans : elle me pria de passer pour l'amour d'elle sur ce mécontentement d'un homme de plus si infime, et de vouloir recevoir Mme de Plénœuf et entrer en commerce direct avec Plénœuf sur ce mariage.

Par ce qu'on a vu de la situation du Régent et du roi de Sicile, l'un à l'égard de l'autre, cette négociation de mariage étoit fort déplacée : c'étoit ce qu'il ne m'étoit pas permis de dire à Mme la duchesse d'Orléans; mais quand M. le duc d'Orléans m'en parla, deux jours après, je ne lui cachai pas ce que j'en pensois, et ma surprise de sa complaisance. Il en convint : « Mais, après tout, me dit-il, c'est un coup d'épée dans l'eau; et quoique sans apparence, il est des choses bizarres qui réussissent quelquefois : ce ne sont que quelques lettres perdues qu'il vous en coûtera à tout hasard. » Je ne pus donc m'en défendre..

Mme de Plénœuf vint chez moi bien parée, bien polie, bien louangeuse, bien éloquente, et bien pleine de son affaire. Force soumissions sur son mari, et tout aussitôt les lettres mouchèrent[1]. De réalité, je n'en vis jamais ombre; mais force langages d'un homme qui vouloit plaire et se faire valoir. Ce commerce dura quelques mois; mais sitôt que l'abbé du Bois fut revenu d'Angleterre, je priai M. le duc d'Orléans de m'en décharger sur lui, et Mme la duchesse d'Orléans de le trouver bon, sous prétexte que je [ne] voulois point choquer un homme si jaloux d'affaires, qui traverseroit celle-là entre mes mains, et qui pouvoit réussir entre les siennes. Je la lui remis donc, et il convint avec moi que c'étoit une vision en la situation

---

1. Voyez tome I, p. 177 et note 1.

où étoient les choses entre les deux princes. Aussi n'eut-elle point de suite, et je n'en entendis plus parler depuis.

Un amusement de l'âge du Roi fit une querelle sérieuse. On lui avoit tendu une tente sur la terrasse des Tuileries, devant son appartement et de plein pied. Les jeux des rois sentent toujours la distinction. Il imagina des médailles pour les donner aux courtisans de son âge qu'il voudroit distinguer, et ces médailles, qu'ils devoient porter, leur donnoient le droit d'entrer dans cette tente sans y être appelés : cela s'appela l'ordre du Pavillon. Le maréchal de Villeroy donna ordre à le Fèvre de les faire faire. Il obéit, et les apporta au maréchal, qui les présenta au Roi. Le Fèvre étoit argentier de la maison du Roi, et comme tel sous la charge des premiers gentilshommes de la chambre. Le duc de Mortemart étoit en année. Il avoit déjà eu des démêlés sur le [1] maréchal de Villeroy. Il prétendit que ç'avoit été à lui à commander les médailles, et à lui de les présenter au Roi. Il se fâcha que le tout se fût fait à son insu, et le voilà aux champs et en plaintes à M. le duc d'Orléans. C'étoit une bagatelle qui ne valoit pas la relever, et à laquelle aussi les trois autres premiers gentilshommes de la chambre ne prirent point de part. Ainsi seul vis-à-vis du maréchal de Villeroy, la partie ne fut pas égale. M. le duc d'Orléans, avec ses *mezzo-termine* ordinaires, dit que le Fèvre ne les avoit point fait faire ni portées au maréchal comme argentier, mais comme ayant reçu par lui l'ordre du Roi, et qu'il n'en falloit pas parler davantage. Le duc de Mortemart fut outré, et ne s'en contraignit pas sur le maréchal.

Une autre querelle combla celle-ci. Le duc de Mortemart prétendit une place derrière le Roi, et l'ôter à un chef de brigade des gardes du corps qui la prenoit. Les capitaines des gardes soutinrent leur officier, et M. de Mortemart ôta des entrées qu'avoient les officiers des gardes du corps. Les trois autres gentilshommes de la

1. Les mots *avec le* ont été biffés ici au commencement du verso d'un feuillet.

chambre se joignirent au duc de Mortemart. Ils plaidèrent tous huit devant M. le duc d'Orléans plusieurs fois, à cause de la pièce du trône différemment placée qu'à Versailles, où M. de Mortemart renouvela la défense aux huissiers de laisser entrer les officiers des gardes du corps. Là-dessus, autre *mezzo-termine*. M. le duc d'Orléans fit ôter le trône, pour ôter ce sujet de contestation. M. de Mortemart, piqué de cette décision, cessa d'aller chez le Roi, quoique en année, et les premiers gentilshommes de la chambre firent un mémoire, et le présentèrent à M. le duc d'Orléans.

L'affaire en demeura là jusqu'à une autre, qui arriva un mois après, entre le duc de Mortemart et le maréchal de Villeroy, pour des bagatelles de service. Les autres premiers gentilshommes de la chambre prirent fait et cause, et pas un d'eux ne se présenta plus chez le Roi. Cela dura huit ou dix jours, après lesquels ils y retournèrent. Le Régent ne put se résoudre à prononcer; mais le maréchal, battu de l'oiseau, s'abstint depuis d'entreprises pour quelque temps. Néanmoins, M. de Mortemart piqué voulut envoyer la démission de sa charge. M. le duc d'Orléans m'en parla fort en colère; et en effet c'étoit tous les jours quelque chose de nouveau avec lui. J'apaisai le Régent comme je pus par le souvenir de M. de Beauvillier, et je détournai l'orage.

Les premiers gentilshommes de la chambre eurent encore une dispute avec les maîtres d'hôtel du Roi, à qui l'avertiroit que sa viande[1] étoit servie; et comme les maîtres d'hôtel sont sous le grand maître, Monsieur le Duc les soutenoit; car tout étoit en prétention et en entreprises. Au dîner du feu Roi, j'ai vu toute ma vie le maître d'hôtel avertir le premier gentilhomme de la chambre, et celui-ci entrer dans le cabinet du Roi seul, et l'avertir; et le soir, que le Roi étoit chez Mme de Maintenon, le maître d'hôtel avertir le capitaine des gardes,

---

1. Voyez tome III, p. 25 et note 1.

qui entroit seul dans la pièce où le Roi étoit, et l'avertissoit que son souper étoit servi.

Le maréchal de Villeroy, mal dans ses affaires par une magnificence sans règle ni mesure, avoit obtenu du feu Roi cinquante mille livres par an, sur la ville de Lyon, pendant six ans, et une continuation encore pendant autres six années, qui se renouvela de six en six ans. Jamais le feu Roi ne pensa à les lui accorder pour toujours, et on ne lui a vu donner de tout son règne cinquante mille livres de rente à personne à prendre sur lui pour toujours, excepté des appointements de gouverneurs ou de charges dont le taux[1] y étoit attaché; et à l'égard des pensions, personne, hors le premier prince du sang et ses bâtardes en les mariant, n'eut jamais de pensions approchantes, sinon, comme on l'a remarqué, Chamillart qui en eut une de soixante mille livres en le renvoyant, ce qui fut une chose unique en tout son règne. C'étoit en cette année et dans ce temps-ci, que les six années du don au maréchal de Villeroy finissoient; M. le duc d'Orléans le voulut renouveler, même pour toute sa vie. Le maréchal fit le généreux, s'excusa de l'accepter pour toujours, ni même par aucun renouvellement, dit qu'il étoit riche par les successions et les bienfaits qui lui étoient arrivés, et qu'il n'étoit pas juste que, dans un temps où tant de gens souffroient, il abusât des bontés qui lui étoient offertes. Il fut pressé, résista constamment, mais pour s'en vanter publiquement, et se parer dans le monde de la faveur, de la considération et du désintéressement. Le bout de cela est que lui personnellement est mort ruiné, et que son fils a été obligé de payer ses dettes, qui étoient grandes, et sur les fins de le faire subsister. Ce n'est pas qu'avec de l'économie du fils et du petit-fils il ne leur soit demeuré des biens immenses des successions de Lesdiguières et de Retz; mais ce n'a pas été la faute des désordres du maréchal.

1. *Taud* est l'orthographe de Saint-Simon.

C'étoit un homme qui n'avoit point de sens, et qui n'avoit d'esprit que celui que lui en avoit donné l'usage du grand monde, au milieu duquel il étoit né et avoit passé une très-longue vie. On a eu si souvent occcasion de parler de lui, qu'il suffit ici de faire souvenir de ce caractère, de l'orgueil dont il étoit pétri, que ses fréquentes et cruelles déconvenues, toutes arrivées par faute de sens, n'avoient pu émousser, et de l'éclat où les passions et l'intérêt de Mme de Maintenon et de M. du Maine l'avoient mis dans les derniers temps de la vie du feu Roi, surtout à sa mort, qui avoit porté cet orgueil à son comble. Depuis qu'il se vit dans les places où cette mort l'établit et dans la considération qui en étoit une suite, la tête lui tourna : il se crut le père, le protecteur du Roi, l'ange tutélaire de la France, et l'homme unique en devoir et en situation de faire en tout contre au Régent.

Sa fatuité lui avoit fabriqué un autre devoir, qui fut d'épouser contre ce prince toute la haine de la Maintenon, sa patronne, et toute la mauvaise volonté qu'elle avoit arrachée contre lui du Roi mourant. Il s'applaudit sans cesse des démarches infatigables que le Régent faisoit vers lui, qui ne faisoient que rehausser son courage à lui nuire ; il abusoit continuellement de la confiance et de la facilité à condescendre à tout ce qu'il vouloit d'un régent doux, timide, qui redoutoit les éclats, à qui ses grands airs avec feu Monsieur, et en commandant les armées où M. le duc d'Orléans avoit commencé à servir, lui avoient imposé au point qu'il lui imposoit toujours. Ainsi ce prince vouloit et croyoit le gagner à force de flatter son incroyable vanité, et d'aller au-devant de tout ce qui lui pouvoit plaire, sans jamais lui rien refuser pour les siens ni pour personne ; tandis que déterminé à figurer en grand aux dépens du Régent, ce qu'il ne croyoit pas possible autrement, il s'unissoit à tous ses ennemis, à ceux que l'ambition ou l'amour des nouveautés rendoient tels, les excitoit, les encourageoit, les grossissoit pour se former un parti ; et pour cela, très-attentif à un apparent désintéressement qui augmentât sa réputation et la confiance, tellement que, par principes, il étoit incapable d'être arrêté par les grâces et les bienfaits de M. le duc d'Orléans. En le refusant des cinquante mille [livres] de rente sur Lyon, il ne refusoit rien en effet; mais il suivoit son plan : il se donnoit un éclat propre à éblouir la multitude, surtout le Parlement en particulier et la robe en général, qu'il cultivoit soigneusement, à s'attacher des partisans, à augmenter la confiance de ceux qu'il vouloit capter, à blâmer avec l'autorité de ce refus et de la manière la plus publique, et en apparence la plus innocente, la facile prodigalité du Régent, et sans en demeurer plus pauvre.

De tout temps ses pères, son oncle et lui étoient maîtres absolus et uniques à Lyon. Dès les temps du feu Roi les intendants n'y avoient pas la plus légère inspection. L'autorité du maréchal y étoit encore plus devenue sans bornes dans une régence qui ne songeoit qu'à lui plaire, et à aller au-devant de tout à son égard. De tout temps il étoit, après ses pères et son oncle, en possession de nommer seul le prévôt des marchands de Lyon, qui avoit tout le pouvoir bursal dans la ville, sans inspecteur ni conseiller. Il disposoit seul sous le maréchal de Villeroy des immenses revenus de la ville, d'en diriger de même tout le commerce, et d'y être le maître des commerçants. Il ne comptoit de la recette et de la dépense de ces immenses revenus, qu'avec le maréchal de Villeroy seul, et les comptes ainsi arrêtés entre eux deux seuls, où le maréchal étoit de droit[1] le maître, ne se trouvoient plus, et ne se voyoient jamais plus, tellement que c'est parler exactement que dire que le maréchal de Villeroy étoit le seul roi de Lyon, que le prévôt des marchands y étoit son viceroi *ad nutum*, et qu'ils mettoient en poche tout ce qu'il leur plaisoit de prendre, sans le moindre embarras, sans

1. On lit ici une seconde fois le mot *étoit*, écrit en interligne.

formalité aucune, et sans la moindre crainte d'aucune suite pour l'avenir, ni même qu'on pût jamais savoir ce qu'il se passoit là-dessus entre eux deux. Il est donc clair que, maître tous les ans de ces prodigieux revenus et de tout le commerce de la plus florissante place du royaume en ce genre, le maréchal de Villeroy prenoit en toute liberté tout ce qu'il vouloit, et qu'en refusant le don que le Régent lui vouloit continuer, il ne refusa rien en effet. Aussi ceux de Lyon savoient bien qu'en dire, malgré toute la protection qu'il leur donnoit à tous. Mais pas un d'eux n'osa jamais se plaindre ni branler devant lui sous le dernier règne; combien moins pendant cette régence, à la posture où se trouvoit leur gouverneur! Son fils, qui l'a peu survécu, soutint encore cette puissance, mais plus foiblement. Enfin le duc de Villeroy d'aujourd'hui en a sauvé de grandes bribes, mais les finances y ont mis la main, et ont fort borné ce pouvoir si pécunieux et si fort illimité.

Le duc de Tresmes ne fut pas si délicat que le maréchal de Villeroy : aussi étoit-ce un honnête homme qui étoit bien éloigné des mêmes projets. Il eut quatre-vingt mille livres en dédommagement du deuil, dont il devoit et n'avoit pas profité à la mort du Roi, où il étoit en année de premier gentilhomme de la chambre.

Le prince électoral de Saxe, catholique dès qu'il étoit à Rome, avec une permission du Pape de le demeurer caché, le déclara en ce temps-ci à Vienne, où il étoit allé voyager et voir l'Empereur; le roi de Pologne son père étoit du secret et avoit fort contribué à le faire catholique, pour lui frayer le chemin à lui succéder en Pologne. Mais la mère et l'épouse de ce roi, qui étoient des piliers de leur religion, y étoient si opposées, que le roi de Pologne ne put, depuis qu'il fut catholique, avoir presque de commerce avec l'électrice sa femme que des moments rares quand il alloit en Saxe, où même ce n'étoit qu'en visite, sans qu'elle voulût demeurer dans le même lieu que lui, ni qu'elle eût voulu ouïr parler d'aller en Pologne, ni souffrir le titre, ni aucun des honneurs, ni des traitements de reine. Le roi son mari supportoit cela avec toujours beaucoup de considération pour elle, mais il s'en consoloit avec ses maîtresses. L'électrice sa mère étant morte, il ne fit plus difficulté de laisser déclarer son fils catholique.

L'abbé de Louvois refusa l'évêché de Clermont, sous prétexte de sa santé, en effet parce qu'il s'étoit attendu longtemps aux plus grands postes, et qu'il se trouvoit vieux pour en accepter un si médiocre. Il n'étoit pas sans mérite, il avoit de l'esprit, du monde et du savoir, et remplissoit, par lui-même et avec réputation, la belle place dans les lettres de bibliothécaire du Roi. A peine commençoit-il à poindre lors de la mort de son père, qui étoit perdu bien auparavant. Barbezieux, crossé[1] par le Roi comme un jeune homme des débauches et des disparates[2] duquel il étoit très-souvent mécontent, n'eut pas loisir de mûrir et de s'accréditer assez pour vaincre auprès du Roi les soupçons que les jésuites et Mme de Maintenon, par Saint-Sulpice, lui donnoient sans cesse de l'éducation ecclésiastique du neveu de l'archevêque de Reims, que les jésuites avoient toujours regardé comme leur ennemi, et donné, par conséquent, pour un dangereux janséniste. Ce manége avoit perdu l'abbé de Louvois dans l'esprit du Roi, et quelques bagatelles de première jeunesse, qu'en ce genre il ne pardonnoit jamais. Ainsi l'abbé de Louvois avoit vu les premiers postes lui échapper. Mais il n'avoit pu s'accoutumer à en perdre l'espérance, depuis même que sa situation étoit devenue ordinaire par la perte du ministère, de son frère, et de son oncle. Il étoit demeuré assez de crédit et d'établissements parmi ses frères et sœurs pour la nourrir, et tout attendre de la facilité du Régent. Quand il vit ses espérances trompées par l'évêché de Clermont, il ne put en digérer l'humiliation, et il aima mieux hasarder de ne

1. Voyez tome X, p. 20, et tome XII, p. 260.
2. Voyez tome XIII, p. 107 et note 1.

sortir point du second ordre. Le P. Massillon, Père de l'Oratoire, célèbre par ses sermons, en profita. Crosat, le cadet, paya pieusement et noblement ses bulles.

Mme la duchesse de Berry fit donner au vieux Saint Viance, très-galant homme, qui avoit été lieutenant des gardes du corps, et lieutenant général, cinquante mille livres, et deux mille livres de pension pour son gouvernement de Cognac, de douze mille livres de rente, sans obliger à résidence, et fit présent de ce gouvernement à Rion.

Mme d'Argenton, longtemps depuis que M. le duc d'Orléans l'eut quittée, avoit vécu avec le chevalier d'Oppède, jeune et bien fait, qui étoit dans les gardes du corps, et dont le nom étoit Janson, fort proche du feu cardinal de Janson. Ensuite elle pensa à accommoder ses plaisirs à sa conscience, lui fit des avantages pour un cadet qui n'avoit rien, l'obligea à quitter le service, et l'épousa. Mais tous deux, par honneur, voulurent que ce fût secrètement. Elle n'en eut point d'enfants, et le perdit en ce temps-ci. Il la traitoit avec grande rudesse, et lui donna tout lieu de se consoler.

L'abbé de Langlée, singulier ecclésiastique, frère de Langlée dont il a été quelquefois parlé, mourut aussi. Il n'avoit presque rien qu'une pension de six mille livres que lui donnoit Mme de Villequier, fille de sa sœur, Mme de Guiscard.

La comtesse de Soissons mourut en même temps, à Paris, point vieille, et belle encore comme le jour. On n'a rien à en dire de plus que ce qui s'en trouve pp. 353 et 655 [1]. Elle fut depuis pauvre, malheureuse, errante. De fois à autre M. le duc d'Orléans lui faisoit donner quelque gratification. Elle laissa deux fils, qui moururent jeunes, sans alliance, dont le prince Eugène, leur oncle, prenoit soin. Il avoit destiné l'aîné à être son héritier, et avoit arrêté son mariage avec l'unique héritière de la maison

---

1. Pages 302 et 303 de notre tome III, et page 343 de notre tome V.

Cybo, qui a depuis porté les petits États de Masse et Carrare, avec d'autres grands biens, au fils aîné du duc de Modène et d'une fille de M. le duc d'Orléans, qui l'a épousée. La comtesse de Soissons laissa aussi une fille dont le roi de Sicile prenoit soin, dans un couvent à Turin, que le prince Eugène, qui a survécu ses deux neveux, a fait son héritière, et qui a épousé à Vienne le prince de Saxe-Heilbourghausen, et qui a tant fait parler de lui, plus en partisan hasardeux qu'en officier principal, dans l'armée impériale en Italie, contre les troupes unies de France, Espagne et Savoie, dont les maréchaux de Coigny et de Broglio eurent le commandement sous le roi de Sicile, après la mort du maréchal de Villars. Ainsi finit la branche de Soissons de la maison de Savoie.

L'appel du cardinal[1] devint public, et fut imprimé avec une instruction admirable, dont il n'a paru que la première partie par ce qui arriva depuis, dont il eut tout lieu de se repentir, ainsi que de n'avoir pas fait paroître son appel bien plus tôt, dans le temps que je l'en pressai, comme je l'ai raconté en son lieu. Je n'en dis pas davantage pour ne pas effleurer une matière si étendue et qui se trouve traitée exprès.

La Parisière, évêque de Nîmes, qui écrivoit à tous les prélats et aux Universités étrangères pour avoir leur adhésion à la constitution, eut ordre de se retirer dans son diocèse, mais la cabale le fit rappeler au bout de huit ou dix mois. On a vu ailleurs que, pigeon privé[2] du P. Tellier, il s'éleva en Languedoc contre la constitution dans les commencements, gagna peu à peu la confiance des prélats, des communautés et des principaux ecclésiastiques, et, pour se l'acquérir entièrement, poussa les choses si loin, de concert avec le P. Tellier, qu'étant nommé député des états de Languedoc pour en venir apporter les cahiers, il y eut un ordre du Roi d'en choisir un autre. Quand il se fut bien instruit de tout ce qu'il

1. Du cardinal de Noailles.
2. Voyez tome XI, p. 35 et note 1.

vouloit découvrir, qu'il en eut rendu compte au P. Tellier, et qu'il n'eut plus rien à apprendre, il chanta la palinodie dès qu'il fut retourné à Nîmes, y monta en chaire, et fit amende honorable à la constitution. Aussitôt le Roi lui fit rendre la députation, et il vint triomphant jouir de son crime dans les caresses et les promesses du P. Tellier, qui ne l'empêcha pas de devenir l'horreur du monde. Il avoit bien d'autres choses encore sur son compte, et est mort enfin escroc et banqueroutier, et d'une façon déplorable.

Il se présenta une affaire au conseil de régence qui me donna lieu à un petit trait qu'il faut que je m'amuse un moment à rapporter. M. d'Elbœuf étoit gouverneur de Picardie et d'Artois, où il ne tenoit pas ses mains dans ses poches, et se moquoit des intendants. M. le duc d'Orléans le considéroit et le ménageoit, et il en abusa au point qu'il le força d'y mettre quelque ordre. Il y a un petit canton riche et abondant, entre l'Artois et la Flandre, qui s'appelle le pays de Lalleu, qui de tout temps étoit du gouvernement de Flandres et des états de Lille. M. d'Elbœuf, qui étoit bien aise d'y allonger ses mains et l'étendue aussi de son gouvernement, demanda que ce pays de Lalleu fût incorporé aux états d'Artois, et ne fût plus de ceux de Lille. Je supprime les raisons de part et d'autre, qui ne feroient qu'ennuyer.

La maréchale de Boufflers vint m'apprendre cette prétention qui devoit être incessamment jugée au conseil du dedans du royaume, puis rapportée par d'Antin au conseil de régence pour l'être définitivement[1]. Peu importoit à la maréchale de quels états seroit ce petit pays, mais elle sentoit que la prétention du duc d'Elbœuf étoit un chausse-pied s'il la gagnoit, pour les états d'Artois, de le prétendre après de son gouvernement, quoique il ne s'en agît pas encore. Je lui conseillai d'en faire parler par son frère à M. le duc d'Orléans. Mais depuis l'affaire du

---

1. Voyez tome IX, p. 133 et note 1.

régiment des gardes, il n'y avoit plus guère que de l'extérieur entre eux, et elle me le laissa bien sentir. Je voulus lui persuader de parler elle-même sans l'y pouvoir résoudre. Elle me dit qu'elle mettoit toute sa confiance en moi pour conserver au gouvernement de Flandres, qu'avoit son fils, toute son intégrité. Elle avoit raison, car j'étois fort de ses amis, et on a pu voir que je l'étois intimement de son vertueux mari. Je ne lui dis point ce que je ferois, car je l'ignorois encore, et après toute réflexion faite je crus plus à propos de ne faire rien, dans la connoissance de la foiblesse de M. le duc d'Orléans, qui ne tiendroit jamais, pour un petit garçon de l'âge du duc de Boufflers à l'audacieuse ardeur du duc d'Elbœuf, soutenue de celle de Monsieur le Grand, dont le fils avoit la survivance du gouvernement de Picardie. J'attendis donc sans dire mot à personne et sans voir depuis la maréchale de Boufflers, que l'affaire se rapportât au conseil de régence, où les chefs ou présidents des autres conseils furent appelés.

Dès que nous fûmes en place, d'Antin mit les papiers sur la table et voulut commencer son rapport. « Un moment, Monsieur, » lui dis-je ; et me tournant vers le Régent, je lui dis que, s'il le trouvoit bon, il falloit, avant de commencer l'affaire, savoir si, au cas que les états d'Artois la gagnassent, M. d'Elbœuf prétendoit distraire du gouvernement de Flandres le pays de Lalleu et le joindre à celui d'Artois, parce qu'en ce cas nous étions plusieurs qui étions trop proches de M. d'Elbœuf pour être ses juges, à commencer par M. d'Antin, son cousin germain, moi, issu de germain, M. le maréchal d'Estrées, et d'autres encore.

Ce n'étoit pas que j'ignorasse qu'en ce conseil les parentés ne font rien, parce que devant le Roi, qui à tout âge y est censé présent, on n'a que voix consultative pour débattre et l'informer, et que sa seule voix décide, et que sur cette question, que le chancelier Daguesseau, tout au commencement qu'il le fut, avoit voulu remuer sous prétexte de l'âge et de l'absence réelle du Roi, il avoit passé en plein conseil qu'il demeureroit de la sorte, et comme le Roi âgé et présent; mais j'espérois qu'on n'y songeroit plus, et cela arriva comme je l'avois pensé, et à tout hasard tenté.

M. le duc d'Orléans dit que j'avois raison, et tout de suite demanda à d'Antin ce qui en étoit. Il répondit qu'il n'en étoit point question, que M. d'Elbœuf ne lui avoit point parlé de gouvernement, et que sûrement il ne demandoit rien là-dessus. Je repris la parole, et dis au Régent que, puisque cela étoit, la chose méritoit d'être constatée à cause de la proche parenté des juges, et que dès que M. d'Elbœuf ne songeoit point, quoique il fût jugé, à demander que le pays de Lalleu fût mis de son gouvernement, il seroit bon que Son Altesse Royale voulût bien ordonner à M. d'Antin d'écrire présentement sur son dossier qu'en cas que le pays de Lalleu fût jugé séparé des états de Lille et joint à ceux d'Artois, ce jugement n'auroit aucune influence à l'égard de l'état du gouverneur du pays de Lalleu, qui demeuroit toujours à l'avenir du gouvernement de Flandres, comme par le passé. Le Régent regarda la compagnie, disant qu'il n'y trouvoit point d'inconvénient. D'Antin dit que l'écrire ou ne l'écrire pas étoit de même, parce que M. d'Elbœuf ne demandoit rien. « Mais, Monsieur, repris-je, cela sera plus régulier, et Son Altesse Royale l'approuve. — A la bonne heure, » dit d'Antin, et se mit à l'écrire. Un moment après, tandis qu'il écrivoit, je dis au Régent qu'il me sembloit à propos aussi, puisque M. d'Antin en mettoit la note sur le dossier du procès, que M. de la Vrillière l'écrivît en même temps sur le registre du conseil, pour que cela fût uniforme. Cela parut si simple que le Régent, sans regarder la compagnie comme la première fois, répondit : « A la bonne heure, il n'a qu'à l'écrire. » A l'instant je regardai la Vrillière, qui aussitôt prit la plume, et l'écrivit sur le registre du conseil. Dès que cela fut fait, d'Antin commença le rapport. J'y reviendrai pour une anecdote singulière.

Le soir la maréchale de Boufflers vint chez moi, bien en peine de ce que les états d'Artois avoient gagné, et s'il n'y avoit eu rien de fait sur le gouvernement. « Pardonnez-moi, Madame, lui dis-je, il a été question du gouvernement, et on y a fait quelque chose. » Et tout de suite, après lui avoir donné la souleur, je lui contai ce qui s'étoit passé. Elle m'en embrassa bien, et fut ravie.

Tandis qu'elle étoit chez moi, M. d'Elbœuf étoit chez la Vrillière, à qui il dit, sans seulement paroître en douter, que puisque le pays de Lalleu étoit adjugé membre des états d'Artois, et ne l'être plus de ceux de Lille, il étoit de son gouvernement aussi, et que l'un emportoit l'autre. Sur la mine que fit la Vrillière : « Comment, lui dit-il, Monsieur, avec l'air de la plus grande surprise du monde, est-ce que vous en pouvez douter ? hé ! ce pays n'a été du gouvernement de Flandres que comme membre des états de Lille, et l'arrêt d'aujourd'hui, qui l'en distrait pour le faire membre des états d'Artois, décide la question et n'y laisse pas l'ombre de difficulté. » La Vrillière lui répondit modestement que le conseil ne l'avoit pas entendu ainsi, et qu'il croyoit qu'il feroit bien de n'y pas songer. M. d'Elbœuf lui demanda, avec émotion, où il avoit pris cette intention du conseil qui ne pouvoit être avec l'arrêt qu'il avoit rendu et qui décidoit tout seul. Alors la Vrillière lui montra le registre, et lui dit de lire ce qu'il y avoit écrit en plein conseil, par ordre de M. le duc d'Orléans et du conseil. Voilà le duc d'Elbœuf en furie, qui dit qu'il alloit parler à M. le duc d'Orléans, et qu'il feroit bien changer cette belle décision. Il y fut en effet, mais comme il s'agissoit d'effacer ce qui avoit été écrit sur le dossier et sur le registre en plein conseil, et de l'avis de tout le conseil, ou explicite ou tacite, sans opposition d'aucun, et en changer la disposition du blanc au noir, le Régent se défendit d'y pouvoir toucher et de pouvoir reporter au conseil une chose qu'il avoit décidée. M. d'Elbœuf tempêta et cria, mais ce fut tout, l'affaire étoit bridée, et le pays de Lalleu demeura du gouvernement de Flandres, et en est encore aujourd'hui.

Je m'étois bien attendu au but et au vacarme de M. d'Elbœuf, contre lequel la foiblesse du Régent auroit besoin d'une barrière, et je me sus bon gré de l'avoir adroitement su introduire, et poser si forte, sans que personne se fût aperçu ni douté de mon but, qu'elle ne put[1] après recevoir d'atteinte. La maréchale de Boufflers alla le lendemain remercier le Régent.

Je reviens maintenant à l'anecdote qui confirmera pleinement ce que j'ai marqué du caractère indécis à l'extrême du chancelier Daguesseau. M. le duc d'Orléans avoit ordonné que cette affaire de Lalleu, qui étoit longue, seroit rapportée en deux conseils, le même jour, le matin et l'après-dînée; que le matin seroit pour le rapport uniquement, sans que d'Antin s'ouvrît en rien de son opinion; que l'après-dînée il commenceroit par opiner; que tout le conseil opineroit après et que l'arrêt seroit rendu. D'Antin fit un très-long rapport qui tint jusqu'à une heure après-midi. Comme on sortoit du conseil, le chancelier me prit auprès de la porte, et me dit tout bas qu'il mouroit d'envie de prendre avec moi une liberté qu'il ne voudroit pas prendre avec un autre, et qu'il espéroit que je ne trouverois pas mauvaise, c'étoit de me demander l'avis que j'avois pris sur le rapport, et que j'opinerois l'après-dînée. Je lui répondis qu'en effet je ne m'en ouvrirois pas à un autre, et après quelques compliments je lui dis, et aussi sommairement que le temps et le lieu l'exigeoient, les raisons principales qui m'y déterminoient. Il m'embrassa, et me dit plus que très-obligeamment que je lui faisois le plus grand plaisir du monde d'avoir bien voulu le lui dire, parce que c'étoit le sien aussi, et que le mien l'y confirmoit, avec force compliments flatteurs. Nous nous séparâmes de la sorte.

1. Ce verbe est bien à l'indicatif.

Cette affaire, dans laquelle je n'entrerai pas ici, étoit susceptible de trois sortes d'opinions : laisser le pays de Lalleu comme il étoit, membre des états de Lille ; l'en distraire, et l'adjoindre à ceux d'Artois ; enfin, laisser ce petit pays indépendant de ces deux états, et qu'il en eût pour lui tout seul. C'est ce que ce petit pays demandoit, consentant toutefois à demeurer comme il étoit, uni si on le vouloit aux états de Lille, mais se défendant d'être uni à ceux d'Artois. Mon avis étoit qu'il eût des états particuliers pour lui, et qu'il ne fût membre ni de ceux de Lille ni de ceux d'Artois. C'étoit aussi celui du chancelier quand nous sortîmes du conseil du matin, comme je viens de le dire.

Nous n'eûmes que le temps de dîner. A trois heures le conseil commença. Quoique on y fût fort accoutumé aux beaux rapports de d'Antin, l'exactitude, la précision, l'explication foncière, la netteté, la force, l'agrément de son rapport avoit enlevé la compagnie, qui ne la fut pas moins de sa belle, longue et forte opinion l'après-dînée. Il se peut dire qu'il excelloit en ce genre sur tous les magistrats ; avec cela une mémoire qui n'oublioit pas les plus petites choses, qui ramenoit tout avec ordre, justesse et clarté, qui ne se méprenoit jamais en aucun fait, circonstances, nom propre, date, et qui, à mesure qu'il en citoit, disoit à l'évêque de Troyes, devant qui d'ordinaire il mettoit la pile de ses papiers, le cahier, la liasse, la page par numéro et par chiffre, où il trouveroit ce qu'il citoit, et dans le moment même Monsieur de Troyes le trouvoit et le lisoit tout haut. D'Antin, qui n'opinoit jamais pour soi-même, et qui ne faisoit que rapporter l'avis du conseil du dedans, ainsi que tous les autres chefs des autres conseils sur les affaires qu'ils en rapportoient au conseil de régence, fut pour les états d'Artois. Presque tous le suivirent, le peu d'autres furent pour ceux de Lille.

Mon rang d'opiner étoit immédiatement avant le chancelier, après lequel il n'y avoit plus que les deux bâtards et les princes du sang. Je vis donc que j'allois ouvrir un avis, et, comme je savois que le chancelier seroit du même, je ne voulus pas en épuiser les raisons pour en laisser de nouvelles à dire au chancelier, qui donnassent lieu aux préopinants de s'y accrocher pour revenir à son avis avec moins de répugnance qu'ils n'en auroient eu à revenir au mien, et de couvrir leur petite vanité du poids de la place, de l'état et de la capacité du premier magistrat. Néanmoins, comme il falloit des raisons pour soutenir un avis tout neuf, je ne laissai pas de parler assez longtemps, tant [pour] le faire bien entendre et valoir, que pour affoiblir et réfuter les deux autres avis. Je fus surpris d'y être souvent interrompu par des voix qui disoient tout haut : « Mais M. de Saint-Simon a raison. » Cela arriva si souvent et par tant de personnes, que je me tournai à la fin vers le conseil, car on opinoit un peu tourné vers le Régent, et je dis que, puisqu'on trouvoit que j'avois raison, rien n'empêchoit de revenir à mon avis ceux qui le trouvoient le meilleur, puisque l'arrêt n'étoit point fait. Des voix dirent : « Cela est vrai, » et encore pendant le reste de mon opinion, que j'avois raison; cependant elles s'en tinrent là, et personne ne prit la parole pour se rendre à mon avis. Je compris la petite foiblesse, et je m'en sus plus de gré de laisser quelques raisons nouvelles au chancelier à dire et à appuyer, qui donneroient lieu aux préopinants de revenir à son avis avec moins de peine qu'au mien.

Le chancelier, quand j'eus fini, débuta par l'éloge de mon avis, dont il loua en détail la justice, les raisons et la force. Il balança ensuite les trois avis en avocat général; puis se rabattant sur la politique et les événements fâcheux de la dernière guerre du feu Roi en Flandres, il s'étendit sur son regret d'être obligé de faire taire le droit, la raison, l'équité devant les motifs majeurs et pressants de l'intérêt de l'État, paraphrasa longtemps et gauchement, quoique éloquemment, cette politique, protesta encore de sa répugnance et de son regret d'être entraîné par des considérations si fortes, nonobstant le droit et l'équité, et conclut pour les états d'Artois. Je l'écoutois avec une attention extrême. Je ne pouvois comprendre d'abord qu'il eût changé d'avis depuis qu'il m'avoit parlé en sortant du conseil deux heures auparavant, et ma surprise fut extrême quand à la fin je n'en pus douter. J'oublie de dire qu'en finissant il loua encore mon avis, et me fit un petit compliment direct sur la peine où il étoit de n'en pouvoir être par la seule raison d'État.

Dès que je m'aperçus qu'il avoit tourné, je dis tout bas au comte de Toulouse que je ne pouvois revenir d'un étonnement dont je lui dirois la cause en sortant; mais que je le priois de ne pas prendre la parole après le chancelier, parce que je voulois parler encore. Ce n'étoit pas que j'espérasse faire revenir personne à ce que je voyois, mais je ne crus pas juste de taire les raisons que je n'avois retenues que pour les laisser neuves dans la bouche du chancelier, par la raison que j'en ai dite. Ainsi, quand il eut fini, je priai le Régent de me permettre d'ajouter un mot à mon opinion. Je le fis donc avec étendue et avec les mêmes applaudissements que j'avois raison, mais sans autre succès. Le surplus des opinions se conforma au chancelier, et l'arrêt suivit de même.

En sortant du conseil, le comte de Toulouse me prit à part, curieux de savoir la cause de mon extrême surprise, et fut étonné au dernier point, lorsque je la lui dis. Le chancelier et moi ne nous cherchâmes point en sortant de ce second conseil, et jamais depuis nous ne nous en sommes parlé.

Le pays de Lalleu, qui est riche, mais qui n'a que de gros laboureurs, mais gens de bon sens et de bon gros raisonnement, en avoit député à la suite de cette affaire qui les intéressoit beaucoup. On me les annonça pour la première fois comme j'allois sortir pour le conseil du matin, où leur affaire fut rapportée. Ils voulurent me parler et me présenter leur mémoire; je l'avois eu d'ailleurs avec ceux des états, et je les avois tous fort étudiés. Je voyois que ces paysans avoient raison, et j'étois fâché qu'ils vissent et instruisissent si tard leurs juges. Je n'avois pas alors le temps de les entendre : c'étoit l'heure du conseil. Je les rabrouai donc au lieu de les écouter, et je montai devant eux en carrosse. Je fus tout étonné de les voir revenir le surlendemain matin, avec deux prodigieuses mannes du plus beau linge de table que j'aie jamais vu, et en la plus grande quantité. Ils avoient su que j'avois été seul pour eux au conseil, et que j'avois longuement opiné. Ils venoient avec ce présent me témoigner leur reconnoissance. J'eus beau leur dire ce que je devois là-dessus, je ne pus les empêcher de déployer quelques nappes et quelques serviettes; mais quand ils virent qu'il leur falloit les remporter, ils se mirent à pleurer et à dire que je les méprisois, quoique je leur eusse parlé avec toute l'honnêteté possible. Je fus si touché de leur douleur de si bonne foi, que je leur dis enfin que pour leur montrer combien j'étois éloigné de mépris et touché de leurs sentiments[1] pour moi, ils me feroient faire ce que je n'avois jamais fait et ne ferois jamais pour personne. Je pris donc une nappe et une douzaine de serviettes; cela les consola un peu. Ils remportèrent tout le reste en me comblant de bénédictions. Je le dis à M. le duc d'Orléans. Pour l'histoire du chancelier, je n'en parlai qu'au comte de Toulouse.

Il y eut une assez forte brouillerie entre les ducs de Noailles et de la Force sur quelques affaires de finances. La Force avoit été mis dans le conseil de finances à l'insu, puis malgré le duc de Noailles, contre tout ce que j'avois pu lui dire d'une place en troisième, après le maréchal de Villeroy et le duc de Noailles, dont il étoit si fort l'ancien en dignité, sans compter la naissance, et place subalterne encore pour le travail et le détail, et qui,

---

1. Saint-Simon a écrit *leurs* au pluriel, et *sentiment* au singulier.

sous le nom personnel de vice-président, n'étoit pas supérieure en effet aux emplois des autres de ce conseil, qui, plus rompus aux affaires de finances que lui et appuyés du duc de Noailles, lui feroient passer sans cesse la plume par le bec, et avec force révérences se moqueroient de lui. Il fut en effet exposé à toutes les niches que le duc de Noailles ne lui épargna pas. L'esprit et la capacité, joints à sa qualité le soutinrent, mais n'empêchèrent pas tous les effets de la jalousie du duc de Noailles contre un seigneur qui pour le moins le valoit et lui étoit égal, et qu'il voyoit lié avec Law, qui étoit sa bête. Ces démêlés finirent après beaucoup d'autres qui avoient moins éclaté, mais ce ne fut qu'en apparence, par un département fort étendu qui fut donné à M. de la Force, avec assez d'autorité; mais à quelque sauce que cela pût se mettre, ce n'étoit être, en bon françois, qu'intendant des finances un peu renforcé, et par conséquent être fort déplacé, comme il n'en pouvoit être autrement, dès qu'il avoit bien voulu se fourrer si bassement dans le conseil des finances.

J'avois oublié deux bagatelles sur Mme la duchesse de Berry. Elle choisit Mme d'Arpajon pour la place d'une de ses dames qui vaquoit par la mort de Mme d'Aydie, sœur de Rion. Arpajon, un des plus sots hommes de France, sans contredit, et des plus avares, avoit acheté le gouvernement de Berry du duc de Noailles, et obtenu assez légèrement la Toison en Espagne, où il avoit servi longtemps avec les troupes de France. Il étoit lieutenant général, et petit-fils du bonhomme Arpajon, duc à brevet, chevalier de l'ordre, et distingué en son temps par son mérite et ses emplois; la naissance ancienne et fort bonne. Mme d'Arpajon avoit une figure extrêmement noble et agréable, peu d'esprit, beaucoup de douceur et de politesse; très-vertueuse, et d'une piété qui n'a toujours fait qu'augmenter. Elle étoit fille de le Bas de Montargis, un des trésoriers de l'extraordinaire des guerres, et d'une fille de Mansart, qui avoit les bâtiments. Elle étoit extrêmement riche et peu heureuse avec un mari qui ne la méritoit pas; mais elle le cachoit avec grand soin, et lui rendoit des devoirs infinis. Ils n'ont eu qu'une fille, qu'a épousée, avec de grands biens, le second fils du duc de Noailles. Mme la duchesse de Berry la choisissoit volontiers, avec la marquise de la Rochefoucauld, fille de Prondre, pour aller avec elle coucher aux Carmélites, et leur disoit toujours : « Je vous amène mes deux bourgeoises. »

Cette princesse si haute et si fière, avec qui les seuls princes du sang pouvoient manger, et encore point à l'ordinaire ni en public, hors à des mariages, mais à la campagne ou en particulier, mangeoit avec tous les roués de M. le duc d'Orléans, et chez elle avec des hommes de peu de choses[1], et avec un jésuite d'esprit et de manége, qui s'appeloit le P. Riglet, qu'elle avoit connu de jeunesse par ses femmes, et qui en disoit des meilleures.

Elle imagina aussi d'avoir un maître de la garde-robe. C'est une charge de valet. Joyeux, mort premier valet de chambre de Monseigneur, l'avoit été de la Reine. Ceux de la Reine mère et des deux Dauphines ne valoient pas mieux. Elle trouva une manière de chevalier d'industrie, grand spadassin de son métier, bâtard d'un Gouffier, qui se faisoit appeler Bonivet, qui ne vouloit point être bâtard, et qui pourtant n'a pu être autre chose, ni reconnu comme légitime de pas un de la maison de Gouffier. Il trouva là quelques petits gages dont il avoit besoin, et y espéra quelque fortune par son manége. Mme la duchesse de Berry le prit, et dit en confidence à Mme de Saint-Simon, qui ne lui en parloit point, que c'étoit une espèce de nom qu'elle mettoit dans sa maison, de plus un homme de main qu'elle étoit bien aise d'avoir, parce que, bien aujourd'hui avec M. le duc d'Orléans, cela pouvoit changer, et qu'il falloit avoir chez soi de quoi se faire

---

1. Il y a bien *choses*, au pluriel.

compter. Tel étoit la tête et le cœur de cette princesse.

On apprit la mort du cardinal Arias, archevêque de Séville, un des plus honnêtes hommes et des meilleures têtes d'Espagne, et qui avoit le plus contribué au testament de Charles II, étant conseiller d'État et commandeur dans l'ordre de Malte. On a vu quel il étoit lorsqu'on a parlé ici de l'avénement de Philippe V à la couronne, la part qu'Arias eut au gouvernement, et comme la princesse des Ursins sut s'en défaire, ainsi que du cardinal Portocarrero et de tous les autres, pour demeurer seule maîtresse du gouvernement. Arias fut aussi bon prêtre et évêque, qu'il avoit été bon ministre d'État, ravi de n'avoir plus à se mêler de rien, uniquement appliqué à son diocèse, d'où il ne sortit plus, et à s'occuper de son salut sous la pourpre romaine, qu'il n'avoit point briguée, mais que la pudeur lui fit donner par le roi d'Espagne, pour une marque de son estime et de sa satisfaction de ses services, qui fut universellement applaudie. Arias méprisa le monde et la cour, et se trouva mieux à Séville qu'il n'avoit fait à Madrid, quoique ce grand archevêché ne lui eût été donné que comme un exil honorable et pour se défaire de lui. Il étoit assez vieux, et fut regretté de toute l'Espagne, et infiniment dans son diocèse.

La comtesse d'Harcourt, qui se fit appeler depuis comtesse de Guise, comme on l'a vu ailleurs, perdit Mme de Monjeu sa mère, qui étoit Dauvet des Marests.

En même temps mourut aussi Richard Hamilton. C'étoit un homme de beaucoup d'esprit, qui savoit, qui amusoit, qui avoit des grâces et beaucoup d'ornement dans l'esprit, qui avoit eu une très-aimable figure et beaucoup de bonnes fortunes en Angleterre et en France, où la catastrophe du roi Jacques II l'avoit ramené. Il avoit servi avec distinction, et la comtesse de Gramont, sa sœur, l'avoit initié dans les compagnies de la cour les plus choisies; mais elles ne lui procurèrent aucune fortune, pas même le moindre abri à la pauvreté. Il étoit catholique, et sa sœur l'avoit mis dans une grande piété qui l'avoit fait renoncer aux dames, pour qui il avoit souvent fait de très-jolis vers et des historiettes élégantes. Sa demeure étoit Saint-Germain. Il alla mourir à Poussay, chez sa nièce, qui en étoit abbesse, pauvre elle-même, mais moins pauvre que lui, pour ne pas mourir de faim.

Vers le milieu de décembre, l'abbé de Bonneuil fut trouvé tué dans sa chambre de coups de bâton sur la tête, et de coups d'épée dans le corps par devant et par derrière, et son valet de chambre, qui étoit son seul domestique, au même état près de lui, son épée nue auprès de lui, et un couteau de chasse nu auprès de l'abbé. Il étoit grand joueur, avoit beaucoup gagné depuis peu et voyoit assez bonne compagnie. On le trouva volé. La femme du valet de chambre fut arrêtée sur quelques indices. Elle avoua qu'elle étoit en commerce avec un soldat aux gardes, qui entra dans la maison pour tuer le valet de chambre et voler le maître, qui, pour son malheur, rentra chez lui bien plus tôt qu'à l'ordinaire, comme l'expédition s'achevoit. Le soldat fut arrêté à Bar un matin dans son lit, qui, se voyant pris, se tua tout roide d'un poignard qu'il avoit sous son chevet. On prit aussi un laquais de Mme du Guesclin, chanoinesse, qui voulut tuer sa maîtresse. Elle eut le courage de lui arracher son épée et la charité de lui dire de se sauver. Sa femme de chambre, qui étoit du complot, fut prise aussi. Ces tragiques aventures firent redoubler les défenses des jeux de hasard, et mettre en prison une trentaine de tailleurs au pharaon, qui continuoient leur métier malgré les premières défenses.

Les états de Bretagne s'ouvrirent de façon à ne pas laisser douter qu'il n'y eût du bruit, et qu'on ne s'y fût préparé dans la province. La noblesse qui alla au-devant du maréchal de Montesquiou arrivant à Rennes pour les tenir, se formalisa de ce qu'il ne sortit point de sa chaise de poste pour monter à cheval avec elle, et de ce qu'au lieu d'aller aux états de son logis à pied, avec une foule de noblesse venue chez lui pour l'y accompagner, il s'y fit porter en chaise. En ces deux points la noblesse n'avoit pas tort; mais elle en prit occasion de traiter fort mal le maréchal de Montesquiou, à qui ils disputèrent tout, et de là, non contents de refuser le don gratuit par acclamation, comme ils l'avoient toujours fait depuis 1672, et peu satisfaits d'un million de diminution qui leur avoit été accordé dessus, ils ne parlèrent que de leurs priviléges du temps de leurs ducs, et voulurent changer une infinité de choses, sans que le prince de Léon, qui présidoit à la noblesse, et qui y étoit considéré, pût rien gagner. On y envoya neuf bataillons, outre deux qui y étoient déjà, et on y fit marcher en même temps dix-huit escadrons. On s'attendoit depuis quelque temps à y voir arriver du désordre. Le maréchal de Montesquiou avoit été chargé de séparer les états s'il les voyoit disposés à ne pas obéir à la volonté du Roi. Il différa quelques jours; mais les états ayant déclaré qu'ils ne changeroient point d'avis, il congédia l'assemblée. Ce fut le commencement des troubles de ce pays-là, et le fruit des pratiques de M. et de Mme du Maine.

Il y avoit quelque temps que j'étois dans un commerce secret et encore plus obscur, qui en voulant me mettre le doigt sur la lettre, m'en montroit assez pour me faire voir en gros de dangereuses cabales, et me faisoit une énigme suivie de tout ce qui m'en pouvoit éclaircir. Mme d'Alègre, dont le mari a été longtemps depuis maréchal de France, m'envoya un prêtre un matin me demander chez moi une audience fort secrète, et me prier surtout de ne point aller chez elle. Je ne la connoissois en façon du monde, et je n'avois jamais été en aucun commerce avec son mari. L'aventure me parut fort singulière, aussi cette femme l'étoit-elle beaucoup. J'en ai parlé assez pour la faire connoître, à l'occasion du mariage de sa fille Mme de Barbezieux, et des suites de ce mariage. Mme d'Alègre vint donc chez moi à l'heure marquée.

Ce fut d'abord des compliments sans fin et des louanges merveilleuses ; je répondois courtement et voulois venir au fait; mais je reconnus bientôt que l'embarras d'y entrer multiplioit la préface. De là elle vint aux louanges de M. le duc d'Orléans, à celles de mon attachement pour lui, à la constitution, au gouvernement. Elle épuisa tous les entours et les environs, avec une impatience de ma part inexprimable. Enfin elle se mit sur le ton des oracles, serrant la bouche, tournant les yeux, accommodant sa coiffe, frottant son manchon, tantôt me regardant à me pénétrer, puis baissant les yeux et jouant de l'éventail, disant deux mots coupés et laissant le sens suspendu, tombant dans un morne silence. Ce manége fut constant dans toutes les visites que j'en reçus depuis, et qui furent assez fréquentes pendant quatre ou cinq mois. Enfin elle me fit entendre qu'il se brassoit beaucoup de choses très-importantes contre M. le duc d'Orléans et contre son gouvernement, qu'elle n'en pouvoit douter, et sans rien spécifier ni nommer lieux ou gens, elle ne cessoit d'appuyer sur la certitude de ses connoissances, et de m'exhorter d'y prendre garde, et d'avertir M. le duc d'Orléans pour qui elle me dit merveilles de son attachement et de l'obligation qu'elle se croyoit en conscience de venir à moi par mon attachement pour lui, et la confiance qu'il avoit en moi. J'eus beau lui dire que, dans les avis qu'elle avoit la bonté de me donner, je ne voyois qu'une inquiétude inutile à prendre, sans aucune lumière qui pût conduire aux précautions nécessaires, je n'en pus jamais tirer davantage, sinon qu'elle me reverroit quelquefois avec le même mystère, qu'elle verroit quand et comment elle m'en pourroit dire davantage, revint à appuyer la certitude de ses connoissances, revint aux compliments et aux protestations, et surtout exigea le plus entier secret de M. le duc d'Orléans et de moi, et que je n'allasse jamais chez elle, parce [que] le moindre soupçon qu'on auroit d'elle la perdroit. Tout ce verbiage dura près de deux heures, et le mystère fut poussé jusqu'à exiger que je fermerois la porte de mon cabinet sur elle sans la conduire un pas.

Je savois bien qu'il se brassoit quelque chose en Bretagne, où les états n'étoient point encore assemblés. Mais Mme d'Alègre étoit de Toulouse, son mari d'Auvergne. Je ne leur voyois point d'entours bretons. Sa singularité, sa vie dévote et assez retirée, son esprit, car elle en avoit, qui passoit pour tourné à la chimère, me fit soupçonner qu'elle cherchoit à s'intriguer. Je ne fis donc pas grand cas de tout ce qu'elle me dit, et comme il n'y eut rien que de fort vague, je ne crus pas en devoir alarmer le Régent.

Après l'éclat des états de Bretagne, elle revint, me dit qu'elle étoit bien informée d'avance de ce qui venoit d'arriver, et encore par quels ressorts ; que le Régent se trompoit s'il pensoit que l'affaire fût finie, ou que les prétentions des états en fussent l'objet, et me prenant les mains et les appuyant sur mes genoux avec des roulis d'yeux : « Tout cela, Monsieur, assurez-vous-en bien, et ne le laissez pas ignorer au Régent, n'est que le chaussepied, vous en verrez bien d'autres ; mais..., hé!.., car...; » et d'autres mots coupés, comme une femme qui sait et qui se retient ; et tout de suite se lève pour s'en aller. J'eus beau faire, je n'en pus rien tirer de plus. En passant la porte : « Il n'est pas temps encore, me dit-elle, mais je vous reverrai, mais ne vous endormez pas ni M. le duc d'Orléans. » En disant cela, elle ferme la porte et s'en va.

Quelque obscure que fût cette seconde visite, je crus devoir pourtant en rendre compte à M. le duc d'Orléans. Quoique il connût bien ce que c'étoit que Mme d'Alègre, et qu'il ne vît pas plus clair dans ses langages que moi, il me parut en faire plus de cas que je n'aurois pensé. Il voulut que je suivisse ce commerce, c'est-à-dire que je me tinsse toujours prêt à la recevoir et à l'entendre, puisque sa maison m'étoit interdite, que je lui témoignasse reconnoissance de sa part, et que je fisse de mon mieux pour en tirer tout qu'il seroit possible. J'aurai à revenir à ce commerce plus d'une fois.

L'abbé du Bois revint d'Angleterre les premiers jours de décembre, et y retourna avant la fin du même mois. C'étoit Nancré qu'il avoit établi son correspondant, et par qui ses lettres passoient au Régent et du Régent à lui. Par ce qu'on a vu ici en quelques endroits de Nancré, on comprend qu'il étoit très-propre à vouloir être et à devenir en effet l'homme de confiance de l'abbé du Bois. Nocé l'avoit été un temps, mais il étoit trop singulier et trop roide pour que cette liaison pût durer, elle se tourna depuis en froideur, et puis en haine ouverte. Nancré avoit tout le liant, le ployant, la patience, l'intelligence et la conformité d'âme, qui l'y rendoit merveilleusement propre. Il étoit souple et flatteur avec Canillac, et admirateur avec Noailles, valet à tout faire avec Law pour en tirer et pour plaire, et grand courtisan de Stairs. J'ai parlé de lui ailleurs plus en détail. En un mot, il vouloit être et surtout s'enrichir et faire encore fortune.

L'abbé du Bois trouva le prince de Galles en arrêt[1] dans son appartement, sans pouvoir être vu que de son plus nécessaire service. Il écrivit de là deux lettres au roi son père, qui l'irritèrent encore plus. Il eut ordre ensuite de sortir du palais. Il fut loger chez le lord Lumley à Londres, puis s'établit à une lieue de Londres au village de Richmont. Toute l'Europe a su l'horrible catastrophe du comte de Königsmarck, que Georges, n'étant que duc d'Hanovre, fit jeter dans un four chaud, et mit la duchesse sa femme dans un château, bien gardée, où elle n'a eu un peu de liberté que depuis que Georges a été roi d'Angleterre. Ce prince ne pouvoit souffrir son fils, dans la persuasion qu'il n'étoit pas de lui, et le fils ne pouvoit souffrir le père, dans le dépit

1. Voyez ci-dessus, p. 137 et note 2.

de cette persuasion continuellement marquée et de mauvais traitements faits à sa mère. Ch. de Brandebourg Anspach, sa femme, étoit une princesse d'esprit, liante, sage, aimée extrêmement en Angleterre, fort bien avec son mari et son beau-père, qui se mettoit sans cesse entre-deux. Le roi d'Angleterre lui offrit de demeurer au palais avec ses enfants, mais elle voulut suivre son mari.

CHAPITRE X.

Idées et précautions d'Alberoni ; état embarrassant du roi d'Espagne ; capacité del Maro odieuse à Alberoni, qui le décrie partout; ses exhortations, et ses menaces au Pape en faveur d'Aldovrandi. — Manéges d'Aldovrandi. — Sagacité del Maro. — Première audience du colonel Stanhope d'Alberoni peu satisfaisante. — Chimères d'Alberoni. — Craintes d'Alberoni parmi sa fermeté ; son espérance en la Hollande fomentée par Beretti ; découverte de ce dernier sur le roi de Sicile ; faux raisonnements de Beretti sur les Hollandois. — Abbé du Bois à Londres ; Monteleon y est leurré ; cherche à pénétrer et à se faire valoir. — Audacieux avis des Anglois au Régent sur son gouvernement intérieur, qu'ils voudroient changer à leur gré ; réflexions. — Projet du Czar à l'égard de la Suède, et ceux du roi de Prusse ; offres de la Suède. — Conduite suspecte de Gœrtz, et celle du Czar et du roi de Prusse en conséquence ; avis de ce dernier au Régent ; ses chimères. — Objet du roi d'Angleterre dans son desir de moyenner la paix entre l'Empereur et l'Espagne à Londres ; Penterrieder y arrive. — Divers sentiments en Hollande. — Conditions fondamentales proposées à l'Espagne pour la paix. — Alberoni, aigri contre Stairs, est contenté par Stanhope, qui l'amuse sur l'affaire principale par une équivoque. — Grande maladie du roi d'Espagne ; solitude de sa vie. — Alberoni veut interdire toute entrée à Villena, majordome-major, qui dans la chambre du roi d'Espagne, la reine présente, donne des coups de bâton au cardinal, et est exilé pour peu de temps. — Le roi d'Espagne fait un testament.

Alberoni ne vouloit ouïr parler d'aucun accommodement avec l'Empereur. Il se forgeoit des chimères que lui-même n'espéroit pas, et qu'il ne laissoit pas de faire proposer pour attaquer l'Italie et les Pays-Bas à la fois par la France d'un côté avec les Hollandois, et de l'autre avec le roi de Sicile, tandis que l'Espagne attaqueroit le royaume de Naples, et en chasser ainsi l'Empereur. Mais se voyant seul, il n'oublioit rien pour avoir de grandes forces pour faire craindre l'Espagne, et obtenir de meilleures conditions quand il faudroit traiter.

Il comptoit tellement sur la mauvaise disposition de l'Angleterre, qu'il vouloit, pour premier point préliminaire, que la négociation ne se traitât point à Londres. Il se flattoit qu'il y auroit bientôt des mouvements considérables en ce pays-là. Il se mit à caresser le Prétendant, sans toutefois lui donner le plus petit secours, et il lui fit passer par le cardinal Gualterio l'avis de se marier, comme étant celui de tous les Anglois, même les plus opposés à son rétablissement, et la chose la plus agréable à toute l'Angleterre, comme le sachant d'un homme principal et fort mêlé dans le gouvernement.

Alberoni n'avoit laissé que le nom et les places aux conseillers d'État, qui est ce que nous appelons ici les ministres. Il ne leur communiquoit que des choses indifférentes; les secrétaires d'État n'avoient même aucune part à rien de son entreprise. Il en avoit écrit et signé de sa main tous les ordres. Patiño seul en conduisoit l'exécution sous lui. Il vouloit le même secret dans toutes les affaires, et que les ministres d'Espagne dans les cours étrangères ne rendissent compte qu'à lui tout seul. Il avoit de plus la raison de l'état du roi d'Espagne, accablé de vapeurs qui le faisoient juger plus mal qu'il n'étoit. Sa mélancolie étoit extrême, et quoique extérieurement soumis à la reine et aux volontés du cardinal, qui disposoit seul en effet de toutes les affaires, il y en avoit néanmoins de particulières, où la mauvaise humeur du roi éclatoit au dehors assez pour y être connue et remarquée par les ministres étrangers.

L'abbé del Maro, ambassadeur du roi de Sicile à Madrid, étoit celui dont la vigilance à être des mieux informés et la pénétration, qu'Alberoni ne pouvoit tromper, lui étoit le plus odieux, comme un surveillant insupportable. Il prit aussi un soin particulier de le décrier dans sa cour et dans les autres où cet abbé pouvoit avoir quelque relation, et à le faire passer à Rome pour le plus grand fourbe du monde et le plus grand ennemi du Pape.

Il en tiroit avantage pour exhorter le Pape à la patience, à la dissimulation, et à se mesurer en sorte qu'il ne le mît pas hors d'état de lui rendre le moindre service. Il consentoit qu'il criât, qu'il se plaignît de l'Espagne pour contenter les Impériaux, mais à condition qu'il ne laisseroit jamais imprimer le bref qu'il avoit écrit au roi d'Espagne, parce que, s'il le permettoit, on ne pourroit plus répondre d'empêcher les grands désordres qui en arriveroient; que c'étoit pour les prévenir qu'il avoit empêché Aldovrandi de le présenter au roi d'Espagne, déférence et prudence dont il vouloit que le Pape louât son nonce et lui en sût gré. Comme le cardinal jugeoit que cette complaisance d'Aldovrandi exciteroit puissamment les Allemands à le perdre, il protestoit au Pape que, s'il le rappeloit, il pouvoit assurer de voir la nonciature fermée pour longtemps, et le roi d'Espagne marcher sans mesure avec la hauteur et la dignité qui lui convenoit. Il lui disoit que le seul moyen de travailler utilement pour l'un et pour l'autre étoit que le roi d'Espagne fût puissamment armé par mer et par terre. Aussi le cardinal y travailloit-il de toutes ses forces.

Il trouvoit inutile d'acquérir pour l'Espagne des partisans à Rome par des grâces pécuniaires, dont elle ne tireroit nul service, si les affaires demeuroient en l'état où elles étoient, qui venant à changer, on verroit bien des gens principaux de cette cour briguer à genoux la protection de cette couronne. Il menaçoit ceux de cette cour qui recevoient des grâces de celle de Vienne. Il prétendoit que le cardinal Albane en touchoit vingt mille écus de pension, que l'Empereur l'avoit menacé de lui ôter sur le soupçon du concert du Pape avec l'Espagne depuis le mouvement de ses troupes. Là-dessus, il déclamoit contre ce cardinal neveu, qui vendoit son honneur et son oncle.

Il avertissoit le Pape de tenir la balance égale entre le roi d'Espagne et l'Empereur, de l'indignité de se rendre l'esclave des Allemands, en consentant de retirer qui leur déplairoit des emplois, et Acquaviva fut chargé de déclarer de la part du roi et de la reine d'Espagne que si le mauvais office[1] qu'à l'instigation de Gallas Albane rendoit continuellement à Aldovrandi faisoit rappeler ce nonce, on n'en recevroit point d'autre en sa place, et que la nonciature demeureroit fermée pendant tout ce pontificat, ausi bien qu'une bonne partie de la daterie.

Alberoni en effet ne pouvoit avoir un nonce plus à sa main, ni plus souple à ses volontés qu'Aldovrandi. Celui-ci étoit persuadé de la nécessité de l'union des deux cours; qu'elle ne pouvoit subsister qu'autant qu'il se rendroit agréable à celle où il étoit envoyé. C'est ce qui l'avoit rendu si docile à remettre les brefs d'indults avant l'accommodement, et à ne les point retirer contre les ordres positifs du Pape. Le desir de profiter de sa nonciature le fit insister auprès du Pape à ne plus parler de ces deux griefs. Les brefs en dépôts, entre les mains d'Alberoni et du confesseur y étoient en sûreté; on n'en pouvoit de plus faire usage que de l'autorité de la nonciature, par conséquent sans la permission du Pape; et de plus le roi s'en pouvoit passer, en demandant à son clergé le même don gratuit, qui aimeroit mieux se faire un mérite de l'accorder que d'y être forcé par les bulles.

Ce nonce tâchoit de persuader au Pape que la conquête de la Sardaigne pouvoit devenir un moyen de paix par les offices commencés de la France et de l'An-

---

1. Il y a *offices*, au pluriel, mais ce mot est précédé de *le mauvais*, et régit, à la ligne suivante, le verbe *faisoit*.

gleterre. Il reconnoissoit que le roi de Sicile y pouvoit contribuer ; mais il ne jugeoit pas qu'on pût se fier à un prince aussi capable que lui de faire les mêmes manéges à Vienne et à Madrid.

L'abbé del Maro y paroissoit, depuis quelque temps, plus souvent à la cour, et Alberoni moins aigre à son égard. Ce changement, qui mal à propos fit soupçonner quelque négociation entre les deux cours n'en fit aucun dans l'esprit de cet abbé. Il crut toujours que le projet d'Alberoni avoit été la Sicile, que le roi d'Espagne s'y étoit opposé, que la Sardaigne n'avoit été qu'un amusement pour occuper et ne pas laisser la flotte et les troupes inutiles.

Le colonel Stanhope arriva cependant à Madrid, où il trouva Bubb, secrétaire, chargé jusqu'alors des affaires d'Angleterre. Tous deux virent ensemble Alberoni. Ils l'assurèrent d'abord de l'amitié du roi d'Angleterre pour le roi d'Espagne, motivèrent après ses plaintes de l'infraction de la neutralité d'Italie, dirent qu'il espéroit que le roi d'Espagne, acceptant sa médiation, enverroit incessamment un ministre à Londres pour y travailler à un bon accommodement pour prévenir un embrasement en Europe ; ils ajoutèrent qu'en ce cas le roi d'Angleterre avoit les pouvoirs nécessaires pour entamer un traité à des conditions avantageuses et honorables à l'Espagne et utiles pour assurer le repos de l'Europe. Alberoni s'emporta d'abord, invectiva contre le traité d'Utrecht, qui en donnant tant à l'Empereur, avoit ôté la balance, dit qu'il étoit contre toute politique et contre l'intérêt général de permettre que l'Empereur se rendît maître de l'Italie, et conclut que le roi d'Espagne n'entreroit en aucune négociation, et n'enverroit personne à Londres s'il n'étoit auparavant informé des conditions qu'on proposoit pour l'accommodement. Les Anglois répondirent qu'il s'expliquoit d'une manière bien opposée à l'avis du Régent, qui, de concert avec le roi d'Angleterre, avoit déjà envoyé l'abbé du Bois à Londres ; qu'à l'égard des conditions de l'accommodement, ils étoient prêts de les lui expliquer.

Le cardinal les interrompit, et dit que si leurs propositions regardoient les successions de Toscane et de Parme, il en étoit suffisamment instruit; que le roi d'Espagne ne faisoit nul cas de pareilles offres; que, si on prenoit de telles mesures, il faudroit que le roi d'Espagne mît une garnison dans Livourne dans le moment que le traité seroit conclu; en un mot, qu'il étoit impossible de rien déterminer si les puissances de l'Europe ne s'accordoient à diminuer et à borner le pouvoir excessif de l'Empereur. Les Anglois représentèrent que l'Europe ne s'armeroit pas pour dépouiller l'Empereur des États qu'il possédoit, que les principales puissances s'étoient obligées à lui garantir; que l'unique moyen d'empêcher qu'il fît de nouveaux progrès seroit de s'obliger nouvellement par un traité à se déclarer contre ce prince s'il vouloit faire quelque entreprise. Ils soutinrent que rien ne seroit plus désagréable au grand-duc que de mettre une garnison dans Livourne, mais que cette difficulté ne devoit pas rompre un traité si nécessaire à la tranquillité publique.

Malgré ces facilités, les Anglois ne trouvèrent qu'emportements et fureurs. Alberoni protesta que le roi d'Espagne n'auroit jamais l'infamie de faire à sa postérité le tort de céder pour rien ses justes prétentions en Italie : qu'il n'y avoit ni confiance ni sûreté à prendre en toutes les garanties du monde, qui n'empêcheroient pas l'Empereur de se saisir de ce qu'il voudroit envahir. La conférence finit ainsi sans se persuader.

Alberoni, néanmoins, assez satisfait de la modestie des Anglois, en conclut que le roi d'Angleterre se trouvoit embarrassé de s'être trop engagé, et que l'intérêt du commerce ne permettroit pas à son parlement de lui fournir de quoi faire la guerre à l'Espagne pour l'Empereur. Il ne doutoit pas d'une autre campagne encore en Hongrie; il comptoit sur une grande diminution des troupes impériales en ce pays-là, et sur un grand désordre dans ses finances. Sur ce ruineux fondement il résolut de répondre, en général, que le roi d'Espagne seroit toujours disposé à la paix quand le traité produiroit la sûreté de l'Italie et un juste équilibre en Europe, et qu'il ne pouvoit envoyer à Londres que de concert avec le Régent, qui avoit offert ses offices, dont il falloit savoir les sentiments avant de répondre positivement.

Le cardinal avoit déjà laissé pénétrer ses mauvaises intentions à l'égard du roi de Sicile. Del Maro avoit remarqué son affectation à retarder l'accommodement de quelques différends de peu de conséquence avec ce prince. Il jugea qu'il les réservoit peut-être pour servir un jour de prétextes aux projets qu'il méditoit.

Le mauvais état de la santé du roi d'Espagne et sa mélancolie profonde n'arrêtoit point Alberoni. Il insista toujours sur l'impossibilité de compter sur aucunes garanties par l'exemple de Majorque et de l'évacuation de la Catalogne. Il en concluoit que l'Empereur, maître de l'Italie, le seroit de s'emparer des successions de Toscane et de Parme, et de fomenter encore des troubles dans l'intérieur de l'Espagne; enfin il déclara que le roi d'Espagne ne consentiroit à aucun accommodement, si l'Empereur n'étoit auparavant dépouillé d'une partie des États qu'il possédoit en Italie, seul moyen d'assurer la balance absolument nécessaire au bien public de l'Europe. Quand les Anglois opposoient la parole et la garantie de leur maître, il répondoit que la parole des princes n'avoit lieu qu'autant qu'elle n'étoit pas contraire au bien public et au bien particulier de leurs peuples, et prétendoit faire voir que rien n'étoit plus préjudiciable aux intérêts de l'Angleterre que de faire la guerre à l'Espagne, même que toute alliance avec l'Empereur. Si les Anglois lui représentoient que l'intention de leur maître n'étoit pas de porter la guerre en Espagne, mais d'accorder à l'Empereur un secours de vaisseaux pour garder les côtes d'Italie, il répondoit qu'il seroit bien singulier de voir l'Angleterre tenir une armée navale dans la Méditerranée, uniquement pour le service de l'Empereur, et que si les puissances souffroient l'usurpation de Parme et de Ferrare, que l'Empereur projetoit, elles commettroient une indignité dont elles auroient tout lieu de se repentir. Les ministres d'Espagne au dehors eurent ordre de s'expliquer dans les mêmes sentiments du premier ministre. Avec toute la confiance qu'il faisoit paroître dans les forces de l'Espagne, il craignoit les desseins de l'Angleterre et les effets de sa partialité pour l'Empereur. Les discours que Stairs tint là-dessus à Paris lui déplurent tellement, qu'il voulut que les ambassadeurs d'Espagne en France et en Angleterre s'en plaignissent formellement.

Celui d'Hollande à Madrid tenoit une conduite très-opposée à celle des Anglois. Il fut le seul des ministres étrangers qui illumina sa maison pour la prise de Cagliari[1]. Ses démonstrations différentes de joie firent soupçonner faussement que sa république avoit approuvé cette entreprise sur la Sardaigne. Beretti se flattoit d'y trouver beaucoup de penchant pour l'Espagne, et l'Espagne affectoit une grande confiance pour la République. Cadogan même en marqua obligeamment sa jalousie à Beretti

Ce dernier prétendoit avoir appris du baron de Rensworde qu'en même temps que la flotte espagnole mit à la voile pour la Sardaigne, le roi de Sicile envoya secrètement déclarer à Vienne qu'il n'avoit point de part à l'entreprise; qu'il avoit ordonné à tous les ports de Sicile de tout refuser aux Espagnols, et qu'il prendroit avec l'Empereur tous les engagements qu'il pourroit desirer, s'il vouloit le reconnoître comme roi de Sicile, et approuver le traité fait et ratifié avec l'empereur Léopold en 1703. Beretti se faisoit un mérite de ces avis, et se paroit de la confiance intime qu'avoient en lui les principaux membres des états généraux. Il assuroit qu'ils ne permettroient point que l'Empereur se rendît maître de

1. Voyez ci-dessus, p. 158, note 1.

Livourne, et que l'Angleterre même concourroit à l'empêcher. Il se fondoit en raisonnements pour persuader en Espagne que les Hollandois craignoient qu'on traitât à Londres, et vouloient que ce fût dans une ville de leur État. Il inféroit de la route que Penterrieder devoit prendre pour se rendre à Londres en évitant la Haye, malgré les instances de la République, que l'Empereur craignoit la partialité des Hollandois, et que les Anglois vouloient se réserver à eux seuls la négociation, et n'en donner connoissance aux Hollandois que lorsque toutes choses seroient absolument réglées. Il se trompoit en tous points. Ceux qui étoient au timon de la République étoient dépendants de l'Angleterre et n'osoient s'écarter de ses intérêts. Il étoit donc nécessaire qu'elle agît de concert avec l'Angleterre. Cadogan en étoit bien persuadé, et il attendoit Penterrieder à la Haye, qu'il avoit prié d'y passer.

L'abbé du Bois prévint par son arrivée à Londres celle de Penterrieder. Il y guérit les ministres de la crainte qu'ils avoient conçue que le maréchal d'Huxelles ne fût contraire à la négociation qui s'alloit commencer. Le roi d'Angleterre et ses ministres ne cessoient d'assurer Monteleon d'une amitié et d'une correspondance entière avec le roi d'Espagne, et que la négociation tourneroit à sa satisfaction, et cet ambassadeur s'en flatta plus encore sur la réponse du roi d'Angleterre à l'envoyé de l'Empereur. Ce ministre, en prenant congé de lui, insista sur la garantie, et lui demanda pressamment et avec hauteur s'il vouloit ou non satisfaire aux traités, et donner à l'Empereur des secours de troupes et de vaisseaux nécessaires pour conserver les États qu'il possédoit en Italie. A quoi le roi d'Angleterre répondit qu'en l'état où se trouvoient les affaires générales de l'Europe, il avoit besoin de plus de temps pour faire ses réflexions, avant de prendre une résolution.

D'autre part, l'abbé du Bois assuroit Monteleon d'une manière qui lui paroissoit sincère que ses ordres du Régent étoient très-positifs en faveur de l'Espagne, dont il regardoit les intérêts comme inséparables de ceux de la France, et l'avoit expressément chargé d'y veiller avec une égale attention. Néanmoins Monteleon cherchoit à pénétrer s'il disoit bien vrai, et si sa mission ne regardoit que la négociation qui paroissoit, et peut-être en même temps pacifier les troubles du Nord, ou s'il y avoit quelque cause secrète et quelque mystère plus profond. La confiance qui paroissoit entre Stanhope et lui lui donnoit celle de pénétrer ce qu'il en étoit, parce que Stanhope étoit le principal acteur. Mais, jusqu'à l'arrivée de Penterrieder, il ne se pouvoit agir que de propos généraux. En attendant, Monteleon vantoit en Espagne ses services et ses soins, et au duc de Parme, qu'il y croyoit tout-puissant, l'attention qu'il apportoit à ses intérêts, les conseils qu'il donnoit en sa faveur à l'abbé du Bois, et les démarches qu'il continueroit de faire en sa faveur, sans que l'Espagne fût instruite de tout ce qu'il faisoit à cet égard.

On croyoit à Londres que le duc de Parme et les autres princes d'Italie desiroient la conclusion du traité qui alloit s'y négocier, pour éviter la guerre dont ils étoient menacés; mais quelques-uns d'eux, qui étoient dans la confiance d'Angleterre, doutoient de la sincère intention de la France, non du Régent, dont ils croyoient l'intérêt d'être uni au roi d'Angleterre, mais d'une puissante cabale, fort contraire au Régent, et fort attachée au roi d'Espagne.

Bernsdorff, celui des ministres hanovriens qui avoit le plus de crédit auprès du roi d'Angleterre, et Robeton, réfugié françois, imaginèrent et prièrent Stairs de conseiller au Régent de choisir cinq ou six bonnes têtes dévoués[1] à ses intérêts, de se conduire par leur conseil, de les prendre parmi les évêques et les ecclésiastiques réputés jansénistes, où il y avoit des gens habiles; qu'étant sans famille, ils seroient plus hardis que les

---

1. Saint-Simon a bien écrit, par syllepse, *dévoués*, au masculin.

laïques, et qu'ennemis des jésuites, ils tiendroient tête à cette canaille, auteurs de libelles répandus contre lui, en dernier lieu de celui de la *Gazette de Rotterdam*, très-certainement sorti de leur boutique. Ces deux hommes attribuoient à cette cabale d'avoir mis et de soutenir en place Châteauneuf en Hollande, Rottembourg en Prusse, Poussin à Hambourg, le comte de la Marck en Suède, Bonac à Constantinople. Ce dernier, disoient-ils, instruit par la cabale, avoit proposé une alliance entre la Suède et la Porte pour continuer la guerre d'Hongrie, et averti Ragotzi de ce qu'il devoit faire pour détourner les Turcs de faire la paix. Châteauneuf menaçoit les Hollandois du ressentiment de la France, s'ils accordoient à leurs sujets des lettres de représailles contre les Suédois. La Marck travailloit à une paix particulière entre le Czar et la Suède, avec un zèle et une partialité extrême pour celle-ci, tandis qu'elle se plaignoit amèrement de l'engagement pris par la France de lui refuser tout subside et tout autre secours après le terme expiré porté par le dernier traité d'alliance. Rottembourg étoit l'entremetteur d'une négociation secrète entre Ilghen, ministre du roi de Prusse, et Gœrtz, ministre de Suède, auquel il avoit offert de le tenir caché dans sa maison. On voit avec surprise et avec quelque chose de plus, jusqu'à quel point l'intérêt et le crédit de l'abbé du Bois et celui de ses croupiers pour le leur à lui plaire, jusqu'à quel point, dis-je, se portoit la hardiesse des Anglois dans l'intérieur du Régent, d'essayer de lui donner un nouveau conseil à leur gré, et de lui faire changer tous les ministres au dehors, c'est-à-dire de faire de ce prince leur vice-roi en France, et d'y montrer à tous les François qu'aucun ne pouvoit espérer aucune de toutes les places du gouvernement au dedans, ni au dehors, ni de se conserver dans aucune que par leur choix ou par leur permission. Les imputations faites à ceux du dehors portoient encore cette hardisse au delà de tout ce qui se pouvoit comprendre.

Quelque insensée que fût l'entreprise d'Alberoni sans alliés, le fourreau étoit jeté, et il étoit véritable que si, contre toute apparence, elle eût pu réussir, il étoit de l'intérêt de la France que l'Empereur devînt moins puissant en Italie, et que l'Espagne s'y accrût de partie de ce qu'elle y avoit perdu. Bonac servoit donc utilement de chercher les moyens de prolonger la guerre d'Hongrie, de laquelle uniquement l'Espagne pouvoit espérer des succès en Italie, et d'obliger l'Empereur à se prêter à des conditions de paix desirables.

A l'égard de la Suède, il n'y avoit que le désespoir de la pouvoir rétablir, aussi démontré qu'il l'étoit alors, qui pût faire cesser les efforts de la France en faveur d'un ancien allié, dont la descente en Allemagne avoit été la première borne de l'énorme vol que la puissance de la maison d'Autriche avoit pris en Europe, et que les possessions demeurées en Allemagne à la Suède avoient sans cesse empêché de reprendre. Le rétablissement de cette couronne devoit donc être infiniment cher à la France, si, dans la ruine des malheurs de Charles XII, elle avoit pu la procurer. A ce défaut, l'intérêt de la France, qui l'empêchoit de se commettre seule avec toutes les puissances conjurées contre la Suède, étoit de procurer avec adresse et sagesse une paix qui sauvât à la Suède tout ce qu'il seroit possible de ses débris, pour la laisser respirer, et en situation d'oser songer à se rétablir un jour dans l'état d'où elle étoit déchue. C'est ce qui ne se pouvoit espérer qu'en travaillant à des paix particulières qui rompissent la ligue qui l'accabloit, qui en missent[1], s'il étoit possible, les membres aux mains les uns contre les autres, qui intéressassent contre les opiniâtres ceux qui auroient fait leur paix particulière, à soutenir la Suède contre eux, et par ce moyen lui sauver enfin des provinces en Allemagne qui lui laissassent un pied dans l'Empire, une voix dans

---

1. Il y a *mît* (*mist*), et à la ligne suivante, *intéressât* (*intéressast*), au singulier.

les diètes, et les occasions d'y contracter des alliances et d'y figurer encore, de cheminer vers son rétablissement, et d'y balancer à la fin la puissance de la maison d'Autriche, et la grandeur naissante de la maison d'Hanovre.

Ainsi le comte de la Marck et Rottembourg servoient très-utilement l'État de travailler à séparer et à brouiller cette ligue du Nord, si utile aux vues et à la puissance de l'Empereur et de la maison d'Hanovre, qui étoit si occupée de se conserver ses usurpations de Brême et de Verden sur la Suède, et ces ministres ne pouvoient mieux s'y prendre qu'en procurant à la Suède des paix particulières. Châteauneuf aussi avoit grande raison d'empêcher, tant qu'il pouvoit, la Hollande de se joindre aux ennemis de la Suède, en troublant et infestant le peu de commerce qui lui restoit. On ne peut donc assez admirer que l'Angleterre osât vouloir, à visage découvert et sous prétexte d'avis d'amitié, tourner la France à un intérêt si contradictoire à ceux de cette couronne, tonneler[1] le Régent en l'effrayant de cabales, et l'obliger à se défaire de ceux qui servoient le mieux les vrais intérêts de leur maître, pour leur en substituer d'autres qui ne prendroient ordres ni instructions que des ministres de Georges, comme on l'a vu depuis pratiquer à découvert après que l'abbé du Bois eut totalement subjugué le Régent, et par lui tout le royaume.

La paix du Nord, sans l'intervention de Georges, auroit été l'événement qui l'auroit le plus sensiblement touché. Il comptoit les intérêts et son établissement sur le trône d'Angleterre, sujet aux caprices et aux révolutions, pour rien en comparaison de ses États d'Allemagne et de leur agrandissement. Le Czar desiroit sa paix particulière avec la Suède par les avantages qu'il y trouvoit, et par la difficulté pécuniaire d'en soutenir plus long-

---

1. Voyez tome IV, p. 443, note 2.

temps la guerre. La base du traité étoit le rétablissement de Stanislas, de s'emparer de Dantzig, d'y mettre des troupes moscovites et de l'y faire régner pendant la vie de l'électeur de Saxe, dont il auroit été le successeur à la couronne de Pologne, moyennant quoi le Czar espéroit faire beaucoup relâcher le roi de Suède sur les conditions de sa paix.

Le roi de Prusse entroit dans ce projet; mais, se défiant du Czar, il traitoit séparément avec la Suède. Il y eut divers projets proposés à Berlin pendant le séjour que le baron de Gœrtz, ministre confident du roi de Suède, fit en cette ville. Quoique le traité ne fût qu'entre la Suède et la Prusse, ce dernier prince affectoit de veiller aux intérêts du Czar, son allié. Gœrtz offrit de laisser au Czar Pétersbourg, une lisière des deux côtés du golfe de Finlande, avec tous les ports et havres qui en dépendoient en l'état qu'ils se trouvoient alors, et promettoit sur Revel qu'on trouveroit des expédients pour aplanir la difficulté de cet article. La cession de Stettin et de son district étoit ce qui touchoit le plus le roi de Prusse. Gœrtz disoit qu'il n'avoit pouvoir d'y consentir qu'à condition que le roi de Prusse promettroit en même temps la restitution de toutes les conquêtes de ses alliés, excepté Pétersbourg. C'étoit un engagement qu'il étoit impossible que le roi de Prusse pût prendre. Le Czar avoit déclaré positivement qu'à l'exception de la Finlande, il ne restitueroit absolument rien. Il avoit particulièrement dit qu'il vouloit la Livonie, et qu'il feroit la guerre plutôt vingt ans encore[1] que de changer quoi que ce soit à la résolution qu'il avoit prise.

Gœrtz augmenta les difficultés en déclarant qu'il ne feroit pas un seul pas dans la négociation si la démolition des fortifications de Wismar n'étoit suspendue. Le roi de Prusse, qui le connoissoit bien, lui fit offrir cent mille écus; mais pour cette fois ce moyen si sûr avec lui

---

1. On lit ici une seconde fois le mot *plutôt*.

ne réussit pas, et on jugea que Gœrtz avoit pris ailleurs des engagements dont il croyoit tirer davantage ; le soupçon fut que c'étoit avec le roi de Pologne. En effet, Gœrtz demeuroit en Pologne pendant la négociation ; il refusa de se trouver à une conférence avec les ministres de Russie et de Prusse, qui devoit se tenir près de Berlin. Il partit brusquement sans dire adieu, sans avertir, sans déclarer où il vouloit aller, se rendit à Breslau, terre fort suspecte dans ces conjonctures pour le roi de Prusse et pour ses alliés, parce que le roi d'Angleterre avoit averti l'Empereur que le Czar avoit offert à la France d'attaquer les États héréditaires de la maison d'Autriche, si le Régent vouloit donner des subsides pour entreprendre et pour soutenir cette guerre, qui auroient été bien mieux employés que ceux que l'abbé du Bois lui fit donner bientôt après contre l'Espagne. L'avis ajoutoit que la proposition s'étoit faite avant la prise de Belgrade, qui avoit fait changer de ton au Czar. Mais c'en étoit bien plus qu'il ne falloit pour le rendre suspect à Vienne, et pour faire craindre à ce prince et à ses alliés que cette cour ne fût informée de l'état de la négociation entamée pour la paix du Nord.

Le roi de Prusse, irrité de l'infidélité de Gœrtz, ne songea plus qu'à se lier plus intimement avec le Czar. Il résolut d'envoyer un ministre aux conférences qu'on parloit de tenir aux environs de Pétersbourg, où le Czar et lui souhaitèrent également qu'il n'y vînt personne de la part de la France, qui traverseroit sûrement le traité si le roi d'Angleterre n'y étoit compris, avec lequel elle s'étoit si étroitement liée, et qu'ils accusoient sans doute de l'avoir averti des propositions que le Czar lui avoit faites, qu'on vient de voir être allées par Georges jusqu'à l'Empereur : autre ouvrage de l'abbé du Bois, si le fait étoit vrai.

Toutefois, il n'y avoit pas lors un mois que le roi de Prusse avoit exhorté le Régent à penser sérieusement à former un parti dans l'Empire capable de borner l'autorité de l'Empereur; il avoit offert d'y donner ses soins et ses offices; il se disoit sûr du landgrave de Hesse et du duc de Wurtemberg; il travailloit à s'unir plus étroitement au duc de Meckelbourg, qui avoit dix ou douze mille hommes; il espéroit d'y attirer les Hollandois, qui vouloient traiter avec lui; il demandoit à la France de travailler à une harmonie parfaite entre le roi d'Angleterre et lui, chose bien contradictoire à tout le reste. Le landgrave étoit fort lié avec Georges, de l'appui duquel, en Hollande, il espéroit procurer au prince de Nassau, gouverneur de Frise, son petit-fils, la charge de stathouder des Sept-Provinces, et celle de capitaine général au prince Guill., son fils. Le roi de Prusse attribuoit le défaut d'intelligence entre le roi son beau-père et lui à l'intérêt particulier de Bernsdorff, et croyoit que l'abbé du Bois pourroit terminer ces difficultés particulières; mais la base de tout ce projet étoit la fin de la guerre du Nord ou de celle en particulier du roi de Prusse, pendant la durée de laquelle il ne pouvoit rien entreprendre, et se trouvoit obligé de ménager l'Empereur.

Il n'étoit pas aisé de faire revenir la cour de Londres sur le roi de Prusse, dont la légèreté et le peu de fidélité ne permettoient pas de compter sur lui avant que les mesures projetées entre l'Empereur et la France fussent réglées, et les Anglois même se plaignoient de Rottembourg comme dévoué à Ilghen et à la cour de Berlin. Ils étoient fort attentifs à la négociation commencée entre la Suède et le Czar, qu'ils croyoient en desir d'une paix avantageuse en abandonnant ses alliés, et qui, haïssant le roi Georges et parlant de lui sans mesure, pourroit former une liaison intime avec la Suède, et faire dans leur traité une condition principale de soutenir les droits du Prétendant et de concourir à son rétablissement. Ces considérations, vivement imprimées dans l'esprit des ministres anglois attachés à Georges, leur faisoient[1]

---

1. Saint-Simon a écrit *faisoit*, au singulier.

sentir la nécessité de lui attacher les principales puissances de l'Europe, pour s'en assurer contre de nouvelles entreprises de ce malheureux prince, et pour cela même l'importance de procurer par sa médiation la paix entre l'Espagne et l'Empereur, que, comme chef de l'Empire, où Georges avoit ses plus précieux États, il avoit plus besoin d'obliger et de s'acquérir. C'est ce qui avoit engagé ces ministres anglois à ne rien omettre pour engager cette négociation à Londres.

Penterrieder y arriva à la fin d'octobre, fort content des dispositions qu'il croyoit avoir remarquées à la Haye d'entrer sans peine dans toutes les mesures que la France et l'Angleterre jugeroient nécessaires pour affermir le repos de l'Europe. Cadogan, qui connoissoit mieux que Penterrieder les Hollandois, desquels il avoit un long usage, n'en jugeoit pas si favorablement que lui; il comptoit bien sur leur principe d'intelligence parfaite avec l'Angleterre, et d'entrer autant qu'il seroit possible dans les mêmes alliances. Mais, quoique tous les particuliers convinssent en cela, ils différoient dans les voies pour arriver au même but. La Hollande, comme les autres pays, étoit partagée en partis, en divisions et en subdivisions, et ces différents sentiments se portoient aux états généraux. Cadogan remarquoit aussi que Châteauneuf, plus fidèle à ses anciens préjugés qu'à ses derniers ordres, travailloit à détruire plutôt qu'à fortifier la confiance entre l'Angleterre et la Hollande. Beretti, mal instruit des démarches de Penterrieder à la Haye, crut qu'il n'avoit traité d'affaires qu'avec Cadogan et Widword, et qu'il s'étoit contenté de se plaindre aux états généraux de l'entreprise de l'Espagne en termes fort aigres et fort hauts, que les Anglois avoient approuvés; sur quoi il s'étendit en grands raisonnements en Espagne sur la partialité de Georges et de ses ministres pour l'Empereur, à qui Cadogan avoit un ancien attachement personnel, et sur la sagesse de la résolution de ne point traiter à Londres, mais à la Haye, où la partialité pour l'Empereur seroit infiniment moins dangereuse. Cadogan n'avoit point caché à Beretti que le roi d'Angleterre travailloit fortement à la paix de l'Empereur avec l'Espagne, ni les conditions qui en étoient le fondement.

Elles étoient que l'Empereur reconnoîtroit Philippe V roi des Espagnes et des Indes; qu'il donneroit à un des fils de son second mariage l'investiture des États de Toscane et de Parme quand les successions en seroient ouvertes; que les mesures seroient si bien prises que la Toscane n'appartiendroit jamais à l'Empereur, ni spécialement Livourne, moyennant quoi l'Espagne y trouveroit ses avantages, les princes d'Italie leur sûreté, l'équilibre seroit conservé, et la tranquillité publique.

Cadogan, loin d'en demander le secret, dit à Beretti que le Régent avoit chargé le duc de Saint-Aignan de communiquer ce projet en Espagne, et qu'étant avantageux, il y avoit lieu d'en espérer des réponses favorables, dont dépendoit tout le succès de la négociation. Beretti en jugea de même, mais il n'osa s'en déclarer, en attendant d'être informé des sentiments d'Alberoni. Ce cardinal, comme on l'a vu, s'étoit offensé des propos que Stairs avoit tenus sur l'entreprise de Sardaigne. Il s'en étoit plaint en forme par un mémoire qu'il remit au secrétaire d'Angleterre. Stairs, à son tour, se plaignit de la vivacité du mémoire. Cellamare, sans ordre, mais dans l'opinion du grand crédit de Stairs auprès du Régent, s'entremit pour le calmer. Stanhope écrivit là-dessus à Alberoni d'une manière respectueuse pour le roi d'Espagne, tendre pour lui, par laquelle il l'assuroit que l'Angleterre ne donneroit jamais de secours à l'Empereur pour faire la guerre à l'Espagne. Le cardinal goba l'équivoque, triompha, brava, et s'engoua de ses idées plus que jamais.

. Parmi tous ces soins, le roi d'Espagne tomba véritablement et dangereusement malade. Alberoni avoit eu grand soin de le conserver dans l'habitude que Mme des Ursins lui avoit fait prendre d'être continuellement enfermé avec la reine et elle, et de le rendre inaccessible, non-seulement à sa cour et aux seigneurs les plus distingués, mais à ceux mêmes dont les charges étoient les plus intérieures. C'étoit par là qu'elle s'étoit mise seule en possession du gouvernement de l'État et de disposer de toutes les affaires et de toutes les grâces. Alberoni, qui en avoit été témoin du temps de M. de Vendôme et depuis sa mort, comme envoyé de Parme, et de cette sorte de prison du roi, encore plus resserrée depuis la mort de la reine, où il ne voyoit que la princesse des Ursins, avec qui il passoit sa vie perpétuellement enfermé, profita de la leçon pour la nouvelle reine et pour sa propre fortune. Comme l'habitude étoit prise, il n'eut pas de peine à la faire continuer; mais il resserra le roi bien plus étroitement qu'il ne l'avoit été du temps de la première reine, dont l'habitude a duré autant que la vie de Philippe V. C'est un détail que j'aurai lieu de faire à l'occasion de mon ambassade, si Dieu permet que j'achève ces *Mémoires*. Je me contenterai de dire ici ce qui fait à la matière présente.

Qui que ce soit n'approchoit de l'intérieur indispensable du roi d'Espagne, c'est-à-dire lever, coucher, repas; car cet intérieur nécessaire se bornoit à[1] trois ou quatre valets françois et deux seuls gentilshommes de la chambre, aucun ministre qu'Alberoni, le confesseur un quart d'heure tous les matins à la suite du lever, le duc de Popoli et les autres gouverneurs ou sous-gouverneurs des infants à leur suite, mais un quart d'heure à la toilette de la reine le matin, où le roi alloit après avoir congédié son confesseur; le cardinal Borgia, patriarche des Indes, rarement le marquis de Villena, majordome-major, les deux gentilshommes de la chambre seuls en exercice; les mêmes, excepté les infants et leurs gouverneurs, pouvoient entrer au dîner et au souper sans y rester longtemps. Les soirs, les infants et leurs gouverneurs venoient

---

1. On lit ici le mot *que* au manuscrit.

voir le roi et la reine seuls; leur visite ne duroit qu'un moment. Les premiers médecin, chirurgien et apothicaire avoient ces mêmes entrées, dont, à l'exception du lever, ils usoient sobrement. De femmes, la nourrice seule voyoit la reine au lit quand le roi en sortoit, et la chaussoit. C'étoit là le seul moment qu'elle eût seule avec elle, qui s'allongeoit tant qu'on pouvoit, à la mesure de l'habiller du roi, qui se faisoit dans une pièce joignante. La reine passoit à sa toilette, où elle trouvoit la camarera-mayor, trois ou quatre dames du palais, autant de *señoras de honor*, et quelques femmes de chambre. A dîner et à souper, la camarera-mayor, deux dames du palais de jour et deux *señoras de honor* de jour servoient, et les femmes de chambre apportoient de la porte les plats et à boire, et les y rendoient aux officiers. La bouche[1] du roi ne lui préparoit rien et étoit absolument inutile. Il n'étoit servi que de celle de la reine. Le majordome-major étoit donc exclu, ainsi que le sommelier du corps, qui est de tous les grands officiers le plus intérieur, et tous les gentilshommes de la chambre, dont il y a une vingtaine, desquels auparavant deux étoient de service par semaine tour à tour. Ainsi le service intérieur étoit réduit à ce très-court nombre de valets et d'officiers de santé, aux deux gentilshommes de la chambre seuls toujours en fonction, et au majordome-major de la reine, qui étoit aussi l'un de ces deux gentilshommes de la chambre toujours en service, à ce peu de dames de la reine tour à tour, et à ces deux ou trois autres que j'ai nommés, qui, sans service, entroient quelquefois à la toilette ou au dîner : le duc d'Escalone, qu'on appeloit toujours marquis de Villena, étoit majordome-major du roi, un des plus grands seigneurs d'Espagne en tout genre, et le plus respecté et révéré de tous, avec grande raison, par sa vertu, ses emplois et ses services. J'en ai parlé p. 648 et p. 1269[2], et de son fils aîné, le comte de S. Estevan de

1. Voyez tome II, p. 468, note 1.
2. Pages 321 et 322 de notre tome V, et pages 329 et 330 de notre tome IX.

Gormaz, grand d'Espagne aussi, gendre de la camarera-mayor, et premier capitaine des gardes du corps alors.

La maladie du roi fit réduire ce court intérieur dont je viens de parler, à la reine unique de femme et à sa nourrice, aux deux gentilshommes de la chambre toujours en service, aux officiers de santé, qui n'étoient que quatre parce que le premier médecin de la reine y fut admis, et aux quatre ou cinq valets intérieurs, Alberoni sur le tout. Le reste sans exception fut exclu; le P. d'Aubanton même n'y étoit qu'avec discrétion.

La médecine du roi est toute entière sous la charge de son majordome-major. Elle lui doit rendre compte de tout, il doit être présent à toutes les consultations, et le roi ne doit prendre aucun remède qu'il ne sache, qu'il n'approuve et qu'il ne soit présent. Villena voulut faire sa charge. Alberoni lui fit insinuer que le roi vouloit être en liberté, et qu'il feroit mieux sa cour de se tenir chez lui, ou d'avoir la discrétion et la complaisance de ne point entrer où il étoit, et d'apprendre de ses nouvelles à la porte. Ce fut un langage que le marquis ne voulut point entendre.

On avoit tendu au fond du grand cabinet des Miroirs un lit en face de la porte où on avoit mis le roi, et comme la pièce est vaste et longue, il y a loin de cette porte, qui donne dans l'extérieur, jusqu'au fond où étoit le lit. Alberoni fit encore avertir le marquis que ses soins importunoient, qui ne laissa pas d'entrer toujours. A la fin, de concert avec la reine, le cardinal résolut de lui fermer la porte. Le marquis s'y étant présenté une après-dînée, un de ces valets intérieurs l'entre-bâilla et lui dit avec beaucoup d'embarras qu'il lui étoit défendu de le laisser entrer. « Vous êtes un insolent, répondit le marquis, cela ne peut pas être; » pousse la porte sur le valet et entre. Il eut en face la reine, assise au chevet du lit du roi. Le cardinal, debout auprès d'elle, et ce peu d'admis qui n'y étoient pas même tous, fort éloignés du lit.

Le marquis, qui étoit avec beaucoup de gloire fort mal sur ses jambes, comme on l'a vu dans ce que j'ai dit de lui, s'avance à petits pas, appuyé sur son petit bâton. La reine et le cardinal le voient et se regardent. Le roi étoit trop mal pour prendre garde à rien, et ses rideaux étoient fermés, excepté du côté où étoit la reine. Voyant approcher le marquis, le cardinal fit signe avec impatience à un des valets de lui dire de s'en aller, et tout de suite, voyant que le marquis sans répondre avançoit toujours, il alla à lui, et lui remontra que le roi vouloit être seul et le prioit de s'en aller. « Cela n'est pas vrai, lui dit le marquis, je vous ai toujours regardé, vous ne vous êtes point approché du lit, et le roi ne vous a rien dit. » Le cardinal, insistant et ne réussissant pas, le prit par le bras pour le faire retourner. Le marquis lui dit qu'il étoit bien insolent de vouloir l'empêcher de voir le roi et de faire sa charge. Le cardinal, plus fort que lui, le retourna; l'entraînant vers la porte, et se disant mots nouveaux, toutefois le cardinal avec mesure, mais le marquis ne l'épargnant pas. Lassé d'être tiraillé de la sorte, il se débattit, lui dit qu'il n'étoit qu'un petit faquin, à qui il sauroit apprendre le respect qu'il lui devoit; et dans cette chaleur et cette pousserie, le marquis, qui étoit foible, tombe heureusement dans un fauteuil qui se trouva là. De colère de sa chute il lève son petit bâton et le laisse tomber de toute sa force dru et menu sur les oreilles et sur les épaules du cardinal, en l'appelant petit coquin, petit faquin, petit impudent qui ne méritoit que les étrivières. Le cardinal, qu'il tenoit d'une main à son tour, s'en débarrassa comme il put et s'éloigna, le marquis continuant tout haut ses injures, le menaçant avec son bâton. Un des valets vint lui aider à se lever du fauteuil, à gagner la porte, car, après cette expédition, il ne songea plus qu'à s'en aller. La reine regarda de son siége toute cette aventure en plein, sans branler ni mot dire; et le peu qui étoit dans la chambre, sans oser remuer. Je l'ai sue de tout le monde en Espagne, et de plus j'en ai demandé l'histoire et tout le plus exact détail au marquis de Villena, qui étoit la droiture et la vérité même, qui avoit pris de l'amitié pour moi, et qui me l'a contée avec plaisir toute telle que je l'écris. Santa Cruz et l'Arco, les deux gentilshommes de la chambre, qui me l'ont aussi conté[1], rioient sous cape. Le premier avoit refusé de lui aller dire de sortir; et après l'accompagnèrent à la porte. Le rare est que le cardinal, furieux, mais saisi de la dernière surprise des coups de bâton, ne se défendit point, et ne songea qu'à se dépêtrer. Le marquis lui cria de loin que, sans le respect du roi et de l'état où il étoit, il lui donneroit cent coups de pieds dans le ventre et le mettroit dehors par les oreilles. J'oubliois encore cela. Le roi étoit si mal qu'il ne s'aperçut de rien.

Un quart d'heure après que le marquis fut rentré chez lui, il reçut un ordre de se rendre en une de ses terres à trente lieues de Madrid. Le reste du jour sa maison ne désemplit pas de tout ce qu'il [y] avoit de plus considérable à Madrid, à mesure qu'on apprenoit l'aventure, qui fit un furieux bruit. Il partit le lendemain avec ses enfants. Le cardinal toutefois demeura si effrayé, que content de l'exil du marquis et de s'en être défait, il n'osa passer aux censures pour en avoir été frappé. Cinq ou six mois après il lui envoya ordre de revenir, sans qu'il en eût fait la plus légère démarche. L'incroyable est que l'aventure, l'exil, le retour ont été entièrement ignorés du roi d'Espagne jusqu'à la chute du cardinal. Le marquis n'a jamais voulu le voir ni ouïr parler de lui, pour quoi que ce pût être, depuis qu'il fut revenu, quoique le cardinal fût absolument le maître, dont l'orgueil fut fort humilité[2] de cette digne et juste hauteur, et d'autant plus piqué qu'il n'oublia rien pour se replâtrer avec lui, sans autre succès qu'en recueillir les mépris, qui accrurent beaucoup encore la considération publique où étoit ce sage et vertueux seigneur.

1. *Conté* est ici au masculin.
2. Il y a bien *humilité*, et non *humilié*.

Le roi fut assez mal pour faire son testament, dicté par le cardinal et concerté avec la reine. Personne n'en eut connoissance et ne douta que la régence et toute autorité ne lui fût donnée, avec le cardinal pour conseil. Tout fut en trouble, et peu de gens étoient persuadés que la régence d'une belle-mère du successeur fût reconnue si le roi venoit à mourir, et une belle-mère aussi haïe que celle-là l'étoit de toute l'Espagne, et qui n'avoit d'appui que le duc de Parme et Alberoni si parfaitement détesté.

CHAPITRE XI.

Opiniâtreté d'Alberoni contre la paix. — Le Pape fait imprimer son bref injurieux au roi d'Espagne, qu'Adolvrandi n'avoit osé lui présenter; ce nonce fait recevoir la constitution aux évêques d'Espagne; anecdote différée; servitude du Pape pour l'Empereur, qui le méprise et fait Czaki cardinal. — Le Pape fait arrêter le comte de Peterborough, et, menacé par les Anglois, le relâche avec force excuses; sa frayeur, et celle du duc de Parme, de l'Empereur. — Conseils furieux et fous contre la France de Bentivoglio au Pape; son extrême embarras entre l'Empereur et l'Espagne; ses tremblantes mesures. — Le Pape avoue son impuissance pour la paix. — Avis à l'Espagne et raisonnements sur Naples. — Mesures militaires d'Alberoni, et sur la paix, qui ne veut point [1]. — Mystère du testament du roi d'Espagne. — Foiblesse d'esprit du roi d'Espagne guéri; vanteries des forces d'Espagne, et conduite d'Alberoni; ses mesures; l'Angleterre arme une escadre. — Forts propos entre le duc de Saint-Aignan et Alberoni; chimères de ce cardinal. — Riperda, tout à Alberoni, tient à del Maro d'étranges propos. — Dons faits au cardinal Alberoni, qui est nommé à l'évêché de Malaga, puis à l'archevêché de Séville; il montre à del Maro son éloignement de la paix, qui en avertit le roi de Sicile. — Le cardinalat prédit à Alberoni. — Aldovrandi, pensant bien faire d'engager les prélats d'Espagne d'accepter la constitution, est tancé avec ordre de détruire cet ouvrage comme contraire à l'infaillibilité. — Aldovrandi fort malmené; griefs du Pape contre lui. — Demandes énormes de l'Empereur au Pape. — Hauteur incroyable de l'Empereur avec le Pape, qui tremble devant lui, et qui est pressé par l'Espagne. — Reproches entre le cardinal Acquaviva et le prélat Alamanni, de la part

---

1. Qui ne veut point la paix.

du Pape. — Mouvements inutiles dans le royaume de Naples. — Soupçons sur le roi de Sicile, qui envoie le comte de Provane à Paris. — Le duc de Modène n'ose donner sa fille au Prétendant, qui est pressé de tous côtés de se marier. — Les neveux du Pape vendus à l'Empereur; foiblesse entière du Pape pour le cardinal Albane, sans l'aimer ni l'estimer; crainte de ce neveu à l'égard d'Aldovrandi. — Gallas et Acquaviva également bien informés par l'intérieur du palais du Pape; il[1] veut se mêler de la paix entre l'Empereur et l'Espagne. — Hauteur et menaces des Impériaux sur la paix, qui déplaisent en Hollande. — Manéges intéressés de Beretti; friponnerie de l'abbé du Bois. — Manéges intéressés de Monteleon, qui compte sur Chavigny, amené par l'abbé du Bois à Londres, et en est trompé. — Inquiétude chimérique des Anglois d'un mariage du prince de Piémont avec une fille du Régent. — Même inquiétude, et personnelle, de la Pérouse; il apprend de Penterrieder que l'Empereur veut absolument la Sicile, avec force propos hauts et caressants; il l'assure de tout l'éloignement de la France pour le roi de Sicile. — Court voyage de l'abbé du Bois à Paris. — Cajoleries du roi d'Angleterre à la reine d'Espagne et à Alberoni, en cas de mort du roi d'Espagne. — Proposition du roi d'Espagne pour entrer en traité avec l'Empereur par l'Angleterre; manége des ministres du roi d'Angleterre; ils n'ont point de secret pour Penterrieder. — Résolution du Régent sur le traité, mandée par l'abbé du Bois en Angleterre. — Inquiétude des ministres de Sicile à Londres et à Paris. — Éclat entre le roi d'Angleterre et le prince de Galles. — Manége et embarras de la Pérouse. — L'Angleterre arme doucement une escadre pour la Méditerranée; plaintes de Monteleon; réponse honnête, mais claire, des ministres anglois. — Chimère imaginée par les ennemis du Régent, qu'il vouloit obtenir de l'Empereur la succession de la Toscane pour Monsieur son fils. — Beretti, trompé par de faux avis, compte avec grande complaisance sur la Hollande, dont il écrit merveilles en Espagne, et de la partialité impériale des Anglois.

Au milieu de ces confusions et du peril où étoit la vie du roi d'Espagne, le cardinal déclara qu'il ne trouvoit pas les propositions des Anglois suffisantes pour assurer le repos de l'Italie, et qu'il n'enverroit point de ministre à Londres. Il dit à ses amis qu'il ne se laisseroit point endormir par des négociations apparentes; qu'il avoit tout l'hiver devant lui pour prendre ses mesures; qu'il falloit marcher à pas lents, et voir si les nuages du Nord

1. Le Pape.

ne produiroient pas des tonnerres et des grêles; que si le roi d'Espagne pouvoit armer une bonne flotte, plusieurs pourroient changer de ton. Il comptoit sur les assurances que Riperda lui donnoit que l'intérêt du commerce ne permettroit point à ses maîtres de s'opposer à l'Espagne; et dans cette confiance, Alberoni parloit plus haut, même au Pape, dont le bref au roi d'Espagne, dont on a parlé, et qu'Aldovrandi n'avoit osé lui présenter, avoit été imprimé en Hollande par ordre du nonce de Cologne. Aldovrandi, fort embarrassé, chercha à faire sa cour au Pape par engager les évêques d'Espagne, à qui il écrivit, d'accepter la constitution. Je n'en dirai pas davantage ici sur cette matière. On verra, à l'occasion de mon ambassade en Espagne, ce que l'archevêque de Tolède, qui étoit lors et qui étoit le même, m'en dit lui-même sous le dernier secret. Il est mort depuis cardinal.

Le Pape, tremblant devant l'Empereur, n'en usoit pas avec lui comme il faisoit avec la France et l'Espagne, qui avoient une plus dommageable simplicité. Non-seulement il faisoit à l'instant tout ce qu'il plaisoit à l'Empereur, mais sans attendre qu'il le démandât, et sans que ce prince daignât même le remercier. Ainsi, l'Empereur ayant voulu la promotion de Czaki, archevêque de Colveza et évêque de Varadin, et sans nomination aucune de sa part, ce prélat fut déclaré cardinal aussitôt, malgré tant de paroles données du premier chapeau à Gesvres, archevêque de Bourges, qui languissoit après depuis si longtemps, et que le Pape amusa encore de discours pathétiques.

Une autre affaire embarrassa davantage le Pape. Il eut avis que Peterborough, se promenant en Italie, avoit de mauvais desseins sur la vie du Prétendant. Il le fit arrêter, et garder étroitement dans le fort Urbin. Peterborough étoit comte d'Angleterre, pair du royaume, chevalier de la Jarretière. Les Anglois prirent feu sur cet affront, et le roi d'Angleterre éclata en menaces de bombarder Civita-Vecchia. Le duc de Parme s'entremit. Le Pape eut grand'peur, fit force compliments à Peterborough, le mit en liberté, et l'orage se dissipa. Le duc de Parme étoit encore bien plus alarmé pour lui-même : il comptoit sur l'indignation de l'Empereur qui ne demanderoit qu'un prétexte pour l'accabler. La proposition d'assurer à un fils de la reine d'Espagne la succession de Toscane, de Parme et de Plaisance lui faisoit déjà voir une garnison impériale dans ces deux places, et se croire perdu sous le joug des Allemands. Il eut recours au cardinal Alberoni, et conseilla au roi d'Espagne de s'armer au commencement de l'hiver, et avec éclat, pour tenir les Allemands en crainte.

Cellamare donnoit les mêmes conseils, surtout depuis la prise de Cagliari[1]. Le Pape étoit dans les mêmes frayeurs. Il souhaitoit ardemment la neutralité de l'Italie ; il ne l'espéroit que de l'établissement de la paix entre l'Empereur et l'Espagne. Il ordonna à son nonce à Paris de presser le Régent d'agir pour la procurer, mais par insinuation seulement, tant il redoutoit de choquer la cour de Vienne, et d'entretenir sur cette affaire une correspondance exacte avec son nonce à Madrid.

Il se trouvoit alors en d'étranges embarras entre les cours de Madrid et de Vienne, par les engagements où la frayeur de la dernière l'avoit fait entrer. Bentivoglio, tout nouvellement, n'avoit rien oublié pour l'épouvanter des alliances que la France faisoit avec les protestants, et pour le presser de se lier avec l'Empereur. Il vouloit aussi qu'il travaillât au rétablissement du Prétendant, avec son peu de sens et de jugement ordinaire, comme si ce projet avoit pu être compatible avec une alliance étroite avec l'Empereur, si lié avec le roi d'Angleterre. Les Impériaux, maîtres en Italie, et qui savoient que la frayeur étoit le seul moyen d'obtenir tout du Pape, l'effrayèrent tellement, par la persuasion et la colère qu'ils feignirent de ce qu'il étoit de concert de l'entreprise de l'Espagne, que,

1. Saint-Simon a écrit ici *Caillari*. Voyez ci-dessus, p. 158, note 1, et p. 223.

pour s'en laver, il avoit écrit ce bref au roi d'Espagne, dont on a parlé, et qu'il avoit depuis approuvé son nonce de ne l'avoir pas rendu. Mais menacé de plus en plus, il le fit imprimer, comme on l'a dit, en distribua des copies à tous ses nonces, exigea non-seulement de celui d'Espagne de le remettre enfin au roi, mais prétendit encore qu'il en tirât réponse, qu'il se croyoit due, pour démentir aux yeux de toute l'Europe l'énorme calomnie qu'on lui imposoit d'être de concert de son entreprise contre l'Empereur, dont il paraphrasoit la nécessité de se laver. Il écrivit d'une manière pathétique et personnelle à Alberoni, dont la promotion n'avoit été faite que sur une parole à laquelle il avoit si cruellement manqué; et comme les indults qu'il avoit accordés au roi d'Espagne sur le clergé d'Espagne et des Indes, qu'il avoit révoqués, comme on l'a dit, en même temps qu'il avoit écrit ce bref au roi d'Espagne, mais que ces indults étoient entre les mains d'Alberoni et d'Aubanton, il ordonna à Aldovrandi qu'au cas qu'ils refusassent de les lui remettre, d'écrire à tous les prélats d'Espagne qu'ils étoient révoqués, de leur défendre d'en rien payer, et de montrer à Alberoni la lettre par laquelle il lui ordonnoit de le faire. Le Pape ne put tellement se couvrir, et se parer du devoir d'impartialité de père commun, et de l'obligation de manifester la pureté de sa conduite, qu'il n'avouât à Aldovrandi sa crainte des plaintes que l'Empereur faisoit des indults qu'il avoit accordés, et de ses menaces, qui suivoient toujours les moindres complaisances de Rome pour l'Espagne. Il étoit d'autant plus embarrassé que ses différends avec cette cour n'étoient pas terminés : il ne prétendoit rien moins que d'obliger le roi d'Espagne d'annuler par un décret tous ceux qu'il avoit faits depuis neuf ans contre les prétentions de la jurisdiction ecclésiastique, et il comptoit pour l'obtenir sur la reconnoissance d'Alberoni de sa promotion si nouvelle, sur l'attachement pour lui d'Aubanton, et sur le crédit de tous les deux.

En même temps, il fit voir à l'Empereur, par son nonce à Vienne, ce bref si offensant qu'il avoit écrit au roi d'Espagne, et depuis fait imprimer et répandre, et il espéroit par là se laver du soupçon d'intelligence avec l'Espagne, et détourner l'orage qu'il craignoit, peut-être même faire accepter sa médiation. Mais la froideur et la sécheresse de la cour de Vienne répondoit peu et souvent point à tant de prostitution. La suspension d'armes en Italie, que le Pape lui avoit proposée de concert avec l'Espagne, ne reçut pas la moindre réponse. Les uns crurent que l'Empereur n'y consentiroit point par la médiation du Pape; d'autres qu'il avoit dessein d'envahir l'Italie, dont il ne vouloit point perdre l'occasion. Le Pape avoua au cardinal Acquaviva que ses démarches n'avoient et n'auroient aucun succès, qu'il n'en falloit attendre que par la France et l'Angleterre, mais que l'Empereur étoit prévenu au dernier point contre tous ceux qui lui parloient de paix et qu'il protestoit tous les jours qu'il renonceroit plutôt à la couronne impériale qu'à ses prétentions sur celle d'Espagne.

Acquaviva, autant pour son intérêt que pour celui du roi d'Espagne, le sollicitoit de profiter du désordre et de la consternation où étoient les Allemands du royaume de Naples, de l'empressement que tous les habitants témoignoient de changer de domination ; d'y accorder un pardon général, et l'abolition, non de tous impôts[1], mais de tous ceux que les Allemands y avoient mis, parce qu'on n'y pouvoit rien espérer de la force, mais de la seule bonne volonté des nombreux habitants ; de ne pas laisser le temps aux Impériaux de finir la guerre de Hongrie ; enfin d'envoyer au commencement du printemps une forte escadre en Italie, et une puissante armée pour y maintenir l'équilibre et protéger le duc de Parme. Mais rien n'étoit disposé pour entreprendre sur Naples, de sorte qu'Acquaviva ne voulut pas risquer

---

1. Il y a *tout* au singulier, et *impôts* au pluriel.

beaucoup de seigneurs napolitains qui s'étoient offerts à lui d'exposer leur vie en se déclarant, et les maintint seulement dans les bonnes dispositions où ils étoient. Acquaviva ajoutoit à ses conseils au roi d'Espagne que, s'il n'étoit pas en état de secourir les princes d'Italie et qu'il voulût faire la paix avec l'Empereur, il ne la pouvoit obtenir que par la France et l'Angleterre, et ne point compter sur les offices du Pape, que Vienne méprisoit parfaitement.

Alberoni jugeoit, comme Acquaviva, des propositions que les Napolitains lui faisoient. Il auroit pourtant voulu que le mécontentement général se fît sentir quelquefois pour exciter le châtiment, et par conséquent aliéner encore plus les peuples. Il faisoit ses dispositions pour avoir au printemps une escadre de trente navires de guerre, vingt mille hommes de débarquement, un train d'artillerie de cent cinquante pièces de canon. Il envoya en Hollande le chef d'escadre Castaneda pour acheter sept vaisseaux équipés et armés en guerre, et à Ragotzi un François nommé Boissimieux, bien instruit de tout ce que le roi d'Espagne pouvoit et vouloit faire pour entretenir la guerre en Hongrie, et pour l'être lui-même en quel état elle étoit et quel fondement il y pouvoit faire. Il ne vouloit point de paix; mais, comme il ne le pouvoit témoigner avec bienséance, il fit part aux cours étrangères de ce qui s'étoit passé en gros entre le colonel Stanhope et lui sur les propositions de paix. Il y fit entendre que le colonel Stanhope et le sieur Bubb avoient trouvé ses réponses raisonnables, et dépêché en Angleterre. Il se paroit en même temps de la suspension du second embarquement en considération des offices de la France et de l'Angleterre, insistoit sur l'équilibre, et sur être en liberté d'agir si la négociation ne réussissoit pas. Son but étoit de ne prendre aucun engagement et de conserver la liberté de prendre, suivant les conjonctures, les partis qu'il jugeroit à propos. L'état dangereux du roi d'Espagne les pouvoit bientôt changer.

On le crut, ou on le voulut croire si mal, qu'on lui fit faire, comme on l'a dit, un testament sur la fin d'octobre, duquel, outre la reine et Alberoni, il n'y eut que le P. d'Aubanton et le duc de Popoli qui en eussent connoissance. Il fut signé par un notaire de Madrid très-obscur. Six grands furent appelés ensuite, qui signèrent que c'étoit la signature du roi et son testament, mais sans qu'ils sussent rien de ce qu'il contenoit. Cela renouvela les bruits ci-devant remarqués sur la reine, et on fit plusieurs réflexions sur la confiance du contenu du testament, dont Popoli étoit le seul seigneur qui en eût le secret, à l'exclusion même des ministres, ce qui surprit d'autant plus qu'il étoit gouverneur du prince des Asturies, et publiquemenent mal avec le cardinal, qu'il se piquoit de mépriser.

Ce triste état du roi d'Espagne servit au cardinal à éluder les nouvelles instances du Pape, dont on vient de parler, mais il ne parut pas abattre le courage du premier ministre. Ses discours ne témoignèrent ni frayeur ni foiblesse. Il brava même, et fort en détail, sur la puissance qu'on vouloit attribuer à l'Empereur, en entretenant l'ambassadeur de Sicile. Celui d'Hollande parloit comme le cardinal, ce qui faisoit croire la Hollande unie avec l'Espagne. La même confiance ne paroissoit pas à l'égard de la France, beaucoup moins encore pour l'Angleterre. On ne doutoit pas que le cardinal ne choisît la médiation des états-généraux.

Vers la fin de novembre, la santé du roi d'Espagne fut tout à fait rétablie : le sommeil, l'appétit, les forces, l'embonpoint; mais l'esprit demeura si frappé de sa fin comme imminente qu'il vouloit sans cesse son confesseur auprès de lui. Il le retenoit souvent jusqu'au moment qu'il se mettoit au lit avec la reine. Souvent encore il l'envoyoit chercher au milieu de la nuit; mais cette foiblesse ne s'étendoit pas sur d'autres choses, et il ne paroissoit pas au dehors qu'il eût été malade.

Alberoni ne pensoit qu'à ses préparatifs de guerre. Il publioit qu'en mai suivant le roi d'Espagne auroit cinquante mille hommes de pied effectifs, et quinze mille chevaux, et trente vaisseaux de guerre bien armés, non pour faire aucunes conquêtes, mais pour maintenir ses droits, et ses amis si aucun étoit molesté en haine de cette amitié. Mais il ne persuadoit personne, parce que personne ne pouvoit croire que tant de dépense n'eût d'objet que celui qu'Alberoni publioit. Le colonel Stanhope en fut d'autant plus inquiet qu'il le pressoit souvent de lui apprendre le motif de l'armement d'une escadre qui se faisoit en Angleterre pour la Méditerranée. On disoit à Vienne que c'étoit contre l'Espagne. Monteleon mandoit que c'étoit contre le Pape, sur l'affaire de Peterborough. Mais Alberoni avoit si peu de confiance en ce ministre qu'on ne doutoit pas que, s'il consentoit enfin que la paix fût traitée à Londres, il n'y fît passer Beretti.

C'étoit à quoi ce cardinal pensoit bien moins qu'à conserver ses conquêtes, et à en faire de nouvelles. Il fit laisser en Sardaigne neuf bataillons et huit cents chevaux, prit ses mesures pour faire croiser tout l'hiver des frégates depuis les côtes de Toscane jusqu'au Phare de Messine, envoya de Gênes à Cagliari trente-cinq mille pistoles, pourvut toutes les places du roi d'Espagne de tout en abondance. Il refusa de traiter, en s'expliquant différemment à l'Angleterre et à la France. Il s'excusa au colonel Stanhope sur ce qu'il attendoit les réponses du Régent, sans lesquelles l'union inséparable des deux couronnes l'empêchoit de rien faire; au duc de Saint-Aignan que, si le Régent tenoit le même langage sur l'union des deux couronnes, il joueroit dans le monde un rôle différent de celui qu'il y jouoit. Il paraphrasa l'indignité de sa servitude pour l'Angleterre, la terreur panique qu'on prenoit de l'Empereur, les grandes choses qui résulteroient, à l'avantage des deux couronnes, d'une union effective et stable. Il avoit raison sans doute, mais pour cela il auroit fallu chasser Alberoni et du Bois dans les pays les plus éloignés de la France et de l'Espagne, qui toutes les deux n'eussent jamais tant gagné.

Saint-Aignan lui représenta que les choses étoient déjà bien avancées, que le Régent étoit d'accord avec l'Angleterre sur les conditions de la paix, que si l'Espagne étoit attaquée, la France ne pourroit la secourir, l'état du royaume obligeant à conserver la paix dont il jouissoit. Alberoni répondit que le roi d'Espagne ne s'éloigneroit jamais d'un accommodement à des conditions équitables, qu'il se défendroit jusqu'à la dernière goutte de son sang si l'Empereur étoit injuste dans ses demandes, finit en disant qu'il ne pouvoit croire que si le roi d'Espagne étoit attaqué dans le continent de son royaume, une nation qui l'avoit porté et maintenu sur ce trône le voulût voir retourner en France simple duc d'Anjou, que si ce prodige arrivoit, il faudroit bien s'accommoder à la nécessité.

Ce discours fit un grand bruit, et fut interprété fort diversement. Ce qui est certain, c'est qu'Alberoni éloigna toujours la négociation, qu'il avoit des motifs cachés d'espérance qu'on ne pénétra point, qu'il croyoit se faire une ressource d'une ligue qu'il formeroit entre le Czar et la Suède, qu'il comptoit qu'il pouvoit naître de jour en jour des événements favorables à l'Espagne. Il jugeoit pouvoir faire agir les armées au dehors sans avoir rien à craindre pour les provinces de l'Espagne, et se repaissoit ainsi de chimères.

Il desiroit sur toutes choses de ménager les Hollandois, de les aigrir contre l'Empereur, et de profiter de l'occasion de se délivrer de sa crainte et de ses desseins en modérant sa puissance. Mais ses exhortations étoient vaines. Les Hollandois sentoient la nécessité du repos pour le rétablissement de leur État, et quoique il y eût différents partis dans la République, tous se réunissoient à conserver la paix. Ceux qui y avoient le plus de part aux affaires ne pouvoient sortir de leurs maximes, que l'intérêt de la République étoit de s'attacher indissolublement à suivre les résolutions de l'Angleterre, et de suivre ses mouvements, même avec dépendance.

Rien n'étoit plus éloigné des sentiments de la République que le concert avec l'Espagne, que les discours de Riperda, tout à Alberoni, faisoient plus que soupçonner. Il parla un jour à l'ambassadeur de Sicile de la formidable puissance que l'Espagne auroit la campagne suivante, supérieure[1] aux forces délabrées de l'Empereur, qui ne pouvoit faire sa paix avec les Turcs ; lui vanta le bonheur de la conjoncture pour établir un équilibre ; proposa l'union du roi de Sicile avec le roi d'Espagne, pour attaquer à la fois, l'un l'État de Milan, l'autre le royaume de Naples. Del Maro, étonné d'un pareil propos de l'ambassadeur de Hollande, répondit qu'il faudroit, avant de prendre un engagement dont les suites pouvoient être si périlleuses, être bien assuré des secours que pourroient et voudroient donner la France, l'Angleterre et la Hollande. Riperda osa l'assurer que la France favoriseroit secrètement l'exécution de ce qu'il proposoit. Sur l'Angleterre, il avoua qu'il n'y falloit pas compter ; mais il assura qu'outre qu'il ne convenoit pas aux Anglois, par l'intérêt de leur commerce, de se brouiller avec l'Espagne, il prévoyoit tant d'embarras à Londres, que Georges n'auroit ni le temps ni le moyen de songer ni de se mêler des affaires des autres. A l'égard de sa république, il dit qu'encore qu'il ne fût pas de la bonne politique de rompre avec l'Empereur dans l'état où elle se trouvoit alors, cette extrémité étoit encore moins fâcheuse que se brouiller avec l'Espagne, son commerce avec elle étant ce que ses maîtres avoient de plus capital à conserver. Son objet à lui étoit que la Hollande se maintînt neutre, mais en aidant l'Espagne de tout ce qu'il seroit possible sans se déclarer. Avec de tels propos de l'ambassadeur d'Hollande, il n'est pas surprenant que les soupçons d'intelli-

1. *Supérieures*, au manuscrit.

gence de sa république avec l'Espagne ne grossissent; à quoi en effet beaucoup furent trompés.

La mort de l'évêque de Malaga donna lieu de nommer Alberoni à cet évêché de trente mille écus de rente, qu'il ne reçut que comme l'introduction aux plus grands et aux plus riches siéges de l'Espagne, quand ils viendroient à vaquer. Le roi d'Espagne lui donna encore vingt mille ducats, à prendre sur les confiscations de ceux qui avoient suivi le parti de l'Empereur, et tous les meubles qui avoient appartenu au duc d'Uzeda. Peu de temps après, le cardinal Arias, archevêque de Séville, étant mort, Alberoni fut nommé à ce riche archevêché.

Il s'expliqua, sur la fin de cette année, avec tant d'emportement sur la négociation de Londres pour la paix, à l'abbé del Maro, que ce dernier assura le roi de Sicile qu'il n'y auroit point de paix; que l'Espagne, peu disposée à jeter tant d'argent mal à propos, et qui ne pouvoit craindre d'invasion de la part de l'Empereur, ne feroit pas des préparatifs si considérables si ce n'étoit pour entreprendre; et que ces vues étoient conformes au caractère d'esprit d'Alberoni, dont l'ambition étoit d'atteindre à la gloire des cardinaux Ximénès et de Richelieu. Il prétendoit qu'un nommé Zanchini, qui demeuroit à Gênes, lui avoit prédit son cardinalat. Quelque temps après y être parvenu, il l'envoya chercher, mais il ne put jamais le retrouver.

Aldovrandi, croyant faire sa cour à Rome de procurer l'acceptation formelle de la constitution par les évêques d'Espagne, y avoit souverainement déplu. La folie de l'infaillibilité étoit souverainement blessée qu'on pût imaginer qu'elle eût besoin d'autre autorité que de la sienne, ni du concours de soumission explicite des évêques, pour donner toute la force nécessaire aux bulles dogmatiques. La seule pensée étoit un abus si terrible qu'il ne pouvoit être compensé par aucune utilité qu'Aldovrandi eût pu imaginer. Il eut donc ordre de détruire son propre ouvrage, et d'empêcher les évêques d'Espagne d'accepter ce qu'ils devoient adorer d'adoration de latrie[1], les yeux bandés et les oreilles bouchées, *provoluti ad pedes*, expression si chérie à Rome et si barbare dans l'Église. Ce pauvre nonce étoit depuis quelque temps si malmené de sa cour que le cardinal Paulucci, secrétaire d'État, en prit honte et pitié, le consoloit et lui en faisoit comme des excuses. Le manquement de parole d'Alberoni sur la flotte, celui de n'avoir pas présenté ce bref injurieux au roi d'Espagne, la complaisance d'avoir remis au premier ministre et au confesseur les brefs de révocation des indults, les soins du nonce d'excuser toujours Alberoni et les procédés de cette cour, étoient les griefs qui irritoient le Pape, dans l'extrême dépit et l'embarras où le jetoit la hauteur sans mesure de l'Empereur.

Ce monarque, qui sentoit ses forces en Italie, et qui connoissoit bien à qui il avoit affaire, écrivit moins une instruction d'un prince catholique à Gallas, son ambassadeur auprès du souverain pontife, qu'une déclaration de guerre et des lois d'un vainqueur sans ménagement pour le vaincu, et parfaitement impossibles. Il manda à Gallas qu'il vouloit bien croire que le Pape n'avoit point de part à l'entreprise de l'Espagne contre lui ; mais qu'il ne suffisoit pas qu'il voulût bien avoir pour lui cette complaisance, que ses actions en devoient aussi persuader le monde ; que pour y réussir l'Empereur demandoit ce que le Pape prétendoit faire contre le roi d'Espagne ; mais prévoyant qu'il auroit peine à se porter à des partis extrêmes, Sa Majesté Impériale vouloit bien se contenter de lui demander :

Qu'Aldovrandi fût rappelé et privé de tous ses emplois, pour avoir été l'instrument de l'intelligence secrète entre le Pape et le roi d'Espagne ;

Qu'Alberoni fût cité à Rome pour y rendre compte de sa conduite, ou que le Pape fît passer un de ses ministres en Espagne pour lui faire son procès ;

---

1. Voyez tome IX, p. 37 et note 1.

Que le roi d'Espagne fût privé de toutes les grâces que le saint-siége avoit accordées non-seulement à lui, mais à tous ses prédécesseurs;

Que la croisade fût levée au profit de Sa Majesté Impériale dans le royaume de Naples et le duché de Milan;

La promotion au cardinalat du comte d'Althan sur-le-champ et sans aucun délai;

Des quartiers d'hiver dans l'État ecclésiastique pour ses troupes, qu'il vouloit faire passer incessamment en Italie. Véritablement on voit bien qu'il étoit difficile de rien demander de plus modeste.

Le Pape pria Gallas de lui laisser ces demandes par écrit. Il vouloit répondre, dans le premier mouvement, que si l'Empereur en venoit à la violence, il iroit le recevoir le crucifix à la main. Son nonce en même temps n'étoit plus admis chez l'Empereur. Il eut grand'peine à en obtenir audience pour l'informer de la promotion de Czaki. Elle ne lui fut accordée qu'à condition qu'il n'y parleroit d'aucune autre affaire. Quoique l'Empereur eût fort desiré et pressé cette promotion, il répondit dédaigneusement au nonce qu'il ne savoit encore s'il accepteroit la grâce que le Pape faisoit à cet archevêque. Ainsi la cour de Vienne exigeoit avec empire les grâces qu'elle vouloit obtenir de Rome, les méprisoit après les avoir obtenues, la gouvernoit par cette politique, et la tenoit toujours tremblante devant le prince qu'elle regardoit comme le maître de l'Italie, toujours prête à suivre et à prévenir même ses desirs. Néanmoins les choses s'adoucirent de manière qu'il y eut lieu de soupçonner qu'il y avoit eu du concert.

Quoique l'Espagne, en perdant l'Italie, eût perdu en même temps son poids et son ressort principal auprès du Pape, ses ministres ne laissoient pas de s'y expliquer avec assez de hauteur pour que le Pape s'en trouvât souvent embarrassé. Dès qu'Acquaviva eut appris les demandes que Gallas avoit faites, il écrivit au Pape pour le presser de répondre enfin au roi d'Espagne sur la médiation qu'il lui avoit offerte, de lui mander s'il y avoit quelque apparence à cette médiation, ou de lui laisser la liberté d'agir, puisque la cour de Vienne ne songeoit qu'à l'amuser pendant qu'elle prenoit ses mesures, et qu'elle faisoit les dispositions nécessaires pour envahir l'Italie.

Sur ce billet, le Pape envoya Alamanni, secrétaire des chiffres, dire à Acquaviva qu'il n'avoit pu proposer à Vienne la suspension d'armes, parce qu'il n'avoit point reçu de réponse du roi d'Espagne, quoiqu'il l'eût prié de lui mander ce qu'il pensoit sur cet article; que, dans cette incertitude, il n'avoit pu donner aucun projet, d'autant plus que l'Empereur avoit demandé pour première condition la restitution de la Sardaigne, ce que le Pape ne pouvoit assurer sans savoir les intentions du roi d'Espagne.

Acquaviva témoigna sa surprise que depuis deux mois que le Pape lui faisoit accroire qu'il avoit proposé sa médiation à Vienne, fondé sur le consentement du roi d'Espagne, il n'eût encore fait aucune démarche à Vienne. Alamanni répondit à cette plainte par celle de l'offre du roi d'Espagne de la médiation aux états généraux, déplora la malheureuse situation du Pape. Acquaviva riposta par celle de l'impression du bref injurieux au roi d'Espagne, qui paroissoit même dans toutes les gazettes. Ainsi la visite se passa en reproches. Quelle que fût la foiblesse du Pape, Acquaviva ne pouvoit se persuader qu'il se laissât aller à quelque démarche violente contre le roi d'Espagne, mais bien que ce prince n'avoit rien à attendre de Sa Sainteté. Ce cardinal fut en même temps averti de l'intérieur du palais qu'on avoit vu sur la table du Pape une lettre d'Alberoni, contenant que le roi d'Espagne étoit suffisamment pourvu de troupes et de vaisseaux pour faire par mer toutes sortes de débarquements et toutes sortes d'entreprises par terre, et que le traité en question seroit bientôt conclu.

Acquaviva, bien servi de cet intérieur du palais, en

apprit en même temps qu'il s'étoit trouvé sur la table du Pape une lettre du cardinal Pignatelli, archevêque de Naples, qui lui mandoit les mouvements de la ville et des provinces, où les partisans d'Espagne étoient partout fort supérieurs à ceux de l'Empereur, et que tout étoit à craindre d'une subite révolution. Acquaviva recevoit lui-même souvent les mêmes avis et des sollicitations pressantes d'assistance d'Espagne. Mais cette couronne n'étant pas en état ni préparée à en pouvoir donner, on s'en tint à l'avis déjà pris de n'exposer pas les bien intentionnés pour son service.

On ne pouvoit comprendre que l'Espagne pût soutenir la guerre sans alliés, ni qu'à commencer par le Pape, qu'aucun prince d'Italie eût le courage ni les forces d'entrer dans cette ligue, ni d'y apporter quelque poids. Ils étoient tous environnés des États de l'Empereur dont les derniers progrès en Hongrie fortifioient leurs chaînes. Il n'y avoit que le roi de Sicile qui pût faire pencher la balance du côté qu'il voudroit embrasser. Il envoya le comte de Provane à Paris, et fit en même temps des dispositions pour prendre un corps de Suisses à son service, ce qui fit croire qu'il avoit dessein d'entrer dans une alliance avec la France et l'Espagne pour affranchir l'Italie du joug des Allemands.

On a déjà vu les justes frayeurs du duc de Parme, à qui l'Empereur ne pardonnoit pas son inclination françoise dans la dernière guerre du feu Roi en Italie, et l'attachement naturel que lui donnoit le second mariage du roi d'Espagne. Le duc de Modène, qui avoit toujours fort ménagé la cour de Vienne et qui avoit eu l'honneur d'être beau-frère de l'empereur Joseph, refusa par cette considération de donner sa fille au Prétendant, qu'Alberoni, le foible parti de ce prince et ses amis pressoient de se marier. Les Anglois même, et protestants, et les plus aliénés de sa maison, le desiroient aussi pour avoir toujours un droit légitime à montrer à leur roi, le faire souvenir de leur choix, et le contenir par cette perspective.

Le Pape étoit entré dans ce mariage de Modène, et vouloit aller lui-même le célébrer à Lorette, et donner la bénédiction nuptiale, honneur peu conforme aux intérêts du Prétendant en Angleterre, et à un triste état qu'il ne cherchoit qu'à cacher.

Outre le pouvoir que donnoit à l'Empereur sa situation de maître de l'Italie, il y pouvoit tout encore par le moyen des neveux du Pape. On doutoit qu'il fût informé de leurs engagements secrets et des grâces qu'ils en retiroient, mais on parloit tout haut à Rome et avec le dernier scandale de la dépendance du cardinal Albane de la cour de Vienne, et des sommes considérables qu'il touchoit sur Naples, dont le payement étoit régulier ou interrompu, selon que Gallas étoit satisfait ou mal content de sa conduite. Il avoit été suspendu à la promotion d'Alberoni, parce que Gallas trouva qu'Albane ne s'y étoit pas assez opposé. Dans la suite, il se raccommodèrent et le robinet de Naples fut rouvert. On croyoit communément que personne n'osoit instruire le Pape de la vénalité de ses neveux; on voyoit sa nonchalance sur un désordre dont l'évidence ne pouvoit lui être inconnue. Ceux qui étoient les plus à portée de lui parler savoient certainement qu'ils se perdroient s'ils touchoient cette corde, parce que le cardinal Albane étoit le maître de les ruiner dans l'esprit de son oncle, quoique il n'eût pour lui ni estime ni tendresse. Ce neveu en étoit lui-même si persuadé qu'il craignoit la vengeance d'Aldovrandi, qui, dans la persécution qu'il souffroit des neveux, pour plaire à l'Empereur, et soutenu du roi d'Espagne, avoit menacé de publier bien des choses, s'il étoit pressé de faire connoître que ses ennemis étoient ceux qui trahissoient le Pape, parce qu'ils étoient vendus à l'Empereur. Le cardinal Albane, qui se reconnut aisément à ce portrait, et fort en peine des dénonciations qu'Aldovrandi pouvoit produire, fit divers ménages pour l'adoucir, sans toutefois risquer de déplaire aux Allemands, qu'il informoit des affaires les plus secrètes, que la foiblesse du Pape lui confioit sans réserve. Quand il étoit nécessaire de les instruire avec plus de détail, il ne se faisoit aucun scrupule de prendre sur les tables du Pape les mémoires qu'on lui donnoit et de les remettre à Gallas.

Cet ambassadeur n'étoit pas le seul bien informé de l'intérieur du palais. Acquaviva l'étoit fort bien aussi. Il sut qu'Aldovrandi mandoit au Pape que le roi d'Espagne pourroit consentir à la restitution de la Sardaigne, non comme préliminaire, mais comme acte de concorde, si d'ailleurs il recevoit les satisfactions qu'il demandoit. Malgré l'obscurité de cette expression, le Pape crut avoir beaucoup obtenu. Il s'en servit avec art auprès des Allemands; il dit à Gallas qu'il s'excuseroit auprès du roi d'Espagne de se charger de la médiation parce qu'il voyoit qu'on se défioit à Vienne des offices qu'il s'étoit proposés pour la pacification entre les deux cours. Gallas, surpris de la proposition et n'ayant point d'ordre de son maître, n'osa prendre sur soi de la rejeter. Il pria le Pape de lui permettre de lui en écrire. Le Pape y consentit, et donna ses ordres en même temps à son nonce à Vienne. Mais ces propositions de paix ne suspendirent pas les instances que Gallas faisoit au Pape de rompre ouvertement avec l'Espagne. Ceux qui connoissoient bien le Pape n'étoient pas surpris de l'entendre menacer de se porter à des résolutions extrêmes, et parler imprudemment; mais ils étoient bien persuadés qu'il n'exécuteroit rien du tout, et qu'il ne prendroit jamais d'engagements à craindre, tant qu'il seroit maître de suivre sa pente naturelle et sa propre volonté.

La restitution de la Sardaigne étoit en effet la condition que l'Empereur posoit pour base du traité à faire, s'il y en avoit de possible entre lui et l'Espagne. Ses ministres le disoient ainsi partout. Ils comptoient que l'intérêt personnel du roi d'Angleterre l'emporteroit sur celui du commerce des Anglois, et qu'ils ne pourroient l'empêcher d'employer la force pour procurer la restitution de la Sardaigne. Ils ne laissoient pas de craindre l'inquiétude que la nation angloise pourroit prendre de cette violence, et que les Hollandois n'eussent le bon sens de profiter de la division de l'Angleterre et de l'Espagne.

Les ministres d'Angleterre tenoient un langage uniforme à celui des impériaux. Cadogan, prêt à partir de la Haye, dit à Beretti que Penterrieder étoit à Londres uniquement pour écouter les propositions qui seroient faites à l'Empereur, non pour en faire aucune, qu'il n'entreroit point en négociation si la restitution de la Sardaigne n'étoit accordée comme une condition préliminaire du traité, et se jeta de là en reproches mal fondés et en menaces d'invasion facile de l'Italie, où le duc de Parme seroit la première victime de l'indignation de l'Empereur.

Les propos si impériaux de Cadogan ne plurent pas à Heinsius, qui ne le cacha pas à Beretti. Celui-ci crut voir de la jalousie sur la médiation, et Duywenworden, qui se flattoit de l'aller exercer à Londres pour les états généraux, en fut encore plus mécontent. Beretti, qui, pour que la négociation ne lui échappât pas, la souhaitoit à la Haye, n'oublia pas d'insister en Espagne sur la partialité déclarée du roi d'Angleterre et de ses ministres, et sur le danger de traiter à Londres sous leurs yeux. L'abbé du Bois écrivit de Londres à ses amis que ce seroit un grand bien, si le roi d'Espagne vouloit bien envoyer promptement Beretti en Angleterre, parce que certainement le ministère anglois travailleroit pour ses intérêts; que les ordres du Régent étoient de les soutenir; qu'il le feroit aussi de bonne sorte, et que Beretti en seroit convaincu s'il passoit la mer. Ce sincère abbé en écrivit autant à Basnage, en Hollande, de manière que Beretti, qui avoit toujours crié en Espagne contre toute négociation qui se feroit à Londres, n'osa changer subitement d'avis. Mais croyant, sur cette lettre de l'abbé du Bois, voir jour à y être employé, ce qu'il n'espéroit plus, il se contenta de s'offrir en Espagne si on vouloit s'y servir de lui, quoiqu'il fût toujours dans la même opinion sur une négociation traitée à Londres.

Monteleon, que cet emploi regardoit si naturellement comme ambassadeur d'Espagne en Angleterre depuis si longtemps, n'en vouloit pas manquer l'honneur. Il fit donc entendre qu'outre la confiance des ministres d'Angleterre qu'il avoit intimement, il étoit encore particulièrement instruit des sentiments des ministres de France.

Il prétendoit avoir tiré des lumières de Chavigny, que l'abbé du Bois avoit amené avec lui à Londres. C'est ce même Chavignard dont j'ai raconté p. 933[1] l'impudente et célèbre imposture, et l'éclatante punition qui le déshonora à jamais, l'expatria jusqu'après la mort du Roi, et fut sue de toute l'Europe. Quoique ses aventures ne pussent être ignorées de Monteleon, il crut en pouvoir faire usage. Il l'avoit vu en Hollande, il le cajola sur ce qu'il le voyoit employé dans les affaires étrangères. Il sut de lui que le maréchal d'Huxelles étoit entièrement pour s'opposer à l'agrandissement et aux entreprises de l'Empereur, et que sur ce principe Chavigny prétendoit que le maréchal avoit soutenu que si l'Empereur refusoit de contenter le roi d'Espagne, qui[2] devoit être la première condition du traité, il falloit se préparer à la guerre offensive et défensive en union avec l'Espagne et le roi de Sicile, et que c'étoit l'avis de presque tous ceux qui composoient le conseil de régence, surtout depuis l'arrivée à Paris du comte de Provane.

Sur cette friponnerie, Monteleon se donnoit en Espagne comme pleinement instruit des intentions de la France et de celles de l'Angleterre. Stanhope lui avoit dit en confidence que l'Empereur ne s'éloigneroit pas d'un accommodement, à condition de reconnoissances et de renonciations réciproques; qu'il consentiroit à donner des sûretés pour la succession de Toscane, et qu'il entreroit encore en d'autres tempéraments, mais qu'il vouloit la cession de la Sicile, et des secours pour la conquérir.

1. Pages 274-276 de notre tome VII.
2. *Qui*, dans le sens de *ce qui*.

Monteleon avertissoit l'Espagne que c'étoit sur ces conditions qu'elle devoit régler ses résolutions et ses mesures. Mais cet ambassadeur ne réussissoit pas à pénétrer, comme il le croyoit, le véritable état de la négociation de l'abbé du Bois et de Stanhope.

Elle étoit peu avancée avec Penterrieder à la fin de novembre. L'Empereur avoit personnellement une telle répugnance à renoncer à la monarchie d'Espagne pour toujours, que ses ministres, même Espagnols, n'osoient lui en parler. A peine se laissoit-il entendre qu'il pourroit renoncer à l'Espagne et aux Indes, en faveur de Philippe V et de sa postérité; mais il ne vouloit pas aller plus loin, ni ouïr parler de la postérité d'Anne d'Autriche, quelque juste que cela fût, par les traités et les renonciations. Il vouloit bien accorder l'investiture de Parme et de Plaisance à un fils de la reine d'Espagne, mais avec un refus absolu de celle de Toscane : on faisoit valoir comme une grande complaisance qu'elle ne pût tomber à la maison d'Autriche, et qu'elle fût assurée au duc de Lorraine. Toutes sortes de manéges étoient employés pour faire consentir à de si déraisonnables articles. Toutefois les Anglois assurèrent l'abbé du Bois qu'il pouvoit absolument compter sur la fermeté du roi d'Angleterre, s'il se pouvoit promettre celle du Régent, et qu'il ne se laisseroit point ébranler par la cabale du roi d'Espagne en France. C'étoit le galimatias que cet abbé écrivoit.

Les Anglois étoient en peine du voyage du comte de Provane à Paris, et d'une liaison entre le roi de Sicile, qui prenoit confiance en ce ministre, et le Régent, dont le mariage du prince de Piémont avec une fille du Régent seroit le lien. Le ministre de Sicile à Londres en prit une vive alarme. On a vu qu'il avoit lié une négociation directe avec l'Empereur, même par le frère de l'envoyé de Modène à Londres, qui étoit à Vienne, et à portée de cette confiance avec l'Empereur à ce qu'il prétendoit. Un des points de cette négociation étoit le mariage d'une archiduchesse avec le prince de Piémont, ce qui auroit été renversé si ce qu'on disoit de celle du comte de Provane se trouvoit véritable. La Pérouse ne cessoit d'aliéner son maître du Régent; il se défioit beaucoup de l'abbé du Bois, et n'étoit pas plus content de Penterrieder. Ce dernier parla à l'envoyé de Modène : il ne le laissa en aucun doute qu'il ne fût instruit de la négociation dont la Pérouse avoit chargé son frère à Vienne. Il ne lui déguisa point que l'Empereur vouloit avoir la Sicile de gré ou de force; que s'il étoit possible de convenir de cette condition par un traité, il faudroit qu'il y eût un ministre piémontois à Vienne, mais qu'il savoit qu'il n'y seroit pas reçu s'il n'avoit le pouvoir de faire cette cession; que l'Empereur avoit des moyens sûrs de conquérir cette île, mais qu'il aimoit mieux en avoir l'obligation au roi de Sicile, aussi instruit qu'il l'étoit de la situation des affaires de l'Europe; qu'on prendroit après les mesures nécessaires pour lui conserver les titres d'honneur, et d'autres avantages encore dont il auroit lieu d'être content. L'envoyé de Modène eut curiosité de savoir quel seroit l'échange, et s'il se prendroit dans le Milanois. Penterrieder répondit que l'Empereur ne pouvoit céder dans tout cet État un seul pouce de terre, mais qu'en un mot le roi de Sicile seroit satisfait. La Pérouse, fort inquiet d'une réponse si générale, pressa son ami de lui en dire davantage. Soit que l'envoyé de Modène en sût plus en effet, ou que ce ne fût qu'un soupçon, il lui fit entendre qu'on proposeroit la Sardaigne. Cela fut soutenu de tous les langages fermes, mais caressants et flatteurs, que Penterrieder sut tenir à la Pérouse, en l'assurant bien surtout des mauvaises dispositions de la France pour le roi de Sicile, dont lui-même se citoit pour témoin lorsqu'il étoit à Paris.

L'abbé du Bois s'étoit embarqué à la fin de novembre pour aller chercher, disoit-il, de nouvelles instructions, avec promesse d'un très-prompt retour. On le savoit trop instruit des intentions du Régent pour les croire le motif de son voyage. On crut donc qu'il ne le faisoit que pour concilier les différents sentiments de ceux qui composoient le conseil de régence. Comme j'en étois un, je puis assurer que ceux qui le crurent ne rencontrèrent pas mieux.

Pendant cet intervalle de négociation, le colonel Stanhope eut ordre de faire entendre par Alberoni à la reine d'Espagne que si Dieu disposoit du roi d'Espagne, qu'on croyoit alors très-mal, cet événement n'apporteroit aucun changement aux dispositions favorables du roi d'Angleterre pour elle et pour lui, et qu'ils devoient compter tous deux sur un appui solide et sur des assistances effectives de sa part; qu'il maintiendroit les dispositions que le roi son mari auroit faites en sa faveur, et pour gage de cette bonne volonté, Stanhope devoit citer ce que son maître faisoit actuellement pour procurer par le traité de paix les avantages des infants du second lit.

Pendant ce temps-là le roi d'Espagne fit dire à Bubb et au colonel Stanhope, que, pour complaire au roi d'Angleterre, il entreroit dans la négociation qu'il proposoit, si l'Empereur promettoit par préliminaire de ne point envoyer de troupes en Italie, et de n'y point demander de contributions. Le colonel Stanhope tâcha de persuader à Monteleon son désir que la proposition fût acceptée à Vienne, où Penterrieder venoit de l'envoyer par un courrier. Il le prépara aux réponses hautaines de cette cour, mais il ajouta que Georges étant content des bonnes intentions du roi d'Espagne, il faudroit nécessairement que la médiation d'Angleterre, soutenue de celle de France, réduisît les parties intéressées à la raison. Bernsdorff, vendu à l'Empereur, dont il attendoit tout, voulut tourner en poison la réponse du roi d'Espagne, dit qu'elle étoit concertée avec la cabale de France opposée au Régent, laquelle vouloit traîner la négociation en longueur, en représentant à ce prince que, puisque le roi d'Espagne vouloit bien entrer en traité, Son Altesse Royale ne devoit rien conclure sans la participation et l'intervention de Sa Majesté Catholique. Bernsdorff savoit peut-être que les Impériaux, peu disposés à traiter, se rendroient encore plus difficiles quand ils sauroient cette réponse, et insisteroient plus fortement sur la restitution préliminaire de la Sardaigne. Les Allemands du conseil de l'Empereur souhaitoient et lui conseilloient d'accorder la renonciation que le roi d'Angleterre lui demandoit comme base du traité. Mais le conseil destiné aux affaires d'Espagne, tout d'Espagnols et d'Italiens rebelles et refugiés à Vienne, s'y opposoient de toutes leurs forces; et entretenoient l'opiniâtreté de l'Empereur là-dessus. Le ministre d'Angleterre relevoit toutes ces circonstances, l'embarras et la difficulté de la négociation que leur maître entreprenoit, par conséquent le mérite de ses bonnes intentions et de ses peines.

Stanhope, dont la conduite parut toujours la plus franche dans tout le cours de cette affaire, témoigna beaucoup de joie d'apprendre par une lettre que l'abbé du Bois lui écrivit, immédiatement après son arrivée à Paris, que le Régent étoit ferme dans la résolution de conclure et de signer le traité, même sans l'intervention du roi d'Espagne, pourvu que l'Empereur fît la renonciation dans les termes convenables, et qu'il accordât la satisfaction demandée pour le roi d'Espagne sur l'article de la Toscane. Le roi d'Angleterre promit d'appuyer fortement à Vienne des demandes si raisonnables. Les ministres d'Angleterre en usoient avec tant de confiance à l'égard de Penterrieder, qu'elle alloit à lui montrer les lettres qu'ils écrivoient et celles qui leur étoient écrites.

Cette union alarmoit beaucoup la Pérouse. Plus il voyoit ce ministère appliqué à plaire à l'Empereur, plus il sentoit le danger de remettre la médiation des intérêts du roi de Sicile entre les mains qui les sacrifieroient au désir qu'ils ne cachoient pas de procurer tous les avantages à la maison d'Autriche. Provane n'étoit pas moins inquiet à Paris, il n'oublioit rien pour découvrir l'état de la négociation, voyoit souvent le Régent, hasardoit de lui faire des questions. L'arrivée de l'abbé du Bois redoubla sa vigilance. Le Régent lui promit que, lorsqu'il renverroit du Bois à Londres, il lui donneroit ordre précis de communiquer à l'envoyé de Sicile tout ce qui, dans la négociation, auroit rapport aux intérêts de ce prince. Provane n'en pouvoit pas demander davantage; mais sortant de la cour de Turin, il comptoit peu sur les promesses et sur la sincérité des princes.

Ce fut en ce temps-ci qu'arriva l'éclat dont on a parlé ailleurs entre le roi d'Angleterre et le prince de Galles, à qui il étoit né un fils, et qui, mécontent de ce que le roi son père avoit nommé le duc de New-Castle pour en être le parrain, s'emporta contre ce seigneur jusqu'à le traiter fort injurieusement. Cette affaire, précédée de la continuelle mésintelligence entre le père et le fils, dont la cause a aussi été expliquée, fit augurer des troubles en Angleterre et des révolutions, qui inquiétèrent fort les étrangers sur la possibilité de prendre des liaisons solides avec cette couronne. La Pérouse, qui le pensoit comme les autres, étoit persuadé aussi avec le public du peu de sincérité des négociateurs entre le père et le fils, conseilloit au roi de Sicile de ne pas compter sur les offices ni sur la médiation de l'Angleterre, mais de négocier directement à Vienne, et se flattoit que, persuadé de la solidité de ce conseil, il en estimeroit davantage la négociation directe qu'il y avoit entamée par le frère de l'envoyé de Modène à Londres, lequel frère étoit, comme on l'a vu, à Vienne. L'envoyé, son frère, qui de son côté s'entremettoit à Londres entre Penterrieder et la Pérouse, mourut dans cette conjoncture. Il fallut chercher un autre canal en attendant le retour de l'abbé du Bois, dont l'absence suspendoit toutes ces négociations.

L'opinion qu'elles auroient un bon succès engagea le gouvernement d'Angleterre à commencer doucement les dispositions nécessaires pour obliger le roi d'Espagne à souscrire au traité dont la conclusion paroissoit prochaine.

On travailla donc, quoique lentement, à l'armement d'une escadre pour la Méditerranée. Monteleon, informé de cette destination, déclara à Sunderland que le roi d'Espagne regardoit avec raison cet armement comme fait contre ses intérêts. Sunderland répondit que jusqu'alors le roi d'Angleterre n'avoit nulle intention d'envoyer cette escadre dans la Méditerranée; qu'on ne l'armoit que pour intimider la cour de Rome et la forcer à donner une juste satisfaction sur l'arrêt du comte de Peterborough dans le fort Urbain; que le roi d'Angleterre espéroit si bien de la négociation pour la paix qu'il n'y auroit point lieu d'employer aucunes forces maritimes, ce qu'il étoit bien résolu de ne faire que lorsqu'il verroit toutes voies fermées à la conciliation, parce qu'alors il seroit obligé de ne pas laisser allumer en Italie une guerre qui embraseroit toute l'Europe. Stanhope tint le même langage à Monteleon; il lui dit de plus que l'abbé du Bois ne différoit son retour à Londres que pour savoir les dernières intentions de la cour d'Espagne et pour attendre aussi les réponses de la cour de Vienne. Il lui fit valoir la ferme résistance du roi d'Angleterre aux instances continuelles des Impériaux qui ne cessoient de lui demander la garantie du traité de 1716. Mais le roi d'Angleterre vouloit attendre l'effet de l'offre qu'il avoit fait[1] à Madrid de sa médiation, conjointement avec celle de la France, et qu'il souhaite que l'Espagne contribue de son côté à un accommodement raisonnable et que la haine du refus retombe sur la cour de Vienne, en sorte que, par ce moyen, l'Angleterre se trouve libre et dégagée de la garantie si répétée et si sollicitée par les Impériaux. Les deux ministres firent fort valoir à Monteleon les peines infinies qu'ils avoient à obtenir de l'Empereur la renonciation qu'il avoit en horreur, dont néanmoins ils espéroient bien venir à bout, mais qu'ils ne se flattoient pas d'un succès égal sur l'article de la Toscane.

1. Voyez tome V, p. 142 et note 1, tome VII, p. 84, tome XI, p. 3 et note 1.

Comme les difficultés augmentoient à Vienne sur cette succession, les ennemis du Régent imaginèrent de persuader les Espagnols que ce prince les faisoit naître secrètement. Beretti fut averti que le Régent ménageoit le refus de l'expectative pour l'infant don Carlos, dans la vue de l'obtenir pour le duc de Chartres, et comme Beretti n'avoit jamais pu tirer de Stanhope, dans tout leur commerce, sur quel prince le roi d'Angleterre jetoit les yeux pour la Toscane, il se confirmoit dans ce soupçon. Il cherchoit donc avec encore plus d'inquiétude à découvrir les véritables projets. Duywenworden lui dit un jour que la cour de Vienne proposeroit bientôt un second plan, qui seroit d'ajouter, en faveur de l'Empereur, la Sicile à Naples, et Mantoue, avec le petit État de Guastalle, au Milanois ; donner la Toscane au duc de Guastalle et la Sardaigne à Monsieur de Savoie. Soit que ce fût de bonne foi ou dans le dessein de pénétrer mieux les pensées de Beretti, il déclama contre la mauvaise volonté des Anglois, dit qu'il savoit de bon lieu que le Régent appuieroit les raisons du roi d'Espagne, que l'abbé du Bois avoit ordre de parler de manière à réussir, et que, quand ce ne seroit pas même le sentiment du Régent, il y avoit dans le conseil de régence des hommes assez courageux pour lui résister.

Beretti, flatté de ces dispositions de la France, se tenoit encore plus assuré de celles de la Hollande. Il les regardoit comme son ouvrage, assuroit qu'ils[1] ne se laisseroient point entraîner par l'Angleterre contre l'Espagne, laquelle ils serviroient même s'ils pouvoient. Il vantoit le changement entier du pensionnaire à cet égard, qui trouvoit très-raisonnables les conditions que le roi d'Espagne avoit demandées, qui lors de la maladie de ce prince avoit marqué beaucoup de tendresse, et qui lui témoignoit à lui une confiance entière, au lieu qu'à Londres, où il n'étoit pas, tout étoit partial pour l'Empe-

---

1. Que les Hollandais.

reur. Beretti attribuoit à cette partialité les plaintes que l'Angleterre avoit portées aux états généraux du refus qu'avoit fait Riperda de se joindre aux envoyés d'Angleterre, pour faire de concert les représentations que les Anglois avoient faites seuls sur l'entreprise de Sardaigne. Il ajoutoit que les principaux de la République, et qui toujours avoient été les plus Anglois, comme Duywenworden et d'autres, ne pouvoient souffrir l'ingratitude de l'Angleterre, qui vouloit exclure la Hollande de la négociation. Il répondoit de l'inutilité des cabales des Impériaux, qui ne pourroient rien opérer par l'Angleterre sans le concours de la Hollande, et que sûrement Riperda, haï à Londres et à Vienne, parce que ses relations étoient favorables à l'Espagne, n'auroit point d'ordre d'adhérer aux instances ni aux menaces des Anglois, qui, dans la bouche de Cadogan, à la Haye, y avoit[1] fort gâté les affaires de l'Angleterre.

Beretti prétendoit que les Hollandois ne pardonnoient point aux Anglois la hauteur de vouloir que les ministres d'Hollande dans les pays étrangers fussent choisis, envoyés et rappelés suivant le caprice de la cour d'Angleterre, comme ils le vouloient pour Riperda, et même pour Châteauneuf, ambassadeur de France à la Haye, qui ne se conduisoit pas selon leurs sentiments; et qui disoient qu'il falloit savoir s'il agissoit par ceux des mécontents de France ou par ceux du Régent, pour s'éclaircir des véritables intentions de ce prince. Widword pourtant, qui sembloit plus modéré à Beretti, avouoit que ce qu'il y avoit de plus sensé dans la République étoient cordialement disposés à maintenir le Régent suivant le traité de la triple alliance, et persuadés que tant que ce prince agiroit avec amitié et confiance à l'égard de l'Angleterre et de la Hollande, il n'auroit rien à craindre du dedans ni du dehors.

1. Ce verbe est bien au singulier.

CHAPITRE XII.

Mouvements du roi de Prusse à divers égards; son caractère et ses embarras. — Tentatives pleines d'illusion de Cellamare, qui découvre avec art la vraie disposition du Régent sur les affaires présentes. — Mouvements en Bretagne. — Idées d'Alberoni; il s'emporte contre les demandes de l'Empereur au Pape, surtout sur celle qui le regarde personnellement. — Déclaration du roi d'Espagne sur la paix; propos, sentiment, conduite d'Alberoni; ses préparatifs; son profond secret; sa toute-puissance en Espagne. — Monti à Madrid; le roi d'Espagne inaccessible. — Souverain mépris d'Alberoni pour Rome; sa conduite sur le bref injurieux au roi d'Espagne. — Aldovrandi occupé de rapprocher les deux cours, et de se justifier à Rome sur ce qu'il avoit fait à l'égard de l'acceptation de la constitution en Espagne. — Délicatesse de Rome étrangement erronée. — Anecdote importante sur la constitution entre l'archevêque de Tolède et moi; son caractère. — La nonciature chassée de Naples; le Pape, n'osant rien contre l'Empereur, s'en prend à l'Espagne. — Rare expédient du Pape sur la non-résidence d'Alberoni en son évêché de Malaga; réflexion; délicatesse horrible de Rome. — Fureurs de Bentivoglio, qui dégoûtent de lui les siens mêmes; il donne au Pape des conseils extravagants sur les affaires temporelles. — Don Alex. Albane passe pour vendu à l'Espagne; mauvais gouvernement du Pape; il refuse les bulles de Séville à Alberoni. — Frayeur du duc de Parme et ses conseils à l'Espagne; conduite et sentiment d'Alberoni; forces de l'Espagne diversement regardées. — Sage avis del Maro au roi de Sicile. — Riperda, vendu à Alberoni, lui propose l'union du roi de Sicile au roi d'Espagne. — Singulière aventure d'argent entre Bubb, Riperda et Alberoni. — Triste état personnel du roi d'Espagne et du futur[1]. — Insolentes vanteries d'Alberoni; ses efforts auprès des Hollandois; son opinion de l'Angleterre; ses bravades. — Riche arrivée des galions. — Hautes déclarations[2] des ambassadeurs d'Espagne en France, en Angleterre et ailleurs; propos d'Alberoni sur l'Angleterre et la Hollande. — Mesures militaires d'Alberoni; il veut engager une guerre générale; les Anglois ne laissent pas de le ménager. — Triste état personnel du roi d'Espagne, quoique rétabli; mesures d'Alberoni pour être seul et bien le maître de sa personne; docteur Servi, médecin parmesan. — Proposition en l'air de marier le prince des Asturies à

1. Et du futur roi, du prince des Asturies.
2. Il y a *hautes* au pluriel, et *déclaration* au singulier.

une fille du prince de Galles. — Roideur de l'Empereur, soutenu des Anglois. — Inquiétude du roi de Sicile; propos de son envoyé en Angleterre avec Stanhope, qui l'augmente. — La Pérouse est la dupe de Penterrieder sur la France. — Le Czar prend la protection du duc de Meckelbourg, et rassure le roi de Prusse sur un traité particulier avec la Suède. — Mort de la maréchale de Duras. — Quatre gentilshommes de Bretagne mandés par lettre de cachet pour venir rendre compte de leur conduite.

M. le duc d'Orléans travailloit alors à réunir le roi de Prusse avec les états généraux. Il se faisoit un mérite auprès de Son Altesse Royale de presser la République, par déférence pour lui, de conclure l'alliance avec lui, où il auroit desiré d'attirer le roi d'Angleterre. Mais Georges en paroissant éloigné, il prioit le Régent de presser la Hollande de conclure avec lui sans le roi d'Angleterre. Le roi de Prusse étoit encore plus agité des affaires du Nord. Il souhaitoit faire sa paix particulière avec la Suède, et craignoit l'abandon de ses alliés, s'ils découvroient ses démarches là-dessus. Le desir d'acquérir et la crainte de perdre ne s'accordoient en lui ni avec ses lumières, ni avec son courage. Il ne savoit ni se résoudre ni soutenir ses résolutions. Il étoit, comme on l'a déjà dit, léger, changeant, facile à regarder les mauvaises finesses comme un trait d'habileté, et la mauvaise foi comme la politique la plus fine. Le roi de Pologne avoit découvert et publié les propositions qu'il avoit faites à l'insu de ses alliés. Lui, avoit donné de fausses interprétations à sa négociation. Il n'avoit persuadé personne, mais ses alliés ne vouloient pas le perdre, pour ne pas affoiblir le nom et l'apparence de la ligue du Nord. Eux-mêmes chacun à part se sentoit coupable du même crime.

Le roi de Prusse se plaignit d'avoir été trahi par Gœrtz, ministre de Suède. Voulant faire entendre que, s'il avoit voulu traiter secrètement, il n'eût fait que suivre l'exemple du roi d'Angleterre, il fit avertir que le comte de la Marck s'étoit rendu suspect au roi de Suède, en traitant avec trop de chaleur pour les intérêts de la maison d'Hanovre, et qu'il eût mieux réussi s'il eût commencé à traiter sa paix à lui. Il demanda même qu'en vertu des obligations secrètes, la France cessât de payer des subsides à la Suède. Il représentoit le danger de l'agrandissement de l'Empereur, et des alliances qu'il contractoit dans l'Empire, celle surtout avec la maison de Saxe. Il offroit de prendre des mesures contre cette énorme supériorité de l'Empereur, la nécessité d'y faire entrer la Suède, et pour cela celle de sa paix avec lui, parce qu'il protestoit qu'il ne pouvoit rien faire tant qu'il seroit occupé de la guerre du Nord. On voyoit ainsi le caractère du roi de Prusse, qui étoit tremblant devant l'Empereur, bien éloigné d'oser rien entreprendre qui lui pût déplaire, et qui, parlant à la France, déclamoit et proposoit tout contre lui.

Cellamare, par d'autres motifs, fit à peu près les mêmes représentations au Régent. Il le pressa d'agir de concert avec l'Angleterre, pour mettre un frein à l'ambition des Impériaux. Il se flatta de mettre l'abbé du Bois, arrivant de Londres, dans ses intérêts là-dessus. Il vouloit persuader que la France, pour trop desirer de conserver la paix, se verroit entraînée à la guerre. S'il trouva l'abbé trop dévoué au ministère d'Angleterre pour le persuader, il gagna du moins à acquérir assez de lumières dans une longue conversation qu'il eut avec lui, pour les communiquer à Madrid, par un courrier exprès. Il voulut voir si les sentiments étoient uniformes entre les principaux du gouvernement. Il mit le maréchal d'Huxelles sur la matière du traité, le contredit, l'opiniâtra exprès, et en tira qu'il ne s'éloignoit point des sentiments de l'abbé du Bois. Le maréchal convint de la nécessité de borner l'ambition et l'orgueil des Allemands; mais il soutint que la France et l'Espagne unies, mais seules ensemble, n'étoient pas bastantes[1] pour arrêter les entreprises des Impériaux; que la France étoit trop épuisée et hors d'état de s'exposer au péril de faire renouveler la der-

---

1. Voyez tome X, p. 96 et note 1.

nière ligue contre les deux couronnes. Cellamare combattit ce raisonnement, moins pour convaincre que pour découvrir de plus en plus. Le maréchal demeura ferme dans l'opinion que la France se tînt dans une indifférence apparente, qu'elle achevât de gagner le roi d'Angleterre et ses ministres, déjà bien disposés; que ce seroit du même coup gagner la Hollande, inséparable de l'Angleterre; que le roi d'Espagne devoit marquer beaucoup de promptitude et de docilité à tout accommodement raisonnable, s'accréditer par quelque démonstration extérieure, comme d'envoyer un ministre à Londres pour assiter à la négociation, avec des instructions secrètes pour faire avec adresse tomber sur les Allemands la haine de former des prétentions déraisonnables. Il n'en fallut pas davantage à Cellamare pour se convaincre des maximes présentes que le gouvernement de France se proposoit de suivre. Il conclut que son unique objet étoit d'éviter une guerre qu'on croyoit généralement que la France ne pourroit soutenir, que Cellamare traitoit de terreur panique, et que les mouvements de la Bretagne imprimoient encore plus fortement. Cellamare, qui en voyoit un apparent mépris dans le gouvernement, ne les crut ni si méprisables ni si indifférents qu'on les vouloit donner. Ils n'étoient pas non plus si considérables ni si pernicieux que les malintentionnés le vouloient persuader. Le plus grand mal, selon cet ambassadeur, étoit la foiblesse du gouvernement, agité par la diversité des intérêts et des passions, manquant d'argent, et accablé par les dettes de l'État.

Alberoni, véritable roi d'Espagne, absolu et seul, étoit persuadé que les négociations de Londres seroient sans effet, que l'intérêt du roi d'Espagne étoit de les regarder avec grande indifférence, et d'attendre du temps les avantages qui seroient refusés par un traité. Il croyoit avoir beaucoup fait que d'accepter la médiation du Régent et d'y persister; il se faisoit un grand mérite, à son égard, d'avoir suspendu le second embarquement, ce qu'il n'avoit fait que par impuissance; il comptoit que l'Italie ne seroit jamais tranquille tant que l'Empereur y posséderoit un pouce de terre; il se flattoit que la conquête de la Sardaigne encourageroit les Turcs à continuer la guerre; il se moquoit et se plaignoit de la foiblesse du Pape, qui étoit une des sources de la fierté des Allemands et de l'insupportable hauteur de leurs demandes, surtout de celle d'envoyer un commissaire pour lui faire son procès à Madrid; il s'exhala en injures et en épithètes, dit qu'il ne conseilleroit pas au Pape de l'hasarder[1] parce qu'il ne seroit pas sûr que son commissaire fût bien reçu; qu'à l'égard de la citation il pourroit se rendre à Rome si le roi d'Espagne y consentoit, mais que ce seroit avec une telle compagnie qu'elle pourroit déplaire au Pape, et plus encore à l'auteur de la demande, dont il prit occasion de déclamer contre la domination tyrannique que les Allemands entreprenoient d'étendre sur le genre humain, et la nécessité et l'intérêt pressant de toutes les nations de s'unir contre leur ambition. Loin de croire que la négociation de Londres fût propre à la borner, il la décrioit comme un artifice concerté entre l'Empereur et le roi d'Angleterre pour tenir en panne la France et l'Espagne, et se moquer après de toutes les deux. Mais pour éviter l'odieux de ne vouloir entendre à rien qui pût conduire à la paix, il déclara que le roi d'Espagne étoit prêt à intervenir dans la négociation par un ministre, quand le Régent jugeroit que l'Empereur se porteroit véritablement à une paix solide et sûre pour le repos de l'Italie; mais s'il se voyoit obligé d'envoyer un ministre à Londres, Alberoni comptoit bien d'y prolonger la négociation, de la suspendre, d'en arrêter la conclusion, suivant qu'il le jugeroit à propos, et d'armer pour cela son ministre de propositions équivalentes à celle des Impériaux, comme de pré-

---

1. Voyez tome IV, p. 174, tome V, p. 141, tome VI, p. 17, etc.

tendre, pour condition préliminaire, le remboursement des dépenses de la conquête de la Catalogne et de Minorque, que l'Empereur, contre ses promesses, avoit longtemps défendues, même le remboursement de l'expédition de la Sardaigne. Mais son intention, disoit-il, étoit de les tenir secrètes, de laisser à la France et à l'Angleterre le soin de rédiger et de faire les propositions qui pouvoient conduire à la paix, surtout au repos de l'Italie, et de se réserver la faculté de les approuver ou non, selon ce qui conviendroit le mieux aux intérêts du roi d'Espagne. Il ordonna donc à tous les ministres d'Espagne, dans les cours étrangères, de les assurer que Sa Majesté Catholique ne s'éloigneroit jamais de contribuer de sa part au repos de l'Europe.

En même temps il songeoit à faire acheter en Hollande des vaisseaux de guerre, de la poudre, des boulets, des munitions de marine. Il se flattoit de trouver toute facilité dans la République par son intérêt de commerce à l'égard de l'Espagne. Il se répandit un bruit que le roi d'Espagne avoit offert aux états généraux de leur céder les Pays-Bas ou la meilleure partie, s'ils vouloient entrer avec lui dans une alliance particulière, et on prétendit que le pensionnaire en avoit averti l'Empereur. Alberoni nia le fait avec aigreur, et dit que, si l'Espagne vouloit adhérer à de certaines propositions, la Hollande n'y trouveroit peut-être pas son compte. Il ne s'expliqua pas davantage; mais il gémissoit de voir l'amour de la patrie éteint dans les républiques, leurs divisions, leurs factions, leurs principaux membres sordidement vendus aux puissances étrangères. Il assuroit en même temps le colonel Stanhope et Bubb que le roi d'Angleterre connoîtroit bientôt par expérience que la cour de Vienne ne songeoit qu'à ses intérêts, et qu'elle n'avoit d'égard pour personne.

Il pressoit cependant tous les préparatifs pour la campagne et les recrues de l'infanterie, et disposoit toutes choses pour embarquer les troupes dès que la saison le permettroit. On disoit que le roi d'Espagne vouloit avoir des troupes étrangères, engager à son service celles que les Hollandois réformoient, principalement les bataillons suisses. On parloit fort aussi des négociations secrètes d'Alberoni pour engager les Turcs, par le moyen de Ragotzi, à ne faire ni paix ni trêve avec l'Empereur.

Mais le secret de ce premier ministre étoit réservé à lui tout seul : qui que ce soit n'avoit sa confiance, ses accès très-difficiles; les ministres étrangers ne lui parloient que par audiences, qu'il leur falloit demander par écrit. Tout le gouvernement étoit renfermé dans sa seule personne. Chaque secrétaire d'État venoit lui rendre compte de son département et recevoir ses ordres. La stampille[1] même étoit entre ses mains, par lesquelles passoient toutes les expéditions et les ordres secrets du roi d'Espagne, qui étoit inaccessible, qu'on ne voyoit que le moment qu'il s'habilloit, et qui ne disoit jamais mot à personne. Monti même, l'ami intime d'Alberoni de tous les temps, allé à Madrid pour le plaisir de le voir revêtu de la pourpre, et logeant chez lui, eut peine à voir le roi et la reine d'Espagne. On n'a point su s'il y eut entre ces deux amis quelque affaire particulière et quelques mesures prises par rapport aux affaires de France : on remarqua seulement qu'Alberoni affecta de répandre qu'il ne voyoit Monti qu'à dîner, qui, accoutumé aux sociétés de Paris, s'ennuyeroit bientôt de la solitude de Madrid. Chalais y arriva alors, rappelé par le roi d'Espagne; on crut que c'étoit pour l'employer dans la marine. Alberoni triomphoit du bon et glorieux état où il avoit remis l'Espagne, et en insultoit au cardinal del Giudice et aux précédents ministères, qui n'avoient pu la tirer de son abattement.

Il témoignoit à ses amis que rien ne le surprenoit de ce qui se passoit à Rome. La reine et lui avoient pour

---

1. Ou *l'estampille.* Voyez tome II, p. 479.

cette cour le plus profond mépris. Il fit déclarer dans toutes les cours étrangères que ce bref injurieux que le Pape avoit fait imprimer n'avoit jamais été présenté au roi d'Espagne, et fit valoir au Pape cette déclaration comme un moyen le plus doux qui se pût proposer dans une matière si grave, où à peine la grande piété du roi d'Espagne l'avoit empêché d'user des remèdes proportionnés à l'affront qu'il recevoit, mais qui deviendroient inévitables si le Pape, non content de ce qu'il avoit fait, se portoit à passer à de nouvelles explications. Alberoni profitoit de la commodité d'avoir un nonce persuadé que sa fortune dépendoit de l'union entre les deux cours, et qui en écartoit autant qu'il le pouvoit tout sujet de mésintelligence, et qui représentoit sans cesse au Pape la nécessité, pour l'intérêt du saint-siége, de ménager le zèle et les bonnes intentions du roi d'Espagne. Il voulut aussi s'excuser sur ce qu'il avoit fait pour l'acceptation des prélats d'Espagne de la constitution; il fit entendre que l'Espagne avoit aussi ses novateurs, contre lesquels la vigilance des évêques et l'autorité même de l'Inquisition ne suffisoient pas, et qui n'étoient retenus que par la crainte du châtiment : galimatias faux dans son principe, faux dans sa conséquence, parce que rien n'est plus redouté en Espagne que l'Inquisition, ni plus redoutable en effet, que sa toute-puissance, et que sa cruauté, sur laquelle, comme je l'ai vu moi-même, les sollicitations ni l'autorité du roi ne peut rien.

Aldovrandi continuoit à tirer de cette prétendue situation de l'Espagne qu'il falloit pour y remédier des choses extraordinaires. Il représenta au Pape qu'en partant de Rome le cardinal Fabroni, moteur principal, et le prélat Alamanni, spécialement chargé de l'affaire de la constitution, lui avoient dit tous deux qu'il seroit bon, à son arrivée en Espagne, de porter les évêques de marquer leur obéissance au saint-siége par un acte public et par une acceptation formelle de la bulle; que là-dessus il s'étoit adressé aux universités d'Espagne; que le Pape avoit approuvé les insinuations qu'il leur avoit faites par une lettre qu'il avoit reçue de sa part du cardinal Paulucci, dont il lui envoyoit copies, et qu'il avoit eu une attention particulière à bien mesurer les termes de sa lettre aux évêques pour prévenir les conséquences que les malintentionnés pourroient tirer de la recherche de l'acceptation des évêques d'Espagne, comme si Rome croyoit qu'une acceptation de tous les évêques de la chrétienneté[1] pût donner la force aux constitutions apostoliques qu'elles avoient par elles-mêmes ou que cette acceptation y fût le moins du monde nécessaire, supposition la plus mal fondée. L'énormité de cette chimère saute aux yeux et porte l'indignation avec elle. C'est à elle néanmoins que Rome sacrifie tout. Habile à écarter tout ce qui lui peut porter préjudice, et à se parer de tout avantage qu'elle peut usurper, elle ne répliqua rien aux raisons du nonce, mais elle lui fit savoir qu'il y avoit quelques expressions dans la lettre de l'archevêque de Tolède au Pape qui lui déplaisoient. Celle-ci surtout : *Comme le nonce de Votre Sainteté nous a fait exposer depuis peu.* La délicatesse de l'infaillibilité, et de l'indépendance du consentement, même de l'approbation de l'Église, assemblée ou séparée, étoit blessée de ce qu'on pouvoit inférer de ces termes que l'archevêque eût été sollicité d'accepter la constitution. Le fond de la lettre plut tellement au Pape qu'il promit, si l'archevêque lui écrivoit une autre lettre pareille où ces mots fussent omis, non-seulement de lui répondre, mais de lui donner toutes les louanges qui lui convenoient. Ainsi se débite l'orviétan[2] de Rome, pour en masquer la tyrannie. Le Pape suspendit donc sa réponse, parce qu'il s'assuroit que l'archevêque de Tolède la mériteroit incessamment par une prompte obéissance. Je ne puis mieux placer qu'en cet endroit l'anecdote que j'ai promise, où elle se trouvera plus à propos et plus naturellement que si je la différois au

1. Voyez tome IX, p. 228 et note 1.
2. Voyez tome XIII, p. 267 et note 1.

temps de mon ambassade en Espagne, quatre ans après ceci.

Diegue d'Astorga y Cespedez, gentilhomme espagnol, né en 1666, est le prélat duquel il vient d'être parlé. D'inquisiteur de Murcie il fut fait évêque de Barcelone, à la mort de ce furieux cardinal Sala, en 1715, dont j'ai parlé en son lieu, et pour son mérite et ses services signalés à Barcelone, transféré cinq ans après, sans qu'il pût s'en douter, à l'archevêché de Tolède, où je le trouvai placé à mon arrivée à Madrid, qui est du diocèse de Tolède et le séjour ordinaire de ses archevêques. Il fut cardinal de la promotion du 27 novembre 1727, de la nomination du roi d'Espagne. Il n'a point été à Rome, et est mort en 17   [1]. C'étoit un homme plein de partout, de taille médiocre, qui ressembloit parfaitement à tous les portraits de saint François de Sales, dont il avoit toute la douceur, l'onction et l'affabilité. Il fréquentoit peu la cour, n'[y] alloit que par nécessité ou bienséance; fort appliqué à son diocèse, à l'étude, car il étoit savant, à la prière, aux bonnes œuvres; étudioit et travailloit toujours; si modeste dans une si grande place qu'il n'en avoit d'extérieur que ce qui en étoit indispensable. Son palais, beau et vaste, dans Madrid, appartenant à son siége, étoit sans tapisseries ni ornement que quelques estampes de dévotion, le reste des meubles dans la même simplicité. Il jouissoit de plus de huit cent mille francs de rente et ne dépensoit pas cent mille francs par an, en toute espèce de dépense. Tout le reste étoit distribué aux pauvres du diocèse avec tant de promptitude qu'il étoit rare qu'il ne fût pas réduit aux expédients pour achever chaque année. Il joignoit avec aisance la dignité avec l'humilité et il étoit adoré à la cour et dans tout son diocèse, et dans une singulière vénération. Nous nous visitâmes en cérémonie; bientôt après nous nous vîmes plus librement, et nous nous plûmes réciproquement. Un de ses

---

1. La date n'a pas été complétée par Saint-Simon.

aumôniers nous servoit d'interprète. Étant un jour chez lui, il me demanda s'il n'y auroit pas moyen de nous parler latin, pour parler plus librement et nous passer d'interprète. Je lui répondis que je l'entendois passablement, mais qu'il y avoit longues années que je ne m'étois avisé de le parler. Il me témoigna tant d'envie de l'essai, que je lui dis que le plaisir de l'entretenir plus librement me feroit passer sur la honte du mauvais latin et de tous les solécismes. Nous renvoyâmes l'interprète, et depuis nous nous vîmes toujours seuls, et parlions latin.

Après plusieurs discours sur la cour, le gouvernement d'Espagne, et quelques-uns aussi sur celui de France et sur les personnages, où nous parlions avec confiance, il me mit sur la constitution, et ne pouvoit revenir de la frénésie françoise qui là-dessus l'étonnoit au dernier point : « Hélas! me dit-il, que vos évêques se gardent bien de faire comme nous. Peu à peu Rome nous a, non pas subjugués, mais anéantis au point que nous ne sommes plus rien dans nos diocèses. De simples prêtres inquisiteurs nous font la leçon : ils se sont emparés de la doctrine et de l'autorité. Un valet nous apprend tous les jours qu'il y a une ordonnance de doctrine ou de discipline affichée à la porte de nos cathédrales, sans que nous en ayons la moindre connoissance. Il faut obéir sans réplique. Ce qui regarde la correction des mœurs est encore de l'inquisition. Les matières de l'officialité, il ne tient qu'à ceux qui y ont affaire de laisser les officialités et d'aller au tribunal de la nonciature, ou s'ils ne sont pas contents des officialités, d'appeler de leurs jugements[1] au nonce, en sorte qu'il ne nous reste que l'ordination et la confirmation sans aucune sorte d'autorité, que nous ne sommes plus évêques diocésains. Le Pape est diocésain immédiat de tous nos diocèses, et nous n'en sommes que des vicaires sacrés et

---

1. Le manuscrit porte *leurs* au pluriel, et *jugement* au singulier.

mitrés uniquement pour faire des prêtres et des fonctions manuelles, sans oser nous mêler que d'être aveuglément soumis à l'Inquisition, à la nonciature, à tout ce qui vient de Rome, et s'il arrivoit à un évêque de leur déplaire en la moindre chose, le châtiment suit incontinent, sans qu'aucune allégation ni excuse puisse être reçue, parce qu'il faut une soumission muette et de bête. La prison, l'envoi liés et garrottés à l'Inquisition, souvent à Rome, sont des exemples devenus rares, parce qu'ils ont été fréquents et qu'on n'ose plus s'exposer à la moindre chose, quoique il y en ait encore eu de récents en cette dernière sorte. Voyez donc, Monsieur, ajouta-t-il, quelle force peut donner à la constitution l'acceptation des évêques des pays réduits dans cette soumission d'esclaves tels que nous sommes en Espagne, et en Portugal, et en Italie, à plus forte raison les universités et les docteurs particuliers, et les corps séculiers, réguliers et monastiques. Mais je vous dirai bien pis, ajouta-t-il avec un air pénétré. Croyez-vous que pas un de nous eût osé accepter la constitution, si le Pape ne nous l'eût pas fait commander par son nonce? l'accepter eût été un crime qui eût été très-sévèrement châtié; c'eût été entreprendre sur l'autorité infaillible et unique du Pape dans l'Église, parce qu'oser accepter ce qu'il décide, c'est juger qu'il décide bien. Or, qui sommes-nous pour joindre notre jugement à celui du Pape? Ce seroit un attentat : dès qu'il parle, nous n'avons que le silence en partage, l'obéissance et la soumission muette et aveugle, baisser la tête sans voir, sans lire, sans nous informer de rien, en pure adoration. Ainsi même bien loin d'oser contredire, proposer quelque chose, demander quelque explication, il nous est interdit d'approuver, de louer, d'accepter, en un mot toute action, tout mouvement, toute marque de sentiment et de vie. Voilà, Monsieur, la valeur des acceptations de toutes les Espagnes, le Portugal, l'Italie, dont j'apprends qu'on fait tant de bruit en France, et qu'on y donne comme un jugement libre de toutes les Églises et de toutes les écoles. Ce ne sont que des esclaves à qui leur maître a ouvert la bouche par permission spéciale pour cette fois, qui leur a prescrit les paroles qu'ils devoient prononcer, et qui, sans s'en écarter d'un iota, les ont servilement et littéralement prononcées. Voilà ce que c'est que ce prétendu jugement qu'on fait tant sonner en France, que nous avons tous unanimement rendu, parce qu'on nous a prescrit à tous la même chose. » Il s'attendrit sur un malheur si funeste à l'Église et si contraire à la vérité et à la pratique de tous les siècles, et me demanda un secret tel qu'on peut se l'imaginer, que je lui ai fidèlement gardé tant qu'il a vécu, mais que je me suis cru obligé aussi de révéler dès que son passage à une meilleure vie, auquel toute la sienne ne fut qu'une continuelle préparation, l'eut mis hors d'état de ne [1] rien craindre de m'avoir parlé selon la vérité et la religion.

L'Empereur commençoit à faire sentir son mécontentement au Pape. Le vice-roi de Naples trouva mauvais, par son ordre, que le collecteur apostolique usurpât la qualité de nonce. Il le fit sortir de Naples en vingt-quatre heures, et en quarante-huit de tout le royaume, et avec lui tous les officiers de la nonciature. Rien n'en put retarder l'exécution. Rome, qui la traita d'attentat, n'osa s'en plaindre qu'à l'Espagne, comme la partie la plus foible, et déclara que c'étoit à elle à qui elle attribuoit cette offense, pour lui avoir manqué de parole sur l'usage de sa flotte, et donné lieu de croire que le Pape étoit d'intelligence avec elle pour enlever la Sardaigne à l'Empereur. Aldovrandi eut ordre de se fonder sur un si beau raisonnement pour demander que les choses fussent remises dans leur ancien état, à faute de quoi le Pape déclaroit le roi d'Espagne redevable à Dieu et au monde de toutes les vexations où Sa Sainteté se trouveroit exposée, laquelle gardoit en même temps un silence de frayeur à l'égard de l'Empereur.

---

1. Cette négation a été ajoutée en interligne.

L'évêché de Malaga avoit été proposé en consistoire pour Alberoni par le Pape. Il en avoit reçu de sanglants reproches des Allemands. Il chercha donc à les apaiser à la première occasion. Elle se présenta bientôt, et la sagacité du pontife y parut incomparable, aussi bien que la délicatesse de la conscience d'Alberoni. Il avoit voulu être évêque, bien que cardinal, et avoir quatre-vingt-dix mille livres de rente de l'évêché de Malaga, mais il n'y vouloit pas s'ennuyer et perdre sa toute-puissance. Il demanda donc une dispense de ne point résider. Le Pape le refusa. Il dit que les motifs qu'il alléguoit n'étoient pas suffisants ; que, pour l'amour de lui, il avoit essuyé tant de désastres, surtout pour sa promotion au cardinalat, qu'il n'avoit pas résolu d'exposer davantage sa conscience pour le favoriser. Mais comme il sentoit qu'il n'étoit pas politique de perdre le fruit de tout ce qu'il avoit fait pour lui, et de s'aliéner le maître et le dispensateur de toutes choses en Espagne, content d'un refus pour plaire à l'Empereur, il fit dire à Alberoni que tout ce qu'il pouvoit faire étoit de lui accorder la permission de s'absenter six mois l'année de son église ; que la disposition des conciles lui en permettoit l'absence autres six mois, et que, par cet expédient si heureusement trouvé, il auroit ce qu'il demandoit, de n'y point aller du tout. Ainsi, dans ce temps, on pouvoit alléguer les conciles pour dispenser un évêque de six mois par an de résidence ; mais Rome regardoit comme une erreur et comme une offense à la personne et à la dignité du Pape de parler de concile quand il s'agissoit de la constitution.

Quelque sujet qu'il eût d'être satisfait du zèle aveugle et emporté que témoignoient pour son autorité et pour la plénitude de sa toute-puissance plusieurs évêques françois, il craignoit toujours dans leurs écrits quelque marque de leur prévention pour l'autorité de l'Église universelle, soit assemblée, soit dispersée. Rome eût regardé comme un grand manque de respect et comme une erreur punissable si les évêques eussent dit que la constitution faisoit loi et obligeoit les fidèles parce qu'elle avoit été reçue dans l'Église, comme si, disoit cette cour, la cause nécessaire qui produisoit cet effet étoit l'acceptation de l'Église. Rome craignoit toujours ce qu'elle appeloit les maximes et les phrases françoises, et plus encore la frayeur des prélats françois vendus à Rome de s'exposer aux attaques des parlements.

Bentivoglio, dont les furieuses folies pour mettre tout à feu et à sang en France pour hâter sa promotion faisoient demander aux plus attachés à Rome un nonce plus traitable et moins enragé, ne put se contenter de parler au Pape des choses de France : il voulut lui donner ses conseils sur l'événement de la nonciature de Naples ; et après l'avoir si souvent et si fortement importuné de faire une ligue étroite avec l'Empereur pour se soumettre la France, il le pressa de chercher à borner l'insupportable ambition et puissance de l'Empereur, qui vouloit mettre toute l'Europe aux fers. Son jugement parut également en ces deux conseils si contradictoires. Il pressa le Pape de former une ligue avec l'Espagne, le roi de Sicile et les Vénitiens également intéressés à diminuer la puissance de l'Empereur. Il lui recommanda le secret et la diligence, lui dit que les hérétiques s'armoient contre lui, tandis que ses enfants l'insultoient. Il chercha à l'effrayer de l'escadre que l'Angleterre armoit.

Don Alex., frère du cardinal Albane, passoit pour l'espion secret des Espagnols dans l'intérieur du Pape son oncle, et pour avoir reçu d'eux quinze mille pistoles à la fois, sans compter d'autres grâces. Le Pape mécontentoit tous les princes, n'en ramenoit pas un, n'avoit encore terminé aucun de tous les différends nés sous son pontificat. Il sembloit éloigner tout accommodement sitôt qu'il étoit proposé ; la France et l'Espagne en fournissoient continuellement des exemples. Il refusa les bulles de Séville à Alberoni. Acquaviva, qui haïssoit personnellement Giudice, l'accusa d'y fortifier le Pape, qui faisoit valoir la prompte expédition des bulles de Malaga, qui lui avoit attiré les reproches de faire des grâces à qui méritoit des châtiments. Il assuroit qu'il essuieroit bien pis, s'il accordoit les bulles de Séville dans un temps où les soupçons de l'Empereur étoient sans bornes, et où il ne cherchoit que des prétextes d'opprimer les terres de l'Église. Il trembloit de se voir enlever l'État de Ferrare. Il imputoit tous ses malheurs à la promotion d'Alberoni, et à sa facilité pour l'Espagne, et se plaignoit amèrement que le roi d'Espagne ni ses ministres n'eussent seulement pas pris l'absolution de tant d'entreprises faites contre l'autorité du saint-siége : c'étoit plutôt de s'être défendus des siennes, et de n'avoir pas la bêtise de croire avoir besoin d'absolution, forge si principale des fers romains.

L'Empereur ne menaçoit pas moins tous les princes d'Italie que le Pape. Le duc de Parme, le plus exposé de tous à sa vengeance, ne cessoit d'exhorter l'Espagne de hâter son escadre, et d'augmenter ses troupes de vingt mille hommes, parce que l'Empereur augmentoit tous les jours celles qu'il avoit en Italie. Alberoni affectoit d'en douter, de croire une grande diminution dans les troupes impériales, et les Turcs éloignés de faire la paix. Mais il ne laissoit pas d'appliquer tous ses soins à hâter tout ce qui étoit nécessaire pour attaquer les Allemands en Italie, toujours persuadé qu'il n'y avoit point de traité à faire avec eux, et que l'Europe ne seroit jamais tranquille, tandis que l'Empereur auroit un soldat et un pouce de terre en Italie. Son dessein étoit d'avoir trente vaisseaux de guerre en mer, avec tous les bâtiments nécessaires pour le service de cette flotte, et d'avoir des forces de terre proportionnées. Les ministres étrangers résidents à Madrid étoient étonnés, et quelques-uns bien aises de voir l'Espagne sortir comme par miracle de sa foiblesse et de sa léthargie; d'autres en craignoient les effets, persuadés que si les premiers succès de ces forces répondoient aux desirs du premier ministre, il ne s'y borneroit pas, autant pour son intérêt particulier que pour celui de son maître.

L'abbé del Maro ne cessoit d'avertir le roi de Sicile qu'il avoit tout à craindre des projets d'Espagne ; que tout concouroit à croire qu'ils regardoient le royaume de Naples ; que s'ils en faisoient la conquête, ils attaqueroient après la Sicile, ces deux royaumes étant nécessaires l'un à l'autre, surtout à l'Espagne, pour s'assurer les successions de Toscane et de Parme, le plus cher objet des vues de la reine d'Espagne. Riperda étoit l'émissaire le plus secret d'Alberoni auprès des ministres étrangers à Madrid ; il alla trouver del Maro, et raisonnant avec lui sur les préparatifs qui faisoient alors la matière de toutes les conversations, il lui fit entendre que le dessein étoit de faire passer le printemps prochain quarante mille hommes en Italie, pour prendre le royaume de Naples, et que si le roi de Sicile vouloit s'unir au roi d'Espagne et attaquer le Milanois en même temps, ils chasseroient infailliblement les Allemands de l'Italie. L'ambassadeur d'Hollande étoit connu pour trop partial pour persuader celui de Sicile. D'autres soupçons tomboient encore sur lui. Bubb, résident d'Angleterre, s'étoit adressé à Riperda pour engager Alberoni à recevoir du roi d'Angleterre une gratification très-considérable. Riperda s'étoit chargé de la commission, à condition que Bubb n'en parleroit jamais directement ni indirectement au cardinal. La somme avoit été remise entre les mains de Riperda, mais loin qu'Alberoni en donnât quelques marques indirectes de reconnoissance, il avoit, en différentes occasions, et d'un air assez naturel, traité d'infâmes les ministres qui recevoient de l'argent des princes étrangers. Ainsi Riperda, suspect au peu de gens qui surent cette aventure secrète, n'étoit guère propre à les persuader. Mais qui pouvoit répondre qu'Alberoni ne fût pas assez fourbe pour avoir su profiter de l'argent sans y laisser de sa réputation, et sans être tenu de reconnoissance, et que Riperda, trop enfourné avec lui, et mal dans son pays, où il ne vouloit pas retourner, n'en ait été la dupe, et forcé de se laisser affubler du soupçons d'avoir profité de l'argent?

On doutoit alors de la vie du roi d'Espagne, quelque soin qu'Alberoni prit de publier le rétablissement parfait de sa santé. Ses anciennes vapeurs le reprirent sur la fin de décembre, et lui causèrent des foiblesses. On sut que sa tête étoit ébranlée au point de né pouvoir ranger un discours; en sorte que, supposé qu'il vécût, il seroit incapable de gouverner, et que toute l'autorité demeureroit au cardinal et à la reine, et que la même chose arriveroit s'il venoit à mourir, parce que le testament qu'il avoit fait leur étoit en tout favorable. Les grands et les peuples anéantis, les conseils pour le moins autant, sans talents, sans moyens, sans courage pour s'affranchir du joug d'Alberoni, maître des troupes et des finances; d'ailleurs, nulle espérance du prince des Asturies, tendrement aimé des Espagnols, qui se flattoient d'apercevoir en lui de bonnes qualités. Mais c'étoit un enfant, élevé dans la crainte, tenu de fort court par un gouverneur italien perdu d'honneur et de réputation sur tous chapitres, dont le plus grand mérite étoit d'empêcher que qui que ce soit ne pût parler ni même approcher du prince, capable de tout pour augmenter sa fortune, et qu'on ne doutoit pas qui ne fût vendu à la reine, même au cardinal, quoique faisant profession de le mépriser. Ce gouverneur étoit le duc de Popoli, dont j'aurai lieu de parler davantage si j'ai le temps d'écrire jusqu'à mon ambassade. Alberoni, en attendant, se plaignoit audacieusement de son sort, disoit qu'il n'étoit retenu d'abandonner le chaos des affaires que par sa tendresse pour le roi et la reine d'Espagne; qu'il trouvoit à la vérité des ressources dans la monarchie, et se livroit à des comparaisons pompeuses, et à se donner de l'encens, et jusque de l'encensoir.

Les galions arrivèrent tout à la fin de cette année 1717, fort richement chargés, et apportèrent pour le compte du roi d'Espagne dix-huit cent mille piastres, secours arrivé fort à propos dans une conjoncture où on ne voyoit point d'alliés à l'Espagne, pour les entreprises qu'elle méditoit.

Alberoni s'épuisoit en vain pour s'attirer l'union des Hollandois. Il les prenoit par l'intérêt de leur commerce, par la crainte de la puissance et des desseins de l'Empereur, par la honte de leur servitude des Anglois, par leur opinion que Georges ne se pouvoit maintenir sur le trône sans l'assistance de la France et la leur. Ce même roi, il le regardoit comme le plus grand ennemi du roi d'Espagne, qui, par son intérêt de duc d'Hanovre, n'emploieroit jamais les forces de l'Angleterre qu'en faveur de l'Empereur, ce qui ne se pouvoit selon lui empêcher qu'en excitant des troubles dans son royaume et dans l'intérieur de sa cour, qui lui feroient quitter le soin des affaires étrangères, et terminer bientôt les négociations de Londres. Sur quoi il disoit que la bonté et la modération excessive du roi d'Espagne, jusqu'alors si peu utile, lui devoit servir de leçon pour en changer, et en devoit servir aussi aux autres princes à l'égard des Anglois, que cette douceur rendoit si insolents. De là à braver, à se vanter, à se louer, à soutenir qu'une conduite toute opposée étoit le seul chemin de la paix, non à la mode de l'Empereur et de Georges, mais d'une paix raisonnable, sûre et solide, telle que le roi d'Espagne l'offroit, et que la demandoient sa dignité, le bien de ses peuples et celui de toute la chrétienneté[1].

Ce fut en ces termes que les ministres d'Espagne au dehors eurent ordre de s'expliquer aux cours où ils résidoient, Cellamare sur tous; Monteleon de renouveler à Londres les protestations du desir d'une paix solide, mais dont la condition principale devoit être l'engagement pris par l'Empereur de ne plus tirer de contributions d'aucun prince ni État d'Italie, et de n'y plus envoyer de troupes;

---

1. Voyez ci-dessus, p. 275.

que le mal devenoit tel, qu'il ne pourroit plus trouver de frein si la paix se faisoit en Hongrie; qu'il ne falloit donc pas perdre un moment pour assurer le bien et le repos de l'Europe. Quoique Alberoni fût bien persuadé de la partialité du roi d'Angleterre, il affectoit de répandre qu'il ne pouvoit croire que la nation angloise prît les intérêts de l'Empereur assez à cœur pour se déclarer contre l'Espagne.

Il parloit des Hollandois avec plus d'assurance, se fondant sur l'intérêt de leur commerce; mais il se plaignoit qu'ils pussent compter que l'Espagne leur sauroit gré de leurs ménagements et de leur neutralité, tandis qu'il falloit agir pour assurer la tranquillité de l'Europe, et prendre des mesures sages telles que l'Espagne se les proposoit, non par des négociations, pour arrêter l'ambition de la cour de Vienne, sur laquelle il ne ménageoit pas les expressions.

Les mesures qu'il prenoit consistoient à faire payer les troupes exactement, à fournir abondamment l'argent pour les recrues, les remontes, les habits, les armes, l'approvisionnement des places, les magasins; quatre fonderies pour des canons de bronze. On en fabriquoit en même temps de fer, des fusils, et de toutes sortes d'armes, six vaisseaux de ligne au Passage, que les constructeurs s'obligèrent à livrer tous prêts en avril 1719, en attendant une remise envoyée en Hollande de quatre cent mille piastres pour acheter six navires. Les seuls revenus du roi d'Espagne suffisoient à ces dépenses sans recourir à aucune voie extraordinaire. Alberoni se faisoit honneur d'avoir connu que le malheur de l'Espagne venoit d'avoir jusqu'alors dépensé prodiguement en choses inutiles, et de manquer de tout pour les nécessaires. Il s'épuisoit sur ses propres louanges; disoit que l'Espagne ne se pouvoit flatter d'un accommodement raisonnable si elle ne se montroit armée, espérant d'obliger les plus indifférents à entrer en danse, et de faire venir à chacun l'envie de danser par les bons instruments qu'on accordoit à Madrid.

Ainsi il étoit évident qu'il ne songeoit qu'à la guerre, et point à traiter; que sa répugnance étoit entière pour la médiation d'Angleterre; qu'il ne traiteroit même pas par celle des états généraux, malgré sa prédilection pour eux. Nonobstant ces notions claires, les Anglois ne laissoient pas de le ménager, et ne désespéroient pas encore de parvenir à leurs fins. Georges fit renouveler à la reine et au cardinal tout ce qu'il leur avoit déjà fait promettre en cas de mort du roi d'Espagne.

Sa santé se rétablissoit, mais il étoit plongé dans une mélancolie profonde, et tellement dévoré de scrupules, qu'il ne pouvoit se passer un moment de son confesseur, quelquefois même au milieu de la nuit. Alberoni, qui vouloit être maître absolu de tous ceux qui approchoient familièrement du roi d'Espagne, fit venir un médecin de Parme, nommé le docteur Servi. Il se défioit du premier médecin, chirurgien et apothicaire du roi, tous trois François, tous trois fort bien dans l'esprit du roi et de la reine; mais le cardinal les trouvoit trop rusés et trop adroits pour les laisser en place. Tous les premiers ministres se ressemblent en tous pays. La principale qualité d'un médecin, selon celui-ci et tous les premiers ministres, étoit de n'être point intrigant; l'intrigue, selon eux, est la peste des cours. Tout est cabale, et en est qui ils veulent en accuser. Le cardinal prétendoit que celle d'Espagne en étoit pleine, et se mettoit peu en peine de la capacité du médecin. Celle de Servi étoit des plus médiocres; mais le hasard y devoit suppléer. Le point étoit qu'il eût du flegme, de la patience, du courage pour éluder les panneaux et les traits des trois François, qui ne manqueroient pas de le tourner en ridicule, et s'ils pouvoient, de le dégoûter assez pour lui faire reprendre le chemin d'Italie. Il s'en est bien gardé. Il a figuré depuis, et a été premier médecin de la reine, et puis du roi jusqu'à sa mort, et l'est encore de la reine sa veuve.

Ces dispositions faites, Alberoni, voyant la santé du roi

d'Espagne rétablie, sentit l'inutilité des offres du roi d'Angleterre. Il y répondit comme il devoit pour la reine et pour lui, mais sans donner au fond à ces compliments plus de valeur qu'ils n'en méritoient. Il ne parla pas même au colonel Stanhope d'une proposition que le P. d'Aubanton lui avoit faite, et à laquelle il n'auroit eu garde de s'avancer sans l'ordre du cardinal : c'étoit le mariage du prince des Asturies avec une fille du prince de Galles. Le colonel, qui n'étoit pas instruit des intentions du roi son maître, n'osa répondre précisément sur une matière dont il sentoit les difficultés et les conséquences par rapport à la religion, et à la jalousie que le Régent d'une part, et l'Empereur de l'autre, en pourroient prendre. Alberoni donc n'en ouvrit pas la bouche; il se contenta dans ses conférences avec le colonel Stanhope de lui faire quelques questions sur la personne et le caractère de la princesse. Ainsi la défiance étoit mutuelle parmi tous ces témoignages d'amitié. L'escadre qui s'armoit en Angleterre l'augmentoit beaucoup. Monteleon ne le cacha pas au roi d'Angleterre, qui protesta toujours de son désir de venir à bout de la paix et que l'escadre ne regardoit point le roi d'Espagne, mais l'insulte que la nation angloise avoit reçue en la personne du comte de Peterborough.

Il paroissoit plus d'union et de sincérité entre la France et l'Angleterre. Néanmoins, les ministres de Georges, surtout les Hanovriens, trouvoient mauvais que le Régent se montrât si opiniâtre à vouloir la renonciation absolue de l'Empereur à la monarchie d'Espagne, et l'assurance des successions de Parme et de Toscane en faveur d'un fils de la reine d'Espagne. Penterrieder assuroit que jamais l'Empereur ne consentiroit à l'une ni à l'autre de ces conditions; que c'étoit une nouveauté directement contraire au plan dont l'abbé du Bois étoit convenu lorsqu'il étoit à Hanovre. Bernsdorf et ceux qui dépendoient de lui secondoient Penterrieder. Ils traitoient la fermeté et les instances du Régent de dispositions équivoques de la France et d'irrésolutions sans fin du Régent. Robeton, ce réfugié que Bernsdorf avoit insinué dans les affaires, décidoit et déclaroit que si le Régent ne se relâchoit sur ces deux articles, il étoit inutile de négocier, que ce n'étoit que par des tempéraments qu'on pouvoit conduire les choses à une heureuse fin.

Si les principales puissances intéressées dans la négociation étoient dans une telle défiance réciproque, le roi de Sicile, plus soupçonneux et plus persuadé que qui que ce fût que la défiance est une partie essentielle de la politique, craignoit à proportion de son caractère les effets d'une négociation commencée et conduite à son insu, dont vraisemblablement une des premières conditions seroit de le dépouiller de la Sicile. On ne lui en avoit pas fait encore la moindre ouverture tout à la fin de cette année. Il se plaignit à l'Angleterre d'un mystère si long à son égard, qui ne pouvoit lui annoncer rien que de mauvais. Stanhope y répondit qu'il étoit vrai qu'on avoit quelques espérances de procurer le repos à l'Europe, en particulier à l'Italie, mais si foibles jusqu'alors et si incertaines, qu'il étoit impossible de faire aucun plan et de rien dire. La Pérouse représenta que son maître, plein de confiance pour le roi d'Angleterre, auroit dû en espérer un retour réciproque. Il assura que ce prince ne plieroit jamais mal à propos, qu'il hasarderoit tout plutôt que de souffrir une injustice; que l'Angleterre étoit garante des avantages qu'elle lui avoit procurés par le traité d'Utrecht; qu'ils étoient proprement le fruit des services qu'il avoit rendus pendant la grande alliance; qu'ainsi les deux partis tory et whig étoient également engagés à le maintenir dans la possession de la Sicile, qui l'avoit acquise par la protection de l'Angleterre. Stanhope répondit en homme embarrassé et qui craignoit de s'engager. Il mit des révérences à la place des raisons; dit que pendant le séjour du roi d'Angleterre à Hanovre il avoit agi auprès de l'Empereur pour procurer la paix au roi de Sicile, inutilement à la vérité, mais que les ministres piémontois en avoient été avertis. Il ne voulut rien dire de plus précis, et moyennant cette circonspection, il laissa la Pérouse pleinement persuadé que la France et l'Angleterre avoient une égale intention de donner atteinte aux traités d'Utrecht. Il jugea même que le roi d'Espagne ne seroit pas fâché que ces traités fussent enfreints, pour avoir la liberté de recouvrer les États autrefois dépendants de sa couronne, et pour revenir contre ses renonciations à celle de France. Enfin la Pérouse, soufflé d'ailleurs par les émissaires de Penterrieder, se persuada que la France et l'Espagne s'entendoient ensemble et que le Régent n'avoit laissé aller Monti à Madrid que pour gagner Alberoni, et qu'il y avoit réussi. Cette opinion néanmoins contredisoit un autre discours tenu quelques jours auparavant. On disoit qu'Alberoni assuroit la cour d'Angleterre que si l'Empereur vouloit renoncer à l'Espagne et promettre pour un fils de la reine d'Espagne l'expectative de Toscane et de Parme, le roi d'Espagne uniroit ses forces à celles de l'Empereur pour le mettre en possession de la Sicile.

Ainsi tout conspiroit, selon l'opinion publique, à l'agrandissement de l'Empereur. Toutefois ses ministres prétendoient, mais sans faire pitié à personne, que chacun vouloit alors lui faire la loi dans l'Empire. Penterrieder le dit ainsi à Londres à l'occasion d'une déclaration que le ministre de Moscovie fit à Bernsdorf. Elle portoit que le Czar ne pourroit s'empêcher de protéger le duc de Meckelbourg, son parent, si on entreprenoit de l'opprimer sous de vains prétextes. On croyoit alors que la paix entre la Suède et la Moscovie seroit incessamment conclue, et comme il n'étoit question que d'un accommodement particulier, le roi de Prusse avoit lieu de se croire abandonné. Mais le Czar démentit les bruits publics. Il écrivit au roi de Prusse, et l'assura positivement qu'il détestoit les traités secrets, et qu'il n'avoit jamais pensé à en conclure.

C'est en cet état que se trouvoient, à la fin de cette

année 1717, les affaires générales de l'Europe. Elle finit en France par la mort de la maréchale de Duras à soixante-quinze ou seize[1] ans, sœur du dernier duc de Ventadour, fort retirée dans une terre près d'Orléans. C'étoit une femme singulière, boiteuse, fort grosse et de beaucoup d'esprit. J'avois oublié d'en faire mention; car elle mourut dès le mois de septembre. Mais tout à la fin de l'année, on envoya en Bretagne quatre lettres de cachet, pour ordonner à quatre gentilshommes de Bretagne qui y avoient paru les plus opposés aux volontés de la cour, d'y venir rendre compte de leur conduite. Leur nom étoit MM. de Piré, Bonamour, Noyan et Guesclairs.

CHAPITRE XIII.

1718. — Manéges du duc de Noailles à l'égard de Law; mort de Mornay; duc de Noailles obtient sur-le-champ le gouvernement et capitainerie de Saint-Germain. — Liaison de l'abbé du Bois et de Law, et sa cause. — Duc de Noailles, agité de crainte pour sa place, veut me regagner, et me propose de rétablir le temporel ruiné de la Trappe. — Sourds préparatifs à déposer le duc de Noailles et son ami le chancelier. — Édit en faveur de la compagnie d'Occident; quelle. — Le Régent travaille à la Raquette avec Law, le chancelier et le duc de Noailles, sur lequel il achève de s'indisposer. — La Raquette et les Birons. — Grâces pécuniaires au Languedoc, d'où Basville se retire avec douze mille livres de pension. — Inondations vers le Nord. — Madame la Duchesse enlève à la maréchale d'Estrées une loge à l'Opéra. — Morville ambassadeur en Hollande. — Mariage de Chauvelin, depuis si haut et si bas. — Grâces pécuniaires aux comtes de Roucy et de Medavid. — Le comte de Rieux s'excuse au Régent de ses pratiques; son caractère. — Mouvements, lettres et députation de Bretagne; incidents du maréchal de Montesquiou; gentilshommes bretons mandés, puis exilés. — Embarras et projets sur les tailles. — On me fait, par deux différentes fois, manquer la suppression de la gabelle. — Tout bien impossible en France. — Manéges d'Effiat et du premier président; duperie du Régent; conspiration très-organisée pour le culbuter. — Mouvements du Parlement. — Singulière[2] colère et propos entre

1. Saint-Simon a écrit : 75 ou 6.
2. On lit ici le mot *et* au manuscrit.

M. le duc d'Orléans et moi sur les entreprises du Parlement. — Manéges contre Law du duc de Noailles et du chancelier ; ma conduite à cet égard. — Abbé du Bois lié de plus en plus avec Law contre le duc de Noailles ; son double intérêt. — Caractère d'Argenson. — Raisons qui me déterminent pour Argenson, à qui je fais donner les sceaux et les finances ; je l'en avertis la veille, et tâche de le capter en faveur du cardinal de Noailles. — Le chancelier perd les sceaux ; est exilé à Fresnes. — Le duc de Noailles se démet des finances ; entre au conseil de régence. — Argenson a les finances et les sceaux. — Politesse fort marquée d'Argenson à mon égard. — Courte disgression sur le chancelier. — Survivance de la charge et des gouvernements du duc de Noailles donnée à son fils enfant, sans l'avoir demandée. — Rouillé quitte les finances avec douze mille livres de pension. — Machault lieutenant de police ; son caractère. — Grâces faites à Châteauneuf ; à Torcy qui marie sa fille à du Plessis Châtillon ; au duc d'Albret, qui veut épouser la fille de Barbezieux.

Un événement que nous verrons bientôt, puisqu'il arriva le 28 janvier de cette année 1718, en laquelle nous allons entrer, m'a paru mériter d'en rapprocher les choses un peu précédentes qui l'ont préparé, et de préférer pour cette fois une suite plus éclaircissante des choses qui l'ont amené, à un scrupule trop exact des temps même peu éloignés, et qui auroit fait perdre de vue ce qui a peu à peu[1] produit l'événement, lorsqu'il sera temps de le raconter.

On a vu p. 2094[2] la brouillerie du duc de Noailles et de Law, le replâtrage qui s'y fit, le gré sensible que M. le duc d'Orléans sut au duc de Noailles de sa complaisance et de ses protestations à cet égard, et l'âpreté avec laquelle il en sut profiter pour en tirer le gouvernement et la capitainerie de Saint-Germain, qu'il avoit toute sa vie muguetée[3], et que la fortune lui livra précisément dans ce favorable instant par la prompte mort de Mornay sans enfants. Il y avoit longtemps que Noailles, jaloux de Law, troubloit sa banque et ses desseins. Non-seulement il le barroit en tout par les manœuvres et l'autorité de

1. Saint-Simon a répété ici le mot *a*.
2. Ci-dessus, p. 187.
3. Voyez tome I, p. 40, un semblable emploi de ce verbe.

sa place dans les finances; mais il lui suscitoit dans les conseils et dans le Parlement tous les contradicteurs qu'il pouvoit, et qui très-souvent arrêtoient et faisoient même échouer ses propositions les plus raisonnables. Law, qui, comme je l'ai expliqué, venoit chez moi tous les mardis matins, m'en faisoit continuellement ses plaintes, et m'en prouvoit d'autant plus aisément la raison et le mal que faisoit aux affaires cette contradiction perpétuelle, qu'on a vu, d'une part, comment j'étois avec le duc de Noailles, et d'autre part, mon incapacité souvent avouée sur la matière des finances. Mais il y a pourtant des choses qui dépendent quelquefois plus du bon sens que de la science, et de plus Law, avec un langage fort écossois, avoit le rare don de s'expliquer d'une façon si nette, si claire, si intelligible, qu'il ne laissoit rien à desirer pour se faire parfaitement entendre et comprendre.

M. le duc d'Orléans l'aimoit et le goûtoit. Il le regardoit et tout ce qu'il faisoit comme l'ouvrage de sa création. Il aimoit de plus les voies extraordinaires et détournées, et il s'y attachoit d'autant plus volontiers, qu'il voyoit échapper les ressources devenues si nécessaires à l'État, et toutes les opérations ordinaires des finances. Ce goût du Régent blessoit Noailles, comme étant pris à ses dépens. Il vouloit être seul maître dans les finances. Law y avoit une partie indépendante. Cette partie plaisoit au Régent, et Noailles, qui le prétendoit gouverner, et atteindre par là au premier ministère, dont il ne perdit jamais les vues ni l'espérance, trouvoit en Law un obstacle dans sa propre gestion, lui qui empiétoit tant qu'il pouvoit sur toutes celles des autres. Toutes ses bassesses sans fin et sans mesure prodiguées au maréchal de Villeroy n'avoient pu l'accoutumer à n'être que de nom à la tête du conseil des finances. Ainsi il protégeoit souvent Law contre lui, encore qu'il n'aimât pas au fond ce que le Régent pouvoit rendre utile, et qu'il fomentât sous main les mouvements sourdement commencés du

Parlement, à qui il falloit des prétextes, et qui se proposoit bien de s'en faire un de la gestion des finances et de la singularité de celle de cet étranger.

L'abbé du Bois, qui, pour regagner l'esprit de M. le duc d'Orléans, avoit eu besoin d'entours, ne se fut pas plus tôt emparé de lui par ses négociations avec l'Angleterre et la Hollande, que ceux dont il s'étoit servi lui devinrent suspects dès que son crédit n'eut plus besoin du leur. Son plan alloit aussi au premier ministère. Il n'y vouloit point de concurrents ni de contradicteurs. Celui de tous qu'il craignoit davantage étoit le duc de Noailles, parce qu'il avoit le même dessein et bien d'autres moyens que lui pour s'y porter. Il résolut donc de l'écarter de bonne heure sans rien montrer de personnel. La partie eût été trop inégale, et d'ailleurs la soumission du duc de Noailles, qui augmentoit pour lui à la mesure du crédit qu'il reprenoit auprès de son maître lui en ôtoit jusqu'au prétexte. On a vu combien, pour lui plaire, il avoit mérité les louanges des Anglois. Du Bois se lia donc avec Law. Leurs intérêts à former cette union étoient pareils. Un étranger, aboyé d'un nombre de gens autorisés par leur être, par leur état, par leurs places, avoit à chaque instant tout à craindre de la foiblesse du Régent. En le favorisant, du Bois flattoit le goût de son maître, et portoit indirectement des bottes à Noailles, qu'il vouloit perdre sans oser le montrer, et sans que Noailles s'en doutât lui-même, ni dans ces commencements le Régent non plus avec tous ses soupçons. Tout se passoit à cet égard dans un intérieur que tout l'art de Noailles ne pouvoit percer.

Law ne me cacha point cette liaison naissante et l'usage qu'il commençoit à en tirer, mais il ne me disoit pas ce qui lui en coûtoit pour l'accroître et pour la rendre tout à fait solide. Il commençoit à avoir de l'argent à répandre par ce négoce naissant, si connu depuis et si fatal par l'abus qui s'en fit sous le nom de Mississipi. Il étoit doux à l'abbé du Bois de trouver une ressource secrète dont il n'eût obligation à personne qu'à celui qui avoit autant d'intérêt, pour sa propre défense, d'acheter sa protection que lui de l'accorder à ce prix, et les moyens en même temps d'énerver de bonne heure un compétiteur à la première place de toute autorité et de toute grandeur, à la cheville du pied duquel il ne pouvoit encore atteindre.

Telle fut la chaîne qui serra l'amitié entre ces deux hommes et qui les a portés si haut ou si loin l'un et l'autre. Je ne sais si, à travers les ruses et les caresses de du Bois, Noailles s'aperçut de quelque chose, car l'odorat de tous les deux étoit bien fin. Ce qui me l'a fait soupçonner, c'est ce qui m'arriva, et qui, à la façon dont j'étois avec le duc de Noailles, ne lui parlant et ne le saluant jamais et ne lui épargnant pas, comme on l'a vu, les algarades publiques, me jeta dans le dernier étonnement.

Vers la fin de l'été de 1717, étant un samedi après dîner au conseil de régence pour finance, assis, à mon ordinaire, entre le comte de Toulouse et le duc de Noailles, il se mit la bouche dans mon oreille tandis qu'on commençoit à opiner sur une affaire qu'il venoit de rapporter et me demanda si je n'étois pas toujours fort ami de l'abbaye de la Trappe ; un oui tout court, et sans plus que ce monosyllabe, fut toute ma réponse. « Mais, ajouta-t-il, ne sont-ils pas fort mal dans leurs affaires ? — On ne sauroit plus, répondis-je. — Mais seriez-vous bien aise, continua-t-il, de les rétablir ? — Il n'y a rien, dis-je, que je souhaitasse davantage. — Oh bien ! Monsieur, me dit-il, j'aime aussi beaucoup l'abbaye de Septfonts, qui n'est pas mieux dans ses affaires ; ayez la bonté de demander à la Trappe un état de leurs dettes et de me le donner, et j'espère trouver moyen de les raccommoder l'une et l'autre. » Je lui dis, mais sans aucune sorte de remerciement, que j'en serois fort aise et que j'écrirois à la Trappe. Les opinions vinrent à nous et il n'en fut pas dit davantage, même en nous levant du conseil.

Le samedi au soir étoit justement le jour d'y écrire. Je reçus en réponse l'état que je demandois, et je le donnai le samedi suivant au duc de Noailles. En le recevant, assis en place, il me dit de ne rien faire, et qu'il m'avertiroit. Le samedi d'après, étant en place, il me dit qu'il avoit prévenu M. le duc d'Orléans, et que je ferois bien de lui parler. Je le fis et avec succès, tant la voie se trouva aplanie. Quinze jours après les payements commencèrent à couler par Law. C'étoit la chose qui me tenoit le plus au cœur, et sur laquelle je savois le moins comment m'y prendre avec un homme fait comme l'étoit M. le duc d'Orléans. La Providence y pourvut de la sorte d'une façon bien singulièrement marquée : il n'est pas temps d'aller plus loin là-dessus.

Le reste de l'année 1717 s'écoula en démêlés continuels entre Law et les finances, c'est-à-dire le duc de Noailles, Rouillé et ceux dont ils se servoient le plus, et en plaidoyers que Law étoit forcé d'aller faire chez les principaux des conseils et du Parlement. L'abbé du Bois, revenu de Londres à Paris, où il passa jusqu'au mois de janvier, en sut profiter.

Le chancelier n'avoit pas réussi dans cette grande place. Sa servitude pour le duc de Noailles fit peur à tout le monde, jusqu'à M. le duc d'Orléans. Son louche et son gauche en matière d'État le déprisa beaucoup. Son esprit incertain, esclave des formes, puant le parquet en matière de justice et de finance, ennuya et souvent impatienta; ses hoquets continuels à arrêter les opérations de Law déplurent, et donnèrent beau jeu à l'abbé du Bois de s'espacer. Comme il connoissoit le terrain, il parla au maréchal de Villeroy, à qui il faisoit extrêmement sa cour, et l'aiguillonna à parler au Régent. Il me montra aussi assez où il en vouloit venir sur le duc de Noailles pour m'exciter à en profiter, et Law m'y exhortoit pour la nécessité et le bien des affaires, qui, indépendamment de celles que Noailles gâtoit entre ses mains, périssoient entre les siennes. Le public, indigné de la dureté de sa

gestion, de l'insolence et des indécences brutales de
Rouillé, crioit bien haut; les travailleurs effectifs du conseil des finances n'en louoient pas la besogne. Du Bois et
Law cavoient en dessous auprès du Régent et faisoient
tout valoir. Villeroy, avec un air d'autorité modeste, se
mesuroit par eux auprès de lui, et frappoit ses coups. Le
Régent m'en parloit quelquefois, quoique en garde contre
ma haine. Je fus peut-être celui de tous qui lui fis le
moins de mal, mais je savois par Law et par le maréchal
de Villeroy tout ce qui se faisoit jour par jour, et quelquefois, quoique avec plus de réserve, par l'abbé du Bois.
En voilà assez pour la préparation, et pour servir de préface à l'année 1718, dans laquelle nous allons maintenant
entrer.

Cette année 1718 s'ouvrit, dès le premier jour, par la
publication de l'édit en faveur de la compagnie d'Occident. Son fonds y fut fixé à cent millions, et tout y fut
déclaré non saisissable, excepté les cas de banqueroute
ou de décès des actionnaires. C'est ce nom qui fut enfin
substitué à celui de Mississipi, qui ne laissa pas de pré-
valoir, dont les actions ruinèrent et enrichirent tant de
gens, et où les princes et les princesses du sang, surtout
Madame la Duchesse, Monsieur le Duc et M. le prince de
Conti trouvèrent plus que les mines du Potosi, dont la
durée entre leurs mains a fait celle de cette compagnie si
funeste à l'État dont elle a détruit tout le commerce. La
protection qu'ils lui ont toute leur vie donnée, et publique,
envers et contre tous, pareille aux profits immenses qu'ils
en ont tirés sans partage d'aucune perte, l'a maintenue à
toutes risques[1] et périls, et après eux les puissants magistrats des finances qui en ont eu la conduite et l'engrais
jusqu'à présent.

Le Régent, de plus en plus aiguillonné et importuné
des entraves continuelles que le duc de Noailles mettoit
aux opérations de Law, et des points sur les *i* qu'y met-

1. Voyez tome I, p. 356 et note 1.

toit son ami le chancelier, qui ajoutoit un poids qui
accabloit Law par l'autorité de sa charge et par celle de
sa personne, dont la réputation étoit lors toute entière,
le Régent, dis-je, embarrassé à l'excès de ces deux adver-
saires qui arrêtoient tout, l'un pour le fond, l'autre pour
la forme, et malgré ces obstacles déterminé aux vues et
aux routes de cet Écossois voulut faire un dernier effort
pour les rapprocher de Law et pénétrer lui-même ce qu'il
y avoit de vrai et de bon de part et d'autre. Ce fut pour y
travailler sans distraction, avec plus d'application et de
loisir, qu'il voulut aller passer avec eux toute une après-
dînée à la Raquette[1], où le duc de Noailles lui donna
ensuite à souper. Ce fut le 6 janvier.

La Raquette est une dépendance du faubourg Saint-
Antoine, où le duc de Noailles avoit emprunté une fort
jolie maison d'un financier appelé du Noyer, recrépi d'une
charge de greffier du Parlement. Ce richard, pour ses
péchés, s'étoit dévoué à la protection des Birons, qui, en
bref, le sucèrent si parfaitement qu'il est mort sur un
fumier, sans que pas un d'eux en ait eu souci ni cure.
C'étoit leur coutume; plusieurs autres les ont enrichis de
toute leur substance, et en ont éprouvé le même sort.
Mme de Biron en rioit comme d'une fine souplesse, et
comptoit leur avoir fait encore trop d'honneur.

Le chancelier et Law se rendirent de bonne heure à la
Raquette. La séance y fut longue et appliquée de tous
côtés; mais elle fut l'extrême-onction des deux amis. Le
Régent prétendit n'avoir trouvé que mauvaise foi dans
le duc de Noailles, aheurtement aveugle dans le chancelier, esclave de toutes formes, contre des raisons péremp-
toires et les ressources évidentes de Law. Je l'ai déjà dit,
cet Écossois, avec une énonciation de langue peu facile,
avoit une netteté de raisonnement et un lumineux sédui-
sant, avec beaucoup d'esprit naturel qui, sous une sur-
face de simplicité, mettoit souvent hors de garde. Il pré-

1. A la Roquette.

tendoit que les obstacles qui l'arrêtoient à chaque pas
faisoient perdre tout le fruit de son système, et il en sut
si bien persuader le Régent, que ce prince les força tous
pour s'abandonner à lui.

Les esprits, qui commençoient à s'échauffer en plus
d'une province, par les pratiques sourdes qui s'y faisoient, eurent part à une diminution de huit cent mille
[livres] sur la capitation, et à quelques autres grâces
accordées aux états de Languedoc. Basville, depuis trente
ans roi et tyran de cette grande province sous le nom
d'intendant, y contribua beaucoup; il en étoit la terreur
et l'horreur, si on en excepte un bien petit nombre de
personnes. Sa surdité étoit venue à un point qu'on ne pouvoit presque plus s'en faire entendre. Il voulut quitter un
emploi qu'il ne pouvoit plus exercer, et il desira en sortir
avec une apparence de bonne grâce de la province en lui
procurant ce soulagement. Il revint, en effet, quelque
temps après avec une pension de douze mille livres, et
vécut le reste de sa carrière à Paris sans aucune fonction,
dont ses oreilles le rendoient incapable, fort retiré dans
sa famille, et ne voyant que quelques amis particuliers.
C'étoit un dangereux homme, que les ministres avoient
toujours tenu éloigné en le consolant par une autorité
absolue, et une des meilleures têtes qu'il y eût en France,
dont la capacité et le naturel absolu, avec beaucoup
d'esprit, se fit également craindre de tous les gens successivement en place.

On apprit que la mer avoit rompu les digues de la
Nort-Hollande et inondé beaucoup de pays, et que les
environs d'Hambourg avoient essuyé une pareille disgrâce.

Madame la Duchesse enleva de haute lutte une petite
loge à l'Opéra, qu'avoit la maréchale d'Estrées, quoique
amie de toute sa vie et dans le commerce le plus intime
avec les sœurs du maréchal, et fort bien avec les Noailles.
Cela fit grand bruit, et tout ce qui tenoit aux Estrées cessa
de voir Madame la Duchesse. On eut recours au Régent

pour décider, qui ne voulut point s'en mêler. Pareille chose avoit toute la grâce de la nouveauté, même de n'avoir jamais été imaginée. Mais ce qu'on n'eût osé sous le feu Roi, quelque indulgent qu'il fût à ses filles et au respect des princes du sang, se hasarda après d'autres essais de la patience et de la timidité du monde. Madame la Duchesse laissa crier et garda sa conquête. Peu à peu ceux qui avoient cessé de la voir y retournèrent, et le maréchal et la maréchale d'Estrées, après s'être assez longtemps soutenus, lâchèrent pied comme les autres. Ainsi la hauteur des princes du sang monta fort au-dessus de celle du feu Roi même, qui se piqua toujours d'être fort considéré, jusque dans les choses de cette nature, pour contenir tout dans l'ordre et la raison, et qui ne souffroit ces entreprises dans qui que ce pût être, au point que les plus grands de son sang ne s'y hasardèrent jamais.

Morville, procureur général du grand conseil, fils d'Armenonville, vendit sa charge à Héraut, avocat du Roi au Châtelet, et fut nommé ambassadeur en Hollande à la place de Châteauneuf, qui déplaisoit aux Anglois, et qui demandoit son retour. Je parle de la vente de cette charge parce qu'on a vu depuis Morville secrétaire d'État des affaires étrangères, et Héraut, lieutenant de police, se signaler par son inquisition.

Chauvelin, avocat général, si connu depuis par l'essor de sa fortune et la profondeur de sa chute, épousa la fille et nièce des plus riches marchands d'Orléans, belle et bien et noblement faite. Elle avoit été promise à un autre, qu'elle-même auroit voulu épouser. L'autorité de magistrature s'en mêla et l'emporta. Mais la peur qu'ils eurent de quelque parti violent fit garnir par le guet tout le chemin de la maison à la paroisse, ce qui parut fort étrange : autre entreprise qui ne se seroit pas tentée sous le feu Roi. Mme Chauvelin s'est fait considérer par sa conduite et sa vertu, et a eu à la cour un maintien qui l'a fait estimer, et qui s'est bien soutenu dans la disgrâce en vivant également bien avec un mari qu'elle n'avoit pas choisi.

Le comte de Roucy, fort mal dans ses affaires, arracha cinquante mille écus du Régent en billets d'État, et Medavid cinquante mille livres sur une vieille prétention d'un brevet de retenue du maréchal de Grancey, son grand-père, sur le gouvernement de Thionville.

Le comte de Rieux eut une audience du Régent, pour se justifier d'avoir animé la noblesse de Bretagne. Il y avoit conservé, malgré sa pauvreté, beaucoup de considération et de crédit, qu'il entretenoit par beaucoup d'esprit et de manéges : homme obscur, très-glorieux de sa grande naissance, toujours travaillant en dessous sans se commettre, lié sourdement avec des personnages et avec la maison de Lorraine, plein des plus hautes pensées et des plus grands projets, heureux à se faire des dupes par son langage, ennemi de tout gouvernement, desireux de faire jouer des mines, et peu retenu par l'honneur, la probité, la vérité, sous le masque des plus vertueux propos. Tout se cuisoit de loin en Bretagne. On y flattoit les Bretons d'une conquête d'indépendance qui ne seroit due qu'à leur union et à leur fermeté. Rieux étoit à Paris leur homme de confiance; ils ne pouvoient la placer mieux, par l'intérêt qu'il avoit, et qu'il se proposoit de faire tout à coup une grande figure, et il avoit assez d'esprit pour y parvenir, quoique il n'eût jamais vu la guerre, ni la cour, ni le grand monde, si l'affaire eût réussi.

La noblesse de Bretagne écrivit une lettre au Régent, soumise et respectueuse en apparence, plus que forte en effet, dont les copies inondèrent Paris. Deux présidents et quatre conseillers, députés du parlement de Bretagne, arrivèrent avec une lettre de ce parlement au Régent, en même sens que celle de la noblesse. Ces députés furent admis, après plusieurs jours, à faire la révérence au Régent, mais sans lui parler d'aucune affaire. Le maréchal de Montesquiou, commandant en Bretagne, en avoit plusieurs de procédés avec ce parlement, qui en cherchoit et entreprenoit. Le maréchal, de son côté, avoit très-mal débuté avec la noblesse. Quatre ou cinq cents gentilshommes étoient allés au-devant de lui à quelque distance de Rennes[1]. Au lieu de s'arrêter à eux, et de monter à cheval pour entrer avec eux à Rennes, il se contenta de mettre la tête hors sa chaise de poste, et de continuer son chemin. La noblesse, avec raison, en fut extrêmement choquée. Néanmoins il en alla un grand nombre le prendre chez lui pour l'accompagner au lieu des états pour leur ouverture. Au lieu d'y aller à pied avec eux, il monta dans sa chaise à porteurs, et acheva ainsi de les offenser, tellement que tout se tourna en procédés, et presque en insultes. MM. de Piré, Noyan, Bonamour et du Guesclairs, venus par lettre de cachet à la cour rendre compte de leur conduite, furent exilés séparément en Bourgogne, Champagne et Picardie. Piré, demeuré malade en Bretagne, évita le voyage de Paris et l'exil.

Les désordres inévitables de la manière de lever les tailles occupoient d'autant plus le Régent, que la fermentation devenoit palpable dans le Parlement et dans quelques provinces. On avoit voulu établir la taille proportionnelle dans la généralité de Paris. Plusieurs personnes y travailloient depuis un an, sans autre succès qu'une dépense de huit cent mille livres. On pensa ensuite à la dîme royale du maréchal de Vauban, qu'on donna à rectifier à l'abbé Bignon et au petit Renaut, qui s'offrit d'aller à ses dépens en faire des essais dans quelques élections, et qui dans la suite y alla en effet. Tous ces essais furent funestes par la dépense qu'ils causèrent sans aucun succès. Soit que les projets fussent vicieux en eux-mêmes, soit qu'ils le devinssent par la manière de les exécuter, peut-être encore par les obstacles qu'y semèrent l'intérêt et la jalousie de la cruelle gent financière,

1. Une autre main que celle de Saint-Simon a corrigé *Rennes* en *Dinan*.

toujours appuyée des magistats des finances, il est certain que les bonnes intentions du Régent, qui en cela ne cherchoit que le soulagement du peuple, furent entièrement trompées, et qu'il en fallut revenir à la manière ordinaire de lever les tailles.

Quoique je n'aie jamais voulu me mêler de finances, je n'ai pas laissé d'avoir une expérience personnelle de ce que je viens de dire des financiers, et des intendants et autres magistrats des finances. J'étois demeuré frappé de ce que le président de Maisons m'avoit expliqué et montré sur la gabelle, de l'énormité de quatre-vingt mille hommes employés à sa perception, et des horreurs qui se pratiquent là-dessus aux dépens du peuple. Je l'étois encore de cette différence de provinces également sujettes du Roi, dans une partie desquelles la gabelle est rigoureusement établie, tandis que le sel est franc dans les autres, dont le Roi ne tire pas moins pourtant, et qui jouissent d'une liberté à cet égard qui fait regarder avec raison les autres comme étant dans la plus arbitraire servitude de tous les fripons de gabeleurs, qui ne vivent et ne s'enrichissent que de leurs rapines. Je conçus donc le dessein d'ôter la gabelle, de rendre le sel libre et marchand, et pour cela de faire acheter par le Roi, un tiers plus que leur valeur, le peu de salines qui se trouvent appartenir à des particuliers; que le Roi les eût toutes; qu'il vendît tout le sel à ses sujets, au taux qui y seroit mis, sans obliger personne d'en acheter plus qu'il ne voudroit. Il n'y avoit guère que les salines de Brouage à acquérir. Le Roi gagnoit, par la décharge des frais de cette odieuse ferme, et outre tout ce que le peuple y gagnoit par la liberté, et l'affranchissement des pillages sans nombre qu'il souffre de ce nombre monstrueux d'employés, qui mourroient de faim s'ils s'en tenoient à leurs gages, l'État y auroit considérablement profité du côté des bestiaux, comme il se voit à l'œil, par la différence de ceux à qui on donne un peu de sel, dans les pays qui n'ont point de gabelle, d'avec ceux à qui la cherté de la contrainte du sel empêche d'en donner.

Je le proposai au Régent, qui y entra avec joie. L'affaire, mise sur le tapis, alloit passer, quand Fagon et d'autres magistrats des finances, qui n'avoient pu s'y opposer d'abord, prirent si bien leurs mesures qu'ils firent échouer le projet. Quelque temps après j'y voulus revenir, et j'eus tout lieu de croire la chose assurée et qu'elle seroit faite dans la huitaine. Les mêmes, qui en eurent le vent, la firent encore avorter. Outre les avantages que je viens d'expliquer, c'en eût été un autre bien essentiel de réduire cette armée de gabeleurs vivants du sang du peuple à devenir soldats, artisans ou laboureurs.

Cette occasion m'arrache une vérité que j'ai reconnue pendant que j'ai été dans le conseil, et que je n'aurois pu croire si une triste expérience ne me l'avoit apprise [1], c'est que tout bien à faire est impossible. Si peu de gens le veulent de bonne foi, tant d'autres ont un intérêt contraire à chaque sorte de bien qu'on peut se proposer; ceux qui le desirent ignorent les contours, sans quoi rien ne réussit, et ne peuvent parer aux adresses ni au crédit qu'on leur oppose, et ces adresses appuyées de tout le crédit des gens de maniement supérieur et d'autorité, sont tellement multipliées et ténébreuses, que tout le bien possible à faire avorte nécessairement toujours. Cette affligeante vérité, et qui sera toujours telle dans un gouvernement comme est le nôtre, depuis le cardinal Mazarin, devient infiniment consolante pour ceux qui sentent et qui pensent, et qui n'ont plus à se mêler de rien.

La fermentation du Parlement augmentoit à mesure que les espérances augmentoient du côté de la Bretagne. Cette Compagnie, qui a toujours voulu troubler et se mêler du gouvernement avec autorité pendant les

---

1. *Appris*, sans accord, au manuscrit.

régences, avoit un chef qui vouloit figurer, qui étoit également nécessiteux et prodigue, qui, dans son ignorance parfaite de son métier de magistrat, avoit les propos à la main, l'art de plaire quand il vouloit, et la science du grand monde; que les paroles les plus positivement données, que l'honneur, que la probité ne retenoient jamais, et qui regardoit la fausseté et l'art de jouer les hommes comme une habileté, même comme une vertu dont on ne se pouvoit passer dans les places : en ce dernier point malheureusement homogène au Régent, jusqu'à lui avoir su plaire par un endroit qui auroit dû lui ôter toute confiance.

Livré, comme on l'a vu, pieds et poings liés au duc et à la duchesse du Maine, il étoit informé des progrès de ce qu'ils brassoient en Bretagne et partout, et il mettoit tout son art à se conduire au Parlement en conséquence, mais avec les précautions nécessaires pour se le rendre au Régent, et tout à la fois le rançonner et le trahir. Il y avoit d'autant plus de facilité que d'Effiat étoit toujours l'entremetteur dont le Régent se servoit sur tout ce qui regardoit le Parlement, d'Effiat, dis-je, tout dévoué de longue main au duc du Maine, et accoutumé à trahir son maître dès le temps du feu Roi, de concert avec le duc du Maine, comme on l'a vu lors de la mort de Monseigneur et de Madame la Dauphine, et toujours depuis. Ainsi le Régent, avec tout son esprit, avoit mis toute sa confiance en deux scélérats qui s'entendoient pour le trahir et le jouer sans qu'il s'en voulût douter le moins du monde, persuadé que l'argent immense que le premier président tira de lui à maintes fortes reprises étoit un intérêt supérieur à tout, qui l'attachoit à lui en effet, en ne gardant pour M. du Maine que les apparences nécessaires de l'ancienne amitié. D'Effiat, intime du premier président et du duc du Maine, l'entretenoit dans cette duperie pour continuer la pluie d'or dans la bourse du premier président et une confiance nécessaire aux desseins de ses deux amis. Tel fut l'aveuglement d'un prince qui se persuadoit que tout étoit fripon, excepté le très-petit nombre de ceux que l'éducation avoit trompés et raccourcis, et qui aimoit mieux se servir de fripons connus pour tels que d'autres, persuadé qu'il les manieroit mieux et qu'il s'en laisseroit moins tromper. Cette préface est nécessaire à ce qui sera raconté ici entre le Régent et le Parlement. Tout se préparoit ainsi à donner bien des affaires au Régent et à le culbuter.

Les menaces au dedans et au dehors par l'Espagne s'avançoient vers le but que l'ambition et la vengeance se proposoient, et que les prestiges répandus avec art parmi les fous, les ignorants et les sots, qui font toujours le très plus grand nombre, avançoient à souhait. L'intelligence entre Alberoni et M. et Mme du Maine étoit parfaite. Leurs liaisons prises dès les temps du feu Roi, de M. de Vendôme, de la campagne de Lille avoient toujours subsisté. L'art employé alors contre Mgr le duc de Bourgogne, et depuis, à sa mort, contre M. le duc d'Orléans, fut toujours le même, et toujours soutenu, et plus ou moins entretenu. On a vu, en parlant des affaires étrangères, quel étoit le génie d'Alberoni, sa toute-puissance en Espagne, sa haine personnelle pour M. le duc d'Orléans, qui avoit encore la simplicité de faire entretenir commerce avec lui par d'Effiat, son ancien ami, par les bâtards, enfin la passion du roi et de la reine d'Espagne de venir régner en France s'il arrivoit faute du Roi, et celle d'Alberoni de leur plaire en flattant ces idées, en en préparant les voies, et en servant la haine qu'il entretenoit en eux contre le Régent, tant sur les choses personnelles et anciennes que sur les modernes, en empoisonnant les démarches les plus innocentes du Régent, même les plus favorables à l'Espagne.

Cellamare, tout occupé de sa fortune, pour laquelle la haine déclarée et sans mesure des cardinaux del Giudice, son oncle, et Alberoni, le faisoit trembler continuellement, et qu'on a vu lui avoir fait faire tant de bassesses, n'en étoit que plus occupé à plaire au formidable ennemi de son oncle dans le point qui lui étoit le plus sensible et sur lequel il étoit éclairé de si près par le duc et la duchesse du Maine, l'âme et les inventeurs et promoteurs de tout ce qui se tramoit.

Le maréchal de Villeroy, Villars, et bien d'autres gens qui se donnoient pour fort importants, y donnoient tête baissée, par une soif de considération et de figurer que rien de tout ce que le Régent faisoit sans cesse en leur faveur ne pouvoit rassasier ni gagner. Le maréchal de Villeroy, pour marcher mieux en cadence, n'oublioit aucune des plus énormes messéances pour renouveler et autoriser les anciens bruits. Il tenoit sous la clef le linge du Roi, son pain et diverses autres choses à son usage. Cette clef ne le quittoit ni jour ni nuit. Il affectoit de faire attendre après pour qu'on remarquât son soin et son exactitude à enfermer ces choses, et faire sottement admirer de si sages précautions pour conserver la vie du Roi, comme si les viandes et leurs assaisonnements, sa boisson et mille autres choses dont il se servoit nécessairement, qui ne pouvoient être sous sa clef, n'eussent pu suppléer au crime. Mais cela faisoit et entretenoit le bruit, les soupçons, les discours, augmentoit les prestiges et tendoit toujours au but qu'on se proposoit. Villeroy, ayant toujours M. de Beaufort dans la tête et sa royauté des halles, se tenoit trop nécessaire, trop pour en essuyer le sort et le court règne, étant, comme il l'étoit, soutenu du gros du public, trop appuyé du Parlement, qu'il courtisoit avec servitude, et qui réciproquement s'appuyoit sur lui pour inculquer au Roi de bonne heure toutes ses prétentions, et pour faire contre au Régent, comme il faisoit tant qu'il pouvoit : il osoit le mépriser d'autant plus qu'il en tiroit plus de grâces et qu'il s'en trouvoit plus considéré, et, si je l'ose dire, infatigablement courtisé.

Je voyois clair, dès lors, en la plupart de ces choses, c'est-à-dire au but de M. du Maine, du Parlement, du maréchal de Villeroy, en éloignement confus encore l'Espagne, et je gémissois en silence de la mollesse et de l'aveuglement de M. le duc d'Orléans. Outre qu'elle ne lui étoit que trop naturelle, la misérable crainte du Parlement, qui de longue main l'avoit saisi, comme on l'a vu, lui avoit toujours depuis été de plus en plus inculquée par l'intérêt de Canillac, qui s'étoit figuré de gouverner cette Compagnie par le crédit qu'il croyoit avoir hérité de Maisons, et par celui dont se paroit sa veuve, qui en tenoit chez elle de petites assemblées; par la perfidie d'Effiat, qui servoit ses deux amis et qui se rendoit un personnage par ses entremises entre son maître et le Parlement, auquel il le vendoit; par la frayeur du duc de Noailles, si longtemps son instrument pour tout, et dont les transes l'avoient, comme on l'a vu, jeté dans la bassesse de compter des finances devant des commissaires du Parlement, en présence du Régent, qu'il y avoit entraîné avec lui; enfin, par l'écho d'un gros de valets et de bas courtisans qui vouloient plaire à la mode, ou qui connoissoient la foiblesse de leur maître. Ce prince, dont la confiance en moi n'étoit point refroidie, étoit pourtant en garde contre moi sur tout ce qui regardoit le duc de Noailles, d'Effiat, le premier président et le Parlement, et comme je m'en étois bien aperçu depuis longtemps et que cette prévention rendroit tous mes conseils à ces égards inutiles, depuis longtemps aussi j'évitois avec grand soin de lui en jamais rien dire, et si quelquefois il m'en parloit, je répondois vaguement, courtement, avec une transition prompte et affectée à d'autres choses.

La pièce principale pour l'exécution pourpensée[1] et projetée de toute cette cabale étoit le Parlement. Il le falloit remuer par les vues du bien public, l'exciter par les profusions et les mœurs du Régent. Le système de Law et sa qualité d'étranger de nation et de religion furent d'un grand usage pour en imposer aux honnêtes gens du Parlement; et au gros de cette Compagnie, la vanité de

1. Voyez tome XI, p. 229 et note 1.

devenir les modérateurs de l'État l'aiguillonnoit toute entière. Il falloit cheminer par degrés, pour accoutumer le Parlement à une résistance qui aigrît le Régent ou qui l'abattît, dont on pût tirer de grands avantages et se conduire peu à peu où on tendoit, sans que presque personne de ce très-grand nombre qu'on pratiquoit partout sût jusqu'où on le vouloit mener, et le forcer après par la nécessité, où on l'auroit poussé, des conjonctures et des engagements. L'autorité des lois et du Parlement étoit un abri nécessaire à qui vouloit le plus les enfreindre. Il en falloit nécessairement rendre cette Compagnie complice pour les violer impunément : tel fut le projet bien suivi, et avec toute apparence du plus grand succès, mais que la Providence, protectrice des États et des rois foibles et enfants, sut confondre.

Ils trouvèrent donc qu'il étoit temps de commencer. Le Parlement sema force plaintes, pour préparer le public, tant sur les finances et sur Law que sur la forme du gouvernement par les conseils, qu'il prétendit allonger fort les affaires et les rendre beaucoup plus coûteuses qu'elles n'étoient avant leur établissement. Ces précautions prises, le Parlement s'assembla le matin et le soir du 14 janvier, sous le prétexte d'enregistrer l'édit de création des deux charges, l'une de trésorier des bâtiments, l'autre d'argentier de l'écurie, qu'ils avoient longtemps suspendue, et où ils firent plusieurs modifications. En ces deux assemblées, qui continuèrent le matin et l'après-dînée du lendemain, ils résolurent des remontrances et force demandes des plus hardies, et mandèrent le prévôt des marchands à leur venir rendre compte de l'état des affaires de l'hôtel de ville. Le premier président et les gens du Roi vinrent rendre compte au Régent de ce qui s'étoit passé au Parlement, au sortir de chacune des deux premières séances.

Les mêmes assemblées continuèrent les deux jours suivants et le troisième encore, mais chez le premier président, pour rédiger leurs remontrances par écrit et leurs demandes. Law, sans y être nommé, y étoit fortement attaqué, ainsi que l'administration du Régent au fond et en la forme. Elles ne tendoient pas à moins qu'à se mêler de tout avec autorité, et à balancer celle du Régent de manière à ne lui en laisser bientôt plus qu'une vaine et légère apparence.

Informé à peu près de ce qui se préparoit, il m'en parla avec plus de feu et de sensibilité qu'il n'en avoit d'ordinaire. Je ne répondis rien. Nous nous promenions tout du long de la galerie de Coypel et du grand salon qui est au bout sur la rue Saint-Honoré. Il insista, et me pressa de lui parler. Alors je lui dis froidement qu'il savoit bien qu'il y avoit longtemps que je ne lui ouvrois pas la bouche sur le Parlement ni sur rien qui pût y avoir rapport, et que lorsqu'il m'en avoit quelquefois ouvert le propos, j'en avois toujours changé, et évité d'entrer en aucun discours là-dessus; que puisqu'il me forçoit aujourd'hui, je lui dirois que rien ne me surprenoit dans cette conduite; qu'il se pouvoit souvenir que je la lui avois prédite, et que je lui avois dit, il y avoit longtemps, que sa mollesse à l'égard du Parlement le conduiroit enfin à n'être plus régent que de nom, ou à la nécessité d'en reprendre l'autorité et les droits par des tours de force très-hasardeux. Là-dessus il s'arrêta, se tourna à moi, rougit, se courba tant soit peu, mit ses deux poings sur ses côtés, et me regardant en vraie et forte colère : *Mort....!* me dit-il, *cela vous est bien aisé à dire à vous qui êtes immuable comme Dieu, et qui êtes d'une suite enragée.* Je lui répondis avec un sourire et un froid encore plus marqué que devant : *Vous me faites, Monsieur, un grand honneur de me croire tel que vous dites; mais si j'ai trop de suite et de fermeté, je voudrois vous en pouvoir donner mon excédant, cela feroit bientôt deux hommes parfaits, et vous en auriez bon besoin.* Il fut tué à terre, ne répondit mot, et continua sa promenade à plus grands pas, la tête basse, comme il avoit accoutumé quand il étoit embarrassé et fâché, et ne proféra pas un mot depuis le salon où cela se passa jusqu'à l'autre bout de la galerie. Au retour, il me parla d'autre chose, que je saisis avidement pour rompre la mesure sur le Parlement.

Le 26 janvier, le Parlement alla, sur les onze heures du matin, faire ses remontrances au Roi en présence de M. le duc d'Orléans. Le premier président les lut tout haut : elles étoient de la dernière force contre le gouvernement, et en faveur des prétentions du Parlement, et par plusieurs demandes qui étoient autant d'entreprises les plus fortes. Le Régent ne dit pas un mot; le Roi, que son chancelier leur rendroit sa réponse; le chancelier, que lorsque le Roi auroit assemblé son conseil, il leur enverroit ses ordres auxquels il espéroit (terme bien chétif et bien foible) qu'ils obéiroient sans remise.

Le soir même, M. le duc d'Orléans fit répandre force copies des lettres patentes enregistrées au Parlement le 21 février 1641, Louis XIII présent, qui réduisent le Parlement aux termes de son devoir et de son institution de simple cour de justice pour juger les procès entre les sujets du Roi, sans pouvoir prétendre à plus, et singulièrement à entrer, ni se mêler en sorte quelconque du gouvernement de l'État, ni d'aucune de ses parties : cette défense et réduction appuyée de citations de pareilles du roi Jean, François 1er, Charles IX, et plusieurs pareilles ordonnances du même Louis XIII. On auroit pu et dû y en ajouter de Louis XIV, surtout lorsqu'il alla seoir au Parlement en habit gris, une houssine à la main, dont il le menaça en parlant bien à lui.

Il a fallu faire tout de suite le récit des premières démarches publiques du Parlement, pour n'en pas interrompre un autre, dont l'événement éclata le lendemain que le premier président eut rendu compte au Parlement de ses remontrances, c'est-à-dire le 28 janvier, surlendemain du jour qu'il les avoit été lire au Roi aux Tuileries.

A mesure que le Régent se trouvoit plus embarrassé,

il se rapprochoit de moi sur les gens et les matières sur lesquelles on l'avoit mis en garde. Il m'avoit parlé plus d'une fois du duc de Noailles et du chancelier, avant la séance de la Raquette, de la jalousie du premier contre Law, de l'ineptie du second en affaires d'État, de finances, du monde. Il ne m'avoit pas caché son dégoût de tous les deux, et d'une union intime qui rendoit en tout et pour tout le chancelier esclave volontaire du duc de Noailles. Le langage de celui-ci lui plaisoit : son désinvolte[1] et des mœurs toujours à la mode, quelle qu'elle fût, le mettoient à l'aise avec lui. Son esprit et sa tribu si établie lui donnoient de la crainte. D'autre part, Law et son système étoit ce dont il ne se pouvoit déprendre par ce goût naturel des voies détournées, et par ces mines d'or que Law lui faisoit voir toutes ouvertes et travaillées par ses opérations. A bout d'espoir de faire compatir ensemble le duc de Noailles et Law après tout ce qu'il avoit fait pour y parvenir, son malaise devint extrême quand il vit enfin qu'il falloit choisir entre les deux. Il m'en parla souvent, et j'étois instruit par Law de tout ce qui se passoit là-dessus.

Quel que fût son système, il y étoit de la meilleure foi du monde; son intérêt ne le maîtrisoit point; il étoit vrai et simple; il avoit de la droiture; il vouloit marcher rondement. Il étoit donc doublement outré des obstacles qui lui étoient suscités à chaque pas par le duc de Noailles, et de la duplicité de sa conduite à son égard; il ne l'étoit pas moins des lenteurs multipliées du chancelier pour, de concert avec Noailles, arrêter et faire échouer chaque opération; il lui falloit souvent aller persuader des principaux du Parlement, son premier président et celui de la chambre des comptes, que Noailles suscitoit, et dont il faisoit peur au Régent, et il arrivoit que, quand Law les avoit persuadés, les ruses ne manquoient pas à Noailles, et les lenteurs affectées au chancelier, pour rendre inutiles

---

1. Voyez tome X, p. 29.

les opérations qui sembloient résolues et ne trouver plus de difficulté. Law me venoit conter ses chagrins et ses peines, souvent près de tout quitter, et s'alloit plaindre au Régent, à qui il faisoit toucher au doigt tous ces manéges. Le Régent m'en parloit avec amertume, mais ne tiroit de moi que de le plaindre de ces contrastes, et des aveux de mon ignorance en finance qui m'empêchoit de lui donner aucun conseil.

Dès avant le départ de l'abbé du Bois pour l'Angleterre, pressé par Law et par son double intérêt, il avoit porté de rudes coups à Noailles auprès du Régent et au chancelier par contre-coup. Son intérêt en cela étoit double. Il commençoit à tirer gros de Law; ce qu'il en tiroit demeuroit dans les ténèbres; il pensoit déjà au cardinalat, et au besoin qu'il auroit de forcer d'argent à Rome. C'est ce qu'il ne pouvoit espérer que de Law, et cela seul l'eût entraîné; mais il en avoit un autre : il vouloit dès lors, comme je l'ai déjà expliqué, se préparer à gouverner seul son maître. Il falloit pour cela écarter de lui peu à peu ceux qui, de façon ou d'autre, avoient le plus de part en sa confiance. La charge des finances l'entraînoit nécessairement, et lui étoit redoutable dans un homme tel que le duc de Noailles. Il saisit donc l'occasion de l'écarter, persuadé qu'après l'éclat de l'avoir sacrifié à Law, Noailles ne reprendroit plus de confiance, et ne seroit plus un homme qu'il pût craindre.

Je savois par Law que les coups de du Bois avoient porté, et c'étoit ce qui le désoloit de son absence. Il eût bien voulu m'engager à y suppléer; mais je connoissois trop les défiances du Régent pour me presser : il me regardoit avec raison comme l'ennemi déclaré et sans mesure du duc de Noailles, mes discours à son égard auroient porté à faux. D'ailleurs je me trouvois hors d'état de me décider moi-même sur le meilleur parti à prendre pour les finances entre eux, et je ne voulois pas prendre sur moi, quelque haine que j'eusse contre Noailles, de jeter l'État et le Régent entre les bras de Law, et d'un système aussi nouveau que le sien. Je laissois donc aller les choses, attentif cependant à en être bien instruit et à me tenir dans un milieu à l'égard du Régent, à ne le pas refroidir de me parler là-dessus avec confiance, mais surtout à ne me point avancer et à ne me point commettre. Cette conduite dura jusqu'à la séance de la Raquette, après laquelle je vis le parti pris, et qui n'étoit retardé que par la foiblesse, qui s'arrête toujours au moment d'exécuter.

Alors le maréchal de Villeroy s'ouvrit entièrement à moi, comme à l'ennemi du duc de Noailles, qu'il ne pouvoit souffrir par le dépit de n'être qu'un vain nom dans les finances, dont Noailles avoit tout le pouvoir et l'administration. Le maréchal m'apprit les bottes qu'il lui portoit depuis qu'il le voyoit ébranlé, et m'instruisoit des divers avancements de sa chute. Pour l'entretenir à m'informer, je lui disois ce que je pouvois lui confier sans crainte de ses indiscrétions, et je voyois un homme ravi de joie, qui n'oublioit rien pour précipiter la chute de celui dont l'autorité dans les finances lui étoit si odieuse.

A la fin, M. le duc d'Orléans s'expliqua tout à fait avec moi, et mit en délibération à qui il donneroit les finances et les sceaux. Son objet étoit de disposer des finances en sorte que Law ne trouvât plus d'obstacle en ses opérations. Law et moi avions souvent traité cette matière. Il avoit eu souvent recours à d'Argenson, qui étoit fort entré dans ses pensées, et c'étoit à lui qu'il desiroit les finances, parce qu'il comptoit être avec lui en pleine liberté.

Argenson étoit un homme d'infiniment d'esprit, et d'un esprit souple, qui, pour sa fortune s'accommodoit à tout. Il valoit mieux, pour la naissance, que la plupart des gens de son état, et il faisoit depuis longtemps la police et avec elle l'inquisition d'une manière transcendante. Il étoit sans frayeur du Parlement, qui l'avoit souvent attaqué, et il avoit sans cesse obligé les gens de qualité, en cachant au feu Roi et à Pontchartrain des aventures de leurs enfants et parents, qui n'étoient guère que des jeunesses, mais qui les auroient perdus sans ressource, s'il ne les eût accommodées d'autorité et subitement tiré le rideau dessus. Avec une figure effrayante, qui retraçoit celle des trois juges des enfers, il s'égayoit de tout avec supériorité d'esprit, et avoit mis un tel ordre dans cette innombrable multitude de Paris, qu'il n'y avoit nul habitant dont jour par jour il ne sût la conduite et les habitudes, avec un discernement exquis pour appesantir ou allégir[1] sa main à chaque affaire qui se présentoit, penchant toujours aux partis les plus doux avec l'art de faire trembler les plus innocents devant lui; courageux, hardi, audacieux dans les émeutes, et par là maître du peuple. Ses mœurs tenoient beaucoup de celles qui avoient sans cesse à comparoître devant lui, et je ne sais s'il reconnoissoit beaucoup d'autre divinité que celle de la Fortune. Au milieu de fonctions pénibles et en apparence toutes de rigueur, l'humanité trouvoit aisément grâce devant lui, et quand il étoit en liberté avec des amis obscurs et d'assez bas étage, auxquels il se fioit plus qu'à des gens plus relevés, il se livroit à la joie, et il étoit charmant dans ces compagnies. Il avoit quelques lettres, mais peu ou point de capacité d'ailleurs en aucun genre, à quoi l'esprit suppléoit, et une grande connoissance du monde, chose très-rare en un homme de son état.

Il s'étoit livré sous le feu Roi aux jésuites, mais en faisant tout le moins de mal qu'il lui étoit possible, sous un voile de persécution qu'il se sentoit nécessaire pour persécuter moins en effet, et secourir même les persécutés. Comme la fortune étoit sa boussole, il ménageoit également le Roi, les ministres, les jésuites, le public. Il avoit eu l'art, comme on l'a vu en son lieu, de se faire un grand mérite auprès de M. le duc d'Orléans, alors fort mal-

1. Telle est bien l'orthographe de Saint-Simon.

traité, de ce cordelier amené d'Espagne par Chalais, qu'il fut chargé d'interroger à la Bastille, et M. le duc d'Orléans n'avoit pu l'oublier. Depuis, il m'avoit courtisé sans bassesse, sans visites, mais dans toutes les choses où il avoit pu me témoigner toute son attention, et il avoit bien voulu se laisser charger du temporel fort dérangé du monastère de la Visitation de Chaillot, en qualité de commissaire, où Mme de Saint-Simon avoit une sœur d'un vrai mérite, que nous aimions fort, monastère d'ailleurs rétabli par la famille de Mme la maréchale de Lorges.

Law avoit trouvé beaucoup d'accès auprès de ce magistrat, qui lui-même s'en étoit fait auprès de l'abbé du Bois, et qui n'aimoit point du tout M. de Noailles, sans être pourtant mal avec lui. Le Parlement lui en vouloit cruellement, dont on a vu des traits bien forts. Sa charge ne le rendoit pas réconciliable avec cette Compagnie, et le Régent et lui avoient eu souvent besoin l'un de l'autre. De sa nature il étoit royal et fiscal, il tranchoit, il étoit ennemi des longueurs, des formes inutiles ou qu'on pouvoit sauter, des états neutres et flottants. Mais comme il cherchoit à se concilier tout, il avoit, du temps du feu Roi, et cultivé depuis, des liaisons avec ses bâtards, beaucoup plus étroites que nous ne nous en doutions M. le duc d'Orléans et moi.

Cette ignorance, les raisons tirées de ce qui vient d'être expliqué de son caractère et de sa conduite, beaucoup aussi l'éloignement extrême qui étoit entre le Parlement et lui dans un temps où il s'agissoit d'avoir le dessus sur cette Compagnie, qui se mettoit en état de dominer, me détermina à lui pour les finances et pour les sceaux, afin de lui donner plus d'autorité et au Régent un garde des sceaux en sa main, ferme, hardi, et qui, pour sa propre vade[1], se trouveroit intéressé à ne pas ménager le Parlement. Je m'expliquai donc en sa faveur à Law, qui goûta infiniment

1. Voyez tome IX, p. 397 et note 1.

mes raisons, et au Régent, à qui je les détaillai. La chose demeura entre nous trois et fut bientôt déterminée. Alors je pressai le Régent de finir, dans la crainte de quelque transpiration qui déconcertât la résolution prise, et le coup à frapper fut fixé au vendredi 28 janvier pour laisser passer les remontrances du Parlement au Roi dont j'ai parlé avant ceci.

Je priai le Régent de me permettre d'avertir et de disposer Argenson. Ce n'étoit pas que je fusse en peine qu'il n'acceptât une telle décoration, mais je voulois profiter du moment pour concilier le futur garde des sceaux avec le cardinal de Noailles, et que ce prélat ne perdît au chancelier que tout le moins qu'il se pourroit. Je présentai donc au Régent la nécessité de faire entendre à d'Argenson d'avance le parfait concert, pour ne rien dire de plus, qu'on souhaitoit de lui dans les finances avec Law, et de corriger ce que cela pouvoit avoir d'amer par l'éclat des sceaux. M. le duc d'Orléans le trouva bon, de sorte que je mandai par un billet à d'Argenson le jeudi matin de se trouver chez moi le soir même, entre sept et huit heures du soir, pour chose pressée et importante, où je l'attendrois portes fermées. Rien ne transpiroit encore, et quoique on commençât depuis deux fois vingt-quatre heures tout au plus à se douter de quelques nuages sur le duc de Noailles et sur le chancelier, on n'avoit pas été plus avant.

Argenson se rendit chez moi à l'heure marquée. Je ne le fis pas languir. Je trouvai un homme effarouché du poids des finances, mais bien flatté de la sauce des sceaux, et assez à lui-même, dans cette extrême surprise pour me faire bien des difficultés sur les finances, sans néanmoins risquer les sceaux. Je lui expliquai au long les volontés du Régent par rapport à Law, et je ne m'expliquai pas moins nettement avec lui par rapport au Parlement et à tout ce que le Régent comptoit trouver en lui à cet égard. Law et les finances étoient conditions *sine qua non*, qu'il fallut bien passer. Pour le

Parlement, il pensoit comme moi et comme M. le duc d'Orléans, et de ce côté-là il étoit l'homme qu'il falloit. Ses lumières, la cabale en mouvement, son personnel, tout l'y portoit. On peut juger de tout ce qu'il me dit de flatteur sur un honneur tel que celui des sceaux, qu'il crut avec raison me devoir, et sur lequel je fus modeste, mais toutefois en lui laissant sentir toute la part que j'y avois.

J'avois pour cela mon dessein, et la conversation importante à peu près finie, je saisis un renouvellement de son éternelle reconnoissance et de son attachement entier pour moi, pour lui demander amitié et secours pour le cardinal de Noailles, que je lui déclarai très-nettement que je ne distinguois pas de moi-même. Nous entrâmes en matière. Je ne lui cachai pas que j'étois bien instruit de ses liaisons avec les jésuites et avec tout le parti de la constitution, que je comprenois parfaitement que sa place le demandoit sous le feu Roi, mais que je sentois aussi qu'il étoit trop éclairé sur le fond des choses, et encore plus par tant de détails qui avoient passé par ses mains, pour ne porter pas un jugement sain de la chose, par rapport à la religion et à l'État, et de la violence et de la tyrannie des procédés, qui n'avoient de fondement que les plus insignes faussetés et les plus atroces friponneries : par conséquent, que les temps étant changés, et lui monté à la première place tout à coup d'une fort subalterne, il ne vît, avec tant d'esprit, d'expérience et de lumière, quel étoit le bon parti, et celui où la religion, l'État, la vérité, l'honneur le devoient attacher, sans lever d'étendard, ce qui ne convenoit pas à la première place de la magistrature. La discussion là-dessus fut longue, et j'y sentis de sa part plus de discours et de compliments que de réalité. Je me persuadai que la palinodie le retenoit, sa vieille et ancienne peau, ses engagements de plusieurs années, et qu'une conversation avec le cardinal de Noailles enlèveroit ce que je voyois que je n'emportois pas. Je la lui demandai, et il s'y prêta de bonne grâce ; mais il me pria que ce fût chez moi et le soir, pour la dérober à la connoissance du monde, et il me promit de m'avertir et de me donner le premier soir que la nouveauté de l'état où il alloit entrer lui laisseroit la première liberté. Nous nous séparâmes de la sorte sur les dix heures du soir, avec de grandes protestations de sa part de n'oublier jamais qu'il me devoit toute son élévation et sa fortune, et dans l'attente certaine du grand événement du lendemain vendredi 28 janvier[1].

Ce jour-là la Vrillière, qui avoit été mandé au Palais-Royal la veille au soir, assez tard, alla sur les huit heures du matin redemander les sceaux au chancelier et lui dire de la part du Régent de s'en aller jusqu'à nouvel ordre en sa maison de Fresnes, sur le chemin de Paris à Meaux. Le chancelier lui dit qu'il portoit un nom bien fatal aux chanceliers. Il lui demanda avec fermeté et modestie s'il ne pouvoit pas voir le Régent, et, sur le refus, de lui écrire ; la Vrillière lui dit qu'il se chargeroit de la lettre. Le chancelier l'écrivit, la lut à la Vrillière, la ferma devant lui et la lui donna. De là il écrivit un billet d'avis au duc de Noailles et alla apprendre sa disgrâce à sa femme, qui étoit en couche. Il s'en alla le lendemain à Fresnes, n'ayant laissé sa porte ouverte à Paris qu'à sa plus étroite famille ou amis plus intimes, et sa femme le fut trouver quand sa santé le lui permit.

Noailles, averti de la bombe par le billet du chancelier, ne douta plus de ce qui lui alloit arriver sur les finances. Il résolut de prévenir le Régent et de se mettre en situation d'en tirer bon parti. Il l'alla trouver sur-le-champ, et eut la fausseté de lui demander ce que signifioient les sceaux qu'il voyoit sur sa table. Le Régent eut la bonté de lui dire qu'il les avoit envoyé redemander au chancelier. Noailles, d'un air le plus dégagé qu'il put, lui de-

1. On lit ici en marge la date de 1718, écrite d'une autre main que celle de Saint-Simon.

manda à qui il les donnoit, et le Régent eut la complaisance de le lui dire. Alors Noailles répliqua qu'il voyoit que la cabale l'emportoit, et qu'il ne pouvoit mieux faire que de céder et de rendre sa commission des finances. Tout de suite le Régent lui dit : « Ne demandez-vous rien ? — Rien du tout, répondit Noailles. — Je vous destine, ajouta le Régent, une place dans le conseil de régence. — J'en ferai peu d'usage, » répondit-il arrogamment, profitant de la foiblesse du prince ; et mentit bien puamment, car il vint au premier conseil de régence et n'en manqua plus aucun. Il tint sa porte fermée les premiers jours.

Un moment après, d'Argenson arriva, mandé par le Régent. Il rencontra le duc de Noailles dans les appartements, qui sortoit ; ils se saluèrent sans se parler. Il fut un peu de temps seul avec le Régent. A sa sortie, il fut déclaré garde des sceaux et président des finances. Au sortir de dîner, la Vrillière lui apporta ses commissions, et sur les trois heures, il prêta son serment entre les mains du Roi, en présence du Régent, et en public aux Tuileries, et emporta les sceaux, que le Roi lui remit.

J'avois envoyé aux nouvelles au Palais-Royal, parce que j'aime à être assuré que les choses sont faites. Comme j'étois à dîner chez moi en grande compagnie, un valet de chambre d'Argenson m'apporta une lettre de lui. Il imita dans cette lettre, que j'ouvris et montrai à la compagnie, la modestie du célèbre cardinal d'Ossat, qui devoit sa fortune et sa promotion à M. de Villeroy, et à qui au sortir de chez le Pape, qui lui avoit donné la barrette, le lui manda[1], et pour la dernière fois lui écrivit encore *Monseigneur*. Argenson me traita de même, et me manda qu'il venoit d'être déclaré ; en même temps, que prévoyant les affaires qu'il auroit toute la journée, il avoit été dès le matin de bonne heure à Chaillot, et me

---

1. Nous n'avons pas besoin de noter l'irrégularité de cette phrase.

rendoit compte de ce qu'il y avoit fait. Les remerciements et les marques d'attachement et de reconnoissance terminoient la lettre, et toujours *Monseigneur* dessus et dedans.

Ainsi le chancelier fut la victime du duc de Noailles, et le bouc émissaire qui expia les péchés de son ami, et qui lui rendit tous les effets de l'innocence. Noailles se servit de lui comme d'un bouclier, et lui faisoit voir et faire tout ce qui lui convenoit sans ménagement aucun et sans le plus léger voile. Il abusa ainsi sans cesse de l'amitié, de la reconnoissance, de la confiance entière d'un homme de bien et d'honneur, qui, dans l'ignorance parfaite des finances et du monde, et dans les ténèbres de sa nouvelle vie, ne comptoit de guide sûr que celui qui l'avoit mis dans cette grande place. Elle lui a été si fatale que, quoique je me sois étendu ailleurs sur son caractère, je ne puis me refuser d'en ramentevoir[1] encore ici quelque chose.

Avec un des plus beaux et des plus lumineux esprits de son siècle, et c'est peu dire, vastement et profondément savant, fait exprès pour être à la tête de toutes les académies et de toutes les bibliothèques de l'Europe, et pour se faire admirer à la tête du Parlement, jamais rien de si hermétiquement bouché en fait de finance, d'affaires d'État, de connoissance du monde, ni de si incapable d'y rien entendre. Le parquet, où il avoit si longtemps brillé en maître, l'avoit gâté pour tout le reste par l'habitude de cet exact et parfait balancement de pour et de contre de toutes les affaires contentieuses. Sa science et ses lumières le rendoient fécond en vues : sa probité, son équité, la délicatesse de sa conscience s'y embarrassoient, en sorte que plus il examinoit, plus il voyoit, et moins il se déterminoit. C'étoit pour lui un accouchement que de prendre un parti sur les moindres choses. De là, devenu le père des difficultés, c'étoient des longueurs infinies. Il

---

1. Voyez tome XIII, p. 119 et note 1.

étoit arrêté tout court par les moindres vétilles, mais surtout par la forme, qui le maîtrisoit plus qu'un procureur qui en vit, en sorte qu'à qui ne connoissoit pas le fonds sincère et solide de sa justice, de sa piété, de l'honneur, même de la bonté dont il étoit pétri, et véritablement vertueux en tout, on auroit pris sa conduite pour un déni de justice, parce qu'elle en avoit tous les dehors et tous les inconvénients. Telle fut la cause et la source des variations en affaires de toutes les sortes, qui du faîte de la plus grande réputation, la plus accomplie, la mieux méritée, l'a précipité dans un état si différent à cet égard, où il est tombé par degrés, et à ce changement si prodigieux de lui-même, qui l'a rendu méconnoissable dans des points capitaux sous lesquels il est demeuré accablé, et dont sa considération et sa réputation ne se relèveront jamais, quoique il n'ait jamais cessé d'être le même. Une correction, une perfection trop curieusement recherchée dans tout ce qu'il veut qui sorte de sa plume, naturellement excellente, décuple son travail, tombe dans la puérilité, dans la préférence de la justesse de la diction sur l'exposition nette et claire des choses, dans une augmentation de longueurs insupportables. Il épuise l'art académique, se consume en des riens, et l'expédition en souffre toutes sortes de préjudices.

Un autre défaut, qui vient du préjugé, de l'habitude, de cet orgueil secret que les plus gens de bien ignorent souvent en eux, parce que l'amour-propre, si inhérent en nous, le leur sait cacher, est une prévention si étrange en faveur de tout ce qui porte robe, qu'il n'y a si petit officier de justice la plus subalterne, qui puisse avoir tort à ses yeux, ni friponnerie si avérée qui, par la forme dont il est esclave, ne trouve des échappatoires qui méritent toute sa protection. Est-il enfin à bout de raisons, on le voit qui souffre, que sa souffrance l'affermit en faveur de cette vile robe, dont l'impalliable[1] afflige sa

1. Une robe impalliable (de *in* et de *pallium*) est une robe dont on ne peut se dépouiller.

sensible délicatesse, sans le déprendre de la soutenir. Je dis vile robe, telle qu'un procureur du Roi ou un juge royal de justice très-subalterne, dont les friponneries et les excès, demeurées[1] à découvert et incapables d'excuses, en trouvent dans son cœur et dans son esprit, et jusque dans sa raison et sa justice, quand elles ont perdu toutes ressources d'ailleurs. Alors il se jette sur les exhortations à pardonner les choses les moins pardonnables et les plus susceptibles de recommencer de nouveau : il allègue comme un grand malheur les conséquences du châtiment qui obscurcit tout un petit siége; sur la nécessité de procéder dans les formes, en attaquant juridiquement ce petit officier, et quelque cher et long que cela puisse être, de se rendre partie contre lui. Ces exemples arrivent tous les jours sur les faits les plus criants, sans qu'aucunes suites, qui, pour ce premier exil et première perte des sceaux lui ont été fatales, ni aucunes considérations aient jamais pu avoir aucune prise sur lui à cet égard, d'où naissent des inconvénients sans nombre par la certitude que toute robe a sa protection, que rien ne peut affoiblir. Oser se pourvoir en cassation d'arrêts des parlements, ou contester quoi que ce soit à ces Compagnies en général ou en détail personnel en aucun genre, est une profanation qui lui est insupportable, quoique il ait été plus d'une fois, et en face, bien mal récompensé de cette espèce de culte et en pleine séance au Parlement, sans que rien l'en ait pu détacher. S'il voit que, malgré ce qu'il a pu tenter pour parer, la cassation passe au conseil, il interrompt contre la règle, harangue[2], se rend l'avocat du Parlement et de son arrêt, et cela des autres parlements comme de celui de Paris; il reprend les voix, il intimide les maîtres des requêtes, cherche à embarrasser le rapporteur et les commissaires, il reprend les avis. Tout le conseil s'en plaint, et s'accoutume à lui résister respec-

1. Il y a bien ici *demeurées* au féminin, et deux lignes plus loin, *elles* et non *ils*.
2. Saint-Simon a écrit *harange*.

tueusement, mais fermement, et ne s'en cache pas. S'il sent enfin qu'il ne gagne rien, et que l'arrêt passe, il ne peut toutefois se résoudre à prononcer le blasphème de cassation. Il a inventé, pour l'éviter, une formule jusqu'à lui inconnue. Il prononce que sans s'arrêter à l'arrêt du Parlement, etc., qui demeurera comme non avenu, etc.; et les parlements, qui sentent et comptent sur cette vénération si loin poussée pour eux, n'ont cessé d'en abuser; et tout cela pourtant de la meilleure foi et avec l'intégrité la plus parfaite.

On peut juger de là combien Daguesseau étoit peu propre à soutenir l'autorité royale résidente dans un régent, contre les entreprises du Parlement; et je ne craindrai point de le dire, combien, à l'entrée de ces mouvements, qui annonçoient tant de choses, il étoit important de renvoyer ce premier magistrat, d'ailleurs si digne de toute autre place, mais si peu propre à la première de son état, où le duc de Noailles l'avoit bombardé[1] en un instant, uniquement pour soi, en abusant en cela, comme en bien d'autres choses, de la facilité du Régent, qui, ébloui de la grande réputation de celui qu'il lui proposa à l'instant de la vacance, l'en crut sur sa parole, sans connoissance de celui qu'il mettoit si subitement dans une place si importante. Ce prince n'avoit guère tardé à se repentir d'un choix si brusque, dont il s'étoit enivré d'abord; mais il fut sensible au cri public, à la louange du chancelier, et à le plaindre.

Toute la robe, vivement intéressée à un chef qui étoit véritablement idolâtre d'elle, et tout ce qui cabaloit d'ailleurs contre le Régent, aidés des échos qui répètent tout ce qu'ils entendent, élevèrent d'autant plus Daguesseau que le contre-coup naturel portoit davantage en aigre censure contre le Régent et contre son gouvernement. Il avoit bien et longtemps combattu, avant de se résoudre à ce tour de force. Il n'y étoit venu qu'à la dernière extré-

---

1. Voyez tome I, p. 19, t. X, p. 5, etc.

mité. Épuisé de l'avoir fait, et abattu de la manière dont il étoit reçu du monde, il retomba dans sa foiblesse naturelle à l'égard de l'autre partie. L'esprit et la tribu de Noailles lui fit peur. Non content d'avoir mis le duc de Noailles dans le conseil de régence, quoique le véritable criminel, tandis qu'il exiloit le chancelier et ne lui ôtoit les sceaux que pour avoir été l'esclave de Noailles, il jeta tout de suite à la tête de ce dernier la survivance de sa charge et de ses gouvernements pour son fils à la jaquette, qui n'avoit pas encore cinq ans, lui fut obligé d'avoir bien voulu l'accepter, et ne lui marqua jamais tant de considération et d'amitié. Si le public s'irrita de la disgrâce du chancelier, il ne se scandalisa pas moins aigrement des grâces prodiguées au duc de Noailles, et n'applaudit dans tout cet événement qu'à lui voir ôter les finances, où il s'étoit extrêmement fait haïr de tout ce même public et des particuliers. Mais il tenoit le bon bout encore. Les propos le touchèrent peu, et il a montré par toute la suite de sa vie et par son propre exemple, le peu de cas qu'on peut et doit faire de sa réputation, qu'il a sans cesse vendue pour ce qu'il a estimé être plus réel.

Par une suite nécessaire, Rouillé du Coudray, qui avoit été son bras droit et souvent son conducteur dans les finances, n'y put être conservé. Depuis assez longtemps, il n'y faisoit presque plus rien que continuer à se faire mépriser et détester par ses brutalités et ses continuelles indécences, abruti par le vin et par toutes sortes de débauches. Il s'y plongea de plus en plus depuis qu'il n'eut plus l'occupation des finances, et acheva ainsi une assez longue vie dans les vices dont il faisoit trophée, laissant admirer qu'avec une capacité très-médiocre, une grossièreté et une brutalité extrême, une indécence continuelle qui n'avoit honte de rien, il fût devenu sous le feu Roi directeur des finances et conseiller d'État, et depuis, tout-puissant dans les finances, et le tout, comme on l'a vu, par la protection de MM. de Noailles père et fils. Il eut, en quittant les finances, douze mille livres de pension.

Machault, maître des requêtes, eut la police, dont il fit la moindre de ses occupations, sur le pied plus que scabreux où Argenson l'avoit mise. Aussi n'y satisfit-il ni soi ni le Régent, et n'y put demeurer longtemps. C'étoit un homme intègre et capable, exact et dur, magistrat depuis les pieds jusqu'à la tête, fantasque et bourru, qui ne se radoucissoit qu'avec des créatures de mauvaise vie, dont il ne se laissoit jamais manquer.

Châteauneuf, revenant de Hollande, où il avoit très-bien servi, et qui avoit une pension de six mille livres, en eut une pareille en augmentation, une place de conseiller honoraire au Parlement, et promesse de la seconde place de conseiller d'État qui vaqueroit, la parole de la première étant engagée à Bernage, qui alloit intendant en Languedoc en la place de Basville.

Torcy eut cent cinquante mille livres d'augmentation de brevet de retenue, qui lui en fit un de quatre cent mille livres sur sa charge des postes, et maria sa seconde fille assez tristement à du Plessis Châtillon.

Le duc d'Albret, occupé à se marier à une fille de Barbezieux, malgré toute cette famille, et à y intéresser le Régent, en obtint une augmentation d'appointement et une de brevet de retenue de cent mille livres sur son gouvernement d'Auvergne.

CHAPITRE XIV.

M. le duc d'Orléans mène M. le duc de Chartres aux conseils de régence et de guerre, sans y opiner. — Entreprises du Parlement. — Mort et dépouille de Simiane et du grand fauconnier des Marais. — Madame assiste scandaleusement à la thèse de l'abbé de Saint-Albin. — Ballet du Roi, qui s'en dégoûte pour toujours. — M. et Mme la duchesse de Lorraine à Paris. — Bassesse de courtisan du duc de Lorraine. — Monsieur le Duc, et ensuite Mme la duchesse de Berry, donnent une fête à Monsieur et à Madame de Lorraine.

[1718]   LE DUC DE CHARTRES AUX CONSEILS.   327

— Insolence de Magny punie; quel il étoit, et ce qu'il devint. — Monsieur de Lorraine va voir plaider à la grand'chambre, puis la Bastille, et dîner chez le maréchal de Villeroy. — Objet et moyens du duc de Lorraine dans ce voyage; il est ennemi de la France; ses demandes sans droit ni prétexte; ses lueurs mises au net par moi au Régent. — Altesse Royale pourquoi et quand accordée au duc de Savoie. — Le Régent entraîné à tout accorder au duc de Lorraine; ses mesures pour l'exécution. — Caractère de Saint-Contest, nommé pour faire le traité avec le duc de Lorraine, qui obtient un grand démembrement en Champagne en souveraineté, et le traitement d'Altesse Royale. — Misère du conseil de régence. — Le Régent tâche inutilement, par Saint-Contest et par lui-même, de vaincre ma résistance au traité; vient enfin à me prier de m'absenter du conseil de régence le jour que ce traité y sera porté; j'y consens; il m'en arriva de même lorsque le Régent accorda le traitement de Majesté au roi de Danemark, et celui de Hautes Puissances aux états généraux des Provinces-Unies. — Le traité passe sans difficulté au conseil de régence; est de même aussitôt après enregistré au Parlement. — Départ de Monsieur et de Madame de Lorraine; audacieuse conduite du duc de Lorraine, qui ne voit point le Roi. — Le grand-duc et le duc d'Holstein-Gottorp, sur l'exemple du duc de Lorraine, prétendent aussi l'Altesse Royale, et ne l'obtiennent pas. — Bagatelles entre M. le duc d'Orléans et moi. - Mme de Sabran; quelle; son bon mot au Régent; sa conduite[1] avec ses maîtresses.

M. le duc d'Orléans, à l'insu de tout le monde, mena, le 30 janvier, Monsieur son fils au conseil de régence, auquel il fit un petit compliment, et dit qu'il n'opineroit point, qu'il venoit seulement pour apprendre. Je n'ai point su qui lui donna ce conseil prématuré, qui n'a pas rendu grand fruit. Il le mena le lendemain au conseil de guerre. Monsieur le Duc y faisoit une tracasserie au maréchal de Villars sur la liasse de ce conseil qu'il portoit au Régent, lequel, par son goût pour les *mezzo-termine*, régla qu'elle ne lui seroit plus portée, et qu'il iroit au conseil de guerre tous les quinze jours où il lui seroit rendu compte de ce qui s'y seroit fait pendant la quinzaine.

Il envoya en ce même temps d'Effiat au premier président, donna des audiences au premier président seul,

1. Conduite du Régent.

puis à lui et aux gens du Roi ensemble; enfin, une le 7 février aux députés du Parlement, qui, par la bouche du premier président, attaquèrent fort les divers conseils, comme embarrassant et allongeant les affaires, matière fort étrangère au Parlement, où même elle avoit passé le jour de la régence. Ils ne laissèrent pas d'être traités plus que fort honnêtement.

Simiane, l'un des deux premiers gentilshommes de la chambre de M. le duc d'Orléans, mourut, et sa charge fut donnée à son frère. Il avoit eu à la mort de Grignan, son beau-père, l'unique lieutenance générale de Provence, de vingt-sept mille livres de rente, et un brevet de retenue de deux cent mille livres, et ne laissa point d'enfants. Un mois après elle fut donnée à Brancas, devenu longtemps après grand d'Espagne et maréchal de France, qui étoit de mes amis, et pour le fils duquel j'en obtins la survivance dans la suite. Des Marais, grand fauconnier, mourut en ce même temps jeune et obscur : on a vu en son lieu comment son fils enfant avoit eu sa survivance.

M. le duc d'Orléans avoit de la comédienne Florence un bâtard, qu'il n'a jamais reconnu et à qui néanmoins il a fait une grande fortune dans l'Église. Il le faisoit appeler l'abbé de Saint-Albin. Madame, si ennemie des bâtards et de toute bâtardise, s'étoit prise d'amitié pour celui-là avec tant de caprice, qu'à l'occasion d'une thèse qu'il soutint en Sorbonne, elle y donna le spectacle le plus scandaleux et le plus nouveau, et en lieu où jamais femme, si grande qu'elle pût être, n'étoit entrée ni ne l'avoit imaginé. Telle étoit la suite de cette princesse. Toute la cour et la ville fut invitée à la thèse et y afflua. Conflans, premier gentilhomme de la chambre de M. le duc d'Orléans, en fit les honneurs, et tout s'y passa de ce côté-là comme si M. le duc de Chartres l'eût soutenue. Madame y alla en pompe, reçue et conduite à sa portière par le cardinal de Noailles, sa croix portée devant lui. Madame se plaça sur une estrade qu'on lui avoit préparée, dans un fauteuil. Les cardinaux, évêques, et tout ce qui y vint de distingué, se placèrent sur des siéges à dos, au lieu de fauteuils. M. et Mme la duchesse d'Orléans furent les seuls qui n'y allèrent pas, et moi je n'y allai pas non plus. Cette singulière scène fit un grand bruit dans le monde; jamais M. le duc d'Orléans et moi ne nous en sommes parlé.

Le maréchal de Villeroy, adorateur du feu Roi jusque dans les bagatelles, et très-attentif à les faire imiter au Roi de bonne heure, lui fit danser un ballet, plaisir qui n'étoit pas encore de son âge, et lui ôta pour toute sa vie, par cette précipitation, le goût des bals, des ballets, des spectacles et des fêtes, quoique ce divertissement eût tout le succès qu'on s'y pût proposer; mais le Roi se trouva excédé de l'apprendre, d'essayer des habits, encore plus de le danser en public.

Le duc de Lorraine, tout tourné et dévoué qu'il fût à la cour de Vienne, n'étoit pas homme à négliger les avantages qu'il pourroit tirer de la facilité du Régent, dont il avoit l'honneur d'être beau-frère, de l'amitié tendre de ce prince pour une sœur avec qui il avoit été élevé, de sa foiblesse pour Madame, qui n'avoit, à l'allemande, des yeux que pour son gendre et pour sa grandeur. Ce qu'il avoit éprouvé là-dessus au voyage qu'il avoit fait pour rendre au feu Roi son hommage pour le duché de Bar, lui devint une raison décisive d'en faire un second à Paris, sous l'étrange incognito du nom de comte de Blamont, pour voiler tout ce à quoi il ne pouvoit atteindre.

Cette petite cour arriva de très-grande heure, le vendredi 18 février, rencontrée au deçà de Bondy par Madame, qui avoit dans son carrosse M. et Mme la duchesse d'Orléans, M. le duc de Chartres et Mlle de Valois, depuis duchesse de Modène. Elle y fit monter Monsieur et Madame de Lorraine, qui n'étant point incognito, par son rang décidé de petite-fille de France, et de rang égal à Mme la duchesse d'Orléans, qui lui fit les honneurs du carrosse de Madame, se mit au fond avec elle. Mme la duchesse d'Orléans sur le devant avec M. de Chartres et Mlle de Valois, où M. le duc d'Orléans n'eût pu tenir en troisième avec elle, qui se mit à une portière et le duc de Lorraine à l'autre.

Ils arrivèrent et logèrent au Palais-Royal dans l'appartement de la Reine mère, que M. le duc de Chartres leur céda. Un moment après ils allèrent tous à l'Opéra dans la grande loge de Madame, d'où M. le duc d'Orléans mena le duc de Lorraine voir un moment Mme la duchesse de Berry dans la sienne, et le ramena dans la loge de Madame. Au sortir de l'Opéra, Mme la duchesse de Lorraine vit quelques moments du monde dans son appartement, où elle avoit trouvé en arrivant une commode pleine des plus riches galanteries, qui fut un présent de Mme la duchesse de Berry, et force belles dentelles, qui en fut un de Mme la duchesse d'Orléans. Elle descendit chez elle, où il y eut grand jeu et grand souper. Avant de se retirer, Madame de Lorraine vit d'une loge le bal de l'Opéra. Le dîner fut toujours chez Madame et le souper chez Mme la duchesse d'Orléans, où M. le duc d'Orléans soupa fort rarement et ne dînoit point. Il prenoit du chocolat, entre une heure et deux heures après midi, devant tout le monde : c'étoit l'heure la plus commode de le voir. C'est ce qui a dérangé l'heure du dîner depuis, et les dérangements une fois établis ne se réforment plus. Le lendemain de leur arrivée ils virent la comédie italienne sur le théâtre de l'Opéra, après quoi M. le duc d'Orléans les mena à Luxembourg[1] voir Mme la duchesse de Berry, où la visite se passa debout.

Le dimanche, Madame mena Mme la duchesse de Lorraine aux Tuileries. Le Roi, qui dînoit, se leva de table et alla embrasser Mme la duchesse de Lorraine. Il se remit à table, et elles le virent dîner de dessus leurs tabourets. Lorsque le Roi sortit de table elles s'en allèrent dîner

---

1. Voyez tome IV, p. 96 et note 1.

chez Madame, où le duc de Lorraine les attendoit. Ensuite Madame mena Madame de Lorraine aux Carmélites du faubourg Saint-Germain, où Mme la duchesse du Berry se trouva, qui y avoit un appartement. Le lundi après dîner, Mme la duchesse de Lorraine alla voir Madame la grande-duchesse, et le lendemain toutes les princesses du sang, qui toutes l'avoient vue chez elle, se masqua après souper, et alla en bas au bal de l'Opéra. Il y eut toujours beaucoup de dames aux soupers avec elle chez Mme la duchesse d'Orléans.

Le jeudi 24 février, le Roi fut au Palais-Royal voir Mme la duchesse de Lorraine. Monsieur de Lorraine, qui n'oublioit rien pour plaire au Régent et pour en obtenir ce qu'il se proposoit, lui demanda pour le chevalier d'Orléans la lieutenance générale de Provence. Cela ne déplut pas au Régent, mais il répondit qu'il avoit d'autres vues.

Le samedi 26 février, il y eut un banquet superbe à l'hôtel de Condé pour M. et Mme la duchesse de Lorraine. Monsieur le Duc y avoit invité grand nombre de dames, qui toutes furent extrêmement parées, et Madame de Lorraine aussi. Il y eut beaucoup de tables, toutes magnifiquement servies en gras et en maigre. Ce fut une nouveauté que ce mélange, qui fit quelque bruit. On se masqua après souper.

Le lundi 28 février, Mme la duchesse de Berry donna le soir à M. et à Mme la duchesse de Lorraine la plus splendide et la plus complète fête qu'il fût possible en toute espèce de magnificence et de goût. Mme de Saint-Simon, qui l'ordonna toute et qui en fit les honneurs, eut tout l'honneur que de telles bagatelles peuvent apporter par le goût, le choix, l'ordre admirable avec lequel tout fut exécuté. Il y eut une table de cent vingt-cinq couverts pour les dames conviées, toutes superbement parées, et pas une en deuil, et une autre de pareil nombre de couverts pour les hommes invités. Les ambassadeurs, qui le furent tous, ne s'y voulurent pas trouver, parce qu'ils prétendirent manger à la table où seroient les princes du sang, lesquels mangèrent avec le duc de Lorraine, tous sans rang, à la table des dames où étoit Mme la duchesse de Berry, fille de France, avec qui les ambassadeurs ne pouvoient pas manger, ni, pour en dire la vérité, Monsieur de Lorraine non plus, sous son incognito, mais qui y mangea pourtant sans difficulté. Le palais de Luxembourg[1] étoit admirablement illuminé en dedans et en dehors.

Le souper fut précédé d'une musique et suivi d'un bal en masque, où il n'y eut de confusion que lorsque Mme la duchesse de Berry et Madame de Lorraine en voulurent pour s'en divertir. Tout Paris y entra masqué. Mlle de Valois ne se trouva point au souper, mais au bal seulement : je n'en ai point su ni deviné la raison. Trois ou quatre personnes non invitées, et non faites pour l'être se fourrèrent hardiment à la table des hommes. Saumery, premier maître d'hôtel de Mme la duchesse de Berry, leur en dit son avis, par son ordre, au sortir de table. Ils ne répondirent rien et s'écoulèrent, excepté Magny, qui dit tant d'insolences que Saumery le prit à la cravate pour le conduire à Mme la duchesse de Berry, et l'eût exécuté si Magny n'eût trouvé moyen de s'en dépêtrer, et de se sauver hors du Luxembourg dans la ville, où le lendemain il continua à débiter force sottises.

Il étoit fils unique de Foucault, conseiller d'État, qui s'étoit élevé par les intendances, et qui, par un commerce de médailles, s'étoit fait une protection du P. de la Chaise. Tous deux s'y connoissoient fort, et en avoient ramassé de belles et curieuses collections. Foucault eut ainsi le crédit de faire succéder ce fils à l'intendance de Caen, lorsqu'il la quitta pour une place de conseiller d'État. Les folies que fit Magny dans une place si sérieuse, et les friponneries dont il y fut convaincu, furent si grossières et si fortes qu'il fut rappelé avec ignominie, et que

1. Voyez ci-dessus p. 330. Seize lignes plus loin, il y a bien *du Luxembourg*.

n'osant plus se présenter au conseil ni espérer plus aucune fortune de côté-là, il se défit de sa charge de maître des requêtes, prit une épée, battit longtemps le pavé, et après la mort du Roi essaya de se raccrocher par une charge d'introducteur des ambassadeurs, que le baron de Breteuil lui vendit.

C'est à ce titre qu'il se fourra à table à cette fête, et que par ses insolences il se fit mettre deux jours après à la Bastille, après que Mme la duchesse de Berry en eut fait une honnêteté à Madame, parce que Foucault étoit chef de son conseil. Magny, au sortir de la Bastille, eut ordre de se défaire de sa charge, qui avoit besoin d'un homme plus sage auprès des ministres étrangers. La rage qu'il conçut de ce qu'il méritoit, et qu'il étoit allé chercher, le jeta parmi les ennemis du gouvernement, qui faisoient alors recrue de tout, et qui trouvèrent en lui de l'esprit et beaucoup de hardiesse. Il s'embarqua en tout, et passa bientôt en Espagne. Il y fut bien reçu et bien traité, et quoique il n'eût jamais été que de robe, il fut colonel, et tôt après brigadier. Je m'étends sur lui, parce que je l'y trouvai majordome de la reine. Il expédioit fort promptement ce qu'il touchoit, trouvoit fort mauvais de ne faire pas assez tôt fortune, et l'indigence où il se jetoit lui-même. La mauvaise humeur le rendit fort impertinent, et le fit honteusement chasser, tellement qu'après la mort du Régent, il repassa les Pyrénées dans l'espérance du changement des temps. Mais comme les brouillons n'étoient plus nécessaires à ceux qui les avoient recherchés pendant la vie de ce prince, Magny demeura sur le pavé, chargé de mépris et de dettes pour le malheur d'une fort honnête femme et riche, qu'il avoit épousée, lorsqu'il étoit à Caen, et qu'il avoit sucée et abandonnée. Il a depuis traîné une vie obscure et misérable, et retourné[1] enfin en Espagne, où le même mépris et la même indigence l'ont suivi.

1. Et est retourné.

Monsieur de Lorraine alla courre le cerf à Saint-Germain avec les chiens du prince Charles. Le duc de Noailles n'eut garde de manquer cette occasion de faire sa cour au Régent. Il donna à Monsieur de Lorraine un grand retour de chasse au Val. De son côté, Mme la duchesse de Lorraine alla voir deux sœurs du duc d'Elbœuf, religieuses, l'une à Pantemont, l'autre Fille de Saint-Marie à la rue Saint-Jacques. Le lundi 7 mars, le duc de Lorraine alla ouïr plaider dans une des lanternes de la grand'chambre; de là voir la Bastille, puis dîner à l'hôtel de Lesdiguières où le maréchal de Villeroy le traita magnifiquement, avec beaucoup de dames, et leur donna une grande musique. Quelques jours après, Monsieur de Lorraine dîna chez l'ambassadeur de l'Empereur : il étoit là plus dans son centre. Mme la duchesse de Lorraine fut voir danser le ballet du Roi, et quelques jours après voir, avec Monsieur de Lorraine, Mademoiselle sa nièce à Chelles, qui y avoit pris l'habit, puis avec Madame aux Carmélites, où Mme la duchesse de Berry se trouva. Madame et M. le duc d'Orléans firent chacun un présent magnifique à Mme la duchesse de Lorraine, dont le séjour à Paris fut à diverses fois prolongé. Le 15 mars, Mme la duchesse de Berry alla de bonne heure se baigner à Saint-Cloud; M. le duc d'Orléans y mena Mme la duchesse de Lorraine l'après-dînée. Ils soupèrent tous de fort bonne heure dans la petite maison de Mme de Maré, avec elle, leur ancienne gouvernante, et ce souper fut poussé fort tard. Le duc de Lorraine avoit dîné le même jour chez la comtesse d'Harcourt, dont le mari avoit eu la pension de seize mille livres de notre monnoie qu'il donnoit au feu prince Camille. Monsieur de Lorraine fut quelques jours après voir Chantilly; après, avec Mme la duchesse de Lorraine, voir Mme la princesse de Conti, fille du Roi, à Choisy, et voir encore Mademoiselle à Chelles. Mme la duchesse de Lorraine, étant au Cours, y trouva le Roi, et arrêta devant lui comme de raison. Le Roi passa dans son carrosse sans lui rien dire. Le lendemain, le duc de Lorraine alla voir

la reine d'Angleterre à Saint-Germain, et Madame de
Lorraine fut à la Comédie françoise, qu'elle n'avoit vue
que sur le théâtre de l'Opéra. Le même soir, M. le duc
d'Orléans soupa avec le duc de Lorraine à Luxembourg[1],
chez Mme la duchesse de Berry. Le 29 mars, Monsieur et
Madame de Lorraine allèrent voir Versailles, et le
1er avril de bonne heure voir Marly, rabattirent à Saint-
Cloud, où M. le duc d'Orléans les promena fort et leur
donna à souper dans la petite maison de Mme de Maré,
avec elle ; quelques jours après M. le duc d'Orléans les
mena dîner chez d'Antin.

Tout ce voyage et tous ses divers délais n'avoient d'objet
que l'arrondissement de la Lorraine, dont aucun duc ne
gagna jamais tant, si gros, ni si à bon marché, que celui-
ci, et ne fut pourtant jamais si peu considérable. M. le
duc d'Orléans aimoit fort Madame sa sœur, avec laquelle
il avoit été élevé, et vécu[2] jusqu'à son mariage avec le
duc de Lorraine. Il avoit pour Madame un respect timide,
qui opéroit une déférence extrême quand elle n'attaquoit
ni ses goûts ni ses plaisirs, et Madame, qui aimoit extrêmement Madame sa fille, avoit une passion aveuglément
allemande pour le duc de Lorraine son gendre, pour sa
famille, pour sa grandeur. Il étoit parfaitement bien
informé de toutes ces choses ; il en avoit eu de grandes
preuves en son premier voyage, comme on l'a vu alors.
Tout Autrichien qu'il étoit, il avoit eu grand soin de cul-
tiver ces dispositions par toutes les attentions possibles
de Madame sa femme et de lui-même, et il en sut tirer le
plus grand parti dans cette régence de M. le duc d'Orléans, dont il ne manqua pas la conjoncture. Ainsi
dans le temps le plus mort pour lui, où sans places, sans troupes, environné, enchaîné de toutes
parts par la France, il ne pouvoit être d'aucun usage à
qui que ce soit en aucun temps, il n'en conçut pas
moins le dessein de s'étendre très-considérablement en

1. Voyez ci-dessus, p. 330 et p. 332.
2. Et avoit vécu.

Champagne, et d'obtenir du Roi le traitement d'Altesse Royale.

Pour le premier il étala de vieilles prétentions usées, dans tous les temps réprouvées, même avec l'appui de l'Empereur dans les divers traités de paix; enfin anéanties par les derniers, et singulièrement par celui en vertu duquel il étoit rentré dans la possession de la Lorraine. Il exposa aussi des dédommagements ineptes d'injustices prétendues du temps du vieux duc Charles IV de Lorraine, dont les perfidies avoient tout mérité, et le dépouillement par la France, et bien des années de prison en Espagne, dont il ne sortit qu'à la paix des Pyrénées, dédommagements dont il ne s'étoit jamais parlé depuis, et que Monsieur de Lorraine n'articula que comme une grâce qu'il espéroit de l'amitié et de l'honneur de la proximité. Qui lui auroit proposé à lui-même de restituer les usurpations sans nombre faites par sa maison aux Trois-Évêchés, et le dédommagement de tout ce qui a été arraché et démembré par leurs évêques de la maison de Lorraine et par les ducs de Lorraine aussi, et incorporé jusqu'à aujourd'hui à leur domaine, il auroit été bien confondu par les titres qui lui en pouvoient être représentés en preuves bien solides, et n'auroit pas eu la moindre défense à opposer au droit ni à apporter à la puissance, si la volonté de s'en faire justice y eût été jointe, comme elle devoit et pouvoit l'être dans la situation présente alors de l'Europe, et avec un prince qui, pendant les plus grands malheurs de la dernière guerre du feu Roi pour la succession d'Espagne, avoit, à la Guise, ourdi toutes les perfidies qu'on a vues ici en leur lieu, et les trames les plus funestes au feu Roi et à la France, pour élever sa grandeur sur ses ruines; audace et trahison qui ne se devoit jamais oublier, suivant la sage maxime qui a toujours rendu si redoutable la maison d'Autriche, jusque dans les temps où elle l'a paru le moins, et qui a été le plus ferme appui de sa solide grandeur et de cette espèce de dictature qu'elle a si longtemps et si utilement

pour elle exercée en Europe, dont le démembrement
d'Espagne n'a pu encore la déprendre.

A l'égard du traitement, il posoit un principe d'exemple
dont il sentoit bien tout le faux, mais qu'il entortilloit et
replâtroit avec souplesse, parce qu'il n'est rien de si bas
que la hauteur, quand elle est grande mais impuissante,
ni bassesse qu'elle ne fasse pour parvenir à ses fins. Son
grand moyen étoit l'exemple du duc de Savoie, beau-frère
comme lui de M. le duc d'Orléans, et qui n'étoit pas de
si bonne maison que lui, différence de traitement qu'il ne
pouvoit regarder que comme très déshonorante entre
deux souverains, égaux d'ailleurs en souveraineté et en
proximité, comme étant maris des deux sœurs qui par
elles-mêmes avoient le traitement d'Altesse Royale, comme
petites-filles de France, qu'il étoit bien dur que la duchesse
de Savoie eût communiqué au duc son époux, tandis que
lui demeuroit privé du même avantage.

Il tâchoit ainsi de parer à la réponse sur le traitement
même qui se présentoit naturellement à lui faire, c'est
que Charles II duc de Lorraine, gendre d'Henri II, ne
l'avoit jamais eu ni prétendu dans le temps même de la
plus grande puissance de la Ligue et des plus grands
efforts de Catherine de Médicis pour lui préparer la couronne de France au préjudice de son autre gendre, le
véritable héritier, qui a été notre roi Henri IV. Henri duc
de Lorraine, son fils, qui épousa la sœur d'Henri IV, en
janvier 1599, morte sans enfants, février 1604, et qui ne
devint duc de Lorraine que quatre ans après par la mort
de son père, n'eut et ne prétendit jamais ce traitement; et
Ch.-Léopold, père du duc de Lorraine dont il s'agit ici,
reconnu duc de Lorraine par toute l'Europe (quoique elle
lui fût détenue par la France pour en avoir refusé la
restitution à certaines conditions), qui fut un des plus
grands capitaines de l'Europe, et qui rendit les plus grands
services à l'empereur Léopold dans son conseil et à la
tête de ses armées, qui de plus avoit l'honneur d'avoir
épousé sa sœur, reine veuve de Michel Wiesnowieski, roi

de Pologne, qui en eut le traitement toute sa vie, et qu'on appeloit la reine-duchesse, ce duc son mari, si grandement considéré à Vienne, n'a jamais eu ni prétendu l'Altesse Royale à Vienne ni ailleurs. Il est mort en 1690, et la reine-duchesse en 1697. Le duc de Lorraine, qui la prétendoit maintenant, n'étoit pas autre que ses pères, ni plus grandement marié. La réponse étoit péremptoire, et c'est ce qu'il vouloit parer en se fondant sur l'exemple de Monsieur de Savoie, et se plaignant tendrement d'une distinction si flétrissante. C'étoit un sophisme dont il sentoit bien aussi le faux, mais qu'il fournissoit comme prétexte à qui le vouloit aveuglément combler. Voici le fait :

Aucun duc de Savoie n'avoit eu ni prétendu l'Altesse Royale avant le beau-frère de M. le duc d'Orléans, qui est devenu depuis roi de Sicile, puis de Sardaigne. Le fameux Charles-Emmanuel, vaincu à Suze par Louis XIII en personne, ne manquoit ni de fierté ni d'audace. Il étoit gendre et appuyé de Philippe II, roi d'Espagne; jamais il ne l'a eu ni prétendu, non plus que le beau-frère de Louis XIII[1]. Longtemps avant que le duc de Savoie, beau-frère de M. le duc d'Orléans, en ait montré la première prétention, il avoit si bien fait valoir sa chimère de roi de Chypre, par ce qu'il valoit lui-même, et par la situation importante de ses États, que ses pères et lui avoient peu à peu continuellement agrandis, qu'il avoit enfin obtenu à Rome la salle royale pour ses ambassadeurs, à Vienne le traitement pour eux d'ambassadeurs de tête couronnée, et sur ces deux grands exemples, dans toutes les cours de l'Europe, sans toutefois en avoir aucun traitement pour sa personne, et tel toujours que ses pères l'avoient eu. Il avoit été lors marié longtemps sans prétendre au traitement d'Altesse Royale, dont la duchesse son épouse jouissoit comme petite-fille de France, et qu'elle ne lui communiqua point. Mais quand il se vit en possession

1. Victor-Amédée Ier, qui avait épousé Christine de France, fille de Henri IV.

partout du traitement de tête couronnée par ses ambassadeurs, il commença à prétendre un traitement personnel et distingué pour lui-même et par lui-même, qui fut l'Altesse Royale, n'osant porter ses yeux jusqu'à la Majesté. Il l'obtint peu à peu partout assez promptement, et dans la vérité il étoit difficile de s'en défendre, après avoir accordé à ses ambassadeurs le traitement de ceux des têtes couronnées. La chimère des ducs de Lorraine, prétendus rois de Jérusalem, n'avoit pas été si heureuse, Leur foiblesse, ni la situation de leur État n'influoit en rien dans l'Europe, dont aucune cour n'avoit besoin d'eux. Le duc de Savoie, au contraire, pouvoit beaucoup à l'égard de l'Italie et de tous les princes qui y avoient ou y vouloient posséder des États, et qui y vouloient porter ou en éloigner la guerre; c'est ce qui fit toute la différence entre les chimères d'ailleurs pareilles de Chypre et de Jérusalem. Rien donc de semblable entre ces deux souverains, sinon d'avoir l'un et l'autre épousé deux petites-filles de France, sœurs de M. le duc d'Orléans, jouissant toutes deux du traitement d'Altesse Royale, sans que pas une des deux l'ait communiqué à son époux. Tel étoit l'état véritable des choses quand le duc de Lorraine crut le temps favorable, et qu'il en voulut profiter.

M. le duc d'Orléans, attaqué par les soumissions en discours et les supplications du duc de Lorraine, par les ruses et les ressorts de gens qui y étoient maîtres en dessous, tels que M. de Vaudemont et ses deux nièces, par les prières et les amitiés continuelles de Mme la duchesse de Lorraine, qui d'ailleurs se fit toute à tous, avec une attention infinie, excepté pour Mme du Maine, M. du Maine et le cardinal de Bissy sur lesquels elle ne se contraignit pas, enfin, emporté par l'impétuosité impérieuse de Madame, qui n'oublia journellement rien pour la grandeur de son gendre, la foiblesse succomba. Mais l'exécution l'embarrassoit.

Il sentit bien quelle étrange déprédation il alloit faire

sur la glèbe de la couronne et sur sa majesté, qui lui étoient l'une et l'autre confiées et remises en sa garde pendant la minorité, et sans le moindre prétexte. Il ne sentoit pas moins ce qui s'en pourroit dire un jour. Il comprit que dans ces commencements de mouvements qu'il ne pouvoit se dissimuler par la cadence de ceux de cette prétendue noblesse, du Parlement et de la Bretagne, il trouveroit peut-être une opposition dans le maréchal d'Huxelles, qui pouvoit le faire échouer, mais qu'évitant de le rendre l'artisan du traité, il le pouvoit compter plus flexible quand il ne s'agiroit simplement que d'opiner.

Il le cajola donc, et lui fit entendre qu'y ayant beaucoup de petites choses locales à ajuster avec le duc de Lorraine et des prétentions à discuter de sa part, il croyoit que ces bagatelles, qui vouloient être épluchées, lui donneroient plus de peine qu'elles ne valoient et lui feroient perdre un temps mieux employé ; que de plus il falloit quelqu'un qui fût au fait de toutes ces choses, qui par conséquent entendroit à demi-mot et qui fût encore rompu dans la connoissance de la petite cour de Lorraine ; que ces raisons lui avoient fait jeter les yeux sur Saint-Contest, qui avoit été si longtemps intendant de Metz, qui savoit par cœur le local, les prétentions et la cour de Lorraine, qui de plus avoit été troisième ambassadeur à Baden, où la paix de l'Empereur, qui avoit tant porté les intérêts du duc de Lorraine, et celle de l'Empire avoient reçu leur dernière main, et qu'il pensoit que Saint-Contest étoit celui qu'il pouvoit choisir comme le plus instruit et le plus propre à travailler au traité, comme commissaire du Roi, avec ceux du duc de Lorraine, et en rendre compte après au conseil de régence.

L'affaire n'étoit pas assez friande pour tenter le maréchal d'Huxelles ni pour lui donner de la jalousie; ravi qu'il fut de tirer son épingle du jeu, pour fronder après tout à son aise avec son ami M. du Maine, qui ne demandoit pas mieux qu'à voir faire au Régent des choses qu'on pût justement lui reprocher, tandis qu'il lui cherchoit des crimes dans les plus innocentes, même dans les plus utiles. Huxelles approuva, et mit le Régent fort à l'aise.

Saint-Contest étoit l'homme qu'il lui falloit pour ne chercher qu'à lui plaire et ne regarder à rien par delà. Il avoit de la capacité et de l'esprit, infiniment de liant, et sous un extérieur lourd, épais, grossier et simple, beaucoup de finesse et d'adresse, une oreille qui entendoit à demi-mot, un desir de plaire au-dessus de tout, qui ne laissa rien à souhaiter au Régent ni au duc de Lorraine dans tout le cours de cette affaire, qui ne fut pas long.

Lorsqu'elle fut bien avancée, M. le duc d'Orléans, à qui il en rendoit souvent compte, songea à s'assurer des principaux du conseil de régence. Les princes du sang, avides pour eux-mêmes, et d'ailleurs n'entendant rien et ne sachant rien, n'étoient pas pour lui résister; les bâtards, pincés de si-frais et qui craignoient pis, encore moins, outre la raison qui vient d'être touchée sur le duc du Maine; le garde des sceaux, à peine en place, ne songeoit qu'à s'y conserver; le maréchal de Villeroy, qui auroit eu là de quoi exercer dignement son amertume, étoit tenu de court dans cette affaire par son beau-frère le grand écuyer, devant lequel de sa vie il n'avoit osé branler. Tallart, son protégé, étoit d'ailleurs tenu aussi de court par les Rohans, soumis à Madame de Remiremont et à Mme d'Espinoy. Le duc de Noailles et son ami d'Effiat n'avoient garde de résister quand il ne s'agissoit ni du Parlement ni de la robe. Le matamore Villars étoit toujours souple comme un gant. Le maréchal d'Estrées sentoit, savoit, lâchoit quelque demi-mot, mais mouroit de peur de déplaire, et se dédommageoit, ainsi que le maréchal d'Huxelles, en blâmant tout bas ce qui se faisoit aux uns et aux autres, à quoi ils n'avoient pas la force de contredire le Régent. La différence étoit qu'Estrées étoit fâché du mal sincèrement et en honnête homme ; Huxelles, au contraire, pour s'en donner l'honneur, verser son fiel, et quand les choses ne touchoient ni à son personnel ni à ses vues, étoit ravi des fautes et en rioit sous cape, comme il fit en cette occasion, ainsi que M. du Maine. D'Antin étoit trop bas courtisan et trop mal en selle auprès du Régent pour oser souffler. Pour la queue du conseil, elle n'osoit donner le moindre signe de vie, sinon Torcy quelquefois pressé de lumière et de probité, mais si rarement et avec tant de circonspection, que cela passoit de bien loin la modestie.

M. le duc d'Orléans, qui n'avoit pas oublié mon aventure avec lui au conseil et la convention qui l'avoit suivie, que j'ai racontée p. 1870[1] et qui se douta que je ne serois pas aisé à persuader sur ce traité, m'en parla à trois ou quatre diverses fois avec grande affection. Je lui représentai ce que je viens d'expliquer tant sur le démembrement des parties considérables de la Champagne, que sur le traitement d'Altesse Royale. Je le fis souvenir qu'outre que[2] Monsieur de Lorraine étoit sans aucun prétexte d'avoir à le ménager pour quoi que ce fût dans la situation particulière où il étoit, ni dans celle où l'Europe se trouvoit alors, même où elle pût être dans la suite, il n'y avoit pas si longtemps que les traités de paix d'Utrecht et de Baden avoient passé l'éponge sur toutes ces prétentions et ces dédommagements tant demandés, si appuyés de l'Empereur, et toujours si constamment refusés ; qu'il ne pouvoit l'avoir oublié, et que je ne comprenois point comment il osoit les faire renaître, les réaliser de sa pure et personnelle grâce, les faire monter au delà même de toute espérance, comme lorsque, avant les derniers traités de paix générale, les prétentions bonnes ou mauvaises subsistoient en leur entier ; s'exposer à faire de son chef un présent, et aussi considérable, purement gratuit, dépouillé de toute cause, raison et

1. Pages 268-270 de notre tome XIII.
2. *Qu'outre que ce que*, au manuscrit.

prétexte, à un prince son beau-frère, sans force, sans considération, sans la plus légère apparence de droit; abuser de sa régence aux dépens de l'État, qui lui étoit confié pendant la minorité d'un roi qui pourroit un jour lui en demander compte et raison, et qui ne manqueroit pas de gens autour de lui qui l'y exciteroient; qu'à l'égard de l'Altesse Royale, dont je lui démêlai le vrai des fausses apparences dont Monsieur de Lorraine l'embrouilloit à dessein, que je comprenois aussi peu qu'il voulût avilir la majesté de la couronne, qui ne lui étoit pas moins confiée que l'État, et la prostituer sans cause, raison ni prétexte quelconque, que de sa bonne volonté de gratifier son beau-frère en la dégradant, et en même temps la sienne propre, celle de Madame sa sœur, et la supériorité des princes du sang sur Monsieur de Lorraine, en lui donnant de sa pleine et unique grâce un traitement si supérieur à celui des princes du sang, et traitement, de plus, qui ne pouvoit leur être donné. J'allai jusqu'à lui dire qu'il y avoit en lui un aveuglement qui tenoit du prestige de préférer de si loin un petit prince totalement inutile et sans la moindre apparence de droit, de maison fatale à la sienne tant et toutes les fois qu'elle l'a pu, et personnellement ennemi, à preuves signalées, et qui depuis ne respiroit toujours que la cour de Vienne, le préférer, dis-je, et de si loin, à l'État et à la majesté de la couronne, dont lui étoit dépositaire, au Roi, à soi-même et à sa propre maison; d'hasarder[1] les reproches que le Roi lui en pourroit faire un jour, et s'exposer au qu'en-dira-t-on public dans un temps où il voyoit tant de fermentation contre lui et contre son gouvernement. J'ajoutai, sur l'Altesse Royale, qu'il verroit naître la même prétention, sur cet exemple, de princes qui n'y avoient pas encore pensé, et qu'il se trouveroit peut-être, par leur position et par les conjonctures, également embarrassé de satisfaire et de mécontenter.

1. Voyez tome IV, p. 174, tome V, p. 141, tome VI, p. 17, etc.

Ces remontrances, que j'abrége, ne produisirent que de l'embarras et de la tristesse dans son esprit. S'il ne m'avoit pas caché le voyage jusqu'au moment qu'il fut consenti et prêt à entreprendre, car le secret en fut généralement observé, et Monsieur de Lorraine en avoit bien ses raisons, j'aurois fait de mon mieux pour le détourner, au moins pour y faire mettre la condition expresse qu'il ne s'y feroit aucune sorte de demande, beaucoup moins de traité, et je pense bien aussi que M. le duc d'Orléans ne se douta d'aucune proposition que lorsque, après l'arrivée, elles lui furent faites. Il fit quelques tours la tête basse, et rompit après le silence en me disant qu'il vouloit que Saint-Contest vînt chez moi me rapporter l'affaire, que je la trouverois peut-être autre que je ne pensois, et que c'étoit une complaisance que je ne pouvois lui refuser. Je ne le pus en effet, et tout aussitôt après que j'y eus consenti il me parla d'autre chose.

Saint-Contest étoit fort de mes amis; son père et son grand-père maternel, doyen du Parlement, avoient toujours été fort attachés à mon père. Saint-Contest vint chez moi, rendez-vous pris. Il y passa depuis la sortie de dîner jusque dans le soir fort tard; il y déploya tout son biendire en homme qui vouloit plaire à M. le duc d'Orléans et lui valoir ma conquête. Tout fut détaillé, expliqué, discuté, et le plus ou moins de valeur et d'autres conséquences de ce qu'on donnoit en Champagne à incorporer pour toujours à la Lorraine en toute souveraineté. Je n'eus pas peine à reconnoître qu'il avoit ordre de ne rien oublier pour me gagner, et qu'en effet il y mit aussi tous ses talents. Mais son esprit, son adresse, son accortise, ses ambages et ses finesses y échouèrent au point qu'après avoir bien tout dit et répété de part et d'autre, moi avec plus d'étendue et de force que ce que je viens d'exposer, il ne put me donner aucune sorte de raison du démembrement en Champagne, ni du traitement d'Altesse Royale, autre que la qualité de beau-frère de M. le duc d'Orléans, qui se trouvoit régent, et en état par con-

séquent de lui faire ces grâces. Il sourit à la fin, et par
un dernier effort, espérant peut-être m'embarrasser, et
par là venir à me réduire, il me demanda franchement
ce que je voulois donc qu'il dît à M. le duc d'Orléans de
notre conférence. « Tout ce que je viens de vous dire,
répondis-je, que je ne suis ni si hardi ni si prodigue que
lui à donner pour rien l'honneur du Roi et la substance
de l'État, qui lui en demandera[1] compte; que c'est à lui à
voir ce qu'il répondra lors, et en attendant comment il
soutiendra le cri public et les discours de toute l'Europe;
que moi, plus timide et plus François, plus jaloux de l'intégrité de l'État et de la majesté royale, il ne me seroit
pas reproché d'avoir consenti à un traité qui attaquoit
l'un et l'autre de gaieté de cœur, unique par ses fondements en faveur du prince du monde qui, à toutes sortes
de titres, en méritoit moins les grâces; que je m'y oppo-
serois de toutes mes forces et de toutes mes raisons,
quoique parfaitement convaincu que ce seroit en vain,
mais uniquement pour l'acquit de ma conscience et de
mon honneur, que j'y croirois autrement fortement engagés l'un et l'autre. » Saint-Contest, effrayé de ma fermeté, me demanda si je voulois sérieusement qu'il rapportât fidèlement au Régent tout ce que je venois de lui
dire. Je l'assurai qu'il le pouvoit, et que j'avois dit pis
encore à M. le duc d'Orléans.

Saint-Contest s'en alla fort consterné, et rendit compte
à M. le duc d'Orléans de notre conférence. M. le duc d'Orléans m'envoya chercher, et fit encore des efforts pour
gagner au moins ma complaisance. Voyant qu'il n'y pouvoit réussir, il me pria à la fin de ne me point trouver au
conseil de régence lorsque Saint-Contest y apporteroit ce
traité. Je le lui promis avec grand soulagement, car mon
avis ne l'auroit pas empêché de passer, et auroit fait du
bruit, et grand'peine à M. le duc d'Orléans. Pareille chose
m'arriva lorsque le Régent eut la foiblesse d'accorder le

---

1. Saint-Simon a écrit *demandra*.

traitement égal de Majesté au roi de Danemark, et de Hautes Puissances aux états généraux. Il ne put me gagner, ni moi l'empêcher, et je m'absentai du conseil de régence le jour que M. le duc d'Orléans y fit passer cette dégradation de la couronne de France. Il m'avertit deux jours auparavant. Je me fis excuser par la Vrillière à ce conseil, et même au suivant, comme incommodé, pour qu'il n'y parût pas d'affectation, et je mis le Régent fort à l'aise. Le traité passa au conseil, au rapport de Saint-Contest, sans la plus légère contradiction, quoique sans l'approbation de personne, où mon absence ne laissa pas d'être doucement remarquée.

Le Parlement, devenu si épineux et bientôt après si fougueux, l'enregistra tout de suite le 7 avril sans la moindre ombre de difficulté. Il blessoit fort le Roi et l'État; mais il ne touchoit ni à la bourse, ni aux chimères, ni aux prétentions de ces prétendus tuteurs de nos rois mineurs, et protecteurs du royaume et de ses peuples.

Monsieur de Lorraine, ravi d'aise d'avoir obtenu par-dessus même ses espérances, ne voulut point partir avant l'enregistrement fait au Parlement. Mais l'affaire ainsi entièrement consommée, il ne songea plus qu'à s'en aller. Sûre de l'enregistrement dès la veille, Mme la duchesse de Lorraine fut aux Tuileries prendre congé du Roi, qui le lendemain vint au Palais-Royal lui souhaiter un bon voyage. Elle fut ensuite dire adieu à Mme la duchesse de Berry à Luxembourg[1], qui le même soir vint au Palais-Royal l'embrasser encore. Le lendemain 8 avril, elle partit avec le duc de Lorraine, qui eut de quoi être bien content et se bien moquer de nous.

Il ne laissa pas d'être bien singulièrement étrange que le duc de Lorraine, sous le ridicule incognito de comte de Blamont, soit venu à Paris, y soit demeuré près de deux mois, logé et défrayé de tout au Palais-Royal, y ait

---

1. Voyez ci-dessus, p. 330, 332 et 335.

paru aux spectacles, au Cours, dans tous les lieux publics, ait été voir Versailles et Marly, ait visité la reine d'Angleterre à Saint-Germain, ait paru publiquement partout, ait reçu plusieurs fêtes, et que le Roi étant dans les Tuileries pendant ces deux mois[1], ce beau comte de Blamont ne l'ait pas vu une seule fois, ni pas un prince, ni une princesse du sang, et que cette audace ait été soufferte, dont l'insolence s'est fait d'autant plus remarquer, que Mme la duchesse de Lorraine a rempli et reçu tous les devoirs de son rang, parce qu'il étoit tout certain, comme petite-fille de France; il ne le fut pas moins qu'il n'y ait pas été seulement question de son hommage de Bar au Roi, qui de son règne ne l'avoit pas encore reçu. Mais il sembla être arrêté que tout ce voyage seroit uniquement consacré à la honte et au grand dommage du Roi et du royaume.

Le concours fut grand au Palais-Royal pendant ce voyage : on en crut faire sa cour au Régent. Monsieur de Lorraine voyoit le monde debout chez Mme la duchesse de Lorraine. Peu de gens allèrent chez lui, et encore sur la fin. C'est où je ne mis pas le pied : j'allai seulement deux fois chez Mme la duchesse de Lorraine; je crus avec cela avoir rempli tout devoir. J'ai voulu couler à fond tout ce voyage de suite, pour n'avoir pas à en interrompre souvent d'autres matières. Je n'y ajouterai que peu de choses nécessaires avant que de reprendre le fil de celles que ce récit a interrompues.

M. le duc d'Orléans ne fut pas longtemps à attendre un des effets de ce qu'il avoit accordé, que je lui avois prédits. Le grand-duc, gendre de Gaston, et Madame la grande-duchesse, petite-fille de France, vivante, dont il avoit des enfants, se crut avec raison au même droit que Monsieur de Lorraine. Il étoit plus considérable que lui

---

1. « Le duc de Saint-Simon se trompe. Le duc de Lorraine, le lendemain de son arrivée, 19 février, vit le Roi. Ce fait est peu important, mais il y a de l'affectation à dire le contraire. » (*Note marginale écrite de la même main que celle de la page 419 de notre tome XIII.*)

par l'étendue, la richesse, la position de ses États; il avoit toujours été attaché à la France; il en avoit donné au feu Roi dans tous les temps toutes les preuves que sa sagesse et la politique lui pouvoit permettre; et quoique sa maison ne pût égaler celle de Lorraine, elle avoit eu l'honneur au-dessus d'elle de donner deux reines à la France, de la dernière desquelles la branche régnante est issue, et d'avoir les plus proches alliances avec la maison d'Autriche et la plupart des premiers princes de l'Europe, tandis que la reine Louise, fille d'un particulier cadet de Lorraine, n'avoit été ni pu être épousée par Henri III que par amour, et n'avoit jamais eu d'enfants. Le grand-duc fit donc instance pour obtenir aussi le traitement d'Altesse Royale, et il n'y eut pas jusqu'au duc d'Holstein-Gottorp qui ne se mît à la prétendre, fondé sur sa proche alliance avec les trois couronnes du Nord. Mais ces princes n'avoient pas auprès du Régent les mêmes accès du duc de Lorraine : aussi ne purent-ils réussir.

Je ne puis, à propos de ce voyage à Paris de Monsieur et de Madame de Lorraine, omettre une bagatelle, parce qu'elle ne laisse pas de montrer de plus en plus le caractère de M. le duc d'Orléans. Un jour que Mme la duchesse d'Orléans étoit allée un tour à Montmartre, qu'elle quitta bientôt après, me promenant seul avec M. le duc d'Orléans, dans le petit jardin du Palais-Royal, à parler d'affaires assez longtemps et qui n'étoient point du traité de Lorraine, il s'interrompit tout à coup, et se tournant à moi : « Je vais, me dit-il, vous apprendre une chose qui vous fera plaisir. » De là il me conta qu'il étoit las de la vie qu'il menoit; que son âge ni ses besoins ne la demandoient plus, et force choses de cette sorte; qu'il étoit résolu de rompre ses soirées, de les passer honnêtement, et plus sobrement et convenablement, quelquefois chez lui, souvent chez Mme la duchesse d'Orléans; que sa santé y gagneroit, et lui du temps pour les affaires, mais qu'il ne feroit ce changement qu'après le départ de Monsieur et de Madame de Lorraine, qui seroit incessamment, parce qu'il crèveroit d'ennui de souper tous les soirs chez Mme la duchesse d'Orléans avec eux et avec une troupe de femmes; mais que, dès qu'ils seroient partis, je pouvois compter qu'il n'y auroit plus de soupers de roués ni de putains, ce furent ses propres termes, et qu'il alloit mener une vie sage, raisonnable, et convenable à son âge et à ce qu'il étoit.

J'avoue que je me sentis ravi dans mon extrême surprise par le vif intérêt que je prenois en lui. Je le lui témoignai avec effusion de cœur en le remerciant de cette confidence. Je lui dis qu'il savoit que depuis bien longtemps je ne lui parlois plus de l'indécence de sa vie ni du temps qu'il y perdoit, parce que j'avois reconnu que j'y perdois le mien; que je désespérois depuis longtemps qu'il pût changer de conduite; que j'en avois une grande douleur; qu'il ne pouvoit ignorer à quel point je l'avois toujours desiré, par tout ce qui s'étoit passé entre lui et moi là-dessus à bien des reprises, et qu'il pouvoit juger de la surprise et de la joie qu'il me donnoit. Il m'assura de plus en plus que sa résolution étoit bien prise, et là-dessus je pris congé parce que l'heure de sa soirée arrivoit.

Dès le lendemain je sus par gens à qui les roués venoient de le conter, que M. le duc d'Orléans ne fut pas plus tôt à table avec eux qu'il se mit à rire, à s'applaudir et à leur dire qu'il venoit de m'en donner d'une bonne où j'avois donné tout de mon long. Il leur fit le récit de notre conversation, dont la joie et l'applaudissement furent merveilleux. C'est la seule fois qu'il se soit diverti à mes dépens, pour ne pas dire aux siens, dans une matière où la bourde qu'il me donna, que j'eus la sottise de gober par une joie subite qui m'ôta la réflexion, me faisoit honneur et ne lui en faisoit guère. Je ne voulus pas lui donner le plaisir de lui dire que je savois sa plaisanterie ni de le faire souvenir de ce qu'il m'avoit dit : aussi n'osa-t-il m'en parler.

Je n'ai jamais démêlé quelle fantaisie lui avoit pris de

me tenir ce langage pour en aller faire le conte, à moi qui depuis des années ne lui avois pas ouvert la bouche de la vie qu'il menoit, dont aussi il se gardoit bien de me rien dire ni de rien qui y eût trait. Bien est-il vrai que quelquefois étant seul avec ses valets confidents, il lui est assez rarement échappé quelque plainte, mais jamais devant d'autres, que je le malmenois et lui parlois durement, cela en gros, en deux mots, sans y rien ajouter d'aigre ni que j'eusse tort avec lui. Il disoit vrai aussi : quelquefois, quand j'étois poussé à bout sur des déraisons ou des fautes essentielles, en affaires et en choses importantes, qui regardoient ou lui ou l'État, et qu'après encore être convenus par bonnes raisons de quelque chose d'important à éviter ou à faire, lui très-persuadé et résolu, sa foiblesse ou sa facilité me tournoient dans la main et lui arrachoient tout le contraire, que lui-même sentoit comme moi tel qu'il étoit, et c'est une des choses qui m'a le plus cruellement exercé avec lui; mais la niche qu'il me faisoit volontiers plus tête à tête que devant des tiers, et dont ma vivacité étoit toujours la dupe, c'étoit d'interrompre tout à coup un raisonnement important par un *sproposito*[1] de bouffonnerie. Je n'y tenois point, la colère me prenoit quelquefois jusqu'à vouloir m'en aller. Je lui disois que, s'il vouloit plaisanter, je plaisanterois tant qu'il voudroit, mais que de mêler les choses les plus sérieuses de parties de main, de bouffonneries, cela étoit insupportable. Il rioit de tout son cœur, et d'autant plus que cela n'étant pas rare, et moi en devant être en garde, je n'y étois jamais, et que j'avois dépit et de la chose et de m'en laisser surprendre; et puis il reprenoit ce que nous traitions. Il faut bien que les princes se délassent et badinent quelquefois avec ceux qu'ils veulent bien traiter d'amis. Il me connoissoit bien tel aussi, et quoique il ne fût pas toujours content de ce qu'il appeloit en ces moments dureté en moi, et que sa

1. Voyez tome VI, p. 78, note 1.

foiblesse, qui le faisoit quelquefois cacher de moi sur des
choses qu'il sentoit bien que je combattrois[1] l'entraînât
trop souvent, il ne laissoit pas d'avoir pour moi toute
l'amitié, l'estime, la confiance dont il étoit capable, qui
surnageoit toujours aux nuages qui s'élevoient quelquefois et aux manéges et aux attaques de ceux de sa plus
grande faveur, comme l'abbé du Bois, Noailles, Canillac
et d'autres de ses plus familiers. Ses disparates[2] avec
moi, qui étoient très-rares et toujours avec grande considération, étoient froid, bouderie, silence. Cela étoit toujours très-court. Il n'y tenoit pas lui-même; je m'en aper-
cevois dans le moment; je lui demandois librement à qui
il en avoit et quelle friponnerie on lui avoit dite : il
m'avouoit la chose avec amitié et il en avoit honte,
et je me séparois d'avec lui toujours mieux que
jamais.

Le hasard m'apprit un jour ce qu'il pensoit de moi le
plus au naturel. Je le dirai ici, pour sortir une fois pour
toutes de ces bagatelles. M. le duc d'Orléans, retournant
une après-dînée du conseil de régence des Tuileries au
Palais-Royal, avec M. le duc de Chartres et le bailli de
Conflans, lors premier gentilhomme de sa chambre, seul
en tiers avec eux, se mit à parler de moi dès la cour des
Tuileries, fit à Monsieur son fils un éloge de moi tel que
je ne l'ose rapporter. Je ne sais plus ce qui s'étoit passé
au conseil ni ce qui y donna lieu. Ce que je dirai seulement, c'est qu'il insista sur son bonheur d'avoir un ami
en moi aussi fidèle, aussi constant dans tous les temps,
aussi utile que je lui étois et lui avois été en tous, aussi
sûr, aussi vrai, aussi désintéressé, aussi ferme, tel qu'il
ne s'en trouvoit point de pareil, sur qui il avoit pu
compter dans tous les temps, qui lui avoit[3] rendu les plus
grands services, et qui lui parloit vrai, droit et franc sur
tout, et sans intérêt. Cet éloge dura jusqu'à ce qu'ils

1. Saint-Simon a écrit *combatterois*.
2. Voyez tome XIII, p. 107 et note 1.
3. Il y a ici *avois*, et à la ligne suivante *parloit*.

missent pied à terre au Palais-Royal, disant à Monsieur son fils qu'il vouloit lui apprendre à me connoître, et le bonheur et l'appui, car tout ce qui est rapporté ici furent[1] exactement ses termes, qu'il avoit toujours trouvé dans mon amitié et dans mes conseils. Le bailli de Conflans, étonné lui-même de cette abondance, me la rendit le surlendemain sous le secret, et j'avoue que je n'ai pu l'oublier. Aussi est-il vrai que, quoi qu'on ait pu faire, et jusqu'à moi-même, par dégoût et dépit quelquefois de ce que je voyois mal faire, il est toujours revenu à moi, et presque toujours le premier, avec honte, amitié, confiance, et ne s'est jamais trouvé en aucun embarras, qu'il ne m'ait recherché, ouvert son cœur, et consulté de tout avec moi, sans néanmoins m'en avoir cru toujours, détourné après par d'autres. Cela n'arrivoit pourtant pas bien souvent, et c'est après où il étoit honteux et embarrassé avec moi, et où quelquefois je m'échappois un peu avec lui, quand il se trouvoit mal de s'être laissé aller à des avis postérieurs différents du mien : on l'a vu souvent ici, et la suite le montrera encore.

Il n'étoit pas pour se contenter d'une maîtresse. Il falloit de la variété pour piquer son goût. Je n'avois non plus de commerce avec elles qu'avec ses roués. Jamais il ne m'en parloit, ni moi à lui. J'ignorois presque toujours leurs aventures. Ces roués et des valets s'empressoient de lui en présenter, et dans le nombre il se prenoit toujours de quelqu'une. Mme de Sabran, Foix-Rabat par elle, et de qui j'ai parlé lorsque sa mère eut besoin pour ses affaires de paroître quelques moments à la cour, s'étoit échappée d'elle pour épouser un homme d'un grand nom mais sans biens et sans mérite qui la mît en liberté. Il n'y avoit rien de si beau qu'elle, de plus régulier, de plus agréable, de plus touchant, de plus grand air et du plus noble, sans aucune affectation ; l'air et les manières simples et naturelles, laissant penser qu'elle ignoroit sa beauté et sa

---

1. Il y a bien *furent*, et non *fut*. A la ligne suivante, le participe *trouvé* est bien au singulier.

taille, qui étoit grande et la plus belle du monde, et quand il lui plaisoit, modeste à tromper. Avec beaucoup d'esprit, elle étoit insinuante, plaisante, robine[1], débauchée, point méchante, charmante surtout à table. En un mot elle avoit tout ce qu'il falloit à M. le duc d'Orléans, dont elle devint bientôt la maîtresse, sans préjudice des autres.

Comme elle ni son mari n'avoient rien, tout leur fut bon, et si[2] ne firent-ils pas grande fortune. Montigny, frère de Turmenies, un des gardes du trésor royal, étoit un des chambellans de M. le duc d'Orléans, à six mille francs d'appointements, qui le fit son premier maître d'hôtel à la mort de Matharel, qui l'étoit. Mme de Sabran trouva que six mille francs de rente étoient toujours bons à prendre pour son mari, dont elle faisoit si peu de cas, qu'en parlant de lui elle ne l'appeloit que son mâtin. M. le duc d'Orléans lui donna la charge qu'il paya à Montigny. C'est elle qui, soupant avec M. le duc d'Orléans et ses roués, lui dit fort plaisamment que les princes et les laquais avoient été faits de la même pâte, que Dieu avoit dans la création séparée de celle dont il avoit tiré tous les autres hommes.

Toutes ces maîtresses en même temps avoient chacune leur tour. Ce qu'il y avoit d'heureux, c'est qu'elles pouvoient fort peu de choses et n'avoient part en aucun secret d'affaires, mais tiroient de l'argent, encore assez médiocrement; le Régent s'en amusoit et en faisoit le cas qu'il en devoit faire. Retournons maintenant d'où le voyage de Monsieur et de Madame de Lorraine et ces bagatelles nous ont détournés.

---

1. *Robin, robine*, qui a de l'entregent. (*Dictionnaire de M. Littré*.)
2. Voyez tome X, p. 252 et note 1.

CHAPITRE XV.

Mouvements du Parlement à l'occasion d'arrêts du conseil sur les billets d'État et les monnoies. — Lettres de cachet à des Bretons; députation et conduite du parlement de Bretagne. — Breteuil intendant de Limoges. — Conférence du cardinal de Noailles avec le garde des sceaux chez moi, dont je suis peu content. — Sommes données par le Régent aux abbayes de la Trappe et de Septfonts; ma conduite à cet égard avec le duc de Noailles et avec Monsieur de Septfonts, avec qui je lie une étroite amitié. — Mariage de Maurepas avec la fille de la Vrillière. — Mort de Fagon, premier médecin du feu Roi. — Mort et dispositions de l'abbé d'Estrées. — Conversion admirable de la marquise de Crequy. — Cambray donné au cardinal de la Trémoille, et Bayeux à l'abbé de Lorraine. — Promotion et confusion militaire; j'obtiens un régiment pour le marquis de Saint-Simon, qui meurt trois mois après, puis pour son frère. — Broglio l'aîné; son caractère; il engage le Régent à un projet impossible de casernes et de magasins, et à l'augmentation de la paye des troupes. — Sagesse de l'administration de Louvois. — Les chefs des conseils mis dans celui de régence sans perdre leurs places dans les leurs. — Survivance du gouvernement de Bayonne, Béarn, etc., et du régiment des gardes, accordées au fils aîné du duc de Guiche, et autres grâces faites à Rion, Maupertuis, la Chaise et Heudicourt. — Nouvelles étrangères. — Légèreté du cardinal de Polignac, qui tâche inutilement de se justifier au Régent de beaucoup de choses. — Désordre des heures d'Argenson; Law et lui font seuls toute la finance; il obtient le tabouret pour sa femme, à l'instar de la chancelière, premier exemple, dont Chauvelin profita depuis. — Mort de Menars, président à mortier; Meaupeou, aujourd'hui premier président, a sa charge. — Querelles domestiques du Parlement suspendues par des considérations plus vastes. — Beauffremont, de concert avec ceux qui usurpoient le nom collectif de noblesse, insulte impunément les maréchaux de France, qui en essuient l'entière et publique mortification; caractère de Beauffremont, qui se moque après et aussi publiquement de Monsieur le Duc, et aussi impunément. — Catastrophe de Monasterol. — Mort de la Hire et de l'abbé Abeille. — Mort de Poirier, premier médecin du Roi; Dodart mis en sa place; prudente conduite du Régent en cette occasion. — Caractère de Dodart et de son père. — Caractère et infamie de Chirac.

Le samedi 12 février, il fut résolu au conseil de régence de faire recevoir à la Monnoie les vieilles espèces et matières d'or et d'argent, et d'en prendre un sixième porté en billets d'État, dans l'espérance de remettre beaucoup d'argent dans le commerce, et de moins de perte sur les billets en faveur de qui s'en vouloit défaire. On publia le lendemain deux arrêts du conseil sur la monnoie et sur les billets, qui perdirent moins dès le même jour, et presque aussitôt après, un troisième pour recevoir les louis d'or à dix-huit livres, qui en valoient vingt-quatre, et au contraire les écus à quatre livres dix sous qui ne valoient que quatre livres. Ces arrêts donnèrent lieu au Parlement de remuer. Il résolut des remontrances, et les fit au Roi le 21 février : le premier président ne dit que trois mots ; il n'en falloit pas davantage pour commencer. Il y eut une autre assemblée le lendemain, qui se passa avec assez de chaleur et de bruit. On y fut mal content de la réponse vague du garde des sceaux, et la résolution y fut prise de se rassembler le premier vendredi de carême pour arrêter de nouvelles remontrances. Le premier président et les gens du Roi vinrent en rendre compte au Régent. Law fut l'objet de ce premier mouvement. L'assemblée projetée se tint au jour arrêté ; on ne put s'y accorder : il y eut trois différents avis. A la fin ils convinrent de nommer quatorze commissaires, dont sept de la grand'chambre, et un de chacune des cinq chambres des enquêtes et des deux des requêtes, pour examiner ce qu'il convenoit à la Compagnie de dire et de demander sur cette réponse vague du garde des sceaux aux premières remontrances.

Rochefort, président à mortier du parlement de Bretagne, Lambilly, conseiller du même parlement, et quelques gentilshommes du même pays, qui s'assembloient souvent et fort hautement chez ce président à Rennes, reçurent des lettres de cachet pour venir à Paris rendre compte de leur conduite. Il y arriva une députation du parlement de Bretagne chargée de remontrances au Roi, sur le contenu desquelles ils disputèrent fort avec le garde des sceaux et envoyèrent un courrier à leur Compagnie. Elle modéra les articles qui avoient causé l'envoi du courrier. Dans tout cet intervalle les gentilshommes bretons mandés et arrivés à Paris furent exilés. La conduite du parlement de Bretagne ayant paru plus respectueuse par la réforme de ses remontrances, le garde des sceaux se chargea de les porter au Régent, qui, ravi de trouver occasion de douceur, permit aux gentilshommes bretons exilés et au président et au conseiller mandés à Paris, qui y étoient toujours, de retourner chez eux, et il permit aux députés du parlement de Bretagne de faire la révérence au Roi et de lui présenter les remontrances dont leur Compagnie les avoit chargés. Tout cela ne fut pas plus tôt exécuté, que le parlement de Bretagne fit de nouvelles entreprises à propos des quatre sous pour livre qu'on avoit remis sur les entrées, et que le président de Rochefort et le conseiller Lambilly, renvoyés à Rennes, à condition d'aller en arrivant voir le maréchal de Montesquiou, qui commandoit en Bretagne, n'y voulurent pas mettre le pied. Après quelque peu de patience, en espérance de les y réduire, et eux plus fermes que jamais, ils furent exilés, le président à Auch, le conseiller à Tulle. Cinq semaines après, Brillac fit aussi des siennes. Il étoit premier président du parlement de Bretagne. Sa mauvaise conduite l'avoit fait mander à Paris, où on le tenoit exprès depuis quelque temps à se morfondre. Voyant que cela ne finissoit point, il partit un beau jour, et laissa une lettre pour le garde des sceaux, par laquelle il le prioit de recevoir ses excuses et de les vouloir bien aussi porter à M. le duc d'Orléans de ce qu'il s'en alloit à Rennes, où ses affaires domestiques l'appeloient, sans avoir pris congé. On lui dépêcha sur-le-champ une lettre de cachet par un courrier, qui le rencontra à Dreux, d'où, suivant cet ordre, il prit le chemin d'une terre qu'il avoit en Poitou. On ne sut ce qui le pressoit de retourner en Bretagne, où il étoit également mal voulu et méprisé. Sa réputation avec de l'esprit et quelque capacité étoit plus qu'équivoque pour en parler

modestement. Celle de sa femme ne l'étoit pas moins en
autre genre. Elle étoit fort jolie, avoit de l'esprit, beaucoup d'intrigue, et avoit aspiré de parvenir à plaire au
Régent; je crois même qu'il en fut quelque chose, et rien
de tout cela ne déplaisoit à Brillac, qui savoit tirer parti
de tout, et qui la laissa à Paris.

Breteuil, maître des requêtes, fils du conseiller d'État
et neveu de l'introducteur des ambassadeurs, fut en ce
temps-ci envoyé intendant de Limoges, une des moindres
de toutes les intendances. Je le remarque ici parce qu'il y
trouva sa fortune, comme on le verra en son lieu.

Le garde des sceaux ne fut pas longtemps sans me tenir
parole sur la conférence que je lui avois demandée avec
le cardinal de Noailles. Tous deux vinrent chez moi un
soir à rendez-vous pris. Nous fûmes longtemps tous trois
ensemble. On ne peut mieux dire ni mieux parler que fit
le cardinal. A la politesse près, on ne peut rien de plus
mal que furent les propos coupés et embarrassés du garde
des sceaux. J'y mis du mien tout ce que je me crus permis pour réchauffer sa respectueuse glace; mais je vis
clairement que le vieux levain prévaloit, et qu'il ne se
dépouilleroit point de cette vieille peau jésuitique, l'aspect
que la fortune lui avoit fait revêtir sous le feu Roi, et que
ses fonctions de la police, c'est-à-dire de l'inquisition,
avoient de plus en plus collée et encuirassée en lui. Tout
ne se passa qu'honnêtement, et tout le fruit qui s'en
put tirer fut que le cardinal sentit nettement à qui il
avoit affaire, et que je compris qu'il y auroit toujours
à veiller et à être en garde contre ce magistrat dans
tout ce qui regarderoit les matières de Rome, le cardinal de Noailles et les jésuites, et les croupiers des deux
partis.

J'eus lieu d'être plus content de Law. Depuis que le duc
de Noailles n'eut plus les finances, ce fut à Law à qui
j'eus affaire pour la Trappe et pour Septfonts; il me facilita
tout de la meilleure grâce du monde. Les payements coulèrent régulièrement. J'avois soin à chacun de faire la

part de Septfonts, et j'eus celui de faire ensuite comprendre cette abbaye dans un supplément que j'obtins du Régent pour la Trappe, qui, pour le dire tout de suite, eut en tout quarante mille écus, et Septfonts plus de quatre-vingt mille livres, ce qui sauva ces deux saintes maisons d'une ruine certaine et imminente, et les rétablit. Quelque mal et sans mesure que je fusse avec le duc de Noailles, je ne crus pas devoir oublier qu'il étoit le premier auteur de cette excellente œuvre, et la part qu'il prenoit en l'abbaye de Septfonts. Toutes les fois donc que je recevois un payement de Law, je tirois le duc de Noailles à part au premier conseil de régence. Je lui disois ce que je venois de recevoir, et le partage que j'en venois de faire. Il me remercioit, me faisoit des révérences, et je ne lui parlois ni ne le saluois jusqu'au prochain payement. Ces colloques, quoique courts et rares, devinrent la surprise des spectateurs et la matière des spéculations. A la première fois on nous crut raccommodés. Dans la suite, on ne sut plus que penser. J'en riois et laissois raisonner. L'abbé de Septfonts se trouvoit à Paris : c'étoit à lui à qui j'envoyois sa part. Il ne s'étoit pas douté du supplément de la Trappe. Il l'apprit par ce que je lui en envoyai, à quoi il ne s'attendoit pas, et dont il fut fort touché. Ce commerce nous fit faire connoissance ensemble, qui bientôt devint une tendre et réciproque amitié. C'étoit un saint bien aimable. J'aurois trop de choses à en dire ici ; elles se trouveront dans les pièces[1], à la suite de ce qui regarde Monsieur de la Trappe.

Le chancelier de Pontchartrain fit le mariage de Maurepas, son petit-fils, avec la fille de la Vrillière, chez qui il logeoit, et y apprenoit son métier de secrétaire d'État. Il a bien dépassé son maître et bien profité des leçons de son grand-père, duquel il tient beaucoup. Il exerce encore aujourd'hui cette charge avec tout l'esprit, l'agrément et

1. Voyez tome I, p. 420, note 1.

la capacité possible. Il est de plus ministre d'État. La louange pour lui seroit bien médiocre, si je disois qu'il est de bien loin le meilleur que le Roi ait eu dans son conseil depuis la mort de M. le duc d'Orléans. Il a eu le bonheur de trouver une femme à souhait pour l'esprit, la conduite et l'union, et d'en faire le leur l'un et l'autre. Je ne puis plus trouver que ce leur soit un malheur de n'avoir point d'enfants.

Fagon, perdant sa charge de premier médecin, l'unique qui se perde à la mort du Roi, s'étoit retiré au faubourg Saint-Victor, à Paris, dans un bel appartement au Jardin du Roi ou des simples et des plantes rares et médicinales, dont l'administration lui fut laissée. Il y vécut toujours très-solitaire dans l'amusement continuel des sciences et des belles-lettres, et des choses de son métier, qu'il avoit toujours beaucoup aimées. Il a été ici parlé de lui si souvent, qu'il n'y a rien à y ajouter, sinon qu'il mourut dans une grande piété et dans un grand âge pour une machine aussi contrefaite et aussi cacochyme qu'étoit la sienne, que son savoir et son incroyable sobriété avoit su conduire si loin, toujours dans le travail et dans l'étude. Il fut suprenant qu'à la liaison intime et l'entière confiance qui avoit toujours été entre Mme de Maintenon et lui, qui l'avoit fait premier médecin, et toujours soutenu sa faveur, ils ne se soient jamais vus depuis la mort du Roi [1].

On a vu p. 418 [2] le caractère de l'abbé d'Estrées, et il a été parlé de lui et de ses emplois en plusieurs autres endroits. Il jouissoit d'une belle santé dans un âge à profiter longtemps de sa fortune et de l'archevêché de Cambray, dont il attendoit les bulles, lorsqu'il fut surpris d'une inflammation d'entrailles pour s'être opiniâtré à prendre, sans aucun besoin, des remèdes d'un empirique,

---

1. On lit ici, en marge du manuscrit, cette date écrite d'une autre main que celle de Saint-Simon : « 1718, mars 2. » C'est le 11 mars que Fagon mourut, à près de quatre-vingts ans.
2. Page 29 de notre tome IV.

par précaution, duquel il s'étoit entêté. Un mieux marqué le persuada si bien que son mal n'étoit rien, qu'il nous donna à plusieurs un grand et bon dîner; mais sur le point de se mettre à table avec nous, les douleurs le reprirent. Néanmoins il voulut nous voir dîner. Peu de moments après que le fruit fut servi, l'extrême changement de son visage nous pressa de le laisser en liberté de penser sérieusement à lui. Une heure après, le cardinal de Noailles, qui en fut averti, vint l'y disposer. Il eut peu de temps à se reconnoître, mais il en profita bien. Il fit son testament de ce dont il n'avoit pas encore disposé, reçut ses sacrements le lendemain, et mourut la nuit suivante. Cette mort découvrit des dispositions secrètes, qui n'étoient pas nouvelles, dont son ambition et l'avidité des Noailles furent accusées. Le maréchal d'Estrées et ses sœurs furent très-scandalisés de ces dispositions de leur frère à leur insu et à leur préjudice. Leur vanité aussi n'en fut pas moins offensée de sentir qu'il eût cru devoir acheter une protection, dont leur nom et leur considération ne devoit pas avoir besoin, et dont l'alliance des Noailles, dont le maréchal d'Estrées avoit épousé une, pouvoit du moins exclure le payement. Le monde rit un peu de ce petit démêlé domestique; et les Noailles, qui empochèrent gros, en rirent encore plus; mais, en conservant leur proie, ils n'oublièrent rien pour apaiser ce bruit, et en assez peu de temps ils y parvinrent. Outre cent mille écus, dont les Noailles profitèrent, l'abbé d'Estrées donna quarante-cinq mille écus aux pauvres de ses abbayes, récompensa très-bien ses domestiques, et fit présent de sa belle bibliothèque aux religieux de l'abbaye de Saint-Germain des Prés, où il avoit logé longtemps avec son oncle, le cardinal d'Estrées, qui en étoit abbé.

Cette mort opéra subitement une conversion éclatante, durable, et dont les bonnes œuvres et la pénitence augmentèrent toujours, avec une simplicité, une humilité, une aisance dans le peu de commerce qui fut conservé,

une paix et une joie singulière parmi les plus grandes et
les plus répugnantes austérités : ce fut de la marquise
de Crequy, veuve sans enfants, fille du feu duc d'Aumont
et de la sœur de M. de Louvois et du feu archevêque de
Reims, qui l'avoit enrichie et qu'on avoit soupçonné de
l'avoir aimée autrement qu'en oncle, auquel l'abbé d'Estrées avoit parfaitement succédé. De la plus mondaine de
toutes les femmes, la plus occupée de sa personne, de la
parure, de toute espèce de commodités et de magnificence, et passionnée du plus gros jeu, elle devint la plus
retirée, la plus modeste, la plus prodigue aux pauvres et
la plus avare pour elle-même; sans cesse en prières chez
elle où à l'église; assidue aux prisons, aux cachots, aux
hôpitaux, dans les plus horribles fonctions à la nature, et
y a heureusement persévéré jusqu'à sa mort, qui lui a
laissé bien des années de pénitence.

Je fus fâché de l'abbé d'Estrées, qui étoit de mes amis,
et qui, avec quelques ridicules[1] et un peu de fatuité, avoit
de bonnes choses, de l'honneur, de la sûreté, de la droiture. M. le duc d'Orléans y perdit un vrai serviteur, et
me témoigna d'abord son embarras sur Cambray. Je lui
conseillai de trancher court pour se délivrer des deman-
deurs d'une si belle place, qui par sa situation ne se
devoit donner qu'avec beaucoup de choix. Je lui proposai tout de suite le cardinal de la Trémoille, sans que
j'eusse la moindre connoissance avec lui. Je dis au
Régent qu'étant chargé des affaires du Roi à Rome, sans
bien par lui-même et panier percé de plus, il avoit besoin
de beaucoup de secours en pensions ou en bénéfices; que
la richesse de celui-là suppléeroit aux grâces qui coûteroient
au Roi; que son personnel étoit sans crainte et sans soupçon
quand il résideroit à Cambray, où il étoit apparent qu'il
n'iroit jamais, ainsi qu'il est arrivé. Le Régent m'en crut,
et sur-le-champ le lui donna. Ce présent fit vaquer Bayeux,
qu'il avoit. L'abbé de Lorraine avoit depuis longtemps

---

1. Il y a *quelques* au pluriel, et *ridicule* au singulier.

fort changé de vie. Il s'étoit fort attaché au cardinal de Noailles, que Monsieur le Grand aimoit et respectoit fort sans s'en être jamais contraint dans les derniers temps du feu Roi. Le cardinal de Noailles desira qu'il eût Bayeux; Monsieur et Madame de Lorraine en pressèrent M. le duc d'Orléans : il le lui donna.

Le Régent, qui faisoit litière de ce qui ne lui coûtoit rien et trop souvent encore de ce qui coûtoit beaucoup, fit en ce temps de paix, et au commencement de mars, une promotion de vingt-six lieutenants généraux et de trente-six maréchaux de camp. La confusion étoit déjà montée à tel point qu'il y eut quatre-vingts personnes qui se crurent à portée de demander l'agrément des régiments que la promotion des maréchaux de camp fit vaquer. J'eus celui de Sourches pour le marquis de Saint-Simon, que je tirai des gardes françoises, qui étoit déjà attaqué de la poitrine et qui mourut trois mois après, dont ce fut grand dommage, car il étoit plein d'honneur, de valeur, de volonté et d'application, avec une figure fort agréable, et il promettoit beaucoup. J'eus à toute peine le régiment pour son frère, parce que c'étoit un enfant encore sous le fouet au collége.

M. le duc d'Orléans se laissa aller en même temps à deux projets pour les troupes, dont il eut tout lieu de se repentir. L'aîné Broglio, gendre du feu chancelier Voysin, étoit un homme déshonoré sur la valeur, quoique devenu lieutenant général et directeur d'infanterie par son beau-père, et déshonoré encore sur toutes sortes de chapitres. Méchant, impudent, parlant mal de tout le monde, quoique souvent cruellement corrigé, fort menteur, audacieux à merveilles, sans que les affronts qu'il avoit essuyés eussent pu abaisser son air et son ton avantageux; avec cela beaucoup d'esprit et orné, grande opinion de soi et mépris des autres, avare au dernier excès, horriblement débauché et impie; se piquoit de n'avoir point de religion, en faisoit des leçons. Il parloit bien, et le langage qu'il vouloit tenir suivant ceux à qui il parloit, et quand il lui plaisoit, ne manquoit pas d'agrément dans la conversation et de politesse. Son intrigue et ses mœurs l'introduisirent parmi les roués, où il s'insinua si bien par la hardiesse de ses discours qu'il devint bientôt de tous les soupers et des plus familiers. On a vu que ce[1] nom étoit celui que M. le duc d'Orléans donnoit aux débauchés de ses soirées. Il prit si bien dans le monde que personne ne les nommoit plus autrement. Quand celui-ci se trouva assez bien ancré auprès du Régent et de M*me* la duchesse de Berry, qui soupoit très-souvent avec eux, pour oser aspirer plus haut, il imagina de se tourner vers l'importance et de s'ouvrir un chemin dans le cabinet du Régent et dans les affaires.

Il conçut pour cela un dessein de remédier aux friponneries des routes, des étapes et des magasins des troupes, par un projet qui ressembloit tout à fait à celui de la comédie des *Fâcheux* de Molière et à l'avis qu'un de ces fâcheux y donne de mettre toutes les côtes en ports de mer[2]. Broglio proposa par un mémoire d'obliger toutes les villes et autres communautés qui sont sur les passages ordinaires des troupes, de construire à leurs dépens des casernes pour les loger et des magasins fournis pour leur usage, moyennant quoi plus de routes, d'étapiers ni de magasiniers, et leurs friponneries, insignes en effet, coupées par la racine, ce qui donneroit disoit-il, un soulagement infini aux peuples, aux finances, aux troupes. Il sentit bien qu'il avoit besoin de quelqu'un de poids pour faire passer un projet si absurde. La merveille fut qu'il sut si accortement courtiser et arraisonner Puységur qu'il l'infatua de son projet.

Puységur, pétri d'honneur, adhorroit toutes ces friponneries, qu'il avoit vues sans cesse de ses yeux. Il a été parlé souvent de lui dans ces *Mémoires*. Il étoit extrêmement estimé pour sa vertu, sa valeur, sa capacité; très-considéré de M. le duc d'Orléans, qui, comme on l'a

1. On lit ici *ne* au manuscrit.
2. *Les Fâcheux*, acte III, scène III.

vu, l'avoit mis comme un homme principal dans le conseil de guerre, et il est enfin, longtemps après, devenu maréchal de France avec l'acclamation publique.

Bròglio, assuré d'un tel appui, proposa au Régent son projet avec confiance, et travailla plusieurs fois seul avec lui, et après avec Puységur en tiers. Il eut encore l'adresse de profiter de la défiance naturelle du Régent, pour le détourner d'en parler au conseil de guerre, pour faire précipiter les ordres aux intendants des provinces pour une prompte exécution, et pour l'armer contre les représentations qu'il s'attendoit bien qui lui viendroient de toutes parts, dès que ce projet seroit connu. Il en coûta beaucoup en bâtiments aux villes et aux communautés, avant que les personnes employées dans les finances et dans le conseil de guerre, les plus accrédités intendants et beaucoup d'autres gens eussent pu dessiller les yeux au Régent et fait abandonner une folie si ruineuse, qui tomba enfin après avoir bien fait du mal.

L'autre projet, pour lequel Broglio crut n'avoir pas besoin de second, ce fut l'augmentation de la paye des troupes telle qu'elle est aujourd'hui. Il en persuada la nécessité au Régent par la grande augmentation du prix des choses les plus communes et les plus indispensables à leur subsistance, et qu'il s'en feroit adorer par une grâce si touchante, dont le bien-être le rendroit maître des cœurs de tous les soldats. Il se gardoit bien de lui dire qu'on n'avoit cessé de les maltraiter et de rogner sur elles depuis la mort du Roi, comme sur la partie foible et indéfendue, quoique la force et la ressource de l'État, et qui étoit la source de l'autorité du Roi et de la sûreté de toutes les autres parties de l'État. Il se garda bien aussi de représenter la sagesse de la manutention de Louvois, transmise par son exemple à ses successeurs jusqu'à Voysin exclusivement, qui avoit fait sa cour et sa bourse d'une conduite qui avoit été suivie depuis, et même de plus en plus appesantie.

Louvois dès lors sentoit l'exiguité de la paye des troupes

et de celle des officiers. Il comprenoit en même temps de quelles sommes la plus légère augmentation chargeroit les finances. Pour éviter un si pesant inconvénient, et subvenir néanmoins raisonnablement à la nécessité des troupes, il les distribuoit avec grande connoissance, suivant leurs besoins, en des lieux où le soldat gagnoit sa vie et le cavalier se raccommodoit, et, comme il en avoit le dessein, il fermoit les yeux à tout ce qui n'alloit ni à pillage, désordre, ou manque de discipline, et les remettoit ainsi pour du temps, de laisser à d'autres ces mêmes secours très-effectifs quoique peu perceptibles. Il avoit la même attention et les mêmes ménagements pour les officiers, qu'il rétablissoit de même par les avantages des postes ou des quartiers d'hiver. C'est ce qu'il régloit lui-même et sans y paroître le moins du monde que par des ordres secrets aux intendants, etc. Il avoit l'œil attentif à une exécution précise : c'est à quoi ses bureaux, dressés par lui-même, suppléèrent après lui sous son fils, et sous Chamillart ensuite, quoique peut-être avec moins d'équité et de désintéressement. C'est ce qui prit fin par l'ignorance, la rudesse, la dureté, l'avarice de Voysin, et la parade qu'il fit au feu Roi, dans de si malheureux temps, de retrancher ce qu'il traita d'abus au profit de ses finances. C'étoit donc à cette sage et savante pratique de Louvois qu'il falloit revenir, au lieu de tirer et de grappiller incessamment sur les troupes dans le faux objet de soulager les finances à leurs dépens.

Personne n'eut loisir d'aviser le Régent; il s'enivra du projet de Broglio, il n'en voulut partager l'honneur avec personne : la déclaration en parut subitement; elle surprit tout le monde. Les plaintes des non-consultés du conseil de guerre et de ceux des finances, du terrible poids ordinaire dont cette augmentation les surchargeoit, ne purent se faire entendre qu'après le coup porté de manière à ne pouvoir s'en dédire. Le Régent alors sentit toute sa faute, et n'en recueillit pas la plus légère reconnoissance des troupes, qui regardèrent ce bienfait comme dû et de nécessité.

Quand il y auroit eu de bonnes raisons pour cette pesante augmentation de dépense, si M. le duc d'Orléans m'en avoit parlé, comme il ne fit point auparavant, ni après, je crois par embarras, ni moi à lui, je lui aurois représenté que ce n'étoit pas à un régent à charger ainsi les finances si fortement et pour toujours, mais à en représenter les raisons au Roi devenu non-seulement majeur, mais en âge d'entendre et de se résoudre plus que ne le comporte l'âge précis de la majorité des rois, qui est encore assez longtemps mineure. Il sentit si bien l'inconvénient où il s'étoit laissé entraîner, que Broglio retomba tout à coup dans le néant dont il avoit voulu s'élancer, et fut trop heureux de trouver, par la table et l'effronterie, à se raccrocher à l'état des roués, qu'il avoit voulu tâcher de laisser loin derrière lui, sans toutefois l'avoir quitté, et n'approcha plus du cabinet de M. le duc d'Orléans ni d'aucun particulier avec lui.

Ce prince mit incontinent après le maréchal de Villars dans le conseil de régence, sans quitter celui de guerre, pour le faire taire. Il étoit de mauvaise humeur de l'affaire de la liasse dont il a été parlé plus haut, et de quelques autres tracasseries qu'il avoit essuyées dans le conseil de guerre. Il étoit piqué des deux résolutions prises sur les troupes, suggérées par Broglio, sans en avoir ouï parler. Il étoit secrètement d'avec ceux qui vouloient attaquer le Régent d'une manière solide. Il ne contraignit donc pas ses propos sur la folie du projet des casernes et des magasins, et sur le poids accablant pour les finances de l'augmentation de la paye. Tout en craignant de déplaire et n'osant résister à rien, la gourmette se lâchoit aussi, et il parloit avec éloquence, force, et une sorte d'autorité qui imposoit au gros, et que le Régent craignoit. A peu de jours de là, cet exemple obtint[1] la

1. Nous prenons ce mot dans les précédentes éditions. Le papier du manuscrit est arraché à cet endroit.

même grâce, successivement, d'exemple en exemple, aux
maréchaux d'Huxelles, puis d'Estrées, enfin à d'Antin,
aussi sans perdre leurs places dans leurs conseils. Il ne
put refuser à M`me` la duchesse de Berry de payer à Rion
le régiment de Berry-cavalerie, puis de le lui changer pour
les dragons Dauphin. Il donna dix mille livres de pension
à Maupertuis, qui avoit été capitaine des mousquetaires
gris, quoique il eût le gouvernement de Saint-Quentin
et la grand'croix de Saint-Louis. Il permit à Heudicourt de
céder, par un très-vilain marché, sa charge de grand
louvetier à son fils. Il accorda à la Chaise la survivance
de sa charge de capitaine de la porte pour son fils, qui ne
vécut pas, dont le feu P. de la Chaise lui avoit procuré
trois cent mille [livres] de brevet de retenue, et quelques
jours après au duc de Guiche les survivances pour son
fils aîné du régiment des gardes et de ses gouvernements,
au grand déplaisir de la duchesse de Guiche, qui n'en sut
rien qu'après, et qui desiroit la charge pour son second
fils, qui étoit sa prédilection.

Ce fut ici le temps de l'arrivée de Londres à Paris de
Chavigny, envoyé par l'abbé du Bois ; du départ de Nancré
pour Madrid ; de la naissance, le dernier mars, à Madrid
de l'infante M. A. Victoire; qui vint depuis à Paris comme
future épouse du Roi, qui fut le sujet de mon ambassade
extraordinaire en Espagne, et qui a depuis épousé le
prince du Brésil, avec qui elle vit aujourd'hui à Lisbonne,
avec postérité, attendant la couronne de Portugal. C'est
aussi le temps où arriva l'horrible catastrophe du
czarowitz, si connue de tout le monde, toutes choses
qui trouveront mieux qu'ici leur place parmi les affaires
étrangères.

Le cardinal de Polignac, qui avoit autrefois recommencé
jusqu'à trois licences, sans en avoir pu achever aucune,
et si[1] ce n'étoit pas manque de science ni d'esprit, résolut
enfin de passer de l'ordre de sous-diacre, où il étoit

---

1. Voyez tome X, p. 252 et note 1.

demeuré jusqu'alors, dans celui de prêtrise. Je ne sais s'il imagina que cette résolution, qu'il ne tint pas secrète, donneroit du poids à ses protestations, mais il demanda en même temps une audience au Régent pour se justifier de beaucoup de choses dont il étoit plus que soupçonné, et dont, à force d'esprit et de grâces, il espéra se bien tirer avec un prince aussi facile que l'étoit M. le duc d'Orléans. Ce cardinal étoit depuis longues années dans la plus étroite confiance de Mme la duchesse du Maine, et de M. du Maine par conséquent. Leurs cabinets lui étoient de tout ce temps-là ouverts à toute heure : il étoit sur le pied avec eux qu'ils ne faisoient rien sans son conseil. Son frère, qui étoit un imbécile qu'il gouvernoit, venoit de sortir de prison pour cette requête en faveur des bâtards, que lui sixième avoit présentée au Parlement, et qui n'avoit pas été faite sans M. et Mme du Maine et sans le cardinal. On peut juger quelle put être sa justification, à tout ce qui se brassoit, et qu'on n'apercevoit pourtant que fort imparfaitement encore, mais assez pour qu'avec le passé le Régent sût à quoi s'en tenir avec M. et Mme du Maine, et par conséquent avec lui, qui, depuis, ne cessa de s'enfoncer de plus en plus en leurs criminelles et pernicieuses menées.

Argenson, avec les finances et les sceaux, ne se contraignit point sur ses heures. La place de la police, devenue entre ses mains une véritable inquisition universelle, l'avoit accoutumé à travailler sans règle à toutes sortes d'heures du jour et de la nuit, où il étoit fort souvent réveillé; il ne tint point de table ni d'audience, ce qui embarrassa fort tout ce qui eut affaire à lui. Les magistrats des finances, les financiers et ses commis ne le furent pas moins. Il leur donnoit le plus souvent les heures de la nuit : une, deux, trois heures du matin étoit celles qu'il leur donnoit le plus souvent; j'en ai vu Fagon désolé bien des fois. M. de la Rochefoucauld, qu'il se piquoit de considérer par l'ancien respect de la province, il lui donna une audience à deux heures après minuit. Il prit la coutume, qu'il garda toujours, de dîner dans son carrosse, allant de chez lui, près les Grands-Jésuites, au conseil aux Tuileries, ou travailler l'après-midi au Palais-Royal. Il étoit depuis longtemps ami intime de Mme de Veni, prieure perpétuelle de la Magdeleine de Traisnel, au faubourg Saint-Antoine. Il y avoit un appartement au dehors; il avoit valu beaucoup à cette maison. Il y couchoit souvent étant lieutenant de police. En changeant de place, il ne changea point de coutume à cet égard; dès qu'il avoit quelques moments, il y couroit, il y couchoit tant qu'il pouvoit : il lui est arrivé plus d'une fois d'y oublier les sceaux, et d'être obligé de les y aller chercher. Cela lui faisoit perdre beaucoup de temps, ce qui, joint à la difficulté de le voir et de lui parler, causa de grands murmures. Si j'avois pu deviner cette conduite avant qu'il eût changé de places, je lui en aurois bien dit mon avis d'avance; mais devenu ce qu'il étoit, il n'étoit plus temps.

Lui et Law faisoient seuls les finances. Ils travailloient souvent avec le Régent, presque jamais tous deux ensemble avec lui, et d'ordinaire tête à tête; d'où les résolutions et les expéditions suivoient sans autre forme ni consultation. Le duc de la Force, à qui le vain nom de président du conseil des finances et de celui du commerce avoit été donné lorsque le duc de Noailles le quitta, n'eut plus de départements. Le conseil des finances n'avoit plus guère d'occupation, et le conseil de régence du samedi après dîner, l'un des deux qui étoit destiné aux affaires de finances, cessa de s'assembler, faute de matières.

Dans cette première nouveauté de faveur, Argenson en voulut profiter pour obtenir pour sa femme, sœur des Caumartins, le tabouret, à l'instar de la chancelière. On a vu p. 193 et 194[1] comment Mme Seguier l'obtint, et quelles conditions, et p. 193 et 194[2] qu'elles sont toujours

1. Pages 238-240 de notre tome II.
2. Cette répétition est du fait de Saint-Simon, qui a écrit en interligne, la première fois le chiffre 194, la seconde fois le chiffre 193.

les mêmes. Depuis cet événement il n'y avoit eu qu'un seul garde des sceaux marié.

C'étoit le second chancelier Aligre, qui les eut deux ans, à la mort du chancelier Seguier, pendant lesquels il n'y eut point de chancelier, et au bout desquels il le devint lui-même. Dans cet intervalle, ni trace ni vestige quelconque que sa femme ait eu le tabouret, dont les preuves ne manqueroient pas dans la mémoire de main en main, ni par écrit sur les registres, si elle l'avoit eu. Aligre apparemment n'osa tenter une extension si nouvelle. Il songeoit fort à être chancelier. Il avoit le pied à l'étrier pour l'être. Il aima mieux apparemment attendre qu'il le fût que de s'exposer à un refus de prétention nouvelle, ou même de mettre un nuage à ses vues si apparentes et si prochaines, par un empressement mal à propos pour ce que l'office de chancelier feroit de soi-même.

Argenson, qui se voyoit sur la tête un chancelier, bien qu'exilé, plus jeune que lui de beaucoup, n'avoit pas la même espérance, et n'eut pas aussi le ménagement d'Aligre. Il voulut profiter de la facilité du Régent et de son agréable et importante situation auprès de lui, dans une primeur encore toute radieuse. Il lui représenta l'entière similitude extérieure du chancelier et du garde des sceaux, qu'il suivoit de là qu'elle devoit être pareille entre leurs femmes, et obtint ainsi le tabouret pour sa femme, qui en prit deux jours après possession aux mêmes conditions que la chancelière.

C'est le premier exemple de cette nouveauté, qui a servi de règle pour donner de même le tabouret longtemps depuis à la femme du garde des sceaux Chauvelin, qui en a joui, même en présence de la chancelière, depuis que Daguesseau fut rappelé la seconde fois de Fresnes, et qu'il fit les fonctions de chancelier en même temps que Chauvelin faisoit celles de garde des sceaux. Armenonville, qui les eut après Argenson et avant Chauvelin, étoit déjà veuf, et ils furent rendus au chancelier Daguesseau, à la chute de Chauvelin.

Meaupeou, je le remarque parce qu'il est longtemps depuis devenu premier président, fut président à mortier à la place de Menars, frère de Mme Colbert, qui avoit fait sa fortune, mort en ce temps-ci en ce beau lieu de Menars-sur-Loire, près de Blois. C'étoit une très-belle figure d'homme, et un fort bon homme aussi, peu capable, mais plein d'honneur, de probité, d'équité et modeste, prodige dans un président à mortier. Le cardinal de Rohan acheta sa précieuse bibliothèque, qui étoit celle du célèbre M. de Thou, qui fut pour tous les deux un meuble de fort grande montre, mais de très-peu d'usage.

Les enregistrements faits par la grand'chambre seule du rétablissement des quatre sous pour livre et du traité de Lorraine, causèrent une grande rumeur dans les enquêtes et requêtes, qui prétendent être appelées aux enregistrements et qui s'en prirent avec chaleur au premier président. Ces chambres arrêtèrent entre elles que tous les conseillers des enquêtes et requêtes s'abstiendroient d'aller chez lui sans des cas indispensables qui n'arrivent presque jamais. Elles s'assemblèrent plusieurs fois entre elles, et elles entrèrent en la grand'chambre, où le président Lamoignon se trouva présider, firent leurs protestations, et les laissèrent par écrit sur le bureau du greffier, à qui il fut défendu après de les mettre dans les registres, tant il est commode d'être juge et partie. Après bien du vacarme domestique, des souplesses du premier président et divers manéges, de plus vastes vues imposèrent à la fin la suspension ordinaire de cette querelle, qui se renouvelle assez souvent.

La grand'chambre les laisse crier à moins que quelque intérêt plus grand, comme il arriva alors, ne l'oblige à les ménager. La grand'chambre a des prétentions, les autres chambres s'en offensent et ne prétendent pas être moins que la grand'chambre, parties intégrantes du Parlement, sans l'avis desquelles rien ne doit être censé enregistré par leur commune Compagnie à toutes, qui est le Parlement. La grand'chambre répond que c'est à elle qu'il appartient de les faire, puisque c'est chez elle qu'ils se font. Celles-ci répliquent que le local ne donne à la grand'chambre aucun droit privatif aux autres chambres, puisque l'adresse de tout ce [qui] s'envoie pour être enregistré est faite à tout le Parlement; qu'elles sont du corps du Parlement tout comme en est la grand'chambre, laquelle n'a sur les autres chambres que la primauté de rang; enfin, que lorsque le Roi y va seoir, elles y sont toujours mandées. Le point est que la cour, qui est plus aisément maîtresse d'un petit nombre que d'un grand, et des têtes mûres et expérimentées de la grand'chambre que de la jeunesse et de la foule des autres sept chambres, favorise toujours à cet égard la prétention de la grand'chambre, et que le premier président, qui connoît mieux la grand'chambre, où il préside, que les autres sept chambres où il ne va jamais, et où il ne peut rien, tandis que c'est à lui à distribuer les procès aux conseillers de la grand'chambre, dont quantité sont avides du sac, il les manie plus aisément que tout le Parlement assemblé, et par cette raison favorise pour soi-même cette même prétention de la grand'chambre contre les sept autres chambres. C'est ce qui a toujours fini cette dispute à l'avantage de la grand'chambre toutes les fois qu'elle s'est élevée, ce qui prouve continuement que ce n'est pas le tout d'avoir raison pour gagner son procès.

Une autre querelle domestique leur fait encore bien du mal, sans que l'orgueil d'aucun des prétendants en ait rien voulu rabattre, quoique chacun en sente l'extrême inconvénient, et que tous de bonne foi en gémissent. Lorsque la ruse ou le hasard fait que tous les présidents à mortier sont absents ou se retirent, c'est sans difficulté au doyen du Parlement, ou s'il n'y est pas, au plus ancien conseiller de la grand'chambre à présider, mais de sa place, sans en changer; mais lorsque ce cas arrive, lorsque toutes les chambres se trouvent assemblées, triple prétention, triple querelle. Le plus ancien des présidents des enquêtes veut présider. Le premier des présidents de la première chambre des enquêtes le lui dispute comme droit de charge et non d'âge ni d'ancienneté, et le doyen du Parlement, ou s'il n'y est pas, le plus ancien des conseillers de la grand'chambre présents, prétend les exclure l'un et l'autre, fondé sur ce que les présidents des chambres des enquêtes et requêtes ne sont que conseillers comme eux, quoique ils aient, mais en cette qualité de conseillers, une commission pour présider en telle ou telle chambre des enquêtes ou des requêtes, ce qui ne change pas même à leur propre égard leur état inhérent, réel, fondamental et personnel de conseillers, beaucoup moins à l'égard des conseillers de la grand'chambre, où lorsque les chambres sont assemblées, ces présidents des enquêtes et requêtes ne les précèdent pas, et ne sont admis avec leurs chambres qu'en qualité de conseillers, d'où il résulte qu'ils ne peuvent jamais présider au préjudice d'aucun des conseillers de la grand'chambre.

Ce sont ces querelles domestiques qui ont toujours affoibli le Parlement contre la cour; par exemples fréquents, cette dernière[1]. Toutes les fois qu'on n'a pu empêcher le Parlement de s'assembler sur des affaires où la cour vouloit s'intéresser en faveur de matières de Rome, de jésuites, de choses ayant trait à la constitution, et que les présidents à mortier voyoient qu'ils n'en seroient pas les maîtres, ils sortoient tous en même temps, ou pas un ne venoit à l'assemblée des chambres. Ils livroient ainsi la séance à la division et à la querelle pour la présidence, et la forçoient à se lever et s'en aller sans rien faire, faute de présidence, que pas un des prétendants n'a jamais voulu céder.

Les maréchaux de France, qui, par leur âge et leur union, s'étoient jusqu'à ce temps-ci assez bien soutenus, sentirent à leur tour l'humiliation du désordre dans lequel le Régent se persuadoit trouver sa sûreté et sa

1. Cette dernière querelle.

grandeur. Les maréchaux de France qui n'étoient pas ducs s'étoient doucement unis avec ce qui avoit usurpé le nom collectif de la noblesse; celle-ci pour protection et pour se parer du contraste, ceux-là pour tâcher d'en profiter. Mais cette noblesse, devenue fière de son ralliement et de la foiblesse que le Régent lui avoit montrée, ne tarda pas à faire sentir aux maréchaux ses amis qu'elle ne vouloit rien au-dessus d'elle, tant qu'elle pourroit rapprocher le niveau. Le marquis de Beauffremont se chargea de le leur apprendre. Avec de l'esprit et de la valeur, et un des premiers noms de Bourgogne, il seroit difficile d'être plus hardi, plus entreprenant, plus hasardeux, plus audacieux, plus fou qu'il l'a été toute sa vie.

Le maréchal de Villars, comme chef du conseil de guerre, écrivoit aux colonels la plupart des lettres que sous le feu Roi le secrétaire d'État de la guerre avoit accoutumé de leur écrire, et on a vu p. 581[1] sur quel énorme pied Louvois avoit su mettre à son avantage l'inégalité extrême du style qui a duré sans exception autant que la vie du feu Roi. Personne jusqu'à ce temps-ci ne s'étoit avisé de se plaindre des lettres du maréchal de Villars. Cette noblesse se mit tout à coup à s'en offenser, et Beauffremont, qui se trouva en avoir reçu une, lui fit une réponse si étrange qu'il en fut mis à la Bastille. Il y coucha à peine deux ou trois nuits, et en sortit se moquant de plus belle des maréchaux de France qui étoient assemblés en ce moment sur cette affaire et ne savoient pas un mot de sa sortie. Ils demandèrent au moins que Beauffremont fît des excuses au maréchal de Villars de la réponse qu'il lui avoit faite, sans rien pouvoir tirer du Régent. Cette poursuite dura huit jours. Je ne sais, sur quelque demi-mot, qu'il articula mal, je crois, pour se moquer d'eux, ils se persuadèrent que Beauffremont recevroit l'ordre qu'ils demandoient, telle-

1. Pages 101 et 105 de notre tome V.

ment que le maréchal de Villars prêt à partir pour Villars, l'attendit chez lui, à Paris, toute la journée, et y coucha, ayant dû s'en aller dès le matin, sans qu'il entendît parler de Beauffremont, qui couroit les lieux publics, disant qu'il n'avoit nul ordre, et se répandant sans mesure en dérisions. Les maréchaux de France demeurèrent étrangement déconcertés, au point qu'ils n'osèrent plus se plaindre ni rien dire, tandis que Beauffremont les accabloit de brocards. Outre la maxime favorite du Régent, *divide et regna*, et de tout révolter les uns contre les autres, je crus toujours qu'il y avoit du personnel de Villars, et du peu de mesure de ses propos sur les casernes et l'augmentation de la paye.

Quand le Régent se fut bien diverti six bonnes semaines de ce scandale public, il fit trouver Beauffremont au Palais-Royal un matin que le maréchal de Villars y travailloit avec lui, le fit entrer, et sans autre façon dit au maréchal que M. de Beauffremont n'avoit jamais prétendu lui manquer, qu'il en étoit caution pour lui, et qu'il falloit oublier de part et d'autre toutes ces petites tracasseries, et tout de suite renvoya Beauffremont, qui sortit riant comme un fou, sans que le maréchal ni lui eussent proféré une seule parole. On peut juger du dépit du maréchal et de Messieurs ses confrères. Je crois pourtant que Bauffremont eut ordre de se taire et de ne pas pousser les choses plus loin, car il ne parla plus. Il pouvoit être content de tout ce qu'il avoit débité, et d'en sortir de cette étrange façon.

Les ducs ne prirent aucune part en cette querelle. Quelques-uns en rirent. Il étoit raisonnable aussi que les maréchaux de France eussent aussi leur tour.

Ce n'est pas à moi à paraphraser cette conduite de M. le duc d'Orléans à l'égard d'un office de la couronne, dont le caractère distinctif est de juger l'honneur de la noblesse, et d'officiers qui ne le peuvent devenir que par leur sang, leurs services et leur mérite, et qui ne peuvent être que des personnages dans l'État. Comme il étoit grand maître en *mezzo-termine*, et qu'il voulut toujours favoriser des gens sans mesure, dont le rameutement[1] ne tendoit qu'à le culbuter, comme il y parut bientôt, il régla que toutes les lettres désormais seroient en style de mémoire, contenant les ordres à donner, les réponses et les choses à faire, qui seroient signées Villars, et avec lui Biron pour l'infanterie, Lévy pour la cavalerie, et Coigny pour les dragons.

Beauffremont, victorieux des maréchaux de France, le voulut être bientôt après des princes du sang. On vit, moins de deux mois après, les preuves de ses menées en Bourgogne contre le service du Roi, et le rang, le crédit et l'autorité de Monsieur le Duc, gouverneur de cette province, qui en étoit allé tenir les états. Il en rapporta quantité de lettres que Beauffremont y avoit écrites dans cet esprit, sans aucun détour, partie surprises, partie livrées par ceux qui les avoient reçues. Monsieur le Duc ne les cacha pas à son retour, ni les plaintes qu'il en porta à M. le duc d'Orléans, mais dont il ne fut autre chose. Les maréchaux de France rirent tout bas à leur tour de se trouver en si bonne compagnie.

Il a été parlé ici plus d'une fois de Monasterol, envoyé de l'électeur de Bavière, qui a été bien des années avec toute sa confiance à Paris, qu'il quittoit fort rarement pour faire quelques courts voyages vers son maître. On a parlé aussi de la belle femme qu'il avoit épousée, veuve de la Chétardie, frère du curé de Saint-Sulpice, si bien avec Mme de Maintenon, qui n'influoit pas sur la conduite de cette belle-sœur, dont le fils a longtemps fait tant de bruit en Russie, où il fut de la part du Roi par deux fois. Monasterol étoit un Piémontois dont la famille, assez médiocre, s'étoit transplantée en Bavière comme quelques autres italiennes. C'étoit un homme fort agréable, toujours bien mis, souvent paré, d'un esprit très-médiocre, mais doux, liant, poli, cherchant à plaire, fort galant, qui,

---

1. Voyez tome VI, p. 459, ligne 27.

en fêtes, en chère, en meubles, en équipages et en bijoux, vivoit dans le plus surprenant luxe, et jouoit le plus gros jeu du monde. Sa femme, encore plus splendide, augmenta encore sa dépense, et mêla un peu sa compagnie, qui auparavant n'étoit que du meilleur de la cour et de la ville. On ne pouvoit comprendre comment un homme de soi si peu avantagé de biens, et ministre d'un prince si longtemps sans États, pouvoit soutenir, et tant d'années, un état si généralement magnifique. Il payoit tout avec exactitude, et passoit pour un fort honnête homme. Outre les affaires dont il étoit chargé, il l'étoit encore des pécuniaires de l'électeur, en subsides, pensions, etc., qui alloient tous les ans à de grandes sommes, que son prince tiroit de la France. Peu à peu ses comptes languirent. Ceux que l'électeur employa dans ses finances, depuis qu'il fut rétabli, songèrent sérieusement à en réparer les ruines, et voulurent voir clair à la longue administration de celles qui avoient passé et qui continuoient à passer par Monasterol. Il tira de longue[1] tant qu'il put, aidé même de la protection et de la pleine confiance de son maître ; mais à la fin, ce prince fut si pressé par ses ministres, qu'il envoya des ordres positifs à Monasterol de venir rendre compte à Munich de toute sa gestion. Alors il n'y eut plus moyen de reculer davantage. Monasterol, d'un air serein, publia que son voyage seroit court, laissa sa femme et presque toute sa maison à Paris, et partit. Arrivé à Munich, il fallut compter : autres délais. Le soupçon qu'ils donnèrent fit[2] presser davantage ; à bout et acculé, il se tira d'affaires un matin par un coup de pistolet qu'il se donna dans la tête dans sa chambre. Il laissa des dettes sans nombre, rien pour les payer et des comptes en désordres, qui firent voir à quel excès il avoit abusé et trompé la confiance et la facilité de l'électeur. Ce prince, qui l'avoit toujours aimé, voulut encore étouffer la catastrophe, et fit courir le bruit que Monasterol étoit mort

1. Voyez tome XII, p. 293 et note 2.
2. *Firent*, au manuscrit.

subitement. Sa veuve se trouva bien étonnée, promptement abandonnée, réduite au plus petit pied d'une vie qu'elle a depuis menée fort obscure.

La Hire, connu par toute l'Europe pour un des plus grands astronomes qu'il y ait eu depuis longtemps, mourut à l'Observatoire à près de quatre-vingts ans, jusqu'alors dans une continuelle et parfaite santé de corps et d'esprit; l'abbé Abeille, presque en même temps, assez âgé : c'étoit un homme d'esprit et de beaucoup [de] lettres, qui l'avoient mis dans l'Académie françoise, qui avoit des mœurs, de la religion, de la probité, de la franchise, beaucoup de douceur, de liant, de modestie, et un grand désintéressement, avec une naïveté et une liberté charmante. Il s'étoit attaché de bonne heure au maréchal de Luxembourg, qu'il suivit en toutes ses campagnes, qui l'avoit mis dans le grand monde et dans les meilleures compagnies, où il se fit toujours desirer, et dont il ne se laissa point gâter. M. le prince de Conti l'aimoit fort, M. de Luxembourg lui avoit fait donner des bénéfices. Après sa mort, il demeura avec la même confiance chez M. de Luxembourg, son fils, où il est mort regretté de beaucoup de gens considérables et de tout ce qui le connoissoit. C'étoit en effet un des meilleurs hommes du monde, pour qui j'avois pris de l'amitié, et lui pour moi, pendant la campagne de 1694, que ma séparation éclatante d'avec M. de Luxembourg, sur notre procès de préséance, n'avoit pu interrompre.

Poirier, premier médecin du Roi, mourut presque subitement. M. le duc d'Orléans déclara aussitôt au duc du Maine et au maréchal de Villeroy qu'ils pouvoient lui choisir un successeur, qu'il ne vouloit s'en mêler en aucune façon; qu'il approuveroit leur choix quel qu'il fût; qu'il donnoit seulement l'exclusion à deux hommes, à Chirac pour l'un, à Boudin pour l'autre, qui avoit été premier médecin de Monseigneur, puis de Madame la Dauphine, et duquel j'ai parlé ici quelquefois. J'avois fort exhorté M. le duc d'Orléans à toute cette conduite. Il

étoit d'une part trop inutile à ses intérêts, de l'autre trop
délicat pour lui de se mêler du choix d'un premier médecin dans la position où il étoit et à toutes les infamies
qu'on avoit répandues contre lui à la mort de nos princes,
et qu'on ne cessoit de renouveler de temps en temps.
Cette même raison fut la cause des deux exclusions qu'il
donna : à Chirac, son médecin de confiance, qu'il avoit
toujours gardé auprès de lui depuis qu'il l'avoit pris en
Languedoc, allant commander l'armée d'Italie; à l'égard
de Boudin, je fis souvenir M. le duc d'Orléans des propos
énormes et sans mesure qu'il avoit eu l'audace de répandre partout, tête levée, lors des pertes dont la France ne
se relèvera jamais, et qui lui tournèrent la tête pour son
intérêt particulier, auquel il étoit sordidement attaché;
et qu'il étoit de tout temps, comme il l'étoit encore, vendu
à tous ceux qui lui étoient les plus opposés, et en faisoit
gloire, outre que c'étoit un grand intrigant, de beaucoup
d'esprit, fort gâté et très-audacieux. Ces exclusions
firent tomber le choix sur Dodart, qui avoit été médecin
des enfants de France, et qui avoit eu auparavant d'autres emplois de médecin à la cour.

C'étoit un fort honnête homme, de mœurs bonnes et
douces, éloigné de manéges et d'intrigues, d'esprit et de
capacité fort médiocre, et modeste. Il étoit fils d'un très-
savant et fort saint homme, qui avoit été médecin du
prince et de la princesse de Conti Martinozzi, et qui l'é-
toit demeuré jusqu'à sa mort de la princesse de Conti.
fille du Roi, qui avoit toujours grande envie de le chasser
de la cour pour son grand attachement à Port-Royal,
sans avoir jamais pu trouver prise sur la sagesse de sa
conduite. Mme la princesse de Conti, qui avoit en lui toute
confiance indépendamment de celle de sa santé et qui ne
faisoit presque que de le perdre, porta fort son fils à la
place de premier médecin.

Poirier n'avoit pas eu le temps, depuis la mort de Fagon, de prendre la direction du jardin des simples. Je
fus surpris que Chirac vint un matin chez moi, car je ne

crois pas qu'alors je lui eusse jamais parlé ni presque
rencontré. Ce fut pour me prier de lui faire donner cette
direction. Il me dit qu'avec le bien qu'il avoit, et en effet
il étoit extrêmement riche, ce n'étoit pas pour augmenter
son revenu ; mais au contraire pour y mettre du sien. Il
me peignit si bien l'extrême abandon de l'entretien de
tant de plantes curieuses et rares et de tant de choses
utiles à la médecine, qu'on devoit avoir soin d'y démon-
trer et d'y composer, qu'un premier médecin, tout occupé de la cour, ne pouvoit maintenir dans la règle,
encore moins les réparer [1] au point où tout y étoit tombé,
qu'il me persuada que l'utilité publique demandoit qu'un
autre en fût chargé. Il ajouta que, par devoir et par goût,
il prendroit tout le soin nécessaire au rétablissement, à
l'entretien et au bon ordre d'un lieu qui, tenu comme il
le devoit être, honoroit la capitale, et instruisoit méde-
cins, savants et curieux ; qu'il seroit plus à portée que
nul autre d'y faire venir de toutes parts et élever les
plantes les plus intéressantes et les plus rares, par les
ordres de M. le duc d'Orléans, tant de choses enfin, que
je lui demandai seulement pourquoi, ayant la confiance
de son maître, il ne s'adressoit pas directement à lui. Il
me satisfit là-dessus, car il avoit beaucoup de langage,
d'éloquence, de tour, d'art et de finesse. C'étoit le plus
savant médecin de son temps, en théorie et en pratique,
et, de l'aveu de tous ses confrères et de ceux de la première réputation, leur maître à tous, devant qui ils
étoient tous en respect comme des écoliers, et lui avec
eux en pleine autorité, comme un autre Esculape. C'est
ce que personne n'ignoroit ; mais ce que je ne sus que
depuis et ce que l'expérience m'apprit aussi dans la suite,
c'est que l'avarice le rongeoit en nageant dans les biens ;
que l'honneur, la probité, peut-être la religion lui étoient
inconnus [2] et que son audace étoit à l'épreuve de tout. Il
sentoit que son maître le connoissoit, et il vouloit s'ap-

1. Saint-Simon a écrit *reparter*.
2. Il y a *inconnues*, au féminin.

puyer auprès de lui de qui ne le connoissoit pas pour emporter ce qu'il desiroit et ce qu'il n'osoit espérer de soi-même. J'en parlai deux jours après à M. le duc d'Orléans, qui me l'accorda après quelque résistance. Oncques depuis n'ai-je ouï parler de Chirac; mais, ce qu'il fit de pis, c'est qu'il ne mit rien au jardin des simples, n'y entretint quoi que ce soit, en tira pour soi la quintessence, le dévasta, et en mourant le laissa en friche, en sorte qu'il fallut le refaire et le rétablir comme en entier. J'aurai lieu ailleurs de parler encore de lui.

CHAPITRE XVI.

Mort de la duchesse de Vendôme; adresses et ruses pour l'obscure garde de son corps sur même exemple de Mlle de Condé, ce qui n'a pas été tenté depuis. — Le grand prieur sert à la cène le jeudi saint pour la dernière fois, et s'absente, le lendemain, de l'adoration de la croix. — Cardinal de Polignac prétend présenter au Roi l'évangile à baiser, de préférence au premier aumônier; est condamné. — Le Roi visite Madame la Princesse et Mesdames ses deux filles sur la mort de Mme de Vendôme. — Douglas obscur, misérable, fugitif. — Mme la duchesse de Berry parle fort mal à propos au maréchal de Villars; se hasarde de faire sortir Mme de Clermont de l'Opéra, etc.; se raccommode bientôt après avec elle et avec Mme de Beauvau. — Abbé de Saint-Pierre publie un livre qui fait grand bruit, et qui le fait exclure de l'Académie françoise, dont il étoit. — Incendie au Petit-Pont, à Paris. — Mort et caractère de Mme de Castries; Mme d'Espinay, dame d'atour de Mme la duchesse d'Orléans, en sa place. — Mort de la reine d'Angleterre à Saint-Germain. — Mort, extraction et famille du duc de Giovenazzo. — Bureau de cinq commissaires du conseil de régence pour examiner les moyens de se passer de bulles; la peur en prend à Rome, qui les accorde toutes, et sans condition, aussitôt. — Mort du comte d'Albemarle; sa fortune fatale à celle de Portland. — Mort, caractère, faveur de Monsieur le Grand. — Mort de Mme de Chalmazel et de la duchesse de Montfort. — Mariage du duc d'Albret avec une fille de Barbezieux, et du fils du prince de Guémené avec une fille du prince de Rohan. — Origine des fiançailles dans le cabinet du Roi de ceux qui ont rang de princes étrangers. — Mariage du comte d'Agenois et de Mlle de Florensac. — Prince et princesse de Carignan à Paris, où ils se fixent incognito. — Triste éclat de l'évêque de Beauvais. —

Yolet, ayant quitté le service depuis treize ou quatorze ans, étant mestre de camp, fait maréchal de camp. — Bruit des mestres de camp de cavalerie sur le style des lettres que le comte d'Évreux leur écrivoit, qui finit par un *mezzo-termine*. — Augmentation de pension à la duchesse de Portsmouth. — Grandes grâces pécuniaires à M. le prince de Conti; origine de ce débordement de finances du Roi aux princes et aux princesses du sang. — D'Antin obtient pour ses deux petits-fils les survivances de ses gouvernements, et Silly une place dans le conseil du dedans du royaume. — Grande sédition à Bruxelles. — Affaires étrangères.

M{{me}} de Vendôme mourut à Paris l'onze avril de cette année, sans testament ni sacrements, de s'être blasée, surtout de liqueurs fortes, dont elle avoit son cabinet rempli. Elle étoit dans sa quarante et unième année. Tout ce qu'on en peut dire, c'est que ce fut une princesse du sang de moins. Elle étoit fort riche, parce que M. de Vendôme lui avoit donné tous ses biens par son contrat de mariage. On a vu ici, en son lieu, de quelle manière il se fit, lui par orgueil, elle pour s'affranchir, M. du Maine pour relever d'autant la bâtardise. En deux ans de mariage on peut compter au plus par jours ce qu'ils ont été ensemble; et comme il n'y eut point d'enfants et que le grand prieur, son beau-frère, ne pouvoit hériter de rien, toute cette grande succession tomba à Madame la Princesse, dont elle étoit la dernière fille, et à ses autres enfants.

Cette mort donna lieu à une continuation adroite et hardie des princes du sang de faire garder son corps. Jamais autres que reines, dauphines et filles de France n'avoient été gardées jusqu'à Mademoiselle, fille de Gaston, frère de Louis XIII, et de sa première femme, héritière de Montpensier, comme petite-fille de France, morte en 1693, et celle en faveur de qui ce nouveau rang de petits-fils de France fut formé, comme on l'a vu p. 12[1], lequel tient plus du fils de France que du prince du sang. M{{lle}} de Condé étant morte le 23 novembre 1700, Monsieur le Prince, bien plus attentif à usurper qu'aucun autre

---

1. Page 42 de notre tome I.

prince du sang, même que le grand prince-de Condé, son père, fit doucement en sorte que quelques dames de médiocre étage gardassent le corps de Mademoiselle sa fille, et à leur exemple, quelque peu d'autres d'un peu de meilleur nom, mais hors de tout, et de savoir ce qu'on leur faisoit faire. Cette nouveauté, bien que si délicatement conduite, ne laissa pas de faire du bruit, quoique Monsieur le Prince n'eût fait inviter les dames que de sa part, n'ayant osé l'hasarder[1] de celle du Roi, et ce bruit, qui ouvrit les yeux, causa le refus des dernières invitées. Cela fit enrayer tout court. Monsieur le Prince se hâta de faire enterrer Mme de Condé, pour couper court à l'occasion de la garder. Il profita de l'absence de Blainville, grand maître des cérémonies, qui étoit sur la frontière des Pays-Bas, où tout se regardoit déjà sur l'extrémité du roi d'Espagne, qui mourut le 1er novembre suivant. Desgranges, un des premiers commis de Pontchartrain, étoit maître des cérémonies, et peu bastant[2] pour faire à Monsieur le Prince la plus légère résistance, qui fit glisser dans son registre ce qu'il voulut.

Sur ce fondement, les princes du sang voulurent continuer l'entreprise ; mais ils craignirent Madame la Princesse, qui, toute glorieuse qu'elle fût, n'étoit pas si hardie qu'eux, ni si confiante en leurs forces et en la sottise du public : elle savoit comme eux et mieux qu'eux, pour en avoir été témoin, que l'exemple de Mlle de Condé avoit été une tentative hardie, adroite, ténébreuse et peu heureuse ; ils se doutèrent qu'elle ne voudroit pas se commettre à une seconde. Ils s'avisèrent de la faire tonnêler[3] par Dreux, duquel j'ai eu occasion de parler assez pour n'avoir rien à ajouter, et qui n'étoit pas homme à manquer de faire sa cour à qui il craignoit, et à ne pas courir au-devant de tout ce qui leur pouvoit plaire. Ils comprirent que la timidité de Madame la Princesse céderoit

1. Voyez tome IV, p. 174, t. V, p. 141, tome VI, p. 17, etc.
2. Voyez tome X, p. 96 et note 1.
3. Voyez tome IV, p. 443, note 2.

à l'autorité d'un grand maître des cérémonies, sur le témoignage duquel elle auroit toujours, en tout cas, de quoi s'excuser, ou à le faire valoir. L'expédient réussit comme ils l'avoient espéré. Néanmoins ils prirent bien garde au choix de dames qui ne pussent connoître ce qu'on leur proposoit, ni qui sussent se sentir, bien plus encore de s'adresser à pas une femme titrée ou même simple maréchale de France, ou encore d'un certain air dans le monde, ni qui sussent ce qu'elles étoient par leur qualité. Contents d'une récidive aussi adroite et aussi délicate, qui confirmoit la première entreprise, au premier petit bruit qu'ils en entendirent, et qui ne tarda pas, ils imitèrent la prudence de Monsieur le Prince, et en firent cesser l'occasion tout court en se hâtant de faire enterrer le corps de Mme de Vendôme.

Il fut porté, le 16 avril, aux Carmélites du faubourg Saint-Jacques; conduit par Mlle de Clermont, accompagnée des duchesses de Louvigny et d'Olonne, priées par Madame la Princesse et par Monsieur le Duc, et point du tout de la part du Roi. La cérémonie se passa comme celle de Mlle de Condé, où étoient ma mère et la duchesse de Châtillon, priées par Monsieur le Prince, comme on le voit à la page 225[1], et Dreux mit sur ses registres ce qu'il plut aux princes du sang, très-peu scrupuleux d'ailleurs sur ce qu'il y écrivoit ou omettoit. Il est mort depuis bien des princesses du sang, sans qu'il ait plus été parlé de la garde de pas une. Les intéressés ont jugé apparemment qu'il n'étoit pas à propos de la tenter davantage.

Continuons le récit des entreprises. Le jeudi saint de cette année le grand prieur servit hardiment à la cène comme les princes du sang. Cette récidive de l'inouïe nouveauté de l'année passée, contre la parole expresse du Régent, fut l'effet de la même politique qui l'avoit permise[2] la première fois. Elle piquoit, elle excitoit ce

1. Pages 360-362 de notre tome II.
2. *Permis*, sans accord, au manuscrit.

qu'il y avoit de plus grand les uns contre les autres, qui étoit son manége favori. Cette année fut pourtant la dernière que cette entreprise eut lieu, quelque respect, comme on l'a expliqué ailleurs, que le Régent eût pour le grand prieur, qui ne se présenta pas même le lendemain matin chez le Roi, à l'office pour l'adoration de la croix. A la grand'messe de ce même jeudi saint, le cardinal de Polignac, qui eût mieux fait d'être en son archevêché d'Auch, où il n'a mis le pied de sa vie, prétendit présenter le livre des évangiles à baiser au Roi, de préférence à l'évêque de Metz, premier aumônier, parce que le grand aumônier cardinal n'y étoit pas. Cette dispute toute nouvelle empêcha le Roi de baiser l'évangile. Deux jours après, le Régent décida en faveur du premier aumônier, à qui les cardinaux ne l'ont plus disputé depuis. Il est vrai aussi que depuis que je suis chevalier de l'ordre, je me suis trouvé à une fête de l'ordre où il n'y eut ni grand ni premier aumônier, où les cardinaux de Polignac et de Bissy étoient en leurs places de commandeurs, et où le cardinal de Polignac présenta au Roi l'évangile à baiser, de préférence aux deux aumôniers de quartier présents en leurs places, qui ne le disputèrent pas. Ce même jeudi saint, après ténèbres, le Roi alla voir Madame la Princesse et Mesdames ses deux filles, de Conti et du Maine, sur la mort de Mme de Vendôme.

On a vu p. 1766[1] l'affreuse aventure du Prétendant, échappé à Nonancourt par le courage et la sagacité de la maîtresse de la poste, à Douglas et aux autres assassins, dépêchés sous lui par Stairs après ce prince, et leur impudence après leur coup manqué. Ce Douglas étoit depuis tombé dans la dernière obscurité, par l'horreur de tous les honnêtes gens; mais il étoit souffert à Paris sous la protection de Stairs, à qui le Régent ne pouvoit rien refuser. Douglas, fort misérable, avoit fait des dettes de nature à pouvoir être arrêté chez lui. On le tenta; il se

1. Pages 375-381 de notre tome XII.

sauva par les derrières, et Stairs s'interposa en sa faveur. Mais le répit accordé fut court, et ne servit qu'à lui donner moyen de sortir de Paris et de se cacher ailleurs. On n'en a plus ouï parler depuis, quoique il ait traîné encore du temps en France son infâme et obscure vie, qu'il auroit dû perdre entre quatre chevaux en revenant de Nonancourt. Il avoit épousé à Metz une demoiselle qui avoit du bien et qu'il a laissée veuve sans enfants il y a bien des années, et presque à la mendicité.

Mme la duchesse de Berry fit presque de suite deux traits qui furent très-contradictoires, et qui montrèrent également l'excès de son orgueil et de son peu de jugement. Entraînée par les roués de M. le duc d'Orléans, avec qui, toute fille de France qu'elle étoit, elle soupoit souvent, et dont plusieurs étoient pour se recrépir d'avec cette prétendue noblesse à qui tout étoit bon, [elle] se hasarda de parler chez elle, publiquement et fort mal à propos, au maréchal de Villars sur ses lettres aux colonels, dont cette prétendue noblesse s'avisoit de se plaindre. On fut surpris de la sagesse et de la modération du maréchal, qui n'étoit pas fait pour recevoir, non pas même du Régent, une réprimande publique; cette princesse, transportée d'orgueil, qui se croyoit en droit de tout, et qui n'avoit pourtant pas celui de reprendre personne sur ce qui ne lui manquoit pas de respect, et si encore, avec la mesure convenable aux personnes, ne comprit pas qu'elle étoit en cela l'instrument et le jouet d'un ramas de gens de toutes les sortes, excités adroitement par M. et Mme du Maine et les plus dangereux ennemis de M. le duc d'Orléans, pour le culbuter, et qui, en attendant que leurs conducteurs vissent le moment de les faire frapper au véritable but, se laissoient éblouir du beau dessein de mettre tout dans une égalité qui, en défigurant l'État, le rendant dissemblable à ce qu'il est depuis sa fondation, et à tous les autres États du monde, anéantissoit les avantages de la grande, ancienne et véritable noblesse, ôtoit les gradations, supprimoit les récompenses, détruisoit radicalement toute ambition, attaquoit l'autorité, le droit et la majesté du trône, réduisoit tout au même niveau, et par une suite nécessaire, dans la dernière confusion, jetoit tout dans l'oisiveté, dans la paresse, dans le néant, vidoit la cour, désertoit[1] les armées, les ambassades, etc., et ne laissoit de distinction et d'avantages qu'aux richesses, par conséquent à la bassesse, à l'avarice, à la cupidité d'en acquérir et de les conserver par toutes sortes de moyens. En même temps elle [ne] vit pas combien par cette folle action elle manquoit de respect, et au Roi, en usurpant, bien que sa sujette, une autorité inséparable de sa couronne, et au Régent son père, unique dépositaire, comme Régent, de l'autorité du Roi mineur, et le seul en France qui eût caractère pour l'exercer en son nom.

Incontinent après s'être si étrangement montrée protectrice de cette écume de noblesse, elle se porta à insulter en public toute la véritable et la haute noblesse, qu'elle offensa toute en la personne de deux dames de cette qualité. On a vu p. 2075[2] comment et pourquoi Mmes de Beauvau et de Clermont Gallerande avoient quitté les places qu'elles avoient auprès d'elle. Elle le leur pardonnoit d'autant moins qu'elles en étoient fort approuvées et qu'elles et leurs maris n'en avoient pas été moins bien traités depuis par Madame, et par M. et Mme la duchesse d'Orléans. Étant à l'Opéra, dans sa petite loge, elle se trouva si piquée de voir Mme de Clermont vis-à-vis d'elle dans la petite loge de M. le comte de Toulouse, qui n'y étoit pas, qu'[elle] envoya sur-le-champ [lui] défendre par Brassac, exempt de ses gardes, de se trouver jamais dans les lieux où elle seroit. C'étoit bien en dire autant à Mme de Beauvau si elle s'y fût trouvée. Aussitôt Mme de Clermont sortit fort sagement de la loge et s'en alla avec la jeune Mme d'Estampes, qui s'y trouva seule avec elle. Cette action fit un grand bruit dans le monde, et fut en

1. Voyez tome V, p. 452 et note 2.
2. Ci-dessus, p. 121.

effet un acte de vraie souveraineté, tel qu'il n'appartient qu'au Roi, qui seul a le pouvoir d'exiler et de bannir partout de sa présence. C'étoit attenter aussi à la liberté publique, et se mettre au-dessus de toute mesure, de toute règle, de toute loi. Les propos ne se continrent pas, mais ce fut presque tout : la princesse étoit fille du Régent ; on connoissoit sa violence et toute la foiblesse de son père. Madame et lui ne laissèrent pas de lui en dire leur avis.

Après quelques jours de furie contre le scandale du public, elle ne put se dissimuler qu'elle n'en fût embarrassée. C'étoit dans ses embarras qu'elle s'ouvroit à Mme de Saint-Simon, qui n'étoit point à cet opéra avec elle, et toutes deux jusqu'alors ne s'étoient pas ouvert la bouche l'une à l'autre de toute cette belle aventure. Elle connoissoit la sagesse de ses conseils, quoique elle les prît rarement. Elle savoit combien elle étoit aimée et honorée dans sa maison ; elle n'ignoroit pas les sentiments de ces deux dames pour elle, qui, avant et depuis leur retraite, ne s'étoient pas cachées que la seule considération de Mme de Saint-Simon les avoit arrêtées longtemps. Mme de Saint-Simon profita de ce trouble de Mme la duchesse de Berry pour lui faire sentir toute sa faute, et lui persuader de finir honnêtement et convenablement des procédés qui étoient insoutenables. Enfin elle la fit consentir à voir les deux dames et les deux maris, avec des manières, des honnêtetés et des propos qui pussent réparer tout ce qui s'étoit passé. Ce ne fut pas sans peine qu'elle l'amena à ce point ; la manière en fut un autre. Cette espèce d'avance en public pesoit trop à son orgueil. Elle voulut, pour cette première fois, éviter Luxembourg[1]. Il fut donc convenu entre elles deux que Mme la duchesse de Berry iroit deux jours après aux Carmélites du faubourg Saint-Germain où elle avoit un appartement ; que Mme de Saint-Simon avertiroit M. et Mme de Beauvau et M. et Mme de Clermont,

---

1. Voyez tome IV, p. 96 et note 1.

et qu'elle-même les mèneroit aux Carmélites, où elle seroit témoin de la réception.

Cela fut exécuté le 4 juin, six semaines après l'affaire de l'Opéra, arrivée le 25 avril. Ils entrèrent tous dans le monastère, et allèrent droit à l'appartement de Mme la duchesse de Berry, qui les y attendoit. Chacun de son côté se posséda assez pour que l'accueil fût également obligeant et bien reçu. Les deux hommes demeurèrent peu dans le couvent, parce qu'il est très-rare que les hommes y entrent. Mme de Beauvau y fut retenue, et Mme la duchesse de Berry, lui fit des merveilles. Mme de Clermont se trouva lors près de Fontainebleau, chez M. le comte de Toulouse, à la Rivière, et n'en put revenir à temps. Dès qu'elle fut revenue, elle alla chez Mme la duchesse de Berry, où tout se passa très-bien de part et d'autre; et depuis elles ont toutes deux été, et leurs maris, chez Mme la duchesse de Berry de temps en temps.

Une fort plate chose fit alors un furieux bruit. J'ai parlé quelquefois ici des Saint-Pierre, dont l'un étoit premier écuyer de Mme la duchesse d'Orléans; l'autre, son frère, premier aumônier de Madame. Celui-ci avoit de l'esprit, des lettres, et des chimères. Il étoit de l'Académie françoise depuis fort longtemps, et fort rempli de lui-même, bon homme et honnête homme pourtant, grand faiseur de livres, de projets et de réformations dans la politique et dans le gouvernement en faveur du bien public. Il se crut en liberté par le changement du gouvernement et de donner l'essor à son imagination en faveur du bien public. Il fit donc un livre qu'il intitula *la Polysynodie*, dans lequel il peignit au naturel le pouvoir despotique et souvent tyrannique que les secrétaires d'État et le contrôleur général des finances exerçoient sous le dernier règne, qu'il appela des vizirs, et leurs départements des vizirats, et s'espaça là-dessus avec plus de vérité que de prudence.

Dès qu'il parut, il causa un soulèvement général de tout l'ancien gouvernement, et [de] tous ceux encore qui se flattoient d'y revenir après la régence. Les anciens courtisans du feu Roi se piquèrent, aux dépens d'autrui, d'une reconnoissance qui ne leur coûtoit rien. Le maréchal de Villeroy se signala par un vacarme épouvantable, et de gré ou de force ameuta toute la vieille cour. Hors ceux-là, personne ne se scandalisoit d'un ouvrage qui pouvoit manquer de prudence, mais qui ne manquoit en rien à la personne du feu Roi, et qui n'exposoit que des vérités, dont tout ce qui vivoit alors avoit été témoin, et dont personne ne pouvoit contester l'évidence. Les Académies, les autres gens de lettres, le reste du monde, s'indigna même, et le montra, que ces Messieurs de la vieille cour ne pussent encore souffrir la vérité et la liberté, tant ils s'étoient accoutumés à la servitude. Mais le maréchal de Villeroy fit tant de manéges, de déclamations, de tintamarre, entraîna par ses violences tant de gens à n'oser ne pas crier en écho, que M. le duc d'Orléans, qui de longue main n'aimoit pas les Saint-Pierre, et à qui le maréchal de Villeroy imposoit, ne voulut pas pour eux résister à ce tumulte. L'abbé de Saint-Pierre fut donc chassé de l'Académie françoise malgré l'Académie, qui n'osa résister jusqu'au bout, mais de peu de maisons, dont à la vérité il en fréquentoit peu de considérables. Le livre fut supprimé; mais l'Académie, profitant du goût du Régent pour les *mezzo-termine*, obtint qu'il ne se feroit point d'élection, et que la place de l'abbé de Saint-Pierre ne seroit point remplie, ce qui a été exécuté, malgré les cris de ses persécuteurs, jusqu'à sa mort.

Le feu prit, le 27 avril, au Petit-Pont. Un imprudent, cherchant quelque chose avec une chandelle dans des recoins d'un bateau de foin, l'embrasa. La frayeur qu'il ne communiquât le feu à plusieurs autres, au milieu desquels il étoit, le fit pousser à vau-l'eau avec précipitation. Il vint donner contre un pilier des arches de ce Petit-Pont. La flamme, qui s'élevoit de dessus, prit à une des maisons du pont, et causa un assez grand incendie.

Le duc de Tresmes, gouverneur de Paris, les magistrats de police et beaucoup de gens y coururent. Le cardinal de Noailles y passa une partie de la nuit à faire porter chez lui quantité de malades de l'Hôtel-Dieu, dont les salles étoient en danger, et à les faire secourir chez lui en vrai pasteur et père. L'archevêché en fut tout rempli, et ses appartements ne furent point ménagés. On vit le moment que l'Hôtel-Dieu entier alloit être brûlé; mais, par le bon et prompt ordre, il n'y eut que très-peu de chose de cet hôpital et une trentaine de maisons brûlées ou abattues. Les capucins s'y signalèrent très-utilement. Les cordeliers y servirent aussi fort bien. Le duc de Guiche y fit venir le régiment des gardes, qui y rendit de grands devoirs, et le duc de Chaulnes fit garder les meubles et les effets par ses chevau-légers à cheval. On s'y moqua un peu du maréchal de Villars, qui y fit venir du canon pour abattre des maisons, remède qui n'eût pas été moins fâcheux que le mal sur des maisons toutes de bois et si entassées. Le maître des pompes n'y acquit pas d'honneur.

Mme de Castries, dame d'atour de Mme la duchesse d'Orléans, fut trouvée le matin dans son lit sans connoissance, qui, malgré tous les remèdes, ne revint point jusqu'à huit heures du soir, qu'elle mourut sans laisser d'enfants : elle se portoit très-bien, et Mme de Saint-Simon avoit passé une partie du soir de la veille chez elle. Ce qui surprit davantage est que ce n'étoit qu'esprit et âme, sans presque de corps; le sien étoit petit, et si mince qu'un souffle l'eût renversée. Ce fut grand dommage : j'ai parlé ailleurs d'elle et de son mari, qui, avec raison, ne s'en est jamais consolé. C'étoit une petite poupée manquée, foncièrement savante en tout, sans qu'il y parût jamais, mais petillante d'esprit, souvent aussi de malice, avec toutes les façons, les grâces, et ce tour et cette sorte d'esprit et d'expressions charmantes et uniques, si vantés et si singulièrement propres aux Mortemarts. Deux jours après, Mme d'Espinay fut choisie pour lui succéder.

Un laquais de Mme de Castries, l'apprenant dans la cour du Palais-Royal : « Ha! ma pauvre maîtresse, s'écria-t-il, dans quel étonnement seroit-elle si elle savoit qui lui succède! » Mme la duchesse d'Orléans la voulut absolument, parce qu'elle étoit fille de M. d'O. On a souvent parlé ailleurs de toute cette cordelle[1] de bâtardise. Mme la duchesse d'Orléans voulut persuader le monde que ce choix étoit de M. le duc d'Orléans, qui le nia et lui renvoya la balle, et fut le premier à se moquer du choix. La pauvre femme y fit pourtant fort bien, et s'y fit aimer de tout le monde.

La reine d'Angleterre mourut le 7 mai à Saint-Germain, après dix ou douze jours de maladie. Sa vie, depuis qu'elle fut en France, à la fin de 1688, n'a été qu'une suite de malheurs qu'elle a héroïquement portés jusqu'à la fin, dans l'oblation à Dieu, le détachement, la pénitence, la prière et les bonnes œuvres continuelles, et toutes les vertus qui consomment les saints, parmi la plus grande sensibilité naturelle, beaucoup d'esprit et de hauteur naturelle, qu'elle sut captiver étroitement et humilier constamment, avec le plus grand air du monde, le plus majestueux, le plus imposant, avec cela doux et modeste. Sa mort fut aussi sainte qu'avoit été sa vie. Sur les six cent mille livres que le Roi lui donnoit par an, elle s'épargnoit tout pour faire subsister les pauvres Anglois, dont Saint-Germain étoit rempli. Son corps fut porté le surlendemain aux Filles de Sainte-Marie de Chaillot, où il est demeuré en dépôt, et où elle se retiroit souvent. La cour ne prit aucun soin ni part en ses obsèques. Le duc de Noailles alla à Saint-Germain, comme gouverneur du lieu et comme capitaine des gardes, pour ordonner seulement que tout y fût décent. Le deuil ne fut que de trois semaines.

Cellamare, ambassadeur d'Espagne à Paris, perdit en même temps son père à Madrid, qui s'appeloit le duc de

1. De tout ce parti.

Giovenazzo, duquel le grand-père étoit médecin à Gênes, où il s'enrichit par le commerce. Son fils se transplanta à Naples, y fit de grandes acquisitions, continua le commerce, mais faisant l'homme de qualité, et augmenta beaucoup ses richesses. Ses deux fils se trouvèrent avoir beaucoup d'esprit, surtout l'aîné, qui s'intrigua si bien à la cour d'Espagne, qu'il s'y poussa à tous les emplois, et que Charles II le fit grand de troisième classe, et pour trois races, c'est-à-dire son fils et son petit-fils. Sa capacité très-reconnue le fit mettre dans le conseil d'État, qui étoit lors le dernier comble de fortune. Philippe V le trouva ainsi revêtu, et eut pour lui beaucoup de considération, et il est vrai qu'il étoit fort compté à Madrid. Il mourut extrêmement vieux, et s'étoit toujours très-bien conduit. Son frère ne s'étoit pas moins poussé à Rome. Son argent l'éleva de charge en charge, et enfin à la pourpre romaine. C'est le cardinal del Giudice, dont il est parlé ici en tant d'endroits. Il vécut aussi fort vieux, mais pas assez pour voir son neveu cardinal, qui prit aussi le nom de cardinal del Giudice. Celui-ci étoit frère de Cellamare, et passa sa vie à Rome dans les charges de prélature, puis de la maison du Pape, et enfin dans le cardinalat. Pour Cellamare, il donnera ample occasion de parler de lui.

Il y avoit longtemps que le Pape, persécuté par son nonce Bentivoglio, par les cardinaux de Rohan, surtout de Bissy, et par les plus emportés de ce parti, s'étoit rendu à eux, malgré lui, à refuser des bulles. Grand nombre d'églises étoient sans évêques, quoique nommés la plupart. Il en étoit de même des abbayes, et le cardinal Fabroni tenoit le Pape de court avec ses emportements ordinaires, pour empêcher que le pied lui glissât là-dessus. Dans les commencements de cette résolution, ils n'auroient pas été fâchés d'accorder des bulles à des conditions honteuses pour la France et pour des évêques utiles à la domination romaine, qui est le but où toutes choses tendent en cette cour : des lettres soumises des nommés au Pape, des signatures chez le nonce telles qu'il les auroit présentées, exclusion indépendante de qui ils auroient voulu. Le Régent, quelquefois ébranlé, seroit assez volontiers entré en composition sur la qualité des conditions; mais le maréchal d'Huxelles, qui avoit quelquefois de bons intervalles sur ces matières de Rome, lui en remontra si bien la honte présente, et les conséquences pernicieuses pour l'avenir, qu'il le raffermit contre les manéges de toutes les sortes que la cabale employoit auprès de lui. A la fin, pressé par ceux qui avoient plus de sang françois dans les veines, il prit un parti dont Rome et les siens ne le jugeoient pas capable, et qui, toutes les fois qu'on en prendra un semblable suivant la nature des affaires, amènera toujours cette cour à raison.

Le Régent déclara au conseil de régence qu'il falloit pourvoir à la dureté de la cour de Rome; que puisqu'elle s'opiniâtroit depuis si longtemps à refuser des bulles contre la loi réciproque du concordat, il falloit chercher et trouver le moyen de se passer d'elle là-dessus; qu'il étoit d'avis d'établir un bureau de personnes capables de faire les recherches nécessaires à cet effet, d'en rendre compte au conseil de régence le plus tôt qu'il seroit possible, et aussitôt après se servir de la voie qui aura été reconnue la meilleure pour faire sacrer tous les évêques nommés. Le conseil applaudit d'une voix, au grand regret de Monsieur de Troyes, qui n'osa se commettre à se montrer d'avis différent, et qui se contenta de consentir d'une inclination de tête, en faisant la grimace en dessous. Tout de suite le Régent proposa le choix qu'il faisoit de cinq commissaires pour composer ce bureau, et nomma le maréchal de Villeroy, d'Antin, le maréchal d'Huxelles, Torcy, et moi pour chef de ce bureau qui se tiendroit chez moi, comme l'ancien pair de ce bureau et de tout le conseil de régence, et le choix en fut approuvé. C'étoit à moi à donner les jours de bureaux, et pour cela à en préparer les matières; à moi encore, quand le travail y seroit achevé, de le rapporter au conseil de régence.

La matière m'étoit tout à fait nouvelle, je voulus m'en instruire à fond. Je pris donc soin de m'informer de ceux qui seroient les plus capables de me bien endoctriner. Je les vis au nombre de sept ou huit qui passoient pour l'être le plus en cette matière. J'eus quelques conversations et des mémoires de quelques-uns. Celui de tous qui me satisfit le plus par sa profonde science, sa mémoire sur les faits, son sens et son jugement pour l'application et le raisonnement, et ce que je trouvai assez rare parmi ces doctes, par la politesse et la science du monde, fut un abbé Hennequin, retiré dans une maison d'une des cours de l'abbaye de Sainte-Geneviève. M. Petitpied, qui avoit été des années en Hollande, exilé après au loin, puis rapproché près de Paris, me satisfit fort aussi, et un M. le Gros, qui demeuroit en Sorbonne. Je demandai à M. le duc d'Orléans de permettre à M. Petitpied de revenir à Paris, parce que je ne pouvois pas aller souvent le chercher à Asnières. Il me l'accorda, et cela finit son exil.

Je n'eus pas le temps de me rendre bien habile ni de tenir un seul bureau. Rome en prit une telle frayeur que, sans balancer, le Pape manda le cardinal de la Trémoille, à qui le Régent avoit défendu de prendre les bulles de Cambray, sans que les autres nommés eussent les leurs en même temps. Le Pape, sans lui faire de plaintes du parti que le Régent prenoit, qui avoit répandu l'alarme dans Rome, lui déclara qu'il accordoit toutes les bulles, et le pria de ne pas différer de dépêcher un courrier à Paris pour y porter cette nouvelle. Elle fit grand plaisir et auroit dû servir d'une grande leçon à l'avenir pour se conduire avec Rome. Les bulles furent expédiées incontinent après, et on n'entendit plus parler à Paris que de sacres d'évêques. Oncques depuis, Rome ne s'est jouée à un pareil refus, ni à faire faire aucune proposition à pas un nommé pour en obtenir. Ainsi finit ce bureau avant de s'être pu assembler, dont nous fûmes tous fort aises, et je pense que l'opinion que de longue main Bentivoglio et les principaux boute-feux avoient donnée à Rome de la plupart des commissaires, sur les matières qui regardent cette cour, et la constitution en particulier, n'y fit guère moins d'impression que la chose même, et que cette cour comprit par là qu'on vouloit sérieusement conduire à fin. Il y avoit trois archevêchés et douze ou treize évêchés.

On apprit la mort du comte d'Albemarle, gouverneur de Bois-le-Duc [1], et général des troupes hollandoises. Je le remarque, parce [que] ce fut lui dont la faveur naissante auprès du roi Guillaume prévalut sur celle de Portland, pendant sa brillante ambassade ici, aussitôt après la paix de Ryswick, et que cette jalousie lui fit abréger le plus qu'il put ; la faveur de Portland, la plus ancienne, la plus entière, la plus durable, et qui avoit eu la confiance de tous les manéges de ce prince en Hollande, pour s'y rendre peu à peu le maître, comme il le devint, de toutes ses pratiques dans toutes les cours de l'Europe, pour allumer et entretenir la guerre contre la France, enfin de toute l'affaire d'Angleterre, où devenu roi, il le fit comte de Portland, chevalier de la Jarretière, et lui donna des charges et des emplois. Portland, jusqu'à ce qu'il fût pair d'Angleterre, portoit le nom de Benting, qui étoit celui de sa famille. Il étoit Hollandois, et sa faveur avoit commencé dès le temps qu'il étoit page de ce même prince d'Orange, et toujours augmentée [2] depuis. Keppel, Hollandois comme lui, le désarçonna pendant sa courte ambassade de France, quoique sa faveur fût nouvelle. Il fut fait comte d'Albemarle. Elle augmenta sans cesse, et dura jusqu'à la mort de Guillaume, auprès duquel Portland n'eut plus que la considération, qu'après une si longue et si entière confiance, son maître ne lui put refuser. Belle leçon pour les courtisans et les favoris. Si un aussi grand

1. L'orthographe de Saint-Simon est *Bosleduc*.
2. Et s'était toujours augmentée.

homme que Guillaume III a été capable d'une telle légèreté, sans autre cause qu'une légèreté dont il avoit paru si incapable, lui si solide et si suivi en tout, et encore à son âge, quel fonds faire sur les autres princes? Portland pensa plusieurs fois à se retirer en Hollande; lui et son émule Albemarle s'y retirèrent[1] tout à fait après la mort de Guillaume.

Monsieur le Grand mourut en même temps à Royaumont, abbaye depuis longtemps dans sa famille, dont son père et lui avoient fait leur maison de plaisance et où il étoit allé prendre l'air, à près de soixante-dix-sept ans, à même âge et même maladie que le feu Roi. Il fut un des exemples, également long et sensible, du mauvais goût de ce prince en favoris, dont il n'eut aucun qui ait joui d'une si constante et parfaite[2], jointe à la considération et à la distinction la plus haute, la plus marquée, la plus invariable. Une très-noble et très-belle figure; toute la galanterie, la danse, les exercices, les modes de son temps; une assiduité infatigable; la plus basse, la plus puante, la plus continuelle flatterie; toutes les manières et la plus splendide magnificence du plus grand seigneur, avec un air de grandeur naturelle qu'il ne déposoit jamais avec personne, le Roi seul excepté, devant lequel il savoit ramper comme par accablement de ses rayons, furent les grâces qui charmèrent ce monarque et qui acquirent, quarante ans durant, à ce favori toutes les distinctions et les privances, toutes les usurpations qu'il lui plut de tenter, toutes les grâces, pour soi et pour les siens, qu'il prit la peine de desirer, qui réduisirent tous les ministres, je dis les plus audacieux, les Seignelay, les Louvois et tous leurs successeurs, à se faire un mérite d'aller chez lui et au-devant de tout ce qui lui pouvoit plaire, et qu'il recevoit avec les façons de supériorité polie comme ce qui lui étoit dû. Il avoit su ployer les princes du sang même, bien plus, jusqu'aux

1. *Retirent*, évidemment par erreur, au manuscrit.
2. D'une si constante et parfaite faveur.

bâtards et bâtardes du Roi, à la même considération pour lui et à une sorte d'égalité de maintien avec eux chez lui-même. La goutte, qui lui fut d'abord un prétexte, puis une nécessité de ne point sortir de chez lui, une grande et excellente table, soir et matin, et le plus gros jeu du monde, toute la journée, où abondoit une grande partie de la cour, lui furent d'un grand secours pour maintenir un air de supériorité si marquée. Il ne sortoit que rarement pour se faire porter chez le Roi ou pour aller à Marly jouer dans le salon.

Jamais homme si court d'esprit ni si ignorant, autre raison d'avoir mis le Roi à son aise avec lui, instruit pourtant de ce qui intéressoit sa maison et des choses de la Ligue, dont, avec plus d'esprit, il auroit eu l'âme fort digne. L'usage continuel du plus grand monde et de la cour suppléoit à ce peu d'esprit, pour le langage, l'art et la conduite, avec la plus grande politesse, mais la plus choisie, la plus mesurée, la moins prodiguée et l'entregent de captiver quoique avec un mélange de bassesse et de hauteur, tout l'intérieur des principaux valets du Roi; d'ailleurs brutal, sans contrainte avec hommes et femmes, surtout au jeu, où il étoit très-fâcheux et lâchoit tout plein d'ordures, sur le rare pied que personne ne se fâchoit de ses sorties, et que les dames, je dis les princesses du sang, baissoient les yeux et les hommes rioient de ses ordures. Jamais homme encore si gourmand, qui étoit une autre occasion fréquente de tomber sur hommes et femmes sans ménagement, si le hasard leur faisoit prendre un morceau dont il eût envie, ou s'il étoit prié à manger quelque part ou que lui-même eût demandé un repas et qu'il ne se trouvât pas à sa fantaisie. C'étoit, de plus, un homme tellement personnel qu'il ne se soucia jamais de pas un de sa famille, à la grandeur près, et qu'à la mort de sa femme et de ses enfants il ne garda aucune bienséance ni sur le deuil, ni sur le jeu, ni sur le grand monde. Au fond il étoit bon homme, avoit de l'honneur, aimoit à servir et avoit en affaires d'intérêts les plus nobles et les plus grands procédés qu'il fût possible. Avec tout cela il ne fut regretté de personne. J'ai rapporté en leur temps ici quelques traits de lui singuliers, en bien et en mal. Il n'avoit presque servi qu'à la suite du Roi dans les armées. Il vécut toujours au milieu du plus grand monde sans amis particuliers, et ne se mêla jamais de rien à la cour que de ce qui regardoit le rang de sa maison, dont il fut toujours très-sensiblement occupé, sans aucun soin de ses affaires particulières, que Mme d'Armagnac savoit très-bien gouverner et qu'il laissa conduire à ses gens après elle. Il ne découchoit presque jamais des lieux où le Roi étoit, et c'étoit auprès de lui un autre grand mérite.

Mme de Chalmazel mourut; je le remarque par la singularité d'être sœur de père du maréchal d'Harcourt et de mère de la maréchale sa femme.

Le comte de Grandmont, de Franche-Comté, qui y commandoit, mourut à Besançon. J'obtins ce commandement pour M. de Lévy, en conservant sa place et son emploi au conseil de guerre, que je me doutois déjà qui ne dureroit pas longtemps, non plus que les autres conseils. Ce fut un état assuré, et vingt mille livres d'appointements.

La duchesse de Montfort, fille unique de Dangeau de son premier mariage, mourut au couvent de la Conception, où elle s'étoit retirée à la mort de son mari, malgré père et beau-père et belle-mère, qui la vouloient garder à l'hôtel de Luynes. C'étoit une bonne et aimable femme, qui avoit de l'esprit, mais à qui des infirmités presque continuelles avoient donné des fantaisies qui avoient un peu altéré ses biens.

Ces morts furent bientôt suivis[1] de trois mariages. Il y avoit longtemps que le duc d'Albret vouloit épouser Mlle de Culant, qui étoit fort riche, fille de Barbezieux et de Mlle d'Alègre, sa seconde femme. Toute la famille de

---

1. Ce participe est bien au masculin.

M. de Louvois ne le vouloit point, et d'Alègre, grand-père, étoit d'accord avec le duc d'Albret. La fille n'avoit ni père ni mère. Les procédés tournés en procès furent arrêtés par les menées de M. le prince de Conti, qui en fit son affaire pour M. d'Albret, et par l'autorité de M. le duc d'Orléans, qui n'y avoit que faire, mais qui s'y laissa peu à peu engager, dont M. de la Rochefoucauld et le duc de Villeroy, qui lui parlèrent vivement, furent fort piqués. Enfin, après bien du bruit, du temps et des difficultés, le curé de Saint-Sulpice publia deux bans. Dès que les Louvois le surent ils s'y opposèrent, et se plaignirent amèrement du curé, qui les étonna fort en leur montrant un ordre du Régent. Le troisième ban suivit, et la nuit même la célébration du mariage à Saint-Sulpice. L'abbé de Louvois y accourut avec une opposition en forme. On s'en doutoit : M. le prince de Conti s'y trouva exprès, alla au-devant de lui, et l'arrêta par un ordre qu'il lui fit voir de M. le duc d'Orléans. Peu de gens approuvèrent la chose et la manière.

Le fils aîné du prince de Guémené épousa la troisième fille du prince de Rohan avec de grandes substitutions. Le mariage se fit dans l'église de Jouars, dont une fille du prince de Rohan étoit abbesse, et où ils allèrent tous pour éviter des fiançailles publiques. Mme la duchesse de Berry s'étoit fort choquée d'en voir faire dans le cabinet du Roi pour les maisons de Lorraine, Rohan et Bouillon quand le marié et la mariée sont du même rang, ce que la faveur de l'un des deux a étendu quelquefois, comme aux fiançailles de Mme de Tallart, et de cette similitude avec celles des princes et des princesses du sang. Elle s'en étoit laissée entendre, et les prudents Rohans évitèrent de s'y commettre. Ces fiançailles et même les mariages en présence du Roi et de la Reine étoient communs à tous les grands seigneurs, même aux gens de faveur. La restriction peu à peu aux princes étrangers fut un des fruits de la Ligue, auquel MM. de Bouillon d'aujourd'hui et de Rohan ont participé; quand l'intérêt du cardinal Mazarin pour les premiers, et la beauté de Mme de Soubise pour les seconds, les a faits princes.

Le comte d'Agenois, fils du marquis de Richelieu, épousa Mlle de Florensac, presque aussi belle que sa mère, qui étoit Saint-Nectaire. Son père étoit frère du duc d'Uzès, gendre du duc de Montausier. Elle n'avoit plus ni l'un ni l'autre. Ces mariés ont fait depuis du bruit dans le monde : lui par ses charmes, dont les intrigues de Mme la princesse de Conti, sœur de Monsieur le Duc, ont récompensé les longs services, et très-publics, de l'usurpation juridique de la dignité de duc et pair d'Aiguillon, sans cour ni service de guerre ; elle par l'art de gagner force procès, de faire une riche maison et dominer avec empire sur les savants et les ouvrages d'esprit, qu'elle a accoutumés à ne pouvoir se passer de son attache, et les compagnies les plus recherchées à l'admirer, quoique assez souvent sans la comprendre.

Le prince de Carignan arriva ici. Il étoit fils unique de ce fameux muet, qui l'étoit du prince Thomas et de la dernière princesse du sang de la branche de Soissons. Ce prince de Carignan n'avoit rien entre les enfants de Monsieur de Savoie et lui, qui étoit lors roi de Sicile, et il en étoit regardé comme l'héritier très-possible. Ce prince en prit soin comme d'un de ses fils, et ne s'opposa point à l'amour qu'il conçut pour la bâtarde qu'il avoit de Mme de Verue, qui le conduisit à l'épouser. Le roi de Sicile, qui aimoit tendrement cette fille, en fut ravi, et redoubla pour eux de soins et de grâces. Les mœurs, la conduite et les folles dépenses du prince de Carignan y répondirent si mal qu'il se brouilla avec le roi de Sicile, de la cour et des États duquel il s'échappa. Il n'osa, par cette raison, être ici qu'incognito sous le nom de comte del Bosco. On l'y laissa, pour que cette contrainte l'engageât à s'en retourner, comme le roi de Sicile le vouloit. Au lieu de cela, Mme de Carignan se sauva de Turin, ou en fit le semblant, pour venir trouver son mari. Celui-ci [y] est demeuré toute sa vie, c'est-à-dire plus de vingt ans, Mme de Carignan y est encore. Mme de Verue sut la dresser, et trouva au delà de ses espérances. Les personnages qu'ils y ont joués, les millions qu'ils y ont pris à toutes mains, ne se peuvent ni expliquer ni nombrer. Tout le monde l'a vu et senti; on n'y a que trop reconnu les louveteaux du cardinal d'Ossat, même les plus grands et les plus affamés. L'incognito a toujours duré, et a masqué les prétentions.

Le dérangement éclatant de l'évêque de Beauvais fit un étrange bruit, et ne put être arrêté ni étouffé par tous les soins de la duchesse de Beauvillier, ni toute la charité du cardinal de Noailles, qui y firent tous deux des prodiges dont je fus témoin de bien près. Ce scandale, qui ne dura que trop longtemps, se termina enfin par la démission de son évêché, qui fut donné à un fils du duc de Tresmes, et le démis fut mis en retraite avec une grosse abbaye, et des gens sûrs auprès de lui pour en prendre soin. Mme de Beauvillier, qui l'avoit toujours aimé, et dont la surprise fut aussi grande que celle de tout le monde, en pensa mourir de douleur.

J'aurois dû placer à la suite de la promotion militaire dont j'ai parlé il n'y a pas longtemps, une grâce que j'obtins de M. le duc d'Orléans, qui fit du bruit, mais qui me fit un plaisir très-sensible. Yolet, mestre de camp du régiment de Berry, connu en Auvergne pour être de très-bonne et ancienne noblesse, et dans les troupes pour avoir toujours servi avec valeur et application, avoit quitté le service il y avoit treize ou quatorze ans, piqué de n'avoir pas été fait brigadier, en ancienneté de l'être, dans la promotion où le lieutenant-colonel du régiment dont il étoit mestre de camp l'avoit été. Il vendit ce régiment au marquis de Sandricourt, c'est-à-dire à moi pour lui, qui en faisois comme de mon fils, et le marché se fit d'une façon si noble et si aisée de sa part que j'en fus singulièrement content, à propos des hoquets qu'il fallut essuyer du père de Sandricourt. Je suppliai le Régent, avec instance, de remettre Yolet dans le service, en lui rendant son ancienneté, et de le faire maréchal de camp. Je l'obtins avec une joie extrême. Yolet étoit venu faire un tour à Paris pour ses affaires, bien éloigné de plus penser à rien sur le service, depuis qu'il avoit quitté. Je le sus à Paris, parce qu'il passa chez moi sans me trouver, depuis son affaire faite, comme j'allois lui écrire. Je le fis chercher, je lui dis qu'il étoit maréchal de camp, je le présentai à M. le duc d'Orléans. Je ne vis jamais homme si surpris ni si aise. On cria fort de cet avancement, parce qu'il faut toujours crier de tout; mais tant d'autres qui avoient quitté sont rentrés avec conservation de leur ancienneté, Fervaques par exemple, et le beau cordon bleu dont cette grâce a été depuis le prétexte, que je ne troublai pas ma joie de l'envie des jaloux. Le pauvre Yolet n'en eut que le plaisir, j'avois parole qu'il serviroit quand il y auroit guerre; je le lui avois dit, il en petilloit, et sûrement il s'y seroit fort avancé. Il mourut avant d'avoir vu la première campagne.

Le comte d'Évreux, qui n'avoit de commun avec son grand-oncle, M. de Turenne, que d'être l'homme du monde le moins simple en affectant de le paroître le plus, et qui, avec un esprit au-dessous du médiocre, avoit le plus d'art, de manége sous terre et d'application vers ses buts; comme M. de Turenne aussi, le plus attentif au rang qu'ils avoient conquis, et le plus touché d'usurper de plus en plus, étoit ravi de voir l'étrange fermentation contre les dignités du royaume et les officiers de la couronne, de ce qui s'appeloit si faussement la noblesse par le dépit de n'être pas ce qu'ils pouvoient devenir comme ceux qui y étoient parvenus, tandis que cet aveuglement ne leur permettoit pas de s'indisposer contre des nouveautés infiniment offensantes, puisque le rang de prince étranger ne porte que sur la différence de la naissance, et que ces Messieurs ne trouvoient point mauvais parce qu'ils n'étoient pas nés de maisons souveraines, et ce qui est encore plus rare, parce qu'ils ne pouvoient espérer les mêmes conjonctures, qui avoient fait princes étrangers des gentilshommes comme eux, tels que, depuis si peu d'années, les Bouillons et les Rohans. Le comte d'Évreux, sans cesse appliqué à accroître ses avantages, essaya de profiter de la conjoncture ; il exerçoit quelque partie de sa charge de colonel général de la cavalerie, et avoit par là occasion d'écrire aux mestres de camp. Il hasarda un style qui leur déplut, et qui lui attira des réponses toutes pareilles, avec des propos publics qui firent grand bruit. Il ne fut pas à se repentir de sa tentative ; il couvrit le prétendu prince du colonel général et prétendit que la supériorité de sa charge lui donnoit droit de la conserver dans sa manière d'écrire aux mestres de camp. M. le duc d'Orléans, qui craignoit bien moins ce qui n'avoit point de fondement, et ce qui se pouvoit détruire comme ces rangs de princes étrangers, encore moins ceux qui n'en avoient que le rang sans en avoir la naissance, comme les Bouillons et les Rohans, que les dignités de l'État et les offices de la couronne, dont les racines sortent de celles de la monarchie même, et qui sont de sa même antiquité, eut recours à ses chers *mezzo-termine*, où il trouva moyen que le comte d'Évreux ne perdit[1] pas tout ce qu'il auroit dû laisser du sien dans cette belle entreprise.

Le Régent accorda à la duchesse de Portsmouth huit mille livres d'augmentation de pension à douze mille livres qu'elle en avoit déjà : elle étoit fort vieille, très-convertie et pénitente, très-mal dans ses affaires, réduite à vivre dans sa campagne. Il étoit juste et de bon exemple de se souvenir des services importants et continuels qu'elle avoit rendus de très-bonne grâce à la France, du temps qu'elle étoit en Angleterre, maîtresse très-puissante de Charles II.

M. le duc d'Orléans fit une autre grâce, et fort grande, à M. le prince de Conti, qui n'eut pas les mêmes raisons.

---

1. Ce verbe est bien à l'indicatif.

Il augmenta ses pensions de trente mille livres pour qu'il en eût une de cent mille livres comme Monsieur le Duc, et peu de jours après au même prince de Conti, quarante-cinq mille livres d'augmentation d'appointements du gouvernement de Poitou, qui lui en valoit trente-six mille, qui firent en tout quatre-vingt-un mille livres, et cent quatre-vingt-un mille avec la pension ; en sorte que ce fut en quinze jours un présent de soixante-quinze mille livres de rente. Ces débordements furent encore un fruit des bâtards. Le premier prince du sang, comme tel, n'a jamais eu plus de soixante mille livres de pension. Celles des autres princes et princesses du sang, quand ils en ont eu, n'en ont jamais approché. Les bâtards et bâtardes, gorgés de tout, laissèrent longtemps les princes du sang à sec. Monsieur le Prince, avec Madame la Princesse, avoit dix-huit cent mille [livres] de rente, en comptant son gouvernement de Bourgogne et sa charge de grand maître de France. Monsieur son fils avoit eu les deux survivances en épousant Madame la Duchesse, et des pensions, lui et elle en bâtards, dont elle lui communiqua la profusion, et à leurs enfants peu à peu. Il n'y avoit que M. le prince de Conti, de prince du sang, qui n'eût que sa naissance, son mérite, sa réputation, l'amour, l'estime, et la plainte de tout le monde. Quelque dépit que le Roi en eût, qui ne lui avoit jamais pardonné le voyage d'Hongrie, et peut-être moins sa réputation et l'attachement public, par jalousie pour le duc du Maine, qui n'eut jamais rien moins, ce contraste à la fin ne put se soutenir, et il fallut lui donner des pensions et à son fils : de là, titre envers le Régent, qui leur laissa tout aller, et qui n'eut pas la force de défendre les finances de leurs infatigables assauts.

D'Antin, qui avoit perdu son fils aîné, comme on l'a vu, dans le temps de la mort de Monsieur et Madame la Dauphine, qui avoit laissé deux fils, obtint enfin pour l'aîné la survivance de son gouvernement d'Orléanois, etc., et pour le second celle de sa lieutenance générale d'Alsace. Il avoit déjà depuis quelque temps celle des bâtiments pour Bellegarde, son second fils, qui l'exerçoit sous lui.

Silly, dont j'aurai lieu de parler dans la suite plus à propos qu'ici, obtint d'être mis dans le conseil des affaires du dedans du royaume.

Le marquis de Prié, commandant général des Pays-Bas, excita une grande sédition à Bruxelles, qui dura plusieurs mois et à violentes reprises. La cour de Vienne avoit fait mettre un impôt extraordinaire sur les corps des métiers par le conseil de finances de Bruxelles. Cet impôt fut refusé avec grande rumeur. On persista à Vienne à ne vouloir point écouter les représentations qui y furent envoyées par les taxés. Ils continuèrent, ce nonobstant à refuser de payer. Prié leur parla fort hautement, puis les menaça, et s'attira par sa hauteur des réponses qui l'engagèrent à des procédés militaires, qui excitèrent la sédition. Elle ne fut enfin apaisée que parce que Prié n'auroit pu venir à bout d'eux que par des remèdes pires que le mal, et que la cour de Vienne, toute impérieuse et inflexible qu'elle soit, n'osa les pousser à bout. La taxe fut abandonnée, et personne ne fut châtié. C'étoit le même Prié qu'on a vu ici en son temps ambassadeur de l'Empereur à Rome, lorsque le maréchal de Tessé y étoit de la part du Roi, et qu'il en fit partir peu décemment, parce qu'il força le Pape, par les exécutions militaires des troupes impériales dans l'État ecclésiastique, de reconnoître l'archiduc comme roi d'Espagne.

Il est temps de passer aux affaires étrangères, et de remonter pour cela au commencement de cette année; mais il est à propos d'avertir, avant cette transition, que beaucoup de petites choses, qui viennent d'être racontées, sont un peu postérieures à d'autres plus importantes, dont la nature et la chaîne demandent de n'être pas séparées des événements qui les ont suivies. C'est ce qui les a fait laisser en arrière pour les exposer sans interruption des moindres choses qui viennent d'être narrées, et qui les fait remettre après le récit de ce qui s'est passé sur les affaires étrangères dans les premiers six mois de cette année.

CHAPITRE XVII.

État de la négociation à Londres pour traiter la paix entre l'Empereur et le roi d'Espagne. — Deux difficultés principales. — Staremberg le plus opposé à la cession future de la Toscane. — Propositions des Impériaux pleines de jalousie et de haine. — Plaintes artificieuses des Impériaux du Régent. — Point de la tranquillité de l'Italie pendant la négociation. — Partialité ouverte des Anglois pour l'Empereur; leurs hauteurs et leurs menaces au Régent. — Le roi d'Angleterre, inquiet sur le Nord, s'assure du Czar; méprise le roi de Prusse; la Czarine veut s'assurer de la Suède pour la transmission de la succession de Russie à son fils; agitations et reproches du Czar sur cette affaire. — Le Régent pressé par l'Angleterre. — L'Espagne ne pense qu'à se préparer à la guerre; déclare à l'Angleterre qu'elle regardera comme infraction tout envoi d'escadre angloise dans la Méditerranée. — Alberoni ennemi de la paix; ses efforts, ses manéges, sa politique; il veut gagner le Régent et le roi de Sicile. — Forte conversation d'Alberoni avec le ministre d'Angleterre. — Plaintes et chimères d'Alberoni; il écrit au Régent avec hardiesse. — Inquiétude sur Nancré. — Alberoni espère du Régent, pressé par Cellamare et Provane d'augmenter l'infanterie et d'envoyer un ministre à Vienne, qui élude enfin leurs demandes. — Reproches de Cellamare à la France; sort peu content d'une audience du Régent. — Cellamare, pour vouloir trop pénétrer et approfondir, se trompe grossièrement sur les causes de la conduite du Régent.

La paix à faire entre l'Empereur et le roi d'Espagne étoit toujours sur le tapis et l'objet de l'attention de toute l'Europe. Penterrieder pour l'Empereur, et l'abbé du Bois pour la France, la négocioient à Londres avec les ministres du roi d'Angleterre. La Hollande paroissoit s'en rapporter à ce monarque, sans charger de rien à cet égard le ministre que la République tenoit à Londres. Le pensionnaire, dévoué en toute dépendance à ce prince, apprenoit de lui-même ses volontés, lorsqu'il vouloit faire entrer cette république dans les engagements qu'il vouloit prendre de concert avec elle. Monteleon, ambassadeur d'Espagne à Londres, très-habile et fort expérimenté, auroit été plus capable que personne de servir utilement son maître, si ce prince eût voulu traiter sur le plan qui lui étoit proposé. Monteleon croyoit que la paix convenoit à l'Espagne, mais il craignoit de dire franchement son avis, persuadé qu'Alberoni ne pensoit pas comme lui, et que ce seroit se perdre inutilement que de combattre son sentiment et peut-être son intérêt. Il se contenta donc pendant quelque temps de combattre l'espérance que ce tout-puissant ministre avoit prise de voir bientôt des troubles en Angleterre, en lui démontrant que la désunion du roi d'Angleterre et du prince de Galles ne causeroit aucun mouvement dans le royaume, qu'il n'y avoit aucun fondement à faire sur les mesures et l'impuissance des mécontents du gouvernement, et que le roi d'Angleterre trouveroit dans la suite des séances de son parlement la même soumission à ses volontés qu'il avoit éprouvée à leur ouverture. Cet ambassadeur ne se rebuta point d'assurer le roi d'Espagne que les intentions du Régent à son égard étoient bonnes, que l'abbé du Bois lui avoit répété plusieurs fois que les instructions qu'il attendoit formeroient une union et une intelligence parfaite entre Sa Majesté Catholique et Son Altesse Royale ; et il représenta, sous le nom de cet abbé, que si le roi d'Espagne différoit à s'expliquer, le ministre de l'Empereur gagneroit du terrain à Londres ; et il étoit vrai que les ministres les plus confidents du roi d'Angleterre étoient tous à l'Empereur, et traitoient de prétentions injustes les propositions que le Régent faisoit et appuyoit en faveur de l'Espagne.

Les principales difficultés roulèrent sur deux points, tous deux essentiels, que le Régent demandoit : le premier, une renonciation absolue et perpétuelle de la part de l'Empereur à tous les États de la monarchie d'Espagne actuellement possédés par Philippe V ; le second, que les maisons de Médicis et Farnèse venant à s'éteindre, la succession aux États de Toscane et de Parme fût assurée au fils aîné de la reine d'Espagne, et successivement à ses enfants mâles, cette princesse étant héritière légitime des deux maisons.

Les Impériaux se plaignirent de ce que le Régent étoit plus attentif à procurer les avantages du roi d'Espagne que ce prince n'étoit à les demander. Ils dirent qu'il étoit injuste d'exiger une renonciation absolue de l'Empereur à ses droits sur la monarchie d'Espagne, pendant qu'on ne lui en offroit pas une pareille du roi d'Espagne aux États d'Italie et des Pays-Bas possédés par Sa Majesté Impériale, regardants comme une sorte de violence de faire subsister les droits d'une partie pendant qu'on éteignoit avec tant de soin ceux de l'autre partie.

Ils s'écrièrent encore plus sur les successions de Toscane et de Parme, comme s'il s'agissoit de porter la guerre en Italie, et de la faire perdre à l'Empereur, par la facilité de débarquer les troupes d'Espagne à Livourne, d'entrer sans peine en Lombardie, tandis que les Impériaux arrêtés par les Apennins ne pourroient pénétrer en Toscane, pour empêcher les Espagnols de s'y fortifier et de s'y faciliter les secours d'Espagne: Ils cédèrent néanmoins sur l'article de Parme et de Plaisance, parce que ces États éloignés de la mer ne pourroient recevoir de secours étrangers, et dépendroient toujours de l'Empereur, enclavés comme ils sont dans les terres, si le prince qui les posséderoit tentoit de s'agrandir. Mais la Toscane, surtout Livourne, entre les mains d'un prince de la maison de France, leur paroissoit d'un péril continuel et inévitable à chasser l'Empereur d'Italie toutes les fois que la France et l'Espagne le voudroient.

Le comte de Staremberg, qui avoit acquis la plus grande confiance de l'Empereur, pour avoir été son conseil et le général sous lui en Espagne, étoit le plus touché de cette crainte de tous les ministres de la cour de Vienne. Il dit qu'il se croyoit en droit plus que personne d'insister fortement au refus de l'article de la Toscane, parce qu'il avoit appuyé plus fortement que personne le projet de prendre de justes mesures pour assurer le repos de l'Europe, et qu'il s'étoit souvent exposé à déplaire à l'Empereur en combattant les visions dont on entretenoit sa passion de recouvrer la monarchie d'Espagne; que cet article de Toscane, au lieu d'établir une paix solide, entretiendroit une cause de guerre perpétuelle, et feroit perdre l'Italie à l'Empereur; qu'il lui conseilleroit plutôt que d'y consentir, de faire la paix avec les Turcs aux dépens même de toutes ses conquêtes sur eux; et de regarder comme sa plus capitale affaire d'empêcher l'établissement en Italie d'une branche de la maison de France, et qu'elle y prît des racines assez solides pour donner la loi à la maison d'Autriche, et il n'estimoit pas que l'acquisition de la Sicile pût balancer la crainte d'un pareil établissement. Il convenoit aussi que l'Europe auroit raison de s'alarmer si l'Empereur prétendoit s'emparer quelque jour de ces successions; qu'aussi son intention étoit d'en assurer l'expectative au duc de Lorraine (que Vienne vouloit faire regarder comme un prince neutre, quoique de tout temps, et lors plus que jamais, seule et même chose avec elle) et dont l'agrandissement ne devoit donner d'ombrage à aucune puissance. L'Empereur, vouloit bien qu'il achetât ce bel établissement par la cession du Barrois mouvant à la France. Néanmoins les ministres de l'Empereur, n'espérant pas qu'on pût se relâcher sur la Toscane en faveur d'un fils de la reine d'Espagne, imaginèrent de la partager avec lui en faisant céder l'État de Pise au duc de Lorraine. Leur grand objet étoit que le prince d'Espagne n'eût point de ports de mer, et ils prétendoient y intéresser les Anglois par la jalousie du commerce du Levant. Ils renouvelèrent aussi les instances qu'ils avoient inutilement faites aux traités de Rastadt et de Baden, pour la restitution des priviléges de l'Aragon et de la Catalogne, et celle des biens confisqués sur les Espagnols qui avoient suivi le parti de l'Empereur. Outre l'honneur de ce prince, ils étoient persuadés que la suppression des priviléges de ces deux provinces augmentoit de quatre ou cinq millions le revenu du roi d'Espagne, à qui ils les vouloient faire perdre par ce rétablissement. A l'égard des biens confisqués, l'Empereur s'ennuyoit de payer libéralement ces rebelles sur ses revenus d'Italie. Ses ministres, qui les haïssoient, se plaignoient aigrement sur cet article des instances trop opiniâtres, disoient-ils, du Régent, pour les avantages du roi d'Espagne.

La cour de Vienne, accoutumée à reprocher à ceux avec qui elle traite, le peu de bonne foi dont elle-même ne sait que trop s'aider, la reprochoit à ce prince dans cette négociation de Londres. Elle prétendoit que Bonnac avoit tâché par ses démarches et ses discours d'engager les principaux officiers ottomans de continuer la guerre contre l'Empereur; que le Régent avoit envoyé Ragotzi en Turquie; que Son Altesse Royale n'avoit rien oublié pour engager le roi de Prusse à faire un traité avec la France, et en conséquence, la guerre à l'Empereur, quoi-[que] ce traité fût très-innocent. Ils accusoient le Régent d'avoir communiqué à l'Espagne le plan du traité dressé avec le roi d'Angleterre à Hanovre, et d'être, sinon le promoteur, au moins la cause indirecte de l'entreprise de Sardaigne. Ces mêmes ministres de l'Empereur lui faisoient un crime de fortifier de garnisons les places du royaume frontières de l'Empire, tandis qu'en amusant Königseck de belles paroles il s'étoit fait l'agent du roi d'Espagne, mais bien plus habile que lui pour en soutenir les intérêts. Leur conclusion étoit que l'acquisition de la Sicile ne les mettoit pas suffisamment en sûreté, qu'ils n'en pouvoient avoir qu'en maintenant un assez gros corps de troupes en Italie, pour empêcher la maison de France d'y mettre jamais le pied, encore moins de s'y établir en aucune de ses parties maritimes.

Comme un des points principaux de la négociation

étoit d'assurer, au moins pendant sa durée, le repos de l'Italie, le roi d'Espagne avoit demandé que l'Empereur promit de n'y point commettre d'hostilité, de n'y lever aucunes contributions, et de n'y point faire passer de troupes pendant le cours de la négociation. L'Empereur parut assez disposé aux deux premières demandes; pour la troisième, il prétendit que ce seroit abandonner l'Italie à un ennemi qui l'avoit attaqué tandis qu'il étoit occupé contre les Turcs en Hongrie, qui lui avoit enlevé la Sardaigne; qu'il en demandoit la restitution si l'Espagne vouloit un engagement formel de sa part de n'envoyer point de troupes en Italie. Ses ministres, persuadés que le Régent traitoit secrètement, et ne songeoit qu'à s'unir avec l'Espagne, déclarèrent que leur maître feroit la paix avec le Turc à quelques conditions que ce pût être.

La cour de Londres pressoit la négociation. Elle représentoit au Régent qu'elle étoit dans sa crise; qu'il ne tenoit qu'à lui de la finir par une bonne résolution qui le mettroit pour toujours en sûreté, et le délivreroit de la tutelle insupportable d'une cabale espagnole très-puissante en France, et totalement occupée à sa ruine. Les ministres hanovriens soutenoient comme excellent le projet de donner l'État de Pise avec Livourne et Portolongone au duc de Lorraine, en cédant par lui à la France le Barrois mouvant. Ils ne se rebutèrent point du refus. Voyant enfin qu'ils ne réussiroient pas, ils firent un dernier effort sans espérance, mais pour se justifier auprès de l'Empereur et le persuader qu'il n'avoit pas tenu à leurs soins d'emporter un point qui lui étoit si capital, qui étoit le moins, ajoutèrent-ils, qu'ils pussent faire pour Sa Majesté Impériale. Avec une telle partialité on ne devoit pas se flatter que l'Angleterre acceptât la proposition que le Régent lui fit alors de s'unir à lui et à l'Espagne, pour forcer les oppositions de l'Empereur, et d'accepter enfin le projet du traité tel qu'il étoit proposé. Aussi les ministres hanovriens dirent-ils nettement que, si la proposition étoit sérieuse, il ne restoit que de rompre toute négociation; et se défiant toujours des intentions secrètes du Régent, ils déclarèrent que le roi leur maître faisoit dresser un plan du traité tel qu'il prétendoit qu'il fût signé; que l'article de la renonciation de l'Empereur et celui de la succession de la Toscane y seroient compris de la manière que Son Altesse Royale le desiroit; qu'on y comprendroit aussi les engagements qu'elle devoit prendre pour assurer la Sicile à l'Empereur; qu'on la prieroit de signer ce plan, qu'il seroit ensuite envoyé à Vienne pour le faire signer à l'Empereur; qu'enfin, si le Régent refusoit sa signature, le roi d'Angleterre sauroit à quoi s'en tenir, et prendroit d'autres mesures. Ces menaces furent faites à l'abbé du Bois à Londres, en même temps que Stairs eut ordre d'expliquer à Paris, en même sens, les intentions du roi d'Angleterre.

Ce prince avoit eu de grandes inquiétudes des négociations du Czar avec la Suède, de ses attentions pour le roi de Prusse, de ses préparatifs par mer et par terre qu'on croyoit destinés contre les Turcs; et il craignit que, très-mal satisfait de lui depuis longtemps, il ne méditât quelque vengeance. Il fut enfin rassuré par la promesse qu'il en tira de fermer tout accès auprès de lui aux Anglois rebelles, et d'interdire l'entrée de Pétersbourg au duc d'Osmond, s'il s'y vouloit réfugier. Georges crut savoir avec certitude que les négociations avec la Suède n'étoient fondées que sur les instances de la Czarine, pour engager le Czar d'écouter le baron de Gœrtz, par sa passion dominante d'assurer la succession au trône de Russie à son fils, au préjudice de son frère aîné du premier mariage. Elle avoit pris des mesures auprès du roi de Suède, et engagé le Czar à lui restituer une partie de ses conquêtes, moyennant quoi le roi de Suède devoit garantir ce nouvel ordre de succession.

Le Czar, naturellement opposé à restituer, parut sentir les remords du renversement de l'ordre naturel et légal

de la succession, surtout quand il vit la joie de ses
peuples au retour d'Italie du czarowitz, qui lui fit craindre
même une révolution s'il poussoit ce projet en faveur de
son jeune fils. Il étoit tombé dans un chagrin extrême. Il
reprochoit à la Czarine les embarras où le jetoit son
ambition pour son fils, et les peines que lui coûtoit cette
malheureuse affaire. Il se plaignoit de ses sollicitations de
faire sa paix particulière avec la Suède; il craignoit la
puissance et la vengeance de ses alliés dans cette guerre
s'il les abandonnoit. Il traitoit de scélérat Menzicoff, jusqu'alors son favori, avec qui la Czarine étoit fort liée. Il
en disoit autant de Gœrtz, qui avoit traité avec lui de la
part de la Suède, et le tenoit capable de tromper et lui ét
son propre maître. Le roi d'Angleterre, informé de ces
agitations du Czar, ne le croyoit pas en état de prendre
des liaisons avec la Suède au préjudice de la ligue du
Nord, à laquelle l'impuissance plus que la volonté l'obligeroit de demeurer fidèle; la bonne foi du roi de Prusse
lui étoit également suspecte, mais ses ministres le regardoient comme un zéro (c'étoit leur expression), capable
de rien sans l'appui du Czar, ni d'oser déplaire à l'Empereur sans des sûretés bien réelles. Ils espéroient tout
de la témérité du roi de Suède à la veille de périr dans
chacune de ses entreprises. Son entrée en Norwége, à la
fin de janvier, leur parut aussi folle qu'elle l'avoit semblé
à ses ministres et à ses généraux qui s'y étoient tous inutilement opposés, et Gœrtz plus qu'aucun, dans la vue
d'intérêt particulier qu'il avoit de porter le roi de Suède
vers le Holstein, pour rétablir son neveu dans cet État
usurpé par le roi de Danemark. Le ministère anglois,
uni à celui d'Hanovre, se fondoit sur ces dispositions des
affaires du Nord, pour montrer au Régent qu'il se flatteroit en vain d'y former une ligue capable de tenir tête à
l'Empereur; qu'il n'y avoit d'alliance assurée pour Son
Altesse Royale que celle dont il s'agissoit actuellement;
qu'elle devoit donc en aplanir les difficultés; et que l'article de la Toscane n'en étoit pas une assez importante

pour retarder une conclusion si essentielle à la France, et si nécessaire à l'Europe.

Le roi d'Espagne, loin de souscrire au projet dont il s'agissoit pour la paix, ne songeoit qu'à se préparer à la guerre. Il déclaroit qu'il vouloit conserver la bonne intelligence avec l'Angleterre ; mais il lui fit en même temps déclarer par son ambassadeur que, si elle envoyoit quelque escadre dans la Méditerranée, il regarderoit cette expédition comme faite contre ses intérêts, et non pour se venger du Pape d'avoir fait arrêter le comte de Peterborough. Enfin, Sa Majesté Catholique exigeoit du roi d'Angleterre une déclaration générale à l'égard de toute escadre angloise qui pourroit être employée dans la Méditerranée. Il sembloit qu'Alberoni, en faisant demander toutes ces sûretés, cherchoit un prétexte de déclarer la guerre. Il faisoit, avec empressement, tous les préparatifs nécessaires pour la commencer, cherchoit chez l'étranger ce que l'Espagne ne lui pouvoit fournir pour se défendre et pour attaquer, et regardoit tout autre soin comme inutile. Néanmoins, malgré les assurances de Beretti, il ne put tirer aucuns vaisseaux des Hollandois. Il menaçoit en même temps les Anglois et les Hollandois de la ruine de leur commerce, si ils donnoient le moindre sujet de plainte à l'Espagne par leurs liaisons avec l'Empereur. Il étoit si persuadé de l'effet de ces menaces qu'il regardoit la négociation de Londres comme un vain amusement, et que lorsqu'il apprit l'envoi de Nancré, il dit qu'il y seroit le bienvenu, mais qu'il s'ennuieroit bientôt à Madrid, et souhaiteroit retourner promptement à Paris, comme il étoit arrivé à Monti. A l'égard du public, à qui il falloit un leurre, il fondoit l'éloignement du roi d'Espagne pour la négociation commencée sur la connoissance qu'il avoit des mauvais desseins et de la mauvaise foi des Allemands par la conduite tyrannique qu'ils avoient en Italie, qu'il détailloit, et parce qu'ils bloquoient actuellement les États de Parme et de Plaisance. En même temps, il exhortoit le duc de Parme de souffrir ces vexations, de ne point augmenter la garnison de Parme, quoique l'Espagne en voulût bien faire la dépense; qu'il ne convenoit point à un petit prince d'irriter l'Empereur, mais d'attendre que l'oppression de tous les princes d'Italie les obligeât d'implorer unanimement le secours du roi d'Espagne pour les affranchir de la tyrannie de l'Empereur. Alberoni, sans nommer personne, espéroit gagner incessamment le roi de Sicile. Il fit dire au Régent que s'il vouloit s'unir au roi d'Espagne, le roi de Sicile entreroit sur-le-champ dans la même union; qu'elle suffiroit pour forcer les Allemands à sortir d'Italie; que les Hollandois verroient cet événement avec plaisir et tranquillité, mais qu'ils auroient souhaité, à ce qu'il prétendoit savoir, qu'immédiatement après la conquête de la Sardaigne, le roi d'Espagne eût fait marcher ses troupes à celle du royaume de Naples.

Ce cardinal n'oublia rien pour piquer les médiateurs du point d'honneur. Il leur disoit que la conduite de l'Empereur étoit pour eux le dernier mépris, puisque leur seule considération y avoit suspendu le progrès des armes d'Espagne, qui sans cela auroient été en état de s'opposer avec plus de vigueur à son ambition; que la reconnoissance qu'il en témoignoit à la France et à l'Angleterre étoit la continuation des mêmes violences, sans nul égard aux offices et à l'honneur de ces deux couronnes; qu'il étoit étonné que, malgré ce peu d'égards de l'Empereur, le ministre d'Angleterre à Madrid lui avoit fait des propositions, encore nouvellement, en faveur de l'Empereur, et lui avoit dit depuis deux jours que si la médiation du roi son maître étoit acceptée, il feroit en sorte d'engager l'Empereur à renoncer à l'Espagne, aussi bien qu'à la succession de Toscane; sur quoi il avoit répondu qu'un médiateur seroit inutile lorsqu'il ne s'agiroit que de telles conditions; que le roi d'Espagne ne craignoit point d'être attaqué dans le continent de son royaume; que, quant à la succession de Toscane, il la regardoit comme un futur contingent, persuadé que, suivant les conjonctures, toute garantie pouvoit devenir inutile, dont il citoit pour exemple l'effet des garanties promises pour la Catalogne et pour Majorque. L'Anglois défendit son maître par ses engagements pris avec l'Empereur. Le cardinal répondit qu'il étoit malheureux qu'il se souvînt si bien de ses engagements avec l'Empereur, et qu'il eût sitôt et si aisément oublié tant de services essentiels et de preuves d'amitié qu'il avoit reçus du roi d'Espagne, dont il avoit promis une reconnoissance éternelle. Il ajouta que la nation angloise trouveroit peut-être quelque peine à soutenir des engagements pris contre un prince dont elle recevoit continuellement tant d'avantages considérables pour son commerce, et pris en faveur d'un autre dont elle ne pouvoit que recevoir beaucoup de préjudice. Alors le ministre anglois, oubliant un peu ses ordres et son caractère, répondit, suivant le génie de sa nation, que tout bon Anglois connoissoit assez la force des engagements pris avec l'Empereur, qui au fond étoient considérés comme s'ils n'existoient pas. Son but néanmoins fut toujours de persuader que rien n'étoit plus capable d'assurer le repos public que de traiter suivant le plan proposé, et de conclure une paix dont l'exécution seroit garantie par les principales puissances de l'Europe. Alberoni protestoit des desirs sincères du roi d'Espagne pour une solide paix; qu'il ne faisoit point la guerre pour agrandir ses États, mais pour se venger des insultes des Allemands, et pour affranchir le monde, particulièrement l'Italie, de leurs violences[1]; que d'en chasser les Allemands, et de rendre leurs usurpations à la couronne d'Espagne, auroit à la vérité été le moyen d'assurer le repos de l'Italie et l'équilibre de l'Europe; mais que Sa Majesté Catholique, occupée seulement du bien public, étoit prête d'acquiescer à tout autre expédient qu'on trouveroit utile et conduisant également au but qu'elle se proposoit.

1. Il y a *leurs* au pluriel, et *violence* au singulier.

Alberoni s'élevoit souvent contre la léthargie des puissances de l'Europe. Il condamnoit l'ignorance crasse, disoit-il, de ceux qui croyoient une guerre universelle nécessaire pour mettre l'Empereur à la raison. Il formoit un projet facile selon lui pour parvenir à ce but. Il demandoit seulement que la France fournît quarante mille hommes, et s'unît aux rois d'Espagne et de Sicile pour s'opposer de concert aux entreprises des Allemands. Il assuroit que, cette union faite, aucune autre puissance n'aideroit l'Empereur; que les Hollandois demeureroient spectateurs; que les Anglois, retenus par l'intérêt du commerce, n'oseroient, pour complaire à leur roi, fournir à l'Empereur les secours qu'il lui avoit promis. Dans cette confiance, il protestoit que rien ne l'empêcheroit de suivre son chemin. Il avouoit qu'il se flatteroit d'un succès certain si la France entroit dans les projets qu'il méditoit. Il écrivoit au Régent qu'il ne pouvoit trouver d'intérêt et de bonheur solide que dans une union avec le roi d'Espagne, la seule que l'honneur et la probité lui indiquoient; que tout autre engagement seroit au contraire accompagné de déshonneur et d'opprobre. Il soutenoit que l'un et l'autre se trouvoient dans ce qui se proposoit à Londres; que les garanties des successions de Parme et de Toscane, dont les souverains et un successeur de chacun étoit plein de vie, étoient des sûretés imaginaires; qu'il seroit nécessaire avant d'entrer en négociation, de proposer des moyens plus solides d'empêcher ces États de tomber entre les mains de l'Empereur lorsque ces successions viendroient à s'ouvrir.

Le bruit du prochain envoi de Nancré à Madrid s'y étant répandu, les ministres étrangers qui y résidoient en prirent de l'inquiétude, et interrogèrent Alberoni sur les dispositions qu'ils crurent voir à quelque nouveau traité. Il répondit qu'il étoit vrai que Cellamare l'avoit averti du voyage que Nancré se disposoit à faire, mais que le motif en étoit inconnu à l'ambassadeur et à lui-même, que le temps l'éclairciroit, qu'il protestoit cependant non comme ministre, mais comme homme d'honneur, qu'il n'en avoit pas la moindre connoissance. L'empressement des dispositions qu'il faisoit pour la guerre, et qui coûtoient beaucoup, répondoit[1] à son éloignement de la paix. On y remarqua néanmoins un ralentissement, qui fut attribué aux scrupules du roi d'Espagne et aux représentations de son confesseur. Mais Aubanton, dont Alberoni étoit bien sûr, n'auroit osé proposer au roi d'Espagne d'autres points de conscience que ceux qui convenoient aux intérêts du cardinal. Lui-même attendoit peut-être quelques changements aux projets dont il étoit question. Cellamare et le comte de Provane, envoyé du roi de Sicile à Paris, ne cessoient de détourner le Régent des mesures qu'il vouloit prendre avec l'Empereur et l'Angleterre, et de le presser d'en prendre d'autres, qu'ils représentoient comme plus honorables et plus sûres pour s'opposer aux desseins de l'Empereur. Ils prétendirent que le Régent, acquiesçant à leurs raisons, leur avoit promis deux choses : l'une d'augmenter incessamment l'infanterie françoise, l'autre d'envoyer à Vienne de la part du Roi ; mais ils n'eurent pas longtemps cette espérance, qui les avoit fort flattés, du peu d'effet qu'auroit la négociation d'Angleterre. Il ne fut pas question de l'augmentation de l'infanterie. Cellamare crut avoir pénétré que les ministres des finances et même le maréchal de Villars avoient représenté la facilité de la faire du jour au lendemain, dès que cela seroit nécessaire, et l'inconvénient de charger de ce surcroît les finances si chargées de dettes, avant la nécessité. Sur ce fondement, il fut répondu à Cellamare que les forces impériales qui étoient en Italie n'étoient pas à craindre, et qu'elles ne passoient pas vingt mille hommes, suivant les traités. Sur l'envoi à Vienne, on lui dit qu'il s'y étoit trouvé deux difficultés : la répugnance

1. *Répondoient*, au manuscrit.

invincible de Biron, qui avoit été choisi, dont l'ambassadeur fut bien aise parce que Biron étoit beau-père de Bonneval, et qu'on supposoit que les ministres du Roi ne jugeoient pas convenable d'envoyer à Vienne sans charger celui qui y iroit de propositions préliminaires pour procurer un accommodement raisonnable entre l'Empereur et l'Espagne.

Cellamare se plaignoit, comme d'un reproche injuste, celui que la France faisoit à l'Espagne de renouveler les hostilités et les troubles de l'Europe. Il reprochoit lui-même aux François de se laisser tellement frapper de la crainte de la puissance des Allemands, qu'il sembloit que ceux qui avoient part aux affaires eussent toujours devant les yeux le fantôme formidable de la dernière ligue, qui rendoit inutiles[1] les meilleures raisons, en sorte que la terreur des forces ennemies persuadoit bien plus que l'intérêt de l'État. Il disoit que le Régent, seul capable de calmer ces frayeurs, étoit poussé par une force secrète, dont la source étoit dans son intérêt particulier, différent de celui de l'État. Persuadé que le moyen de l'en détourner étoit de l'engager à l'exécution des deux points dont on vient de parler, il en obtint, le 13 janvier, une audience particulière, dans laquelle il insista sur ces deux points qu'il prétendit qu'on lui avoit promis, et au plus tôt. Sur le premier, le Régent répondit qu'il donneroit toute son attention à choisir un sujet capable de se bien acquitter de l'emploi de Vienne ; que cependant, avant de le nommer, il vouloit avoir encore des réponses de l'abbé du Bois, et savoir les intentions du roi d'Angleterre plus précisément qu'il n'en étoit instruit. Sur le second, il dit à Cellamare, mais comme en confidence intime, que, suivant l'avis de ceux qu'il avoit chargés des affaires de la guerre, même de plusieurs officiers généraux, il avoit abandonné sa première idée d'augmenter de dix hommes chaque compagnie d'infanterie ; que pre-

---

1. Saint-Simon a écrit *inutile*, au singulier.

nant un expédient plus conforme à l'épuisement des
finances, son dessein étoit de former un corps de soldats
de milices de soixante mille hommes, commandé par les
officiers réformés que le Roi entretenoit, avec quoi il
comptoit pouvoir mettre aisément en campagne les cent
quatre-vingts bataillons que le Roi avoit à la solde. Cellamare combattit ce projet, puis voyant ses objections inutiles, il représenta qu'il ne suffiroit pas de prendre des
précautions pour la sûreté de l'Italie, si Son Altesse
Royale ne les faisoit savoir au roi de Sicile à temps,
parce que, se croyant abandonné, il étoit vraisemblable
qu'il feroit quelque démarche, où on ne pourroit plus
remédier quand une fois l'engagement seroit pris. L'ambassadeur obtint du Régent promesse d'en parler à
Provane; mais, peu content de son audience, il voulut
remonter à la source du changement qu'il trouvoit. Il
crut avoit pénétré que le maréchal de Villars et Broglio
avoient proposé l'expédient des milices dans la vue d'empêcher une nouvelle guerre, la France n'ayant rien à
craindre du trouble que l'Empereur pouvoit apporter au
repos de l'Italie, ni de ses entreprises contre le roi de
Sicile. Cette opinion, frondée par Cellamare, étoit, disoit-
il, celle d'un petit nombre de gens peu éclairés, et mal
instruits des véritables intérêts de l'Europe, dont le
maréchal d'Huxelles et la partie la plus judicieuse du
ministère raisonnoient selon lui avec plus de justesse,
et trouvoient que le Roi avoit grand intérêt de s'opposer
aux ambitieux desseins des Allemands, quoiqu'il ne
dût recourir à la force qu'après avoir tenté tous les
moyens possibles de parvenir à un accommodement
raisonnable.

Je me suis toujours étonné qu'un homme d'autant
d'esprit, de perspicacité, d'application que Cellamare, et
qui n'étoit pas nouvellement arrivé, assez mêlé de plus
dans la bonne compagnie, et qui savoit en profiter, se
trompât si lourdement dans ses conjectures et dans ce
qu'il croyoit avoir pénétré. Le mystère toutefois n'étoit

pas difficile. L'intérêt particulier ne dominoit point le Régent, qui vouloit et alloit sincèrement au bien de l'État; mais il l'étoit par l'abbé du Bois, qui l'avoit infatué de bonne heure de l'Angleterre, aidé du duc de Noailles et de Canillac dans les commencements, qui tous trois avoient stylé Stairs à lui parler d'un ton à lui imposer, lequel en avoit su si bien profiter qu'il en abusa sans cesse, et réduisit en assez peu de temps le Régent à le craindre, et à n'oser, pour ainsi dire, branler devant lui, appuyé de plus en plus, et conduit par l'abbé du Bois à mesure qu'il croissoit lui-même. Du Bois, qui ne se soucioit ni de l'État ni de son maître que pour sa fortune, et qui de grand matin, comme on l'a vu, ne l'avoit espérée que par l'Angleterre, la voyoit par là en grand train, et nulle espérance par ailleurs. Il avoit ainsi repris son ancien ascendant sur M. le duc d'Orléans; cet ascendant se fortifioit sans cesse par le commerce d'affaires, qu'il tiroit tout à soi, mais qu'il ne pouvoit embler[1] que relativement à celles d'Angleterre. L'esprit, les raisons, le bon sens emportoient quelquefois le Régent d'un autre côté, mais pour des moments. Un propos de Stairs, qui se faisoit jour chez lui avec audace, et qui étoit informé à point de l'intérieur par les valets affidés à du Bois, une dépêche de cet abbé renversoient à l'instant les idées que le Régent avoit prises, et l'attachoient de nouveau à l'Angleterre. C'étoit l'unique cause du changement que Cellamare cherchoit à démêler. Le maréchal de Villars ne fut jamais Anglois, mais toujours Espagnol. D'ailleurs, c'étoit l'homme du monde, que le Régent consultoit le moins, et qui, pour en dire le vrai, méritoit moins de l'être, par son incapacité en affaires et la légèreté de son sens. Broglio n'étoit plus de rien depuis ses deux projets dont j'ai parlé, et dont M. le duc d'Orléans se repentit toujours. Broglio, retombé au bas étage des roués, fut encore trop heureux d'y être souffert, et n'en

---

1. Voyez tome I, p. 46 et note 1, et tome II, p. 245 et note 1.

remonta plus. Cette remarque suffit pour éclaircir bien des choses sur les affaires étrangères, dont il faut reprendre le cours.

CHAPITRE XVIII.

Sage avis de Cellamare au roi d'Espagne; est inquiet du prétendu mariage du prince de Piémont avec une fille du Régent, dont le Régent et le roi de Sicile sont aussi éloignés l'un que l'autre. — Erreur aveugle de Beretti. — Proposition des Anglois sur la Toscane; inquiétudes mutuelles. — Division dans la famille du roi d'Angleterre, qui retranche quarante mille livres sterling de rente au prince de Galles, et fait payer cent trente mille [livres] sterling à l'Empereur, qui est fort recherché; visions d'Alberoni. — Préliminaires demandés par l'Espagne à l'Empereur. — Folle conduite d'Alberoni; il fait faire une déclaration menaçante aux Hollandois pour en acheter des vaisseaux. — Riperda rappelé, résolu depuis longtemps de revenir s'établir en Espagne. — Mauvais état de la personne du roi d'Espagne; pouvoir sans bornes d'Alberoni. — Aubanton et Aldovrandi excitent l'Espagne en faveur de la constitution. — Fortes démarches et menaces terribles de l'Empereur au Pape. — Consternation de Rome; ses soumises et basses résolutions. — Politique et ruse odieuse de la cour de Vienne. — Le Pape, dans sa frayeur de l'Empereur, tombe pour l'apaiser sur l'Espagne et sur Aldovrandi. — Brefs ne sont point reçus par l'Empereur ni par les rois de France et d'Espagne, sans que leurs copies n'aient été vues par leurs ministres, qui les admettent ou les rejettent. — Opinion généralement prise du Pape à l'égard de l'Espagne. — Les Impériaux veulent qu'Aldovrandi soit rappelé et châtié; foibles manéges du Pape à cet égard; jugement qu'ils en font porter.

Stairs et Provane dirent tous deux à Cellamare que l'Empereur offroit de s'engager à ne point inquiéter les princes d'Italie, de se contenter des domaines qu'il y possédoit, de ne pas s'opposer aux droits de la reine d'Espagne sur les États de Parme et de Plaisance, de s'accorder avec les médiateurs pour régler la succession de la Toscane en faveur d'un prince qui ne fût ni de la maison d'Autriche ni de la maison de France, parce que Naples et Milan seroient trop exposés si un des fils de le reine d'Espagne avoit la Toscane avec Parme et Plaisance. Quoique ces dispositions ne fussent pas telles qu'il étoit nécessaire pour conclure, et que Cellamare fût persuadé que l'Empereur ne cherchoit qu'à suspendre les entreprises du roi d'Espagne, gagner temps et faire sa paix avec le Turc, amuser et cependant se mettre en état d'envahir les princes d'Italie, montrer en attendant que les difficultés ne venoient pas de sa part, et que, si les médiateurs devoient tourner leurs armes contre celui qui rejetteroit les propositions d'un accommodement raisonnable, ce n'étoit pas contre lui qu'elles se devoient employer; cet ambassadeur conseilloit au roi son maître de se comporter comme s'il écoutoit les propositions de la cour de Vienne, de peur qu'en les rejetant, il lui laissât l'avantage de persuader le monde que les Impériaux étoient véritablement dociles, et que les refus et l'opiniâtreté venoit des Espagnols. Cette maxime, bien suivie, lui paroissoit une base solide pour établir sur elle à l'avenir des prétentions et des demandes plus essentielles. Il ajoutoit que cette conduite ne pouvoit engager le roi d'Espagne au delà de ce qu'il voudroit, parce qu'il seroit toujours le maître d'éloigner la conclusion tant qu'il voudroit, en demandant des sûretés que vraisemblablement ses ennemis ne lui accorderoient pas; que par ce refus il feroit retomber sur eux la haine de voir échouer une négociation regardée comme nécessaire pour assurer la tranquillité générale; que si, contre son opinion, ses ennemis consentoient aux sûretés qu'il leur demanderoit, il profiteroit par là des avantages qui lui seroient accordés.

Cellamare, inquiet des bruits du mariage du prince de Piémont avec une fille du Régent, en parla à Provane, qui lui dit franchement n'en avoir pas fait la moindre insinuation, que les intérêts d'État, non les liens du sang, formoient les chemins qui unissent les princes, et que les mariages se faisoient à la fin, non au commencement, des comédies et des poëmes. On a vu en son lieu qui avoit le premier imaginé ce mariage, comment il fut traité quelque temps entre Plénœuf, retiré à Turin, et moi ; combien peu le Régent y prit, et je crois aussi peu le roi de Sicile ; combien aussi je fus pressé de prier le Régent que j'en remisse la négociation à l'abbé du Bois, à son premier retour d'Angleterre, et qu'il n'en fut plus question depuis. Tout ce qui pouvoit éloigner le Régent des vues de l'Angleterre étoit odieux à l'abbé du Bois. L'Empereur étoit buté à ravoir la Sicile, qui étoit la chose que le roi de Sicile craignoit le plus. Le roi d'Angleterre, servilement attaché à l'Empereur, par rapport à ses États d'Allemagne et à l'affermissement de son usurpation des duchés de Brême et de Verden, auroit été au désespoir de trouver la France trop opposée à ce desir de l'Empereur, qu'il favorisoit de tout son pouvoir, par conséquent d'un mariage qui, dans son commencement surtout, eût lié le Régent au roi de Sicile par intérêt et par honneur, et qui le pouvoit jeter dans une alliance avec l'Espagne et les princes d'Italie, qui auroit renversé toute la négociation qui se faisoit à Londres. L'abbé du Bois y étoit un des principaux acteurs ; il la regardoit comme la base de sa plus haute fortune ; il n'avoit donc garde de la laisser troubler par le mariage du prince de Piémont avec une fille de M. le duc d'Orléans.

Cellamare et Provane, de concert, ne cessoient de presser le Régent de se préparer à la guerre pour arrêter les violences des Impériaux et leurs desseins en Italie. L'ambassadeur d'Espagne en Hollande protestoit que si les Anglois vouloient agir en faveur de l'Empereur, ils n'auroient pour eux ni la France ni la Hollande, et que la nation angloise, trop intéressée pour son commerce, résisteroit, en ce cas, à Georges et à ses ministres. Saint-Saphorin, que le roi d'Angleterre faisoit négocier à Vienne, étoit totalement impérial. Il exagéroit les difficultés sur la Toscane comme insurmontables ; il y étoit fortement appuyé par les ministres hanovriens. Ceux-ci firent ordonner à Stairs de presser le Régent sur cet article. Il lui proposa même de convenir que la république de Pise seroit rétablie, que Livourne lui appartiendroit, et que le fils de la reine d'Espagne se contenteroit de Florence et de la partie de la Toscane qui avoit autrefois été de la dépendance de cette ville. Ces ministres hanovriens trouvèrent l'abbé du Bois trop aheurté sur cet article. Ils n'oublièrent rien pour persuader le Régent, tantôt par les espérances, tantôt par les alarmes des troupes, que l'Empereur enverroit incessamment en Italie, et d'une négociation secrète entre ce prince et le roi de Sicile. Le ministre piémontois à Londres se défioit de l'abbé du Bois, qui ne lui communiquoit rien de la négociation, quoique son maître lui eût positivement écrit que le Régent vouloit qu'il en fût instruit. Monteleon, qui se loua quelque peu de temps de la conduite de l'abbé du Bois, avec lui, de ses assurances de la parfaite intelligence qui alloit régner entre le roi d'Espagne et le Régent, de ses desseins et de ses promesses de procurer dans la négociation toutes sortes[1] d'avantages à Sa Majesté Catholique, ne trouva bientôt plus que réserve et mystère en ses discours. Il ne recevoit aucune instruction d'Espagne; ses ordres se bornoient depuis longtemps à faire connoître à la cour d'Angleterre que le roi son maître regarderoit comme une infraction tout envoi d'une escadre angloise dans la Méditerranée. Stanhope l'assuroit toujours qu'ils[2] ne donneroient jamais aucune occasion de plainte ni de soupçon à l'Espagne, mais aussi que le roi et la nation angloise seroient obligés pour leur honneur de tirer satisfaction de l'enlèvement du comte de Peterborough, si le Pape ne la leur donnoit lui-même de cet affront qu'il leur avoit fait. C'étoit le voile dont ils couvroient l'armement destiné pour la Méditerranée. Ce voile étoit bien clair; il y avoit longtemps que Peterborough avoit été relâché après une détention fort courte, et que le Pape épouvanté avoit fait toutes les excuses possibles.

1. Le manuscrit porte *toutes* au pluriel, et *sorte* au singulier.
2. Que les Anglais.

Pendant que le roi d'Angleterre se préparoit à des guerres étrangères, la division continuoit à régner dans sa famille. Nulle négociation n'avoit pu lui réconcilier le prince de Galles; il crut donc devoir employer d'autres moyens pour le soumettre. Il lui fit déclarer par Coupper, chancelier d'Angleterre, le duc de Kingston et le comte de Stanhope, que, sur les cent mille livres sterling qui lui étoient assignées pour la dépense de sa maison, il lui en retranchoit quarante, sous prétexte de la dépense que le roi s'obligeoit de faire pour la subsistance des enfants du prince. En même temps Georges fit passer en Parlement qu'on payeroit à l'Empereur cent trente mille livres sterling pour reste des subsides de la dernière guerre, moyennant une quittance générale de toutes ses prétentions. Ainsi la cour de Vienne profitoit de tout. Elle étoit sûre des ministres confidents de Georges, hanovriens et anglois, et recherchée par le roi de Sicile qui ne songeoit qu'à apaiser sa colère, et ne croyoit d'alliance solide qu'avec elle. Il agissoit en même temps à Paris et à Londres comme ne voulant se conduire que par les médiateurs. Il se plaignoit de temps en temps du mystère qu'ils lui faisoient de l'état de la négociation. Provane s'en plaignoit encore davantage, et protestoit que son maître n'écouteroit jamais aucune proposition d'échange du royaume de Sicile. Il voulut se figurer que le Régent ne seroit jamais favorable à son maître, parce que Son Altesse Royale avoit lieu de croire que, le cas arrivant, le roi de Sicile aideroit le roi d'Espagne à monter sur le trône de France, espérant lui-même monter sur celui d'Espagne; et prétendit avoir appris par la comtesse de Verue que le Régent traitoit le mariage de Monsieur son fils avec l'infante de Portugal, où on s'alarmoit des préparatifs de l'Espagne, et où l'envoyé d'Angleterre ne parloit que de guerre et offroit des secours, si l'Espagne l'attaquoit. Alberoni calma bientôt cette inquiétude par les assurances positives qu'il y donna, et qu'il en reçut, du desir réciproque de demeurer en bonne intelligence.

Il retira même les troupes des frontières de Portugal, dont l'ambassadeur à Madrid offrit de la part de son maître, de réduire à trois cent mille écus les six cent mille écus qu'il demandoit depuis longtemps à l'Espagne, si on vouloit terminer les différends entre les deux cours. Alberoni jugea à propos de faire connoître les sentiments pacifiques de ces deux cours l'une pour l'autre en France, en Angleterre, en Hollande, en prit occasion d'y faire connoître les intentions du roi d'Espagne, et de publier la chimère qu'on a déjà vue de ses raisonnements sur l'union de la France et de l'Espagne pour abaisser l'Empereur, la tranquille joie qu'en auroit la Hollande, et l'inutilité des secours que Georges, démenti par l'intérêt de commerce de la nation angloise, voudroit donner aux Allemands, flatté de plus que ceux du roi de Sicile, si directement opposés à l'envahissement de l'Italie, le mettroient de son côté.

Persuadé que l'Empereur étoit résolu de sacrifier tout à la paix avec le Turc, pour avoir la liberté de pousser ses projets en Italie, il ordonna à Monteleon de déclarer aux Anglois que les conditions que le roi d'Espagne demandoit comme préliminaires avant d'examiner celles de la paix, étoient un engagement formel de la part de l'Empereur sur les articles suivants : 1° qu'il n'enverroit plus de troupes en Italie; 2° qu'il n'exigeroit aucune contribution, sous quelque prétexte que ce pût être ; 3° qu'il prometteroit[1] de concourir de bonne foi aux mesures qu'on jugeroit nécessaires pour assurer l'équilibre de l'Italie et le repos général de l'Europe. A ces conditions, le roi d'Espagne permit à Monteleon d'écouter les propositions qui lui seroient faites, se réservant à lui donner de nouveaux ordres, si par quelques changements nouveaux Sa Majesté Catholique se croyoit obligée de changer aussi de maximes. Le cardinal ne le croyoit pas. Son plan étoit fait; il le vouloit suivre, persuadé qu'il étoit impossible

---

1. *Prometteroit* est l'orthographe de Saint-Simon.

de préserver l'Italie de sa perte totale, tant que les Allemands y conserveroient un pouce de terre, que la conjoncture étoit la plus favorable, et de ses chimères déjà expliquées sur la France, la Hollande, la nation angloise et le roi de Sardaigne. Il affectoit une grande fermeté à suivre son projet sans s'écarter de son point de vue, disant que le pis qu'il en pût arriver à l'Espagne seroit d'avoir à défendre son continent, qui avoit des forces suffisantes pour le défendre, et que tout l'enfer ne pouvoit attaquer. Dans cette complaisance d'avoir mis l'Espagne en si bon état, qu'il regardoit comme son ouvrage, il traitoit de visions les conditions offertes par les médiateurs, et s'espaçoit en dérisions de toute leur négociation. Il redoubla de chaleur pour les préparatifs, et s'apercevant enfin du peu [de] volonté des Hollandois de l'accommoder de vaisseaux, il ordonna à Beretti de déclarer aux états généraux que, s'ils y formoient quelque opposition, le roi d'Espagne la regarderoit comme une offense publique faite à sa personne, et qu'il pourroit même en venir aux dernières extrémités. Castagneta, chef d'escadre envoyé en Hollande avec tout l'argent comptant nécessaire pour faire ces achats, reçut ordre en même temps de revenir diligemment à Madrid, la chose faite ou manquée, son retour étant un point essentiel d'où dépendoient toutes les autres négociations.

Riperda continuoit de flatter le cardinal sur les bonnes dispositions de ses maîtres en tout ce qui regardoit l'Espagne; mais il vouloit le flatter. Les états venoient de rappeler cet ambassadeur. Il avoit pris depuis longtemps la résolution de retourner s'établir en Espagne, après qu'il auroit rendu compte aux états de son ambassade. Il y avoit même acquis déjà quelques terres, et une maison appartenante autrefois à l'amirante de Castille et depuis tombée dans la confiscation de ses biens. Quoique le public doutât encore à la fin de janvier si l'Espagne, sans la France et sans aucun allié, oseroit et pourroit seule entreprendre la guerre, le dessein d'Alberoni étoit d'entrer de bonne heure en campagne. Le duc de Parme l'en pressoit sans cesse comme de chose nécessaire pour le salut de l'Italie. Mais une raison secrète jetoit l'incertitude dans ses résolutions, et le retardement à l'exécution de ses projets. Le roi d'Espagne, bien plus malade d'esprit que de corps, se croyoit sur le point de mourir à chaque instant, et persuadé que ses forces l'abandonnoient, il mangeoit pour les réparer avec tant d'excès que tout en étoit à craindre. Il se confessoit tous les soirs après son souper, et il retenoit son confesseur auprès de son lit jusqu'à ce qu'il fût endormi. Il n'étoit pas permis à la reine de le quitter un seul instant. Ce prince étant donc hors d'état d'entendre parler d'aucune affaire, le pouvoir d'Alberoni étoit plus souverain que jamais. Il régloit tout et disposoit de tout au nom du roi ; qui que ce soit n'osoit le contredire, et il avoit déclaré plusieurs fois aux secrétaires d'État que si quelqu'un d'eux manquoit à son devoir pour l'exécution de ses ordres, il leur en coûteroit la vie.

On répandoit néanmoins dans le public que la santé du roi étoit parfaitement rétablie. Le P. d'Aubanton disoit à ses amis que ce prince avoit trop de scrupules. Tout occupé qu'il étoit auprès de lui, il ne laissoit pas d'apporter tous ses soins à trouver en Espagne des défenseurs à la constitution. Il y servoit d'agent non-seulement au Pape, mais au cardinal de Bissy. Il avoit eu soin de faire tenir ses lettres au patriarche de Lisbonne, aussi bien que de solliciter les évêques et les chapitres d'Espagne d'écrire en faveur de la constitution. Il auroit voulu modérer leur zèle sur l'infaillibilité du Pape, et sur la supériorité qu'ils lui attribuoient sur les conciles. Mais cette maxime étant le principe et le fondement de leur soumission sans réserve à la bulle, le jésuite qui l'avoit faite avec Fabroni, comme on l'a vu en son lieu, auroit en vain essayé de les empêcher, comme il disoit, de fourrer dans leurs écrits des maximes très-déplaisantes à la France. Le nonce Aldovrandi pressoit de son côté les évêques d'Espagne de faire au plus tôt une acceptation universelle, publique et positive de la constitution. Quoique, par les raisons de domination suprême qu'on a vues ci-devant, Rome n'eût pas approuvé les premières instances qu'il avoit faites pour la procurer, il crut qu'il devoit les continuer, même les redoubler. Elles lui parurent absolument nécessaires pour remédier au mal qui se répandoit dans l'Espagne. Le frein du saint-office retenoit encore les malintentionnés, et les obligeoit à se cacher; mais on avertissoit le nonce qu'il n'en falloit pas moins prendre garde aux progrès qu'ils pourroient faire. Aldovrandi, continuellement occupé de sa fortune, n'étoit pas fâché de faire voir à la cour de Rome que c'étoit injustement qu'elle lui avoit reproché la démarche qu'il avoit faite pour exciter le zèle des évêques d'Espagne, et que cette cour n'avoit pas lieu d'être aussi sûre qu'elle le croyoit des sentiments de la nation espagnole. Je n'insère ce mot sur la constitution que parce qu'il est nécessaire par rapport à ce nonce sur les autres affaires. Il avoit à se justifier sur d'autres articles plus considérables, dont ses ennemis se servoient plus utilement pour le détruire dans l'esprit du Pape.

Les Allemands faisoient un crime à Sa Sainteté de l'intelligence que, par le moyen de son nonce, ils lui supposoient avec le roi d'Espagne pour l'entreprise de Sardaigne. Comme leurs reproches étoient ordinairement suivis des effets, le Pape les sentoit tous par avance, et gémissoit de cette horrible calomnie, qui le présentoit à l'Empereur comme complice du funeste manquement de parole du roi d'Espagne envers Sa Sainteté comme envers toute la chrétienneté[1]. Toute frivole et dénuée de tout fondement que le Pape la disoit, elle venoit de lui attirer des réponses de Vienne dont Rome étoit consternée. L'Empereur premièrement avoit refusé de recevoir le bref que le Pape lui avoit écrit. Il avoit dit que, le roi

1. Voyez tome IX, p. 228 et note 1.

d'Espagne ayant refusé celui que le Pape lui avoit écrit
sur l'entreprise de Sardaigne, il vouloit tenir la même
conduite. Le nonce à Vienne avoit inutilement représenté que le bref avoit été remis au roi d'Espagne. Les
ministres impériaux pour le démentir montrèrent une
lettre de l'abbé del Maro, portant en termes formels que,
par la collusion d'Aldovrandi avec Alberoni, jamais le
bref n'avoit été présenté au roi d'Espagne; que le contenu lui en avoit été rapporté seulement, preuve, dirent-
ils, de l'intelligence du Pape avec le roi d'Espagne, et
cause, par conséquent, du mauvais état où l'Empereur
avoit laissé la Sardaigne. Ils ajoutèrent des protestations
de la plus terrible vengeance. Ils déclarèrent qu'ils
feroient la paix avec les Turcs, à quelque prix que ce fût;
que la France leur laissoit la liberté de faire tout ce
qu'ils voudroient, déclarant qu'elle n'y prendroit pas le
moindre intérêt. Ainsi l'Empereur, ne craignant plus
d'obstacle à ses desseins, fit dire au Pape qu'il avoit
donné ordre à ses ministres en Angleterre de cesser toute
négociation de paix avec l'Espagne. Il prétendoit avoir
déjà fait une ligue avec le roi de Sicile, et laissoit entendre
que l'Italie en étoit l'objet. Enfin l'Empereur, affectant
une défiance, qu'il traitoit de juste, des intentions du
Pape, lui demanda pour sûreté de ses protestations et de
sa conduite, la ville de Ferrare pour en faire sa place
d'armes. Il demanda de plus le logement dans l'État
ecclésiastique pour douze mille hommes. Il y joignit plusieurs autres circonstances exigées toutes comme des
satisfactions, dont la cour de Rome eut horreur. Tout
commerce avec la cour fut en même temps interdit au
nonce; les ministres impériaux lui signifièrent qu'il étoit
libre de se retirer de Vienne ou d'y demeurer, mais que,
s'il prenoit ce dernier parti, son séjour et sa présence
seroient totalement inutiles. L'Empereur déclara en
même temps que c'étoit de son pur mouvement, et sans
consulter aucun de ses ministres, qu'il avoit fait chasser
le nonce de Naples; que cet ordre avoit été envoyé au

comte de Gallas, son ambassadeur à Rome, pour le faire exécuter si le Pape refusoit de lui accorder les satisfactions qu'il lui avoit demandées.

Ces nouvelles causèrent une étrange consternation dans le palais. Le Pape tremblant ne connoissoit d'autres voies, pour apaiser la colère de l'Empereur, que la soumission, même la bassesse, et de lui accorder toutes les satisfactions qu'il imposoit. Ses neveux, encore plus consternés, étoient aussi plus empressés que leur oncle, parce qu'il s'agissoit pour eux de perdre les revenus dont l'Empereur les faisoit jouir dans le royaume de Naples, qui étoit le plus bel article de leurs finances. On ne doutoit donc pas des conseils qu'ils donneroient au Pape, et qu'il ne les suivît, et que voyant les Impériaux à ses portes, maîtres d'entrer dans l'État ecclésiastique toutes les fois qu'ils le voudroient, et nulles forces d'Espagne encore en Italie, jugeant que la France, dans la crainte de s'engager dans une guerre étrangère, refuseroit de se joindre à l'Espagne, tant de raisons pressantes ne l'entraînassent à céder à son penchant naturel de timidité et de foiblesse, indépendamment même de l'intérêt de ses neveux. On ne laissoit pas de lui rendre justice sur le prétexte odieux et supposé que les Allemands prenoient de lui faire querelle. Il n'y avoit personne qui pût croire que Sa Sainteté eût eu connoissance de l'entreprise sur la Sardaigne, ni que ce secret eût été conservé si la confidence lui en eût été faite.

Comme le Pape n'osoit se plaindre à Vienne de la conduite des Allemands, il[1] porta ses plaintes à Madrid; et, comme il croyoit cette cour plus foible que l'autre, il y joignit les menaces, et fit entendre qu'il seroit obligé de recourir aux remèdes extrêmes pour effacer de l'esprit des hommes les soupçons indignes et les calomnies répandues contre le vicaire de Jésus-Christ. Il en représenta les effets pernicieux, l'interdiction du nonce à Vienne,

---

1. Saint-Simon a écrit *elle*, pour *il*.

celui de Naples chassé, et l'autorité apostolique totalement abolie dans ce royaume; enfin, les autres menaces encore plus fâcheuses, si par des faits il ne démentoit promptement l'imposture. De là, il passoit aux supplications, et demandoit instamment à la piété du roi d'Espagne de restituer la Sardaigne à l'Empereur, comme le seul moyen de persuader ce prince qu'il n'avoit jamais concouru à cette invasion. Il demandoit pressamment la réponse au bref du 25 août, se plaignoit amèrement qu'au lieu de cette réponse, attendue depuis si longtemps, on ne songeoit en Espagne qu'à se préparer à la guerre. Aldovrandi reçut en même temps beaucoup de reproches de sa conduite. Le Pape l'accusoit d'être la cause indirecte de tous ces malheurs, fruits des calomnies répandues contre Sa Sainteté, pour n'avoir pas présenté au roi d'Espagne son bref du 25 août. Il étoit également tancé d'avoir délivré les brefs pour la levée des subsides ecclésiastiques, et de ce qu'ils avoient eu leur exécution. Pour y remédier, le Pape voulut que son nonce pressât le roi d'Espagne de répondre à ce bref du 25 août, parce que son silence le privoit d'un moyen très-nécessaire et très-puissant pour confondre ses calomniateurs. Il lui ordonna de plus très-expressément de retirer les brefs contenant les concessions qu'il avoit faites au roi d'Espagne, et disoit qu'il ne comprenoit pas la difficulté à les rendre, puisqu'ils ne pouvoient avoir d'exécution, et n'en devenoient pas plus efficaces pour demeurer entre les mains des ministres de Sa Majesté Catholique. Il déclara en même temps que si le roi d'Espagne prétendoit en faire quelque usage, il ne pourroit s'empêcher de les révoquer expressément pour satisfaire à sa conscience. Il reprocha vivement à Aldovrandi d'avoir négligé de l'informer de l'usage que le P. d'Aubanton avoit fait du pouvoir qu'il lui avoit conféré d'absoudre le roi d'Espagne de ce qu'il avoit fait contre l'autorité du saint-siége pendant les différends entre les deux cours, et se plaignit de plus d'être si mal instruit par son nonce qu'il étoit obligé de recourir aux lettres particulières, même aux gazettes, pour apprendre ce qu'il se passoit en Espagne; en un mot, il vouloit, à quelque prix que ce fût, trouver des sujets de se plaindre, soit de son nonce, soit de l'Espagne. Il croyoit que c'étoit la seule voie d'apaiser les Allemands et de les désabuser de l'opinion qu'ils avoient prise ; mais les simples paroles n'y suffisoient pas, et le Pape n'avoit point d'autre ressource. Plus le péril lui paroissoit grand, plus il cherchoit les moyens de s'en tirer. J'ajouterai qu'ils étoient d'autant plus difficiles que la colère étoit factice, politique, utile aux Impériaux de paroître persuadés de ce dont ils ne l'étoient point, pour avoir prétexte de tirer du Pape tout ce qu'ils pourroient en places et en subsistances de troupes, et pour l'appesantir sur l'Espagne, au point de causer à cette couronne tous les embarras possibles au dedans et au dehors. Revenons.

Le Pape tint devant lui une congrégation formée à dessein de délibérer sur les partis à prendre. On y examina premièrement si le Pape devoit recevoir Gallas à son audience. Toutes les voix furent pour l'y admettre toutes les fois qu'il la demanderoit. Mais loin qu'il en fit instance, pressé quelques jours auparavant de voir le Pape par le cardinal Albane, cet ambassadeur déclara avec hauteur qu'il n'iroit plus au palais. 2° On agita si le Pape devoit excommunier les ministres impériaux qui avoient mis les mains sur les revenus ecclésiastiques séquestrés par ordre de l'Empereur dans le royaume de Naples, et unanimement résolu[1] de temporiser : maxime favorite de tout ce pontificat, surtout quand il s'agissoit des Allemands. 3° On délibéra sur les démarches qu'il convenoit de faire pour apaiser l'Empereur. Il fut conclu qu'il falloit envoyer à Vienne un cardinal, avec des facultés très-amples d'accorder à ce prince toutes les grâces qu'il demanderoit, et que le chef de l'Église avoit

---

1. Et il fut unanimement résolu.

pouvoir de lui accorder. Quant à celles qui ne dépendoient pas de Sa Sainteté, le soin du légat devoit être de faire connoître à l'Empereur que si elle ne les accordoit pas, c'étoit uniquement parce qu'elles étoient hors de son pouvoir. Il fut après question du choix. Le cardinal Piazza fut proposé ; mais l'opinion publique fut qu'il ne l'accepteroit pas. Le Pape desiroit son neveu, le cardinal Albane, mais il ne vouloit pas le témoigner ; il vouloit paroître forcé à le nommer sur le refus d'un autre. On délibéra ensuite sur la conduite à tenir avec le roi d'Espagne. Il fut résolu que le Pape lui écriroit un bref plus doux que celui du 25 août, que ce prince avoit refusé de recevoir, et qu'il seroit ordonné au nonce Aldovrandi de prendre si bien ses mesures que ce bref parvînt entre les mains de Sa Majesté Catholique.

Alberoni, bien averti de toutes ces délibérations, étoit maître d'empêcher Aldovrandi de présenter aucun bref sans en avoir auparavant communiqué la copie, ainsi qu'on en usoit en France et à Vienne. Le ministre d'Espagne pouvoit rejeter le bref, ou bien y faire une réponse peu satisfaisante pour Sa Sainteté ; mais ce dernier parti n'auroit pas été le plus désagréable pour le Pape, parce que, recevant une réponse dure, il en auroit fait usage pour se justifier auprès de l'Empereur de la partialité qu'il lui reprochoit ; et véritablement les Allemands n'étoient pas les seuls qui, raisonnant sur le véritable intérêt du saint-siége et de l'État ecclésiastique, croyoient que le Pape regarderoit intérieurement comme son salut d'être aidé par l'Espagne ; qu'il avoit voulu seulement que le public trompé pût croire que les secours qu'il recevroit lui seroient donnés contre sa volonté, et que la source de ce ménagement étoit la crainte que, les Espagnols ne réussissant pas, toute la fureur allemande ne retombât sur lui. Ils demandoient pressamment qu'Aldovrandi fût châtié, le regardant comme le promoteur et le confident de l'intelligence secrète qu'ils supposoient entre le Pape et le roi d'Espagne. Sa Sainteté, toujours occupée de ménager les deux partis autant que la crainte du plus fort le lui pouvoit permettre, vouloit par cette raison complaire aux Impériaux par quelque mortification légère à son nonce, sans toutefois le rappeler, par considération pour la cour d'Espagne, comme le vouloit celle de Vienne. Le Pape crut avoir trouvé ce tempérament en changeant la disposition qu'il avoit faite du neveu d'Aldovrandi tout nouvellement arrivé de Madrid à Rome, d'y retourner sur-le-champ porter à Alberoni la barrette. Il ordonna donc à ce neveu de partir dans l'instant non pour Madrid, mais pour Bologne sa patrie, et d'y demeurer malgré toutes les instances du cardinal Acquaviva. Ce neveu fut même accusé d'avoir reçu du roi d'Espagne une pension sur l'évêché de Malaga. Pendant que le cardinal Paulucci étoit chargé de porter ces refus à Acquaviva, le Pape, par des voies souterraines, faisoit passer à ce dernier ses gémissements et ses larmes sur l'état et la conduite d'Aldovrandi; et par ce double manége autorisoit les discours de ceux qui ne se contraignoient pas de publier que tout n'étoit que fiction dans Sa Sainteté, excepté la frayeur des Impériaux et le desir extrême de les apaiser. De là on prévoyoit qu'il ne s'accommoderoit ni avec la France ni avec le roi de Sicile, parce que cela déplairoit à la cour de Vienne, et l'obligeroit à changer de langage. Le Pape en effet éludoit de répondre sur les affaires de Sicile. Pressé par le cardinal de la Trémoille de déclarer ses intentions, il prit pour prétexte de se taire qu'il n'avoit point encore de réponse du roi de Sicile; qu'il desiroit savoir si la Trémoille pourroit engager ce prince à s'expliquer; et qu'il verroit ensuite s'il feroit quelque proposition qui se pût accepter.

CHAPITRE XIX.

Negroni, odieux à la France, nommé vice-légat d'Avignon sans participation de la France, contre la coutume établie. — Ottobon veut lier avec Alberoni. — Nouvelles scélératesses de Bentivoglio. — Le Pape refuse au cardinal Alberoni les bulles de l'archevêché de Séville ; audace, plan, propos d'Alberoni, uni d'attachement et de sentiment au duc de Parme. — Manéges réciproques entre le Régent et Cellamare, qui le veut entraîner dans la guerre avec l'Espagne contre l'Empereur. — Concert entre Cellamare et Provane ; ils découvrent le mariage proposé de M. le duc de Chartres avec une sœur du roi de Portugal, sans succès par les difficultés du rang. — Objets des ministres d'Espagne. — Corsini envoyé du grand-duc à Paris ; quel ; passe à Londres pour y faire des représentations inutiles. — Le Régent s'ouvre à Provane de l'état de la négociation de Londres ; sentiment de Cellamare là-dessus. — Plaintes de la cour de Vienne de la France, et ses propositions sur la Toscane, appuyées des Anglois ; quel étoit Schaub. — L'Empereur répond par de fortes demandes aux demandes préliminaires de l'Espagne, et y est appuyé par l'Angleterre. — Manéges et souplesses de Stanhope. — Langages de l'abbé du Bois à Monteleon ; il lui envoie avec précaution le modèle d'un billet à Alberoni en faveur de Nancré et de sa négociation, qu'Alberoni méprise, averti par Monteleon. — Conversation de Monteleon avec Stanhope, qui le veut tromper, puis éblouir sur la destination de l'escadre angloise ; Monteleon tâche à prendre d'autres mesures pour arrêter l'effet de cet armement. — Sagacité de Monteleon. — Fermes réponses des ministres de Sicile à Paris et à Londres, à l'égard de la conservation de cette île à leur maître. — Plaintes et mouvements de Cellamare ; Monti peu satisfait du Régent. — Monteleon, sur des ordres réitérés, fait à Londres les plus fortes déclarations sur la destination de l'escadre. — Efforts d'Alberoni en Hollande ; ses sentiments sur les traités d'Utrecht ; ses vanteries ; cache bien où il veut attaquer ; sagacité de l'abbé del Maro. — Beretti trompé ou trompeur sur la Hollande. — Sage avis de Cellamare à Alberoni sur la France. — Propos publics de Cellamare ; retient sagement Provane ; dit à Nancré qu'il ne réussira pas.

Une affaire de peu de conséquence donna lieu à augmenter les brouilleries que la constitution causoit depuis trop longtemps entre Rome et la France. La vice-légation d'Avignon vaquoit. Avant d'y nommer, les papes faisoient toujours donner au ministre du Roi à Rome les noms de

ceux entre lesquels il vouloit choisir, pour n'y pas envoyer
un sujet désagréable, prévenir le Roi sur le nouveau vice-
légat, et lui concilier une protection dont il avoit besoin
dans un État aussi peu étendu, enclavé de toutes parts
dans ceux du Roi. Malgré cet usage, le Pape crut devoir
profiter d'un temps de foiblesse et de minorité, plus
encore d'un temps où on se croyoit tout permis à Rome
contre la France, pour secouer ce qu'il voulut trouver
être servitude. Ainsi il nomma le prélat Negroni sans en
avoir rien fait dire au cardinal de la Trémoille. Tout le
mérite du nouveau vice-légat étoit d'être neveu du cardinal Negroni, si noté par l'extravagance de ses emportements contre la France. Apparemment que le Pape
crut aussi que plus ce vice-légat seroit reconnu partial
contre la France, plus le public seroit persuadé qu'elle
n'avoit point de part à sa nomination. Quelque attention
qu'eût le cardinal de la Trémoille à plaire à Rome et à
prévenir les moindres sujets de plaintes, il ne laissa pas
de s'apercevoir de l'impossibilité de dissimuler cette
innovation. Quelque peu disposé qu'il fût à se plaindre
du Pape, il osa néanmoins le faire. On se plaignit aussi
à Rome de cette prétention, quoique si bien fondée, et si
établie par l'usage. On ajouta que depuis quelques années
les vice-légats d'Avignon étoient au moins soupçonnés
en France de favoriser les fabrications de fausse monnoie
dans le royaume, et de leur donner asile dans le Comtat;
que Negroni étoit rigide, attentif, prudent, fort instruit
des matières criminelles, et très-propre à écarter les faux-
monnoyeurs. On comptoit à Rome pouvoir impunément
entreprendre tout contre la France; ceux même qui
devoient être le plus attachés à la couronne par les bienfaits qu'ils en avoient reçus cherchoient des protections
étrangères.

Le cardinal Ottobon, qui en étoit si comblé, écrivit au
cardinal Alberoni, sous prétexte de zèle pour le bien de
l'Italie, pour lui proposer d'établir et d'entretenir un
commerce de lettres avec lui. D'ailleurs aucun des car-

dinaux regardés comme François ne s'employoit à pacifier les troubles que les véritables ennemis de la France cherchoient à susciter dans le royaume, sous ombre de maintenir la bonne doctrine en soutenant la constitution. Bentivoglio, le plus enragé de tous, ne se contentoit pas d'interpréter faussement, à son escient même, les intentions du Régent sur les affaires de Rome. Fâché d'avoir eu ordre de le remercier de ses offices en Angleterre sur le ressentiment et les menaces de vengeance de la détention de Peterborough, il prétendit que ce prince n'avoit agi que parce qu'il savoit parfaitement que le roi d'Angleterre ne songeoit nullement à se venger du Pape; que si les bruits d'un armement de mer étoient évanouis, on ne le devoit attribuer qu'aux menaces de Monteleon, et à la juste crainte des Anglois de voir leur commerce interrompu. Ce nonce ajoutoit qu'il falloit faire connoître le juste prix des services que le Régent rendoit au Pape; et sur cette supposition, il se croyoit en droit, même obligé, de donner de fausses couleurs à toutes les démarches de Son Altesse Royale dont le Pape auroit dû lui savoir le plus de gré.

Bentivoglio ramassoit tous les discours que le public mal instruit tenoit sur les affaires d'Angleterre, et les donnoit comme des vérités. Il avançoit hardiment que, sous prétexte de concilier et de terminer les différends entre l'Empereur et le roi d'Espagne, le Régent songeoit uniquement à s'unir et à faire des ligues avec les puissances principales de l'Europe, pour être secouru d'elles en cas d'ouverture à la succession à la couronne; qu'il vouloit sur toutes choses prévenir une alliance entre l'Empereur, le roi d'Espagne et le roi de Sicile, empêcher que ces princes ne convinssent entre eux, pour leurs intérêts communs, de faire monter le roi d'Espagne sur le trône de France, et celui de Sicile sur le trône d'Espagne, suivant la disposition des traités d'Utrecht. On ne démêloit point encore la vérité de celui qui se négocioit à Londres; toutefois on en savoit assez pour donner au nonce lieu de dire qu'on offroit à l'Empereur la Sicile, avec promesse de le laisser agir en Italie comme il le jugeroit à propos pour ses intérêts sans y former le moindre obstacle; qu'on promettoit au roi de Sicile des récompenses dans le Milanois avec le titre de roi de Lombardie; et qu'on espéroit endormir le roi d'Espagne, en le flattant d'établir en faveur de ses enfants du second lit des apanages considérables en Italie, tels que les États de Toscane, de Parme et de Plaisance. Bentivoglio, ajoutant ses réflexions à ce qu'il croyoit savoir du traité d'alliance, concluoit que si des projets si légèrement formés, si difficiles à exécuter, étoient cependant accomplis, la France en seroit la victime, parce qu'elle auroit elle-même contribué à rendre ses ennemis trop puissants; qu'en cet état ils feroient ce qu'ils croiroient le plus avantageux pour eux, non ce qu'ils auroient promis, et ce qu'ils se seroient engagés de faire en vertu de l'alliance. Ces affaires, étrangères à celles de la constitution, étoient comme des épisodes que le nonce employoit pour animer la cour de Rome contre la conduite du Régent, et pour faire comprendre au Pape que le nombre de ses partisans augmentoit en France à mesure que celui des ennemis de Son Altesse Royale grossissoit par les négociations qu'elle faisoit avec les étrangers. Sur ce fondement, il ne cessoit d'empoisonner tout ce qui se passoit en France, et de porter le Pape à tout ce qu'il pouvoit de plus violent sur les affaires de la constitution.

Le Pape, continuant de penser qu'il ne pouvoit apaiser l'Empereur qu'en se montrant irrité contre l'Espagne, voulut le paroître extrêmement contre les ministres du roi d'Espagne, qui se portoient, disoit-il, contre l'autorité ecclésiastique et contre celle du saint-siége. Le roi d'Espagne ayant nommé le cardinal Alberoni à l'archevêché de Séville, Sa Sainteté se porta à un plus grand éclat. Elle lui en refusa les bulles, et lui fit dire qu'elle les lui auroit accordées, si, dans le temps qu'elle étoit sur le point de les proposer au consistoire, elle n'eût appris que l'évêque de Vich et un autre avoient été chassés violemment de leurs diocèses par ordre du roi d'Espagne. Ce frivole prétexte ne trompa personne; tout le monde pénétra aisément le vrai motif du refus. Il n'y eut que les Impériaux qui ne voulurent pas en convenir; mais les plaintes du Pape firent peu d'effet à Madrid. Alberoni insista sur les raisons que le roi d'Espagne avoit eues de ne pas répondre au bref du 25 août, parce qu'il n'auroit pu la faire[1] qu'en termes amers, et à peu près dans le sens que le public s'étoit expliqué sur cette pièce quand il l'avoit vue dans les gazettes. Ce cardinal prétendoit même avoir rendu un grand service au Pape d'avoir gardé ce bref entre ses mains, parce qu'il ne pouvoit produire qu'un effet pernicieux. Il s'applaudissoit par avance de l'obligation que Rome lui avoit de ne s'être pas laissé endormir par les piéges des Impériaux, et de ce que le roi d'Espagne seroit incessamment maître de l'Italie; mais il exhortoit en vain le Pape et les princes d'Italie à profiter, par l'union, la force et le courage, des desseins trop déclarés de l'Empereur par ses dernières réponses au nonce de Vienne.

Le duc de Parme, le plus foible et le plus menacé de tous, et qui s'étoit attiré la colère de l'Empereur par le mariage de la reine d'Espagne et par les offices qu'il avoit rendus pour la promotion d'Alberoni à Rome, desiroit d'être secouru d'argent, pour mettre au moins Plaisance hors d'insulte. Son ministre étoit maitre absolu en Espagne; il lui devoit les commencements de cette fortune, et beaucoup encore sur son cardinalat. Il paroissoit avoir en vue les intérêts de son premier maître; il suivoit ses maximes, et pensoit comme lui qu'il étoit impossible que l'Italie fût tranquille tant que les Allemands y conserveroient une seule place. Sur ce fondement, il traitoit de verbiages et d'illusoire le plan proposé

1. Parce qu'il n'aurait pu faire sa réponse.

à Londres. Il disoit qu'il n'étoit pas étonné de voir le roi d'Angleterre agir sous main en faveur de l'Empereur, parce que depuis longtemps les engagements publics et secrets de l'électeur d'Hanovre avec la maison d'Autriche étoient parfaitement connus; mais qu'il étoit difficile de comprendre que le Régent, sensible à l'honneur, aimant la gloire et connoissant ses véritables intérêts, prît des partis si opposés à des considérations si puissantes, qu'il choisît des routes si dangereuses pour lui, et que, se laissant aller à des conseils de gens qui ne songeoient qu'à leurs propres intérêts, il fermât les yeux à ses propres lumières pour se laisser conduire dans le précipice. Le cardinal assuroit que, loin de réussir par de telles routes, le Régent verroit la guerre civile allumée dans le sein de la France. Ce présage alors ne paroissoit fondé que sur le génie des François, porté à se faire le guerre entre eux quand ils ne sont pas occupés par des guerres étrangères; et comme la crainte d'engager le royaume dans une guerre nouvelle avec les étrangers étoit l'unique motif qui avoit obligé Son Altesse Royale à travailler aux moyens de ménager la paix entre l'Empereur et l'Espagne, Alberoni, loin d'approuver cette crainte juste mais peu conforme à ses idées, la traitoit de terreur panique, et s'épuisoit en raisonnements. Il croyoit intimider le roi d'Angleterre par la fermentation qui régnoit chez lui, et se savoit gré d'avoir menacé Bubb, à Madrid, de donner de puissants secours au Prétendant. Il vouloit engager le Régent à parler sur le même ton à Georges. Il disoit que, s'unissant au roi d'Espagne, il lui feroit dépenser bien des millions en Italie, qu'il garderoit certainement pour des occasions plus éloignées, si Son Altesse Royale s'amusoit encore à des négociations frivoles, comme il paroissoit par le départ prochain de Nancré pour se rendre à Madrid. En même temps, il tâchoit de faire répandre que, sur l'article des négociations pour la paix, il n'étoit pas maître de l'esprit du roi d'Espagne; que non-seulement là-dessus, mais en beaucoup de choses qui ne regardoient que des affaires particulières, il avoit fort à le ménager et à compter avec lui.

Ces discours modestes d'Alberoni ne firent nulle impression à Paris ni à Londres ; on étoit très-persuadé, parce que lui-même l'avoit dit plusieurs fois, qu'en grandes comme en petites choses il disposoit absolument de la volonté du roi d'Espagne. L'opinion en étoit confirmée par les ordres que recevoient les ministres d'Espagne et par la manière dont ils expliquoient les intentions du roi leur maître. Cellamare ne parloit que de tirer la France de sa léthargie. Il employoit auprès du Régent Monti, nouvellement arrivé d'Espagne, qu'on croyoit fort avant dans la confidence d'Alberoni. Il ne s'agissoit point de négocier sur aucun plan de paix, de changer ou de modérer les conditions d'un traité. Les vues, et tous les discours de Cellamare au Régent n'alloient qu'à le convaincre de la nécessité d'une union inaltérable entre la France et l'Espagne, et de ne pas compter que les insinuations ni les offices des médiateurs détournassent les Allemands des projets qu'ils pourroient faire pour troubler le repos de l'Italie. Le Régent convenoit de tous les avantages de l'union des deux branches de la maison royale. Il ajoutoit même que si les offices étoient inutiles, la France emploieroit ses forces pour empêcher un mal que la persuasion n'auroit pu détourner. Cellamare ne se reposoit pas sur de pareilles assurances. Il les trouvoit contredites par la conduite de l'abbé du Bois, qui agissoit seul à Londres, sans aucun concert avec Monteleon, en sorte que le roi d'Espagne ne recevoit ni de Paris ni de Londres aucune communication de ce qui se passoit à Londres par rapport à ses intérêts. Cellamare faisoit les mêmes plaintes pour lui-même, et jugeoit de ce silence que les réponses que l'Empereur avoit faites ne pouvoient être acceptées en Espagne, et que le voyage de Nancré, qu'on pressoit de partir pour Madrid, seroit inutile. Le Régent l'assura cependant qu'il ordonneroit à l'abbé du Bois de confier à

Monteleon le plan et l'état de la négociation. Mais Son Altesse Royale ne voulut point s'ouvrir sur les nouvelles qu'elle venoit de recevoir de Vienne par le secrétaire de Stanhope, qui tenoient Cellamare dans une grande curiosité. Il en reçut encore une assurance positive que Nancré ne partiroit pas de Paris sans porter avec lui un plan de paix dont le roi d'Espagne eût lieu d'être satisfait. L'ambassadeur prétendit que Nancré lui avoit dit de plus qu'on obligeroit la cour de Vienne de recevoir ce plan de gré ou de force; mais il demeuroit persuadé que le Régent auroit grand'peine à s'y résoudre, qu'il seroit mal secondé par la cour de Londres, dont il étoit souvent obligé de combattre les idées et les propositions. Le Régent lui fit même valoir la fermeté de l'abbé du Bois, et dit que c'étoit pour s'en plaindre que Stanhope avoit envoyé son secrétaire, espérant le trouver plus facile que son ministre. Cellamare ne le croyoit pas. Fortifié de Monti, ses représentations ne tendoient point à modifier les conditions du traité, mais à faire voir la nécessité de prendre les armes et de prévenir la conclusion de la paix entre l'Empereur et les Turcs. Elle étoit encore éloignée. Paris, plein de raisonnements politiques, croyoit avec Cellamare qu'elle étoit aisée à détourner, en employant le crédit et les talents de Ragotzi et la force de ses partisans en Hongrie, et de leur animosité contre la maison d'Autriche. Cellamare disoit que c'étoit par des motifs de passion particulière que des Alleurs, nouvellement revenu de Constantinople, décrioit le prince Ragotzi, et que le maréchal de Tessé étoit au contraire le seul qui jugeât sainement de l'utilité d'une diversion qu'on pourroit exciter en Hongrie par le moyen des mécontents. Il flattoit ainsi les idées d'Alberoni, qui sembloit compter sur la continuation de la guerre d'Hongrie, et sur le secours dont elle lui seroit pour l'exécution de ses desseins.

Comme il paroissoit encore alors que les intérêts du roi d'Espagne et ceux du roi de Sicile étoient parfaitement unis, la même union régnoit aussi entre leurs ministres à Paris. Provane disoit à Cellamare que son maître s'exposeroit aux plus grands dangers plutôt que de consentir à l'échange de la Sicile. Cellamare faisoit agir Provane, soit auprès du Régent pour le disposer plus favorablement pour l'Espagne, soit auprès des ministres étrangers résidents lors à Paris, qu'il croyoit à propos de ménager. Il sut par là que l'ambassadeur de Portugal avoit dit que le Régent avoit fait proposer le mariage de M. le duc de Chartres avec l'infante, sœur du roi de Portugal, et qu'il s'y trouvoit des difficultés sur le rang de M. le duc de Chartres. Cette affaire n'étoit qu'un incident. Toute l'attention des ministres d'Espagne se portoit sur la négociation de Londres. Ils regardoient Georges comme un ennemi, et livré à l'Empereur pour ses intérêts d'Allemagne. Ils y vouloient opposer ceux de la nation angloise pour leur commerce, et persuader les membres du Parlement de s'opposer au départ des vaisseaux destinés pour la Méditerranée, comme à une résolution capable de causer une rupture et d'entraîner la ruine totale du commerce. Ils pénétroient, mais ils ne savoient encore qu'imparfaitement les points et les difficultés de la négociation. Cellamare et Provane commençoient à découvrir par les bruits publics qu'il s'agissoit d'échanger la Sicile avec la Sardaigne, et se plaignoient tous deux de la liberté que se donnoient les médiateurs de disposer d'États dont ils n'étoient pas les maîtres. Les princes d'Italie, quoique fort alarmés, faisoient peu de mouvements. Enfin, le grand-duc envoya ordre à son envoyé à Paris de passer à Londres, et d'y représenter l'injustice de disposer de ses États contre son gré. Ceux qui connoissoient le négociateur jugèrent peu favorablement de son succès. D'ailleurs, les choses étoient trop avancées pour attendre quelque changement. Cet envoyé du grand-duc étoit Corsini, qui est devenu cardinal et premier ministre à Rome, sous le pontificat de son oncle Clément XII, douze ans après. M. le duc d'Orléans expliqua lors à Provane de quoi il étoit question, mais verbalement, Provane auroit souhaité le plan du traité par écrit. Il se plaignit à Stairs de l'appui que le roi d'Angleterre donnoit à l'échange de la Sicile. La réponse fut simplement en termes fort généraux. Cellamare, instruit par Provane, dit à Nancré que, s'il ne portoit à Madrid des propositions plus avantageuses que celles dont on le disoit chargé, il ne devoit pas être étonné de ne pas réussir. Il se vanta même d'avoir convaincu Nancré, qui néanmoins partit.

La cour de Vienne prétendoit que le plan sur lequel on négocioit à Londres étoit absolument différent de celui que l'abbé du Bois avoit proposé et étoit convenu à Hanovre. Elle se plaignoit aussi d'entendre dire de tous côtés que, si l'Empereur ne consentoit pas aux demandes de la France, cette couronne se joindroit à l'Espagne pour lui faire la guerre. Cette espèce de menace blessoit sa hauteur. Elle menaçoit de son côté de se rendre plus difficile si elle parvenoit à faire la paix avec la Porte avant la conclusion du traité qui se négocioit à Londres. Les ministres de Georges sembloient appuyer les menaces des Impériaux. Non-seulement Saint-Saphorin les trouvoit bien fondées, et tâchoit d'alarmer le Régent; mais Stairs, secondé d'un Suisse, grand fripon, nommé Schaub, qui avoit servi de secrétaire à Stanhope et qu'on renvoyoit de Londres à Vienne, parloient haut dans les conférences qu'ils eurent tous deux avec le Régent. Quelque avantageuse que fût à l'Empereur la médiation d'un roi d'Angleterre électeur d'Hanovre, si partiale en sa faveur par tant de raisons générales et personnelles, l'Empereur n'en paroissoit que plus difficile, et retardoit l'utilité qu'il devoit se promettre de la conclusion du traité, par ses demandes. Il prétendoit qu'avant toutes choses le roi d'Espagne retirât ses troupes de la Sardaigne, et qu'il l'a remît en dépôt entre les mains d'un prince neutre, pour la garder en dépôt jusqu'à ce que toutes les conditions de la paix fussent réglées. Le roi d'Angleterre étoit le prince que l'Empereur indiquoit, parce qu'il n'en pouvoit choisir un dont il fût plus sûr, et d'ailleurs cet honneur, disoient-ils, étoit dû à ce prince par la manière dont il se portoit pour le succès de la négociation. Outre ce dépôt, l'Empereur demandoit que le grand-duc venant à mourir, ses États fussent démembrés, ne pouvant consentir qu'un prince de la maison de France possédât toute la Toscane telle qu'elle étoit possédée par la maison de Médicis. Il vouloit donc faire revivre l'ancienne république de Pise. Il vouloit de plus que Livourne fût érigée en ville libre, sous la protection de l'Empire. Il comptoit par ces propositions engager encore plus en sa faveur les puissances intéressées au commerce du Levant; et véritablement les plus confidents ministres du roi d'Angleterre les appuyoient, jusqu'au point de représenter au Régent qu'il s'exposeroit à faire échouer la négociation s'il s'opiniâtroit à la totalité de l'expectative[1] des États du grand-duc pour un des fils de la reine d'Espagne, et disoient que souvent on n'obtenoit rien pour trop demander. Saint-Saphorin y joignoit les menaces, en faisant revenir au Régent par l'Angleterre que les conférences pour la paix entre l'Empereur et le Grand Seigneur s'alloient ouvrir; que les conditions de part et d'autre en seroient bientôt réglées, les deux parties desirant également la fin de la guerre; que si ce n'étoit pas une paix définitive, ce seroit une trêve de quatre ou cinq ans, chacun demeurant dans la possession où il se trouvoit; que la cour de Vienne, débarrassée de la guerre d'Hongrie, deviendroit encore plus difficile avec l'Espagne.

Le roi d'Espagne avoit demandé deux conditions préliminaires : l'une que l'Empereur promît de ne plus envoyer de troupes en Italie, l'autre de n'y plus exiger de contributions des princes. Les Impériaux répondoient à la première qu'il étoit étonnant que ce prince prétendît

1. Saint-Simon a écrit ici *expertative*; plus loin, p. 455, ligne 28, il y a bien *expectative*.

imposer à l'Empereur la nécessité de ne point envoyer de troupes en Italie, quand elles y étoient le plus nécessaires pour la conservation de ses États, que l'Espagne avoit attaqués au préjudice de la neutralité; qu'elle continuoit d'armer, et que si elle vouloit empêcher l'Empereur d'envoyer des troupes en Italie, il falloit qu'elle discontinuât auparavant ses armements par mer et par terre, qu'elle promît elle-même de demeurer en repos, et que, pour sûreté de sa parole, elle remît la Sardaigne en dépôt au roi d'Angleterre. Quant aux contributions, il y fut répondu que l'Empereur ne les avoit demandées qu'en vertu d'un résultat de la diète de l'Empire, fondé sur la nécessité de soutenir la guerre contre l'ennemi commun de la chrétienneté[1]; qu'il étoit juste que toute puissance dépendante de l'Empire, comme étoient les princes d'Italie, concourussent aux besoins et aux succès de cette guerre; et que ce n'étoit point agir contre la neutralité que d'exiger d'eux des contributions pour cet effet; qu'enfin, si l'Espagne réparoit les infractions qu'elle avoit faites à la neutralité, et qu'elle cessât d'en commettre de nouvelles, l'Empereur cesseroit aussi d'exiger aucunes sommes des princes d'Italie, n'étant pas juste que, pendant que l'Empereur se lieroit les mains, le roi d'Espagne se crût le maître d'agir librement comme il croiroit convenir à ses intérêts. Ces réponses de l'Empereur furent non-seulement goûtées à Londres, mais particulièrement appuyées du roi d'Angleterre et de ses ministres.

Stanhope n'oublia rien pour intimider Monteleon, et par lui le roi d'Espagne, en lui représentant les suites funestes de la guerre que ce prince vouloit allumer en Italie, qui en deux ans deviendroit générale, feroit revivre les droits de l'Empereur sur l'Espagne, ceux de Philippe sur la France, et qu'il se trouveroit peut-être des princes qui prétendroient aussi régler la succession d'Angleterre; et que le seul moyen d'éviter tant de maux étoit de ter-

1. Voyez tome IX, p. 228 et note 1.

miner les différends entre l'Empereur et l'Espagne de
manière que le roi d'Espagne pût être satisfait, et que la
négociation entreprise à Londres eût un heureux succès.
Il employoit les espérances et les menaces. Quelquefois il
promettoit que, si l'Empereur se rendoit trop difficile, le
roi d'Angleterre se croiroit dégagé de toute garantie; il
disoit la même chose si les refus venoient de la part du
roi d'Espagne. Stanhope cependant avoit l'adresse de
faire voir un penchant particulier pour l'Espagne; ou
bien Monteleon le vouloit faire croire à Madrid, soit pour
se faire un mérite d'avoir su gagner un des principaux
ministres de Georges, soit pour donner plus de poids aux
insinuations qu'il faisoit de temps en temps au cardinal
Alberoni, mais toujours en tremblant, pour le porter à la
paix. Il étoit persuadé que ce cardinal ne la desiroit pas,
dont la preuve étoit le silence qu'il gardoit à son égard,
à lui qui étoit le seul ministre du roi d'Espagne à portée
de veiller à la négociation, et de ménager les intérêts du
roi son maître. Il falloit pour y réussir qu'il fût instruit de
ses intentions, et il les ignoroit absolument; en sorte que
Stanhope le pressant pour savoir enfin ce que Sa Majesté
Catholique demandoit, il étoit obligé de répondre en
termes généraux, et de se servir de son esprit pour cacher
le peu de confiance que sa cour avoit en lui. Il étoit
instruit néanmoins de ce qu'il se passoit, mais par
Stanhope et par du Bois. Cet abbé l'assuroit que le Régent
communiqueroit tout au roi d'Espagne; que c'étoit le
principal objet de la mission de Nancré; qu'il agiroit à
Madrid d'un parfait concert avec Alberoni; et que, jusqu'à
ce qu'il sût par lui les intentions du roi d'Espagne, le
Régent différeroit de consentir au projet qui lui étoit proposé par les Anglois. Voulant donner à Monteleon une
preuve de la confiance qu'il prenoit en lui, il lui dit qu'il
reconnoissoit en tout la partialité des ministres hanovriens et des Anglois de leur parti pour la cour de Vienne;
qu'il remarquoit qu'ils oublioient souvent leurs intérêts
pour favoriser celui de l'Empereur. Il excitoit Monteleon

à redoubler ses assiduités auprès de Stanhope, pour animer davantage son penchant pour l'Espagne. Desirant disposer Alberoni favorablement pour Nancré, il pria l'ambassadeur d'en écrire à ce premier ministre en termes qui le disposassent favorablement pour la négociation et le prévinssent en faveur du négociateur. Il parut même qu'il craignit de s'en rapporter à lui, car il lui envoya par Chavigny le modèle du billet qu'il le pria d'écrire à Madrid, et pour plus de sûreté, de lui en renvoyer la minute. Ce billet étoit conçu dans les termes suivants :

« L'abbé du Bois, que je sais de bonne part s'intéresser à votre gloire particulière, conjure V. E. de bien peser ce que le sieur de Nancré lui dira, et de ne perdre pas cette occasion de réunir la France, l'Angleterre et la Hollande avec l'Espagne, contre l'Empereur, ce qui arrivera infailliblement si elle donne les mains à ce que ces trois puissances lui proposeront, soit qu'ensuite l'Empereur l'accepte ou qu'il le refuse. »

Malgré ces précautions prudentes, Alberoni sut que le billet n'étoit pas du style de Monteleon, que l'abbé du Bois l'avoit dicté, et cependant n'en fit pas grand cas. Peut-être Monteleon lui-même eut-il quelque part au peu d'impression que firent les protestations de l'abbé du Bois; car il est certain que cet ambassadeur prétendit avoir découvert (on dit [du] moins qu'il l'écrivit à Madrid) que la France et l'Angleterre s'étoient promis réciproquement de demeurer unies pour soutenir le projet du traité, et d'employer leurs forces pour obliger l'Espagne à l'accepter si elle y résistoit.

Quoi qu'il en soit, le roi d'Angleterre continuoit d'armer par mer. On disoit sans mystère que l'escadre, qui seroit d'onze navires de guerre, étoit destinée pour la Méditerranée, où elle se joindroit à sept autres navires que l'Angleterre avoit déjà dans cette mer. Le roi d'Espagne fit demander à quel usage l'Angleterre destinoit cette escadre; et comme jusqu'alors les ministres anglois s'étoient contentés d'assurer en général que l'intention du roi leur maître étoit d'entretenir la paix et la bonne intelligence avec Sa Majesté Catholique, Monteleon eut ordre de les engager à lui donner quelque parole plus précise. Il pressa donc Stanhope de lui déclarer par écrit, au nom du roi d'Angleterre, que l'escadre qu'il faisoit armer, non-seulement ne seroit pas employée contre les intérêts du roi d'Espagne, mais même qu'elle ne passeroit pas dans la Méditerranée. Comme Stanhope répugnoit à donner une pareille déclaration, Monteleon lui proposa, pour tout expédient, d'ordonner au colonel Stanhope, alors envoyé d'Angleterre à Madrid, de la faire, ou tout au moins de s'expliquer clairement au cardinal Alberoni sur la destination de l'escadre. L'une et l'autre de ces propositions fut également rejetée. Stanhope voulut faire croire à Monteleon que le seul objet du roi d'Angleterre étoit d'obtenir du Pape la satisfaction qu'il lui avoit demandée pour l'enlèvement de Peterborough; qu'il ne doutoit pas qu'elle ne lui fût enfin accordée; mais qu'il falloit presser les délibérations de la cour de Rome, et faire paroître aux côtes d'Italie des forces suffisantes pour obliger le Pape par la crainte à ce qu'il ne voudroit pas de bonne grâce accorder là-dessus aux instances de l'ambassadeur de l'Empereur. Stanhope ajouta qu'il ne croyoit pas même qu'il fût nécessaire d'envoyer des vaisseaux dans la Méditerranée pour mettre le Pape à la raison; qu'on avoit donc travaillé très-lentement à l'armement de cette escadre, et que si depuis quelques jours il y paroissoit plus de diligence, la Méditerranée n'en étoit pas l'objet, mais la mer Baltique, où le roi d'Angleterre prétendoit faire passer vingt navires de guerre et dix bâtiments de suite. Monteleon auroit souhaité que Stanhope, lui confiât, disoit-il, les véritables intentions du roi d'Angleterre, lui eût promis formellement ce qu'il ne lui disoit que comme simple confidence. Il essayoit de faire voir à ce ministre qu'il ne devoit avoir aucune peine à promettre, pour le bien de la paix, que le roi d'Angleterre n'enverroit point de vaisseaux dans la Méditerranée, puisqu'il n'en avoit pas l'intention; mais ces instances furent inutiles. Stanhope lui dit que le roi d'Angleterre ne pouvoit donner une telle parole sans manquer formellement aux engagements du traité qu'il avoit signé avec l'Empereur, dont une des principales conditions étoit de lui garantir la possession des États dont il jouissoit actuellement en Italie. Stanhope déclara nettement que l'intention de son maître étoit d'y satisfaire ponctuellement, en sorte que personne ne pouvoit dire positivement jusqu'à quelle extrémité les choses seroient peut-être portées; qu'il pouvoit seulement protester qu'à moins d'un grand malheur, l'Angleterre ne prendroit aucun nouvel engagement capable d'altérer la bonne correspondance qu'elle prétendoit entretenir avec l'Espagne. Monteleon répliqua que le moyen de la conserver entre les puissances amies étoit de s'expliquer franchement; que les réponses ambiguës n'entretenoient point l'amitié; qu'à son égard, il se croyoit obligé de dire nettement que, si l'Angleterre envoyoit une escadre dans la Méditerranée, le roi d'Espagne ne pourroit s'empêcher de prendre des mesures contraires au commerce des deux nations. Stanhope convint de tous les avantages que ce commerce apportoit à l'Angleterre, et comme il affectoit en toutes occasions de paroître disposé favorablement pour l'Espagne, il dit à Monteleon qu'il consentiroit de tout son cœur à la proposition qu'il lui avoit faite d'ordonner au colonel Stanhope de confier au roi d'Espagne les intentions secrètes du roi d'Angleterre; mais qu'il n'avoit que sa voix dans le conseil, composé d'ailleurs de différentes nations, en sorte qu'il ne pouvoit répondre ni des délibérations ni de la résolution. Il offrit ce qui étoit en lui, c'est-à-dire de rendre compte au roi d'Angleterre et à son conseil des propositions de Monteleon.

Cet ambassadeur étoit trop éclairé et connoissoit trop le caractère des Anglois pour se laisser éblouir par des réponses si vagues. Il jugeoit donc que si l'intention du roi d'Angleterre et de ses ministres étoit de se réserver la liberté d'accorder ou de refuser absolument la déclaration sollicitée, suivant le tour que prendroient les affaires générales, une telle incertitude ne pouvoit[1] convenir aux intérêts du roi d'Espagne. Monteleon résolut d'agir par d'autres voies : celle qu'il crut la plus sûre fut d'intéresser la nation. Rien ne lui étoit plus sensible que l'interruption de son commerce avec l'Espagne. Il n'oublia rien pour alarmer les membres du Parlement, faisant envisager secrètement à quelques-uns des principaux le péril prochain dont ce commerce seroit menacé, si le roi d'Angleterre faisoit passer, comme on le disoit, une escadre dans la Méditerranée. Il leur insinua, comme un moyen d'éviter ce danger, de presser le roi leur maître de communiquer au Parlement tous les traités qu'il avoit faits, en sorte que la nation assemblée pût aviser aux moyens de ne pas rompre avec l'Espagne. L'orateur de la chambre basse, frappé de cette crainte, vit secrètement Monteleon ; il reçut de lui des instructions, et protesta que la plus grande partie de la nation s'opposeroit à toute résolution de la cour qui tendroit à rompre avec l'Espagne.

Quelques jours après, dans une séance du Parlement, on tint quelques discours sur l'escadre que le roi d'Angleterre devoit envoyer dans la Méditerranée. Deux députés des communes représentèrent que ce seroit ruiner l'Angleterre que de donner occasion à l'Espagne d'interrompre le commerce si avantageusement établi entre les deux nations. Le premier effet des diligences de Monteleon ne l'éblouit pas. Comme il connoissoit le caractère et le génie de la nation angloise, et les passions des particuliers qui avoient le plus de crédit sur l'esprit du roi d'Angleterre, il comprit qu'il ne devoit pas compter sur les dispositions apparentes de quelques membres du

1. *Pouvant*, sans doute par erreur, au manuscrit.

Parlement, parce que la cour sauroit bien les gagner si leurs suffrages étoient de quelque poids, sinon que leurs contradictions ne traverseroient pas ses résolutions. Quant aux ministres, il étoit persuadé que ce seroit inutilement qu'il entreprendroit de faire combattre la raison contre le desir qu'ils avoient de plaire aux Allemands, comme l'unique moyen de parvenir à l'avancement que chacun d'eux se proposoit. Ainsi, voyant les choses de près, il n'espéroit rien de bon de l'Angleterre pour le roi son maître. Il ne se promettoit pas un succès plus heureux de la négociation que la France vouloit entamer à Madrid. Toutefois il croyoit que si on pouvoit envisager un moyen de sortir d'affaires avec quelque avantage, c'étoit celui de savoir plier aux conjonctures présentes, et de convenir, s'il étoit possible, de quelque proposition capable de concilier les intérêts de l'Espagne avec l'empressement que la France et l'Angleterre témoignoient à l'envi de ménager et de conclure la paix entre l'Empereur et le roi d'Espagne.

Raisonnant sur le caractère des ministres de l'Empereur, il pensoit que la cour de Vienne, inflexible et déraisonnable, disoit-il, n'admettroit aucun expédient quand il s'agiroit de réduire ses vastes prétentions, et qu'elle découvriroit elle-même son ambition de manière que ses amis même comprendroient les raisons et la nécessité de s'unir pour contraindre les Allemands à sortir de l'Italie. Cette cour, en effet, ne vouloit alors entendre à rien sur le point d'assurer l'expectative de la Toscane à un fils de la reine d'Espagne. Le plan du traité lui plaisoit en ce qui regardoit ses avantages; mais l'Empereur considérant ce qui lui étoit offert comme une restitution d'un bien qui lui appartenoit légitimement, croyoit que les demandes faites en faveur du roi d'Espagne étoient autant de démembrements que les médiateurs vouloient arracher aux droits légitimes de la maison d'Autriche.

On étoit à la fin de février; jusqu'alors le détail de la

négociation n'avoit pas encore passé les cours de Vienne, de France et d'Angleterre. Le roi de Sicile étoit inquiet d'un traité dont il devoit fournir la matière principale, puisque la Sicile étoit le prix que les négociateurs proposoient à l'Empereur pour l'engager à se désister pour toujours de toute prétention sur la monarchie d'Espagne. Il paroissoit juste d'avoir le consentement de ce prince, qui possédoit actuellement la Sicile en vertu des traités faits seulement depuis cinq ans à Utrecht, dont la France et l'Angleterre étoient également garantes. Toutefois on ne parloit encore clairement au roi de Sicile ni de la disposition de cette île, ni du dédommagement qu'on lui offriroit pour obtenir son consentement. Le comte de Sunderland dit seulement à son envoyé que le roi d'Angleterre songeoit aux intérêts du roi de Sicile; qu'il lui en diroit davantage dès le moment qu'il pourroit s'expliquer plus clairement. Bernsdorf, le principal des ministres hanovriens, dit à ce même envoyé qu'il jugeât lui-même s'il étoit possible au roi d'Angleterre de rien communiquer au roi de Sicile avant de savoir si l'Empereur et le roi d'Espagne consentiroient à s'accommoder ensemble; il ajouta qu'un projet n'étoit pas un traité, qu'avant d'en venir à la conclusion, il y avoit toujours beaucoup de choses à changer dans un premier plan, que lorsqu'elles seroient à un certain point, le roi de Sicile en auroit une entière communication. L'envoyé fit en cette occasion les protestations que tout ministre croit être du goût de son maître en pareille conjoncture. Il dit que jamais ce prince ne plieroit pour quelque raison que ce pût être quand il s'agiroit de son honneur, de son avantage, de celui de sa maison; que, plutôt que d'y souffrir volontairement le moindre préjudice, il s'exposeroit à toute sorte de péril; que s'il y succomboit, la honte de sa perte tomberoit entièrement sur les garants des derniers traités. Provane employoit moins de paroles, mais il parloit plus fortement à Paris que la Pérouse ne parloit à Londres; car il laissoit entendre que, si son maître manquoit de forces ou de volonté, et ne défendoit pas pied à pied la Sicile, et s'il n'employoit pas pour la conserver tous les moyens que suggère un cas désespéré, il pourroit bien songer à des échanges très-douloureux pour la France. Un tel discours n'avoit pas besoin d'explication, car il étoit aisé d'entendre que l'échange qu'il vouloit faire craindre étoit celui des États de Piémont et de Montferrat, que le roi de Sicile céderoit à l'Empereur pour avoir de lui le royaume de Naples à joindre à la Sicile. Cellamare appuyoit les menaces indirectes de Provane. Il se plaignoit qu'il ne trouvoit que léthargie dans le gouvernement. Il réitéroit souvent et vivement ses sollicitations, mais il trouvoit que tout le monde crioit à la paix, et que personne n'appuyoit alors les propositions de l'Espagne.

Peterborough, nouvellement sorti des prisons du Pape, vint à Paris dans ces circonstances. Cellamare ne manqua pas de le voir, et crut ne pouvoir mieux employer son éloquence qu'à le persuader que l'Angleterre devoit éviter avec soin de rompre avec l'Espagne. Peterborough convint de tout ce que lui dit Cellamare, il lui promit même de soutenir fortement les intérêts de l'Espagne quand il seroit en Angleterre. Il ne se contraignit point sur les sujets qu'il avoit de se plaindre de la cour de Vienne; mais Cellamare s'aperçut cependant qu'il battoit la campagne, et qu'il y avoit aussi peu de fondement à faire sur ses raisonnements que sur ses promesses. Comme il perdoit peu à peu l'espérance d'interrompre le cours et d'empêcher le succès de la négociation de Londres, il crut devoir faire de nouveaux efforts en France pour détourner le Régent de la suivre. Il représenta que le voyage de Nancré étoit inutile, que ses propositions seroient mal reçues. Il confioit à ses amis que l'air que la cour de Madrid respiroit n'étoit que de guerre. Monti, qui en arrivoit nouvellement, parla en même sens au Régent. Il lui répondit qu'il avoit nouvellement combattu pour procurer au roi d'Espagne les conditions meilleures et les plus avantageuses, et qu'il ne falloit pas exposer au hasard d'une guerre ce qu'on pouvoit obtenir par un traité.

Alberoni raisonnoit différemment. Le duc de Parme lui représentoit souvent qu'il ne falloit pas se laisser endormir par les Impériaux, et le persuadoit aisément que, si l'Espagne leur donnoit le temps de s'établir en Italie, ils le feroient de manière que bientôt ils se trouveroient maîtres d'exécuter toutes les résolutions violentes qu'il leur plairoit de prendre. Ce raisonnement étoit depuis longtemps celui d'Alberoni, et pour engager la France à s'y conformer, il disoit qu'elle suivoit une politique non-seulement fausse, mais pernicieuse, même mortelle, en regardant comme un acte de prudence et d'habileté d'éviter de prendre les armes hors les cas de nécessité forcée. Il s'étendoit en raisonnements fondés sur ses desirs, tout au plus sur ses espérances, qu'il prétendoit appuyés sur des secrets, dont lui seul avoit la connoissance. Ces secrets étoient ses anciennes chimères de l'éloignement de la paix des Turcs, de celui de la nation angloise de perdre son commerce qui ne permettroit pas au roi d'Angleterre de rompre avec l'Espagne, de la jalousie secrète des Hollandois qui verroient sans se remuer, même avec joie, attaquer et humilier l'Empereur. C'étoit avec quoi il ne se rebutoit point de vouloir persuader au Régent de prendre les armes et de s'unir à l'Espagne et au roi de Sicile avec lequel pourtant il n'étoit rien moins que d'accord. Il vouloit cependant faire en sorte, par la France, pour que la haine du refus des propositions de paix ne tombât pas sur l'Espagne, mais sur les Impériaux. Il ne trouvoit aucune sûreté pour les garnisons espagnoles à mettre dans les États de Toscane et de Parme contre l'enlèvement que les troupes de l'Empereur en pouvoient faire d'un moment à l'autre. Il s'écrioit contre la violence qu'on vouloit exercer contre des princes vivants et possédant justement leurs États, tels que le grand-duc, qui avoit un fils, le duc de Parme surtout, beau-père et oncle de la reine d'Espagne, lequel avoit un frère qui pouvoit avoir des enfants, et amuser et repaître de visions éloignées, et de laisser cependant les Allemands si bien prendre leurs mesures qu'ils feroient échouer d'autres projets plus raisonnables et plus capables de maintenir l'équilibre de l'Europe. Tous ces langages furent tenus au Régent par Cellamare, qui eut ordre de lui faire voir la lettre d'Alberoni, et par Monti, son ami de confiance, chargés tous deux de n'oublier rien pour arracher le Régent à la négociation de Londres et l'unir à l'Espagne et au roi de Sicile, duquel ils prétendirent être sûrs.

Alberoni, persuadé qu'il falloit marquer beaucoup de fermeté et de confiance en ses forces pour intimider, envoya ordre à Monteleon de s'expliquer beaucoup plus clairement qu'il n'avoit fait sur la destination de l'escadre angloise. Ainsi cet ambassadeur déclara que, si elle passoit dans la Méditerranée, il partiroit sur-le-champ et retourneroit en Espagne, parce que le roi son maître regarderoit cette démarche comme un premier acte d'hostilité de la part du roi d'Angleterre. Monteleon eut ordre d'instruire les membres du Parlement, particulièrement les intéressés en la compagnie de l'*assiento*[1], des ordres qu'il avoit reçus, et de leur dire nettement qu'après tout ce que le roi d'Espagne avoit fait pour le roi Georges et pour la nation angloise en des temps critiques, il avoit lieu d'attendre plus de reconnoissance de leur part; qu'il auroit au moins dû compter sur leur indifférence; qu'il vouloit enfin connoître ceux qui seroient ses amis ou ses ennemis, et pour mettre l'épée à la main s'il étoit nécessaire. Enfin, comme s'il y eût eu lieu de douter de l'exactitude de Monteleon et de le soupçonner de timidité ou d'intérêt capable de le retenir ou de le ralentir, il reçut de nouveaux ordres très-positifs de parler sans crainte et sans incertitude, et d'autant plus clairement que le roi d'Espagne savoit qu'on fai-

1. Voyez tome XIII, p. 5 et note 1.

soit à Naples et à Lisbonne de grands préparatifs pour l'escadre angloise qui devoit passer dans la Méditerranée.

Beretti, ambassadeur d'Espagne en Hollande, eut ordre, de son côté, de déclarer que le roi son maître ne se laisseroit pas amuser par de prétendus médiateurs ni par des propos de paix dont on répandoit les conditions dans le monde sans toutefois que Sa Majesté Catholique en eût encore la moindre connoissance; mais que certainement ce seroit se tromper que de croire une pareille démence, comme la république d'Hollande se tromperoit elle-même si elle laissoit à la maison d'Autriche la supériorité que les traités d'Utrecht lui avoient procurée. Alberoni s'abandonnoit à ses vanteries sur le bon état où il avoit déjà mis l'Espagne, qui ne craindroit plus personne dans deux ans. Ses discours annonçoient bien plus la guerre que la paix. Ses préparatifs se poussoient avec la plus grande diligence et le plus impénétrable secret. Il détestoit la paix d'Utrecht, il soutenoit que le feu Roi n'avoit point eu de pouvoir légitime pour faire tomber comme il avoit fait tout le poids du traité sur le roi son petit-fils, et que le consentement qu'y avoit donné ce prince n'avoit point été libre, mais forcé par une juste crainte pour le Roi son grand-père, respect si imprimé dans son cœur qu'il lui auroit donné sa femme et ses enfants s'il les lui eût demandés, avec la même docilité qu'il avoit cédé la Sicile. Il ajoutoit que les souverains étoient toujours mineurs, maîtres par conséquent de se délivrer des violences qu'ils avoient souffertes quand la Providence en faisoit naître les occasions. La cession de la Sicile, citée par Alberoni comme un exemple de la complaisance du roi d'Espagne pour le Roi son grand-père, ne fut pas regardée si simplement par l'abbé del Maro, ambassadeur de Sicile à Madrid. Il soupçonnoit depuis longtemps la cour d'Espagne de former des desseins sur ce royaume, et il persista toujours dans sa pensée, quoique l'opinion publique fût que la destination de la flotte fût pour Naples. On disoit même que le dessein étoit d'attaquer cette capitale, sans s'amuser à Gaëte[1] ni à Capoue. On prévoyoit cependant que la France et l'Angleterre ne le souffriroient pas tranquillement, et que s'il étoit impossible de porter l'Espagne à un accommodement, ces deux puissances prendroient si bien leurs mesures par mer et par terre, qu'elles feroient échouer les projets de l'Espagne. Alberoni auroit bien voulu détruire cette opinion du public en lui laissant croire qu'il y avoit entre la France et l'Espagne une intelligence secrète; mais il n'y put le tromper. Il réussit mieux à lui cacher son véritable projet; en sorte que bien des gens crurent qu'il pourroit tourner ses armes contre le Portugal, autant que les porter en Italie. Alberoni cependant vantoit la puissance de l'Espagne, qui avoit sur pied quatre-vingt mille hommes, une bonne marine, ses finances en bon état, et continuoit ses déclamations et ses péroraisons contre les propositions des médiateurs, et pour persuader la nécessité, la facilité et les grands fruits de l'union armée de la France avec l'Espagne.

Le voyage prochain de Nancré à Madrid paroissoit moins une disposition pour rétablir la bonne intelligence entre les deux cours qu'un moyen que celle de France vouloit tenter pour déclarer au roi d'Espagne que, s'il n'acceptoit le projet concerté avec l'Angleterre, son refus produiroit une rupture ouverte entre la France et lui. Mais Alberoni, persuadé qu'il devoit en cette conjoncture tenir et montrer bonne contenance, disoit que nonobstant tout ce qu'il pourroit arriver, le roi d'Espagne suivroit son projet; que, s'il ne réussissoit pas, il en seroit quitte pour se retirer sur son fumier où il attendroit des conjonctures plus favorables. Enfin la résolution étoit prise de ne faire aucun accommodement avec l'Empereur. Monti eut ordre d'Alberoni de le dire au Régent et de l'assurer qu'avec un peu de temps il verroit des change-

---

1. L'orthographe de Saint-Simon est *Gayette*.

ments dans les mesures qu'il avoit prises avec le roi
Georges, que le temps feroit aussi que l'amitié du roi
d'Espagne seroit recherchée, et d'autres pareilles vanteries. Alberoni comptoit sur la neutralité au moins de
la Hollande. Beretti, pressé de plaire et de se faire valoir,
l'en assuroit. Il lui mandoit l'assurance qu'il avoit eue de
Santen, nouveau bourgmestre d'Amsterdam, que cette
ville n'admettroit rien contre le service du roi d'Espagne,
et qu'il en avoit averti Buys et le pensionnaire pour les
contenir, parce qu'il les savoit tous deux très-attachés à
l'Angleterre et à la maison d'Autriche. La foiblesse où se
trouvoit cette république, la difficulté de fournir à un
armement très-nécessaire pour la mer Baltique par les
dettes immenses qu'elle avoit contractées pendant la
guerre terminée par la paix d'Utrecht, lui rendoient les
levées de troupes impossibles, à ce que prétendoit
Beretti. Ces mêmes raisons lui ôtoient aussi toute espérance de porter les États à attaquer l'Empereur, et c'est
ce qui redoubloit le desir d'Alberoni que la France leur
en donnât l'exemple. Cellamare ne le laissa pas dans l'abus
de cette espérance : il lui manda que, quelques bonnes
dispositions que le Régent eût fait paroître en différentes
occasions pour l'Espagne, son but n'avoit jamais varié
sur la conservation de la paix, à quelque prix que ce pût
être; que ce n'étoit que pour gagner du temps qu'il avoit
quelquefois flatté le roi d'Espagne d'espérances agréables ;
que le moyen d'éviter ces piéges étoit d'obliger Nancré
de s'expliquer tout en arrivant, et clairement, et de ne pas
remettre à son retour à Paris la décision des affaires.
Cellamare crut qu'il étoit du service du roi son maître,
d'en parler comme de chose déjà décidée. Il publia que
le roi d'Espagne se vengeroit enfin des outrages qu'il
avoit reçus, et qu'il soutiendroit ses droits quand même
il seroit abandonné de ceux dont il devoit naturellement
et raisonnablement attendre du secours. Provane, qui le
secondoit alors, alla plus loin. Il vouloit que le roi
d'Espagne demandât passage par la France pour cin-

quante mille hommes qu'il enverroit défendre l'Italie; mais Cellamare y trouva trop de rodomontade, et crut qu'il falloit ne dire que ce qu'on étoit à peu près en état de faire. Le bruit se répandit néanmoins que ce passage étoit demandé pour vingt-cinq mille hommes. Cellamare, sans appuyer ni démentir ce bruit, dit à Nancré avant son départ qu'il ne pouvoit faire que de mauvais augures de la négociation dont il étoit chargé.

FIN DU QUATORZIÈME VOLUME.

TABLE

DES CHAPITRES DU QUATORZIÈME VOLUME.

CHAPITRE PREMIER. — M. le duc d'Orléans, prêt à se rendre sur les états, se trouve convaincu par le mémoire, et on n'entend plus parler d'états généraux. — Mémoire sur les finances annoncé par le duc de Noailles. — M. le duc d'Orléans me parle du mémoire; d'un comité pour les finances; me propose à deux reprises d'en être, dont je m'excuse fortement. — Le duc de Noailles lit son mémoire en plusieurs conseils de régence; quelle cette pièce. — Je suis bombardé du comité au conseil de régence, où, malgré mes excuses, je reçois ordre d'en être. — Monsieur de Fréjus obtient personnellement l'entrée du carrosse du Roi, où jamais évêque non pair, ni précepteur, ni sous-gouverneur n'étoit entré, lesquels sous-gouverneurs l'obtiennent aussi. — Dispute sur la place du carrosse entre le précepteur et le sous-gouverneur, qui la perd. — Mariage de Tresnel avec Mlle le Blanc; de Flamarens avec Mlle de Beauvau; de la Luzerne avec Mme de la Varenne; du marquis d'Harcourt avec Mlle de Barbezieux, dont le duc d'Albret veut épouser la sœur et y trouve des obstacles. — Arouet à la Bastille, connu depuis sous le nom de Voltaire. — Mort du vieux prince palatin de Birkenfeld. — Mort de la duchesse douairière d'Elbœuf. — Mort de M. de Montbazon. — Mort de la fameuse Mme Guyon. — Six mille [francs] de pension au maréchal de Villars. — Dix mille francs de pension au duc de Brissac; six mille francs de pension à Blancmesnil, avocat général; Canillac lieutenant général de Languedoc. — Duel à Paris de Contade et de Brillac, dont il n'est autre chose. — Je fais acheter ce diamant unique en tout, qui fut nommé *le Régent*.   1

CHAPITRE II. — Le Czar vient en France, et ce voyage importune. — Origine de la haine personnelle du Czar pour le roi d'Angleterre. — Kurakin ambassadeur de Russie en France; quel. — Motifs et mesures du Czar, qui veut, puis ne veut plus, être catholique. — Courte réflexion sur Rome. — Il est reçu à Dunkerque par les équipages du Roi, et à Calais par le marquis de Nesle; il est en tout défrayé avec toute sa suite; on lui rend partout les mêmes honneurs qu'au Roi; on lui prépare des logements au Louvre et à l'hôtel de Lesdiguières, qu'il choisit; je propose au Régent le maréchal de Tessé pour le mettre auprès du Czar pendant son séjour, qui l'attend à Beaumont; vie que menoit le maréchal de Tessé. — Journal du séjour du Czar à Paris. — Verton, maître d'hôtel du Roi, chargé des tables du Czar et de sa suite, gagne les bonnes grâces du Czar. — Grandes qualités du Czar; sa conduite à Paris; sa figure, son vêtement, sa nourriture. — Le Régent visite le Czar. — Le Roi visite le Czar en cérémonie. — Le Czar visite le Roi en toute pareille cérémonie. — Le Czar voit les places du Roi en relief. — Le Czar visite Madame, qui l'avoit envoyé complimenter, puis à l'Opéra avec M. le duc d'Orléans, qui la lui sert à boire. — Le Czar aux Invalides. — Mme la duchesse de Berry et Mme la duchesse d'Orléans, perdant espérance d'ouïr parler du Czar, envoient enfin le complimenter; il ne distingue les princes du sang en rien, et trouve mauvais que les princesses du sang prétendissent qu'il les visitât. — Il visite Mme la duchesse de Berry; dîne avec M. le duc d'Orléans à Saint-Cloud, et visite Mme la duchesse d'Orléans au Palais-Royal; voit le Roi comme par hasard aux Tuileries. — Le Czar à Versailles. — Dépense pour le Czar. — Il va à Petit-Bourg et à Fontainebleau, voit en revenant Choisy, et par hasard Mme la princesse de Conti un moment, qui y étoit demeurante. — Le Czar va passer plusieurs jours à Versailles, Trianon et Marly; voit Saint-Cyr; fait à Mme de Maintenon une visite insultante. — Je vais voir le Czar chez d'Antin tout à mon aise sans en être connu; Madame la Duchesse l'y va voir par curiosité; il en est averti; il passe devant elle, la regarde, et ne fait ni la moindre civilité ni semblant de rien. — Présents. — Le Régent va dire adieu au Czar, lequel va dire adieu au Roi sans cérémonie, et reçoit chez lui celui du Roi de même. — Départ du Czar, qui ne veut être accompagné de personne; il va trouver la Czarine à Spa. — Le Czar visite le Régent; personnes présentées au Czar. — Maréchal de Tessé commande tous les officiers du Roi servants le Czar. — Le Czar, en partant, s'attendrit sur la France et sur son luxe; il refuse tacitement le Régent, qui, à la prière du roi d'Angleterre, desiroit qu'il retirât ses troupes du Meckelbourg; il desire ardemment de s'unir avec la France, sans y pouvoir réussir, à notre grand et long dommage, par l'intérêt de l'abbé du Bois et l'infatuation de l'Angleterre, funestement transmise à ses successeurs. 14

Chapitre III. — Mort du palatin de Livonie. — Nouveaux manéges d'Alberoni pour sa promotion; Giudice à Gênes, misère de ses neveux. — Effet à Madrid de la promotion de Borromée. — Patiño, depuis premier ministre et grand.—Vanteries d'Alberoni.— Le roi de Sicile, inquiet, desire être compris dans le traité projeté de l'Espagne avec la Hollande; réponse d'Alberoni. — Alberoni change tout à coup de système, et en embrasse un fort peu possible, et encore avec d'étranges variations; ses ordres à Beretti là-dessus. — Les Hollandois desirent l'union avec l'Espagne; ils craignent la puissance et l'ambition de l'Empereur et les mouvements du roi de Prusse. — Plaintes et dépit du roi de Prusse contre le roi d'Angleterre; cabales et changements en Angleterre. — Beretti propose d'attacher à l'Espagne plusieurs membres principaux des états généraux, qu'il nomme, par des pensions. — Lettre d'Alberoni à Beretti suivant son nouveau système, pour être montrée au pensionnaire et à quelques autres de la République, et parle en même sens à Riperda. — Riperda découvre un changement dans le dernier système d'Alberoni, et prévoit le dessein sur la Sicile. — Esprit continuel de retour à la succession de France. — Double friponnerie d'Alberoni et d'Aubanton sur la constitution. — Artifices d'Alberoni pour sa promotion; ses éclats et ses menaces. — Mauvais état des finances d'Espagne. — Propos des ministres d'Angleterre et d'Hollande à celui de Sicile, en conformité du dernier système d'Alberoni, et lui font une proposition étrange; il élude d'y répondre, et fait une curieuse et importante découverte. — Alberoni, sous le nom de la reine, éclate en menaces, ferme l'Espagne à Aldovrandi, fait un reproche et donne une leçon à Acquaviva, avec l'air de le ménager. — Nouveaux efforts d'Alberoni pour sa promotion. — Rare bref du Pape au P. d'Aubanton. — Le roi d'Espagne parle trois fois à Riperda suivant le système d'Alberoni. — L'ambassadeur de Sicile, alarmé sur la cession de cette île, élude de répondre aux propositions de l'ambassadeur de Hollande. — Alberoni change de batteries, et veut plaire au Pape pour obtenir sa promotion; embarras du Pape. — Vénitiens mal avec la France et avec l'Espagne; Acquaviva veut gagner le cardinal Ottobon. — Vil intérêt des Romains. — Réflexion sur les cardinaux françois. — Changement de plus en plus subit de la conduite d'Alberoni sur sa promotion; ses raisons. — Conduite et ordres d'Alberoni à Beretti suivant son dernier système; raisonnements de Beretti. — Agitations intérieures de la cour d'Angleterre. 36

CHAPITRE IV. — Attention générale sur le voyage du Czar à Paris; le roi de Prusse tenté et détourné d'y venir; vues et conduite de ce prince. —Liaison entre le roi de Prusse et le Czar. — Inquiétude du roi d'Angleterre sur le Czar; il est forcé à réformer dix mille hommes; servitude de la Hollande pour l'Angleterre. — Union et traité entre le Czar et le roi de Prusse. — Mesures du Czar avec la France et avec le roi de Pologne. — Mesures sur le séjour des troupes moscovites dans le Meckelbourg. — Le Pape veut lier le Czar avec l'Empereur contre le Turc. — Manéges d'Alberoni en France pour son chapeau. — Véritables raisons du changement de conduite d'Alberoni à l'égard du Pape. — Le Pape écrit au Czar; il le veut liguer avec l'Empereur, et obtenir le libre exercice de la religion catholique dans ses États; le Czar l'amuse et se moque de lui; il en parle très-sensément au maréchal de Tessé. — Molinez, inquisiteur général d'Espagne, revenant de Rome en Espagne, arrêté à Milan. — Embarras et caractère du Pape. — Promotion d'Alberoni est l'unique affaire ; il se moque de Molinez, s'assure du Régent sur sa promotion; ses vanteries. — La cour d'Espagne à l'Escurial, malgré la reine; Aldovrandi y arrive; manéges d'Alberoni. — L'Angleterre reprend la négociation de la paix entre l'Empereur et l'Espagne. — Divisions domestiques en Angleterre; son inquiétude sur le Czar; troupes russiennes sortent du Meckelbourg. — Le Danemark, inquiet sur le Nord, éprouve le mécontentement de la Russie. — Le Czar veut traiter avec la France; obstacles du traité. — Le Czar en mesure avec l'Empereur, à cause du czarowitz. — Plaintes et cris du roi de Prusse ; offices du Régent sur le Nord. — Scélératesse du nonce Bentivoglio. — Le Prétendant à Rome; y sert Alberoni; soupçons de nouveaux délais de sa promotion; hauteur et manéges du Pape. — Départ de Cadix de la flotte d'Espagne; scélératesse d'Alberoni. — Giudice à Rome; misère de sa conduite, de sa position, de sa réputation. — Friponnerie d'Ottobon. — Chiaous à Marseille; vie solitaire et pénitente de Ragotzi. 58

CHAPITRE V. — Le général et l'intendant de nos îles paquetés et renvoyés en France par les habitants de la Martinique. — Mort de la duchesse de la Trémoille; du fils unique du maréchal de Montesquiou; de Busanval; d'Harlay, conseiller d'État; caractère et singularités de ce dernier. — Mort de Dongois, greffier en chef du Parlement. — Mort et deuil d'un fils du prince de Conti. — Affaire de Courson, intendant de Bordeaux et conseiller d'État, et de la ville, etc., de Périgueux. — Courson, cause de la chute de des Forts, son beau-frère, et seul coupable, se soutient. — Le maréchal de Tallart entre au conseil de régence; question de préséance entre le maréchal d'Estrées et lui, jugée en sa faveur; son aventure au même conseil. — Duc d'Albret gouverneur d'Auvergne. — Maréchal de Tessé quitte le conseil de marine. — Grâces accordées aux conseillers du grand conseil. — Le roi Stanislas près d'être enlevé aux Deux-Ponts; quelque temps après reçu en asile à Weissembourg en basse Alsace. — Naissance du prince de Conti et d'un fils du roi de Portugal; fête donnée par son ambassadeur. — La Forêt; quel perd un procès de suite importante. — Le Régent assiste, à la royale, à la procession de Notre-Dame, le 15 août. — Le Parlement refuse d'enregistrer la création de deux charges dans les bâtiments. — Fête de Saint-Louis ; rare leçon du maréchal de Villeroy. 83

CHAPITRE VI. — Comité pour les finances; ma conduite à cet égard. — Je propose en particulier au chancelier la réforme de quelques troupes distinguées, avec les raisons et la manière de la faire; il l'approuve, mais elle demeure entre nous deux, par la foiblesse du Régent. — Fin et résolutions du comité des finances mises en édit. — Démêlé ajusté entre le premier président avec les enquêtes pour le choix et le nombre des commissaires du Parlement, quand il en faut nommer. — Le Parlement veut qu'on lui rende compte des finances avant d'opiner sur l'enregistrement de l'édit, et l'obtient; il l'enregistre enfin, avec peine; misère du Régent; peur et valetage du duc de Noailles. — Évêques prétendent inutilement des carreaux à l'anniversaire du feu Roi. — Entreprise de nouveau condamnée entre les princesses du sang, femmes et filles, au mariage de Chalmazel avec une sœur du maréchal d'Harcourt. — Mme la duchesse d'Orléans achète Bagnolet. — Maison donnée à Paris aux chanceliers; et Champ donné à la princesse de Conti pour la Vallière, aux dépens du financier Bourvalais. — Ragotzi s'en va en Turquie; ce qu'il devient jusqu'à sa mort. — Victoire du prince Eugène sur les Turcs; prise de Belgrade. — Mort de Villette et d'Estrades; le fils du dernier obtient sa mairie de Bordeaux. — Mme de Mouchy et Rion dame d'atour et premier écuyer en second de Mme la duchesse de Berry; changements parmi ses dames. — Diverses grâces de M. le duc d'Orléans. — Retour de Hongrie des François. — Mort du duc de Ventadour; extinction de son duché-pairie. — Mort de Moncault. — J'achète pour mes enfants deux régiments de cavalerie. — Abbé du Bois repasse en Angleterre. — Peterborough arrêté dans l'État ecclésiastique. 102

Chapitre VII. — Mépris d'Alberoni pour la détention de Molinez; ses réflexions sur la situation de l'Europe; son dégoût de Beretti; conduite et pensées de cet ambassadeur. — Inquiétude et avis de Beretti. — Différents sentiments sur l'Empereur en Angleterre; manége intérieur de cette cour; même diversité de sentiments sur l'union établie entre le Régent et le roi d'Angleterre. — Empressement et offres des ministres d'Angleterre au Régent pour l'unir avec l'Empereur et y faire entrer l'Espagne. — Saint-Saphorin employé par le roi d'Angleterre à Vienne; quel; son avis sur les traités à faire. — Roi de Prusse suspect à Vienne et à Londres; son caractère et sa conduite. — Ministres hanovriens dévoués à l'Empereur, qui veut tenir le roi d'Angleterre en dépendance; complaisance de [ce] dernier à lui payer un reste de subsides, qui excite du bruit en Angleterre et dans le Nord; hauteur de l'Empereur sur Peterborough. — Secret profond de l'entreprise sur la Sardaigne; conseils du duc de Parme au roi d'Espagne. — Colère du Pape sur son accommodement signé en Espagne; contre-temps du Prétendant; adresse hardie d'Acquaviva. — Congrégation consultée, favorable à Alberoni, contraire à Aldovrandi, qui excuse Alberoni sur la destination de la flotte espagnole. — L'entreprise de l'Espagne, au-dessus de ses forces sans alliés, donne lieu à beaucoup de divers raisonnements. — Alberoni se moque d'Aldovrandi et de Mocenigo. — L'entreprise généralement blâmée, colorée de l'enlèvement de Molinez; vanteries et fausseté impudente d'Alberoni. — Inquiétude pour la Sicile. — Le secret confié au seul duc de Parme; ses avis et ses conseils. — Alberoni fait cardinal dans le consistoire du 12 juillet; cris sur sa promotion; Giudice s'y distingue. — Malaise du roi d'Angleterre dans sa cour et dans sa famille; comte d'Oxford absous en Parlement. — Éclat entre le roi d'Angleterre et le prince de Galles. — Inquiétude sur l'entreprise d'Espagne moindre en Hollande qu'à Londres. — Applaudissements et avis de Beretti; son intérêt personnel. — Les Impériaux somment le roi d'Angleterre de secours, avec peu de succès. — Caractère du comte de Peterborough. — Secret profond de la destination de l'entreprise de l'Espagne; double hardiesse d'Alberoni. — Plaintes et menaces de Gallas, qui font trembler le Pape. — Frayeur de toute l'Italie. — Hauteur et sécurité d'Alberoni. — Aldovrandi veut persuader que l'entreprise se fait malgré Alberoni; mouvements partout contre cette entreprise, et opinions diverses. 124

CHAPITRE VIII. — L'Espagne publie un manifeste contre l'Empereur. — Déclaration vague de Cellamare au Régent; efforts d'Alberoni pour exciter toutes les puissances contre l'Empereur; veut acheter des vaisseaux, dont il manque; en est refusé; ses bassesses pour l'Angleterre inutiles. — Singulières informations d'Alberoni sur Riperda; cet ambassadeur cru vendu à Alberoni et soupçonné de vouloir s'attacher au service du roi d'Espagne; Aldovrandi cru, à Rome et ailleurs, vendu à Alberoni; artifice de ce dernier sur son manque d'alliés; ses offres à Ragotzi. — Fureur d'Alberoni contre Giudice; crainte et bassesse de ses neveux; le roi d'Espagne défend à ses sujets de voir Giudice à Rome et tout commerce avec lui. — Point de la succession de Toscane. — Manéges de ministres hanovriens pour engager le Régent à s'unir à l'Empereur. — L'Angleterre désire la paix de l'Empereur et de l'Espagne, et y veut envoyer faire des efforts à Madrid; ruses à Londres avec Monteleon. — Soupçons et vigilance de Kœnigseck à Paris. — Entreprise sur Ragotzi sans effet; les Impériaux lui enlèvent des officiers à Hambourg. — Baron de Gœrtz mis en liberté. — Le Czar plus que froid aux propositions du roi d'Angleterre, lequel rappelle ses vaisseaux de la mer Baltique. — Situation personnelle du roi d'Angleterre avec les Anglois; il choisit le colonel Stanhope, cousin du secrétaire d'État, pour aller en Espagne. — Visite et singulier conseil de Châteauneuf à Beretti. — Sentiment des ministres d'Angleterre sur l'entreprise de l'Espagne en soi. — Wolckra rappelé à Vienne; Penterrieder attendu à Londres en sa place, pour y traiter la paix entre l'Empereur et l'Espagne avec l'abbé du Bois. — Artifices de Saint-Saphorin auprès du Régent, de concert avec Stairs. — Vaine tentative de l'Empereur pour de nouveaux honneurs à son ambassadeur en France. — Inquiétude de l'Angleterre; ses soupçons du roi de Sicile. — Misérables flatteries à Alberoni. — Cellamare excuse et confie le secret de l'entreprise de l'Espagne au Régent, dont la réponse nette ne le satisfait pas. — — Nouveau complot des Impériaux pour se défaire de Ragotzi, inutile. — Sèches réponses des ministres russiens aux propositions de l'Angleterre. — La flotte espagnole en Sardaigne. — Le Pape, effrayé des menaces de Gallas, révoque les indults accordés aux roi d'Espagne; lui écrit une lettre à la satisfaction des Impériaux; desire au fond succès à l'Espagne; offre sa médiation. — Misérables flatteries à Alberoni; il fait ordonner à Giudice d'ôter les armes d'Espagne de dessus la porte de son palais à Rome; sa conduite, et celle de ses neveux. — Victoire du prince Eugène sur les Turcs; il prend Belgrade, etc.; soupçons de l'Empereur à l'égard de la France; entreprise inutile sur la vie du prince Ragotzi; deux François à lui arrêtés à Staden; scélératesse de Welez. — Artifices de l'Angleterre et de Saint-Saphorin pour lier le Régent à l'Empereur, et en tirer des subsides contre les rois d'Espagne et de Sicile. — Artifices du roi de Prusse auprès du Régent sur la paix du Nord. — Gœrtz à Berlin; y attend le Czar; propositions de ce ministre pour faire la paix de la Suède. — Soupçons du roi de Prusse à l'égard de la France, à qui il cache les propositions de Gœrtz; hasard à Paris qui le découvre. — L'Angleterre liée avec l'Empereur par des traités précis, et craignant pour son commerce de se brouiller avec l'Espagne, y envoie par Paris le colonel Stanhope; objet de cet envoi, et par Paris; artifices de l'Angleterre pour unir le Régent à l'Empereur; Georges et ses ministres en crainte du Czar et de la Prusse, en soupçon sur la France; leur haine pour Châteauneuf. — Bolingbroke secrètement reçu en grâce par le roi d'Angleterre. — Opiniâtreté d'Alberoni; leurres sur la Hollande; état et suite de la vie de Riperda. — Venise se déclare pour l'Empereur; colère d'Alberoni; ses étranges vanteries et ses artifices pour se faire un mérite de se borner à la Sardaigne cette année, sentant l'impossibilité de faire davantage; sa fausseté insigne à Rome. — Embarras et conduite artificieuse et opiniâtre d'Alberoni; sa réponse à l'envoyé d'Angleterre. — Alberoni se fait un bouclier d'un équilibre en Europe; flatte bassement la Hollande; n'espère rien de l'Angleterre; plan qu'il se propose pour objet en Italie; il le confie à Beretti, et lui donne ses ordres en conséquence. — Propos d'Alberoni; vanteries et fourberies insignes et contradictoires; conduite d'Aubanton et d'Aldovrandi, qui lui sont vendus pour leur intérêt personnel. — Les Impériaux demandent qu'Aldovrandi soit puni; effrayent le Pape; il révoque ses indults au roi d'Espagne; lui écrit au gré des Impériaux; en même temps le fait ménager et adoucir par Aldovrandi, à qui il écrit, et à d'Aubanton, de sa main. — Frayeurs du duc de Parme, qui implore vainement la protection du Pape et le secours du roi d'Espagne. — Plaisant mot du cardinal del Giudice au Pape. — Le Pape dépêche à Vienne sur des propositions sauvages d'Acquaviva, comptant sur le crédit de Stella, qui vouloit un chapeau pour son frère. — Molinez transféré du château de Milan dans un des colléges de la ville. — Vastes projets d'Alberoni, qui en même temps sent et avoue sa foiblesse. — Propos trompeurs entre del Maro et Alberoni; ses divers artifices. — La Hollande, inquiète, est touchée de l'offre de l'Espagne de reconnoître sa médiation. — Cadogan à la Haye; son caractère; ses plaintes, sa conduite; inquiétude de l'Angleterre sur le Nord; ses ministres, détrompés sur le Régent, reprennent confiance en lui; font les derniers efforts pour faire rappeler Châteauneuf. — Substance et but du traité entre la France, le Czar et la Prusse. — Abbé du Bois à Londres, et le colonel Stanhope à Madrid. — Le Czar parti de Berlin sans y avoir rien fait ni voulu écouter sur la paix du Nord. — Le roi de Prusse, réconcilié avec le roi d'Angleterre, cherche à le tromper sur la paix du Nord; se plaint de la France, qui le contente. — Poniatowski à Paris, confident du roi de Suède, consulté par Kniphausen, lui trace le chemin de la paix du Nord. — Ardeur du roi d'Angleterre, sa cause, pour pacifier l'Empereur et l'Espagne, qui ne s'en éloigne pas. — Sentiment de Monteleon sur les Anglois; sa situation redevenue agréable avec eux. — Caractère du roi d'Angleterre et de ses ministres. — Bassesses du roi de Sicile pour l'Angleterre inutiles; son envoyé à Londres forme une intrigue à Vienne pour y réconcilier son maître; opinion prétendue de l'Empereur sur le Régent et sur le roi de Sicile. — Crainte publique des princes d'Italie; sages pensées de Cellamare; avis envenimés contre la France de Welez à l'Empereur. — Conseils enragés de Bentivoglio au Pape, qui fait entendre qu'il ne donnera plus de bulles sans conditions et précautions. 146

CHAPITRE IX. — Saint-Albin coadjuteur de Saint-Martin des Champs; infamie de l'abbé d'Auvergne. — Disputes encore entre le grand et le premier écuyer. — Le duc de Noailles et Law brouillés, se raccommodent en apparence; Noailles obtient le gouvernement et capitainerie de Saint-Germain par la mort de Mornay. — Plénœuf, relaissé à Turin de peur de la chambre de justice, imagine d'y traiter le mariage d'une fille de M. le duc d'Orléans avec le prince de Piémont, pour se faire de fête; je suis chargé de ce commerce malgré moi, et je m'en décharge sur l'abbé du Bois, à son retour d'Angleterre. — Querelle entre le maréchal de Villeroy et le duc de Mortemart, premier gentilhomme de la chambre en année, qui la perd; autres disputes des premiers gentilshommes de la chambre. — Le maréchal de Villeroy refuse la prolongation du don de cinquante mille livres de rente sur Lyon; son motif; sa conduite; explication de ce qu'il n'y perd rien. — Quatre-vingt mille livres au duc de Tresmes. — Le prince électoral de Saxe se déclare catholique à Vienne. — Abbé de Louvois refuse l'évêché de Clermont; quel. — Rion gouverneur de Cognac. — Mort d'Oppède, mari secret de Mme d'Argenton, et de l'abbé de Langléc. — Mort et famille de la comtesse de Soissons. — Appel du cardinal de Noailles devenu public. — La Parisière, évêque de Nîmes, exilé dans son diocèse. — Affaire du pays de Lalleu, où je sers adroitement le duc de Boufflers. — Anecdote singulière de l'étrange indécision du chancelier. — Capacité singulière de d'Antin. — Reconnoissance des députés du pays de Lalleu. — Les ducs de la Force et de Noailles brouillés. — Mme d'Arpajon dame de Mme la duchesse de Berry, et Bonivet maître de sa garde-robe. — Mort du cardinal Arias, archevêque de Séville. — Mort de Mme de Monjeu et de Richard Hamilton; caractère de ce dernier. — Assassinats et vols; teneurs de jeux de hasards mis en prison. — États de Bretagne orageux et rompus. — Mme d'Alègre entre avec moi en mystérieux commerce, qui dure plus d'un an. — Abbé du Bois revient pour peu de jours d'Angleterre à Paris; y laisse sa correspondance à Nancré; trouve le roi d'Angleterre et le prince de Galles fort brouillés; cause originelle de leur éloignement. 185

Chapitre X. — Idées et précautions d'Alberoni; état embarrassant du roi d'Espagne; capacité del Maro odieuse à Alberoni, qui le décrie partout; ses exhortations, et ses menaces au Pape en faveur d'Aldovrandi. — Manéges d'Aldovrandi. — Sagacité del Maro. — Première audience du colonel Stanhope d'Alberoni peu satisfaisante. — Chimères d'Alberoni. — Craintes d'Alberoni parmi sa fermeté; son espérance en la Hollande fomentée par Beretti; découverte de ce dernier sur le roi de Sicile; faux raisonnements de Beretti sur les Hollandois. — Abbé du Bois à Londres; Monteleon y est leurré; cherche à pénétrer et à se faire valoir. — Audacieux avis des Anglois au Régent sur son gouvernement intérieur, qu'ils voudroient changer à leur gré; réflexions. — Projet du Czar à l'égard de la Suède, et ceux du roi de Prusse; offres de la Suède. — Conduite suspecte de Gœrtz, et celle du Czar et du roi de Prusse en conséquence; avis de ce dernier au Régent; ses chimères. — Objet du roi d'Angleterre dans son désir de moyenner la paix entre l'Empereur et l'Espagne à Londres; Penterrieder y arrive. — Divers sentiments en Hollande. — Conditions fondamentales proposées à l'Espagne pour la paix. — Alberoni, aigri contre Stairs, est contenté par Stanhope, qui l'amuse sur l'affaire principale par une équivoque. — Grande maladie du roi d'Espagne; solitude de sa vie. — Alberoni veut interdire toute entrée à Villena, majordome-major, qui dans la chambre du roi d'Espagne, la reine présente, donne des coups de bâton au cardinal, et est exilé pour peu de temps. — Le roi d'Espagne fait un testament. 216

Chapitre XI. — Opiniâtreté d'Alberoni contre la paix. — Le Pape fait imprimer son bref injurieux au roi d'Espagne, qu'Adolvrandi n'avoit osé lui présenter; ce nonce fait recevoir la constitution aux évêques d'Espagne; anecdote différée; servitude du Pape pour l'Empereur, qui le méprise et fait Czaki cardinal. — Le Pape fait arrêter le comte de Peterborough, et, menacé par les Anglois, le relâche avec force excuses; sa frayeur, et celle du duc de Parme, de l'Empereur. — Conseils furieux et fous contre la France de Bentivoglio au Pape; son extrême embarras entre l'Empereur et l'Espagne; ses tremblantes mesures. — Le Pape avoue son impuissance pour la paix. — Avis à l'Espagne et raisonnements sur Naples. — Mesures militaires d'Alberoni, et sur la paix, qui ne veut point. — Mystère du testament du roi d'Espagne. — Foiblesse d'esprit du roi d'Espagne guéri; vanteries des forces d'Espagne, et conduite d'Alberoni; ses mesures; l'Angleterre arme une escadre. — Forts propos entre le duc de Saint-Aignan et Alberoni; chimères de ce cardinal. — Riperda, tout à Alberoni, tient à del Maro d'étranges propos. — Dons faits au cardinal Alberoni, qui est nommé à l'évêché de Malaga, puis à l'archevêché de Séville; il montre à del Maro son éloignement de la paix, qui en avertit le roi de Sicile. — Le cardinalat prédit à Alberoni. — Aldovrandi, pensant bien faire d'engager les prélats d'Espagne d'accepter la constitution, est tancé avec ordre de détruire cet ouvrage comme contraire à l'infaillibilité. — Aldovrandi fort malmené; griefs du Pape contre lui. — Demandes énormes de l'Empereur au Pape. — Hauteur incroyable de l'Empereur avec le Pape, qui tremble devant lui, et qui est pressé par l'Espagne. — Reproches entre le cardinal Acquaviva et le prélat Alamanni, de la part du Pape. — Mouvements inutiles dans le royaume de Naples. — Soupçons sur le roi de Sicile, qui envoie le comte de Provane à Paris. — Le duc de Modène n'ose donner sa fille au Prétendant, qui est pressé de tous côtés de se marier. — Les neveux du Pape vendus à l'Empereur; foiblesse entière du Pape pour le cardinal Albane, sans l'aimer ni l'estimer; crainte de ce neveu à l'égard d'Aldovrandi. — Gallas et Acquaviva également bien informés par l'intérieur du palais du Pape; il veut se mêler de la paix entre l'Empereur et l'Espagne. — Hauteur et menaces des Impériaux sur la paix, qui déplaisent en Hollande. — Manéges intéressés de Beretti; friponnerie de l'abbé du Bois. — Manéges intéressés de Monteleon, qui compte sur Chavigny, amené par l'abbé du Bois à Londres, et en est trompé. — Inquiétude chimérique des Anglois d'un mariage du prince de Piémont avec une fille du Régent. — Même inquiétude, et personnelle, de la Pérouse; il apprend de Penterrieder que l'Empereur veut absolument la Sicile, avec force propos hauts et caressants; il l'assure de tout l'éloignement de la France pour le roi de Sicile. — Court voyage de l'abbé du Bois à Paris. — Cajoleries du roi d'Angleterre à la reine d'Espagne et à Alberoni, en cas de mort du roi d'Espagne. — Proposition du roi d'Espagne pour entrer en traité avec l'Empereur par l'Angleterre; manége des ministres du roi d'Angleterre; ils n'ont point de secret pour Penterrieder. — Résolution du Régent sur le traité, mandée par l'abbé du Bois en Angleterre. — Inquiétude des ministres de Sicile à Londres et à Paris. — Éclat entre le roi d'Angleterre et le prince de Galles. — Manége et embarras de la Pérouse. — L'Angleterre arme doucement une escadre pour la Méditerranée; plaintes de Monteleon; réponse honnête, mais claire, des ministres anglois. — Chimère imaginée par les ennemis du Régent, qu'il vouloit obtenir de l'Empereur la succession de la Toscane pour Monsieur son fils. — Beretti, trompé par de faux avis, compte avec grande complaisance sur la Hollande, dont il écrit merveilles en Espagne, et de la partialité impériale des Anglois. 239

CHAPITRE XII. — Mouvements du roi de Prusse à divers égards; son caractère et ses embarras. — Tentatives pleines d'illusion de Cellamare, qui découvre avec art la vraie disposition du Régent sur les affaires présentes. — Mouvements en Bretagne. — Idées d'Alberoni; il s'emporte contre les demandes de l'Empereur au Pape, surtout sur celle qui le regarde personnellement. — Déclaration du roi d'Espagne sur la paix; propos, sentiment, conduite d'Alberoni; ses préparatifs; son profond secret; sa toute-puissance en Espagne. — Monti à Madrid; le roi d'Espagne inaccessible. — Souverain mépris d'Alberoni pour Rome; sa conduite sur le bref injurieux au roi d'Espagne. — Aldovrandi occupé de rapprocher les deux cours, et de se justifier à Rome sur ce qu'il avoit fait à l'égard de l'acceptation de la constitution en Espagne. — Délicatesse de Rome étrangement erronée. — Anecdote importante sur la constitution entre l'archevêque de Tolède et moi; son caractère. — La nonciature chassée de Naples; le Pape, n'osant rien contre l'Empereur, s'en prend à l'Espagne. — Rare expédient du Pape sur la non-résidence d'Alberoni en son évêché de Malaga; réflexion; délicatesse horrible de Rome. — Fureurs de Bentivoglio, qui dégoûtent de lui les siens mêmes; il donne au Pape des conseils extravagants sur les affaires temporelles. — Don Alex. Albane passe pour vendu à l'Espagne; mauvais gouvernement du Pape; il refuse les bulles de Séville à Alberoni. — Frayeur du duc de Parme et ses conseils à l'Espagne; conduite et sentiment d'Alberoni; forces de l'Espagne diversement regardées. — Sage avis del Maro au roi de Sicile. — Riperda, vendu à Alberoni, lui propose l'union du roi de Sicile au roi d'Espagne. — Singulière aventure d'argent entre Bubb, Riperda et Alberoni. — Triste état personnel du roi d'Espagne et du futur. — Insolentes vanteries d'Alberoni; ses efforts auprès des Hollandois; son opinion de l'Angleterre; ses bravades. — Riche arrivée des galions. — Hautes déclarations des ambassadeurs d'Espagne en France, en Angleterre et ailleurs; propos d'Alberoni sur l'Angleterre et la Hollande. — Mesures militaires d'Alberoni; il veut engager une guerre générale; les Anglois ne laissent pas de le ménager. — Triste état personnel du roi d'Espagne, quoique rétabli; mesures d'Alberoni pour être seul et bien le maître de sa personne; docteur Servi, médecin parmesan. — Proposition en l'air de marier le prince des Asturies à une fille du prince de Galles. — Roideur de l'Empereur, soutenu des Anglois. — Inquiétude du roi de Sicile; propos de son envoyé en Angleterre avec Stanhope, qui l'augmente. — La Pérouse est la dupe de Penterrieder sur la France. — Le Czar prend la protection du duc de Meckelbourg, et rassure le roi de Prusse sur un traité particulier avec la Suède. — Mort de la maréchale de Duras. — Quatre gentils-hommes de Bretagne mandés par lettre de cachet pour venir rendre compte de leur conduite. 267

CHAPITRE XIII. — 1718. — Manéges du duc de Noailles à l'égard de Law; mort de Mornay; duc de Noailles obtient sur-le-champ le gouvernement et capitainerie de Saint-Germain. — Liaison de l'abbé du Bois et de Law, et sa cause. — Duc de Noailles, agité de crainte pour sa place, veut me regagner, et me propose de rétablir le temporel ruiné de la Trappe. — Sourds préparatifs à déposter le duc de Noailles et son ami le chancelier. — Édit en faveur de la compagnie d'Occident; quelle. — Le Régent travaille à la Raquette avec Law, le chancelier et le duc de Noailles, sur lequel il achève de s'indisposer. — La Raquette et les Birons. — Grâces pécuniaires au Languedoc, d'où Basville se retire avec douze mille livres de pension. — Inondations vers le Nord. — Madame la Duchesse enlève à la maréchale d'Estrées une loge à l'Opéra. — Morville ambassadeur en Hollande. — Mariage de Chauvelin, depuis si haut et si bas. — Grâces pécuniaires aux comtes de Roucy et de Medavid. — Le comte de Rieux s'excuse au Régent de ses pratiques; son caractère. — Mouvements, lettres et députation de Bretagne; incidents du maréchal de Montesquiou; gentilshommes bretons mandés, puis exilés. — Embarras et projets sur les tailles. — On me fait, par deux différentes fois, manquer la suppression de la gabelle. — Tout bien impossible en France. — Manéges d'Effiat et du premier président; duperie du Régent; conspiration très-organisée pour le culbuter. — Mouvements du Parlement. — Singulière colère et propos entre M. le duc d'Orléans et moi sur les entreprises du Parlement. — Manéges contre Law du duc de Noailles et du chancelier; ma conduite à cet égard. — Abbé du Bois lié de plus en plus avec Law contre le duc de Noailles; son double intérêt. — Caractère d'Argenson. — Raisons qui me déterminent pour Argenson, à qui je fais donner les sceaux et les finances; je l'en avertis la veille, et tâche de le capter en faveur du cardinal de Noailles. — Le chancelier perd les sceaux; est exilé à Fresnes. — Le duc de Noailles se démet des finances; entre au conseil de régence. — Argenson a les finances et les sceaux. — Politesse fort marquée d'Argenson à mon égard. — Courte disgression sur le chancelier. — Survivance de la charge et des gouvernements du duc de Noailles donnée à son fils enfant, sans l'avoir demandée. — Rouillé quitte les finances avec douze mille livres de pension. — Machault lieutenant de police; son caractère.

— Grâces faites à Châteauneuf; à Torcy, qui marie sa fille à du Plessis Châtillon; au duc d'Albret, qui veut épouser la fille de Barbezieux. 291

Chapitre XIV. — M. le duc d'Orléans mène M. le duc de Chartres aux conseils de régence et de guerre, sans y opiner. — Entreprises du Parlement. — Mort et dépouille de Simiane et du grand fauconnier des Marais. — Madame assiste scandaleusement à la thèse de l'abbé de Saint-Albin. — Ballet du Roi, qui s'en dégoûte pour toujours. — M. et Mme la duchesse de Lorraine à Paris. — Bassesse de courtisan du duc de Lorraine. — Monsieur le Duc, et ensuite Mme la duchesse de Berry, donnent une fête à Monsieur et à Madame de Lorraine. — Insolence de Magny punie; quel il étoit, et ce qu'il devint. — Monsieur de Lorraine va voir plaider à la grand'chambre, puis la Bastille, et dîner chez le maréchal de Villeroy. — Objet et moyens du duc de Lorraine dans ce voyage; il est ennemi de la France; ses demandes sans droit ni prétexte; ses leurres mises au net par moi au Régent. — Altesse Royale pourquoi et quand accordée au duc de Savoie. — Le Régent entraîné à tout accorder au duc de Lorraine; ses mesures pour l'exécution. — Caractère de Saint-Contest, nommé pour faire le traité avec le duc de Lorraine, qui obtient un grand démembrement en Champagne en souveraineté, et le traitement d'Altesse Royale. — Misère du conseil de régence. — Le Régent tâche inutilement, par Saint-Contest et par lui-même, de vaincre ma résistance au traité; vient enfin à me prier de m'absenter du conseil de régence le jour que ce traité y sera porté; j'y consens; il m'en arriva de même lorsque le Régent accorda le traitement de Majesté au roi de Danemark, et celui de Hautes Puissances aux états généraux des Provinces-Unies. — Le traité passe sans difficulté au conseil de régence; est de même aussitôt après enregistré au Parlement. — Départ de Monsieur et de Madame de Lorraine; audacieuse conduite du duc de Lorraine, qui ne voit point le Roi. — Le grand-duc et le duc d'Holstein-Gottorp, sur l'exemple du duc de Lorraine, prétendent aussi l'Altesse Royale, et ne l'obtiennent pas. — Bagatelles entre M. le duc d'Orléans et moi. — Mme de Sabran; quelle; son bon mot au Régent; sa conduite avec ses maîtresses. 326

Chapitre XV. — Mouvements du Parlement à l'occasion d'arrêts du conseil sur les billets d'État et les monnoies. — Lettres de cachet des Bretons; députation et conduite du parlement de Bretagne. — Breteuil intendant de Limoges. — Conférence du cardinal de Noailles avec le garde des sceaux chez moi, dont je suis peu content. — Sommes données par le Régent aux abbayes de la Trappe et de Septfonts; ma conduite à cet égard avec le duc de Noailles et avec Monsieur de Septfonts, avec qui je lie une étroite amitié. — Mariage de Maurepas avec la fille de la Vrillière. — Mort de Fagon, premier médecin du feu Roi. — Mort et dispositions de l'abbé d'Estrées. —

478   TABLE DES CHAPITRES.

Conversion admirable de la marquise de Crequy. — Cambray donné au cardinal de la Trémoille, et Bayeux à l'abbé de Lorraine. — Promotion et confusion militaire ; j'obtiens un régiment pour le marquis de Saint-Simon, qui meurt trois mois après, puis pour son frère. — Broglio l'aîné ; son caractère ; il engage le Régent à un projet impossible de casernes et de magasins, et à l'augmentation de la paye des troupes. — Sagesse de l'administration de Louvois. — Les chefs des conseils mis dans celui de régence sans perdre leurs places dans les leurs. — Survivance du gouvernement de Bayonne, Béarn, etc., et du régiment des gardes, accordées au fils aîné du duc de Guiche, et autres grâces faites à Rion, Maupertuis, la Chaise et Heudicourt. — Nouvelles étrangères. — Légèreté du cardinal de Polignac, qui tâche inutilement de se justifier au Régent de beaucoup de choses. — Désordre des heures d'Argenson ; Law et lui font seuls toute la finance ; il obtient le tabouret pour sa femme, à l'instar de la chancelière, premier exemple, dont Chauvelin profita depuis. — Mort de Menars, président à mortier ; Meaupeou, aujourd'hui premier président, a sa charge. — Querelles domestiques du Parlement suspendues par des considérations plus vastes. — Beauffremont, de concert avec ceux qui usurpoient le nom collectif de noblesse, insulte impunément les maréchaux de France, qui en essuient l'entière et publique mortification ; caractère de Beauffremont, qui se moque après et aussi publiquement de Monsieur le Duc, et aussi impunément. — Catastrophe de Monasterol. — Mort de la Hire et de l'abbé Abeille. — Mort de Poirier, premier médecin du Roi ; Dodart mis en sa place ; prudente conduite du Régent en cette occasion. — Caractère de Dodart et de son père. — Caractère et infamie de Chirac. 354

CHAPITRE XVI. — Mort de la duchesse de Vendôme ; adresses et ruses pour l'obscure garde de son corps sur même exemple de Mlle de Condé, ce qui n'a pas été tenté depuis. — Le grand prieur sert à la cène le jeudi saint pour la dernière fois, et s'absente, le lendemain, de l'adoration de la croix. — Cardinal de Polignac prétend présenter au Roi l'évangile à baiser, de préférence au premier aumônier ; est condamné. — Le Roi visite Madame la Princesse et Mesdames ses deux filles sur la mort de Mme de Vendôme. — Douglas obscur, misérable, fugitif. — Mme la duchesse de Berry parle fort mal à propos au maréchal de Villars ; se hasarde de faire sortir Mme de Clermont de l'Opéra, etc. ; se raccommode bientôt après avec elle et avec Mme de Beauvau. — Abbé de Saint-Pierre publie un livre qui fait grand bruit, et qui le fait exclure de l'Académie françoise, dont il étoit. — Incendie au Petit-Pont, à Paris. — Mort et caractère de Mme de Castries ; Mme d'Espinay, dame d'atour de Mme la duchesse d'Orléans, en sa place. — Mort de la reine d'Angleterre à Saint-Germain. — Mort, extraction et famille du duc de Giovenazzo. — Bureau de cinq commissaires du conseil de régence pour examiner les moyens de se passer de bulles; la peur en prend à Rome, qui les accorde toutes, et sans condition, aussitôt. — Mort du comte d'Albemarle; sa fortune fatale à celle de Portland. — Mort, caractère, faveur de Monsieur le Grand. — Mort de Mᵐᵉ de Chalmazel et de la duchesse de Montfort. — Mariage du duc d'Albret avec une fille de Barbezieux, et du fils du prince de Guémené avec une fille du prince de Rohan. — Origine des fiançailles dans le cabinet du Roi de ceux qui ont rang de princes étrangers. — Mariage du comte d'Agenois et de Mˡˡᵉ de Florensac. — Prince et princesse de Carignan à Paris, où ils se fixent incognito. — Triste éclat de l'évêque de Beauvais. — Yolet, ayant quitté le service depuis treize ou quatorze ans, étant mestre de camp, fait maréchal de camp. — Bruit des mestres de camp de cavalerie sur le style des lettres que le comte d'Évreux leur écrivoit, qui finit par un *mezzo-termine*. — Augmentation de pension à la duchesse de Portsmouth. — Grandes grâces pécuniaires à M. le prince de Conti; origine de ce débordement de finances du Roi aux princes et aux princesses du sang. — D'Antin obtient pour ses deux petits-fils les survivances de ses gouvernements, et Silly une place dans le conseil du dedans du royaume. — Grande sédition à Bruxelles. — Affaires étrangères. 381

Chapitre XVII. — État de la négociation à Londres pour traiter la paix entre l'Empereur et le roi d'Espagne. — Deux difficultés principales. — Staremberg le plus opposé à la cession future de la Toscane. — Propositions des Impériaux pleines de jalousie et de haine. — Plaintes artificieuses des Impériaux du Régent. — Point de la tranquillité de l'Italie pendant la négociation. — Partialité ouverte des Anglois pour l'Empereur; leurs hauteurs et leurs menaces au Régent. — Le roi d'Angleterre, inquiet sur le Nord, s'assure du Czar; méprise le roi de Prusse; la Czarine veut s'assurer de la Suède pour la transmission de la succession de Russie à son fils; agitations et reproches du Czar sur cette affaire. — Le Régent pressé par l'Angleterre. — L'Espagne ne pense qu'à se préparer à la guerre; déclare à l'Angleterre qu'elle regarde comme infraction tout envoi d'escadre angloise dans la Méditerranée. — Alberoni ennemi de la paix; ses efforts; ses manéges, sa politique; il veut gagner le Régent et le roi de Sicile. — Forte conversation d'Alberoni avec le ministre d'Angleterre. — Plaintes et chimères d'Alberoni; il écrit au Régent avec hardiesse. — Inquiétude sur Nancré. — Alberoni espère du Régent, pressé par Cellamare et Provane d'augmenter l'infanterie et d'envoyer un ministre à Vienne, qui élude enfin leurs demandes. — Reproches de Cellamare à la France; sort peu content d'une audience du Régent. — Cellamare, pour vouloir trop pénétrer et approfondir, se trompe grossièrement sur les causes de la conduite du Régent. 407

Chapitre XVIII. — Sage avis de Cellamare au roi d'Espagne; est inquiet du prétendu mariage du prince de Piémont avec une fille du Régent, dont le Régent et le roi de Sicile sont aussi éloignés l'un que l'autre. — Erreur aveugle de Beretti. — Proposition des Anglois sur la Toscane; inquiétudes mutuelles. — Division dans la famille du roi d'Angleterre, qui retranche quarante mille livres sterling de rente au prince de Galles, et fait payer trente mille [livres] sterling à l'Empereur, qui est fort recherché; vision d'Alberoni. — Préliminaires demandés par l'Espagne à l'Empereur. — Folle conduite d'Alberoni; il fait faire une déclaration menaçante aux Hollandois pour en acheter des vaisseaux. — Riperda rappelé, résolu depuis longtemps de revenir s'établir en Espagne. — Mauvais état de la personne du roi d'Espagne; pouvoir sans bornes d'Alberoni. — Aubanton et Aldovrandi excitent l'Espagne en faveur de la constitution. — Fortes démarches et menaces terribles de l'Empereur au Pape. — Consternation de Rome; ses soumises et basses résolutions. — Politique et ruse odieuse de la cour de Vienne. — Le Pape, dans sa frayeur de l'Empereur, tombe pour l'apaiser sur l'Espagne et sur Aldovrandi. — Brefs ne sont point reçus par l'Empereur ni par les rois de France et d'Espagne, sans que leurs copies n'aient été vues par leurs ministres, qui les admettent ou les rejettent. — Opinion généralement prise du Pape à l'égard de l'Espagne. — Les Impériaux veulent qu'Aldovrandi soit rappelé et châtié; foibles manéges du Pape à cet égard; jugement qu'ils en font porter. . . 423

CHAPITRE XIX. — Negroni, odieux à la France, nommé vice-légat d'Avignon sans participation de la France, contre la coutume établie. — Ottobon veut lier avec Alberoni. — Nouvelles scélératesses de Bentivoglio. — Le Pape refuse au cardinal Alberoni les bulles de l'archevêché de Séville; audace, plan, propos d'Alberoni, uni d'attachement et de sentiment au duc de Parme. — Manéges réciproques entre le Régent et Cellamare, qui le veut entraîner dans la guerre avec l'Espagne contre l'Empereur. — Concert entre Cellamare et Provane; ils découvrent le mariage proposé de M. le duc de Chartres avec une sœur du roi de Portugal, sans succès par les difficultés du rang. — Objets des ministres d'Espagne. — Corsini envoyé du grand-duc à Paris; quel; passe à Londres pour y faire des représentations inutiles. — Le Régent s'ouvre à Provane de l'état de la négociation de Londres; sentiment de Cellamare là-dessus. — Plaintes de la cour de Vienne de la France, et ses propositions sur la Toscane, appuyées des Anglois; quel étoit Schaub. — L'Empereur répond par de fortes demandes aux demandes préliminaires de l'Espagne, et y est appuyé par l'Angleterre. — Manéges et souplesses de Stanhope. — Langages de l'abbé du Bois à Monteleon; il lui envoie avec précaution le modèle d'un billet à Alberoni en faveur de Nancré et de sa négociation, qu'Alberoni méprise, averti par Monteleon. — Conversation de Monteleon avec Stanhope, qui le veut tromper, puis éblouir sur la destination de l'escadre anglaise; Monteleon tâche à prendre d'autres mesures pour arrêter l'effet de cet armement. — Sagacité de Monteleon. — Fermes réponses des ministres de Sicile à Paris et à Londres, à l'égard de la conservation de cette île à leur maître. — Plaintes et mouvements de Cellamare; Monti peu satisfait du Régent. — Monteleon, sur des ordres réitérés, fait à Londres les plus fortes déclarations sur la destination de l'escadre. — Efforts d'Alberoni en Hollande; ses sentiments sur les traités d'Utrecht; ses vanteries; cache bien où il veut attaquer; sagacité de l'abbé del Maro. — Beretti trompé ou trompeur sur la Hollande. — Sage avis de Cellamare à Alberoni sur la France. — Propos publics de Cellamare; retient sagement Provane; dit à Nancré qu'il ne réussira pas. 438

FIN DE LA TABLE DES CHAPITRES DU QUATORZIÈME VOLUME.

2420 Paris. — Imprimerie ARNOUS DE RIVIÈRE et Cie, rue Racine, 26.

www.ingramcontent.com/pod-product-compliance
Lightning Source LLC
Chambersburg PA
CBHW050247230426
43664CB00012B/1864